新编21世纪远程教育精品教材

· 经济与管理系列 ·

统计学教程

（第三版）

主 编 金勇进

中国人民大学出版社

· 北京 ·

作 者 简 介

金勇进，教授，博士生导师，中国人民大学统计学院前院长，教育部重点研究基地“应用统计科学研究中心”主任，教育部统计学专业教学指导分委员会副主任委员，中国商业统计学会会长，高校市场调查与教学研究会会长，国务院政府特殊津贴获得者。主要研究成果：出版专著、译著、教材 30 多部，发表学术论文 150 多篇，获各类教学、科研成果奖 30 多项。

内 容 简 介

本书在第二版的基础上进行了相应的修订，系统地介绍了基本的统计分析方法，具体内容包括数据的收集、数据的描述、概率与概率分布、参数估计、假设检验、方差分析、时间序列分析等。本书在讲授统计方法的同时，注重方法背后统计思想的阐述，并注重统计方法与计算机的结合，语言通俗易懂，既可作为教师讲课的教材，也适用于学员自学。

总序

我们正处在教育史尤其是高等教育史上的一个重大的转型期。在全球范围内，包括在我们中华大地，以校园课堂面授为特征的工业化社会的近代学校教育体制，正在向基于校园课堂面授的学校教育与基于信息通信技术的远程教育相互补充、相互整合的现代终身教育体制发展。一次性学校教育的理念已经被持续性终身学习的理念所替代。在高等教育领域，从1088年欧洲创立博洛尼亚（Bologna）大学以来，21世纪以前的各国高等教育基本是沿着精英教育的路线发展的，这也包括自19世纪末创办京师大学堂以来我国高等教育短短一百多年的发展史。然而，自20世纪下半叶起，尤其在迈进21世纪时，以多媒体计算机和互联网为主要标志的电子信息通信技术正在引发教育界的一场深刻的革命。高等教育正在从精英教育走向大众化、普及化教育，学校教育体系正在向终身教育体系和学习型社会转变。在我国，党的十六大明确了全面建设小康社会的目标之一就是构建学习型社会，即要构建由国民教育体系和终身教育体系共同组成的有中国特色的现代教育体系。

教育史上的这次革命性转型绝不仅仅是科学技术进步推动的。诚然，以电子信息通信技术为主要代表的现代科学技术的进步，为实现从校园课堂面授向开放远程学习、从近代学校教育体制向现代终身教育体制和学习型社会的转型提供了物质技术基础。但是，教育形态演变的深层次原因在于人类社会经济发展和社会生活变革的需求。恰在这次世纪之交，人类社会开始进入基于知识经济的信息社会。知识创新与传播及应用、人力资源开发与人才培养已经成为各国提高经济实力、综合国力和国际竞争力的关键和基础。而这些仅仅依靠传统学校校园面授教育体制是无法满足的。此外，国际社会面临的能源、环境与生态危机，气候异常，数字鸿沟与文明冲突，对物种多样性与文化多样性的威胁等多重全球挑战，也只有依靠世界各国进一步深化教育改革与创新，促进人与自然的和谐发展才能得到解决。正因为如此，我国党和政府提出了“科教兴国”、“可持续发展”、“西部大开发”、“缩小数字鸿沟”以及“人与自然和谐发展”的“科学发展观”等基本国策。其中，对教育作为经济建设的重要战略地位和基础性、全局性、前瞻性产业的确认，对高等教育对于知识创新与传播及应用、人力资源开发与人才培养的重大意义的关注，以及对发展现代教育技术、现代远程教育和教育信息化并进而推动国民教育体系现代化，构建终身教育体系和学习型社会的决策更得到了教育界和全社会的共识。

在上述教育转型与变革时期，中国人民大学一直走在我国大学的前列。中国人民大学是一所以人文、社会科学和经济管理为主，兼有信息科学、环境科学等的综合性、研究型大学。长期以来，中国人民大学充分利用自身的教育资源优势，在办好全日制高等教育的同时，一直积极开展远程教育和继续教育。中国人民大学在我国首创函授高等教育。1952年，校长吴玉章和成仿吾创办函授教育的报告得到了刘少奇的批复，并于1953年率先招生授课，为新建的共和国培养了一大批急需的专门人才。在20世纪90年代末，中国人民大学成立了网络教育学院，成为我国首批现代远程教育试点高校之一。经过短短几年的探索和发展，中国人民大学网络教育学院创建的“网上人大”品牌，被远程教育界、媒体和社会誉为网络远程教育的“人大模式”，即“面向在职成人，利用网络学习资源和虚拟学习社区，支持分布式学习和协作学习的现代远程教育模式”。成立于1955年的中国人民大学出版社是新中国建立后最早成立的大学出版社之一，是教育部指定的全国高等学校文科教材出版中心。在过去的几年中，中国人民大学出版社与中国人民大学网络教育学院合作策划、创作出版了国内第一套极富特色的“新编21世纪远程教育精品教材”。这些凝聚了中国人民大学、北京大学、北京师范大学等北京知名高校学者教授、教育技术专家、软件工程师、教学设计师和编辑们广博才智的精品课程系列教材，以印刷版、光盘版和网络版立体化教材的范式探索构建全新的远程学习优质教育资源，实现先进的教育教学理念与现代信息通信技术的有效结合。这些教材已经被国内其他高校和众多网络教育学院所选用。中国人民大学出版社基于“出教材学术精品，育人文社科英才”理念的努力探索及其初步成果已经得到了我国远程教育界的广泛认同，是值得肯定的。

2005年4月，我被邀请出席《中国远程教育》杂志与中国人民大学出版杜联合主办的“远程教育教材的共建共享与一体化设计开发”研讨会并做主旨发言，会后受中国人民大学出版社的委托为“新编21世纪远程教育精品教材”撰写“总序”，这是我的荣幸。近几年来，我一直关注包括中国人民大学网络教育学院在内的我国高校现代远程教育试点工程。这次，更有机会全面了解和近距离接触中国人民大学出版社推出的“新编21世纪远程教育精品教材”及其编创人员。我想将我在上述研讨会上发言的主旨做进一步的发挥，并概括为若干原则作为我对包括中国人民大学出版社、中国人民大学网络教育学院在内的我国网络远程教育优质教育资源建设的期待和展望：

- 新编21世纪远程教育精品教材的教学内容要更加适应大众化高等教育面对在职成人、定位在应用型人才培养上的需要。

- 新编21世纪远程教育精品教材的教学设计要更加适应地域分散、特征多样的远程学生自主学习的需要，培养适应学习型社会的终身学习者。

- 在我国网络教学环境渐趋完善之前，印刷教材及其配套教学光盘依然是远程教材的主体，是多种媒体教材的基础和纽带，其教学设计应该给予充分的重视。要在印刷教材的显要部位对课程教学目标和要求做明确、具体、可操作的陈述，要清晰地指导远程学生如何利用多种媒体教材进行自主学习和协作学习。

- 应组织相关人员对多种媒体的远程教材进行一体化设计和开发，要注重发挥多种媒体教材各自独特的教学功能，实现优势互补。要特别注重对学生学习活动、教学交互、学习评价及其反馈的设计和实现。

● 要将对多种媒体远程教材的创作纳入到对整个远程教育课程教学系统的一体化设计和开发中去，以便使优质的教材资源在优化的教学系统、平台和环境中，在有效的教学模式、学习策略和学习支助服务的支撑下获得最佳的学习成效。

● 要充分发挥现代远程教育工程试点高校各自的学科资源优势，积极探索网络远程教育优质教材资源共建共享的机制和途径。

中华人民共和国教育部远程教育专家顾问
丁兴富

前言

《统计学教程（第二版）》自 2010 年出版发行以来，受到读者的欢迎。统计学是关于数据的科学，在大数据浪潮滚滚而来的背景下，欲对数据进行更好的挖掘与使用，基本的统计学知识是必不可少的。本书的宗旨是介绍基本的统计方法，同时解读背后其蕴含的统计思想。本书的最大特点是通俗、易懂，没有追求统计方法中的公式推导，而是借助大量生动活泼的例子阐述统计方法的实际应用。与其他同类教科书相比，本书的主要特点表现在：

1. 内容全面，重点突出。本书覆盖了一般统计学教科书中的核心内容，但对一些内容有所侧重。例如，在第二章侧重讨论了误差问题，我们认为统计学的核心问题是对误差的描述和分析；在第三章介绍统计图表的内容后，专门讨论了如何制作一个好的统计图，因为在实践中经常出现统计图误用的情形；在第五章对重要的离散型和连续型随机变量概率分布进行介绍后，自然地引出正态分布衍生的几个重要分布，在此基础上进一步讨论抽样分布，使得逻辑连贯、紧凑；第六章和第七章遥相呼应，把重点集中于一个总体和两个总体的参数估计与检验；第八章讨论的列联表中的相关测量是许多教科书中还没有涉及的内容，但在数据分析中十分必要；第十二章介绍综合评价指数，因为对数据的综合评价是现实中经常遇到的问题。

2. 省略公式推导，强调实际应用。“统计学教程”主要讲授统计方法，方法中的公式推导是统计理论的重要内容。本书没有追求公式推导，而是强调统计方法的实际应用。所以本书中的例题较多，试图通过例题告诉读者统计方法的具体应用；在一些章后介绍了 Excel 的使用也是基于强调应用的考虑，使读者学完之后立即能上手，利用相关软件进行统计问题的处理。

3. 本书内容通俗易懂、生动活泼。每章前都精心挑选一个生动案例，引出该章介绍的内容；作者尽量采用生动的语言，设计“学习导航”“小词典”“你知道吗”“试一试”“想一想”等栏目，介绍重要概念，拓展相应知识，引发读者思考，培养动手能力。各章中也有数量不等的“人物小传”，介绍著名统计学家生平和主要学术贡献，帮助读者在学习统计方法的同时，对统计学发展史有所了解。每章的最后有“本章小结”，强调该章核心知识点；本书还给出了各章习题的参考答案，便于读者对照检查。

本书特别适合于自学“统计学”课程的读者，也可以作为各类院校“统计学”课程的教材。在本书的写作过程中，中国人民大学统计学院的刘展博士和于力超博士帮助作者整理材料，经作者最后修订形成本书。在此，向刘展博士和于力超博士表示深深的感谢！本书的再版得到了中国人民大学出版社的大力支持，在此一并致以谢意！

金勇进

目　录

第一章 引论

统计无处不在

我们每天都可以在报纸上、网络上、电视机中看到、听到各种数据，这些数据是统计研究的结果。这些数据意味着什么？数据是如何收集的？如何进行数据分析以获得直观的结论，从而反映我们感兴趣的变量的现状和发展态势？请看下面一些统计数据和统计研究结果：

（1）2009 年 7 月北京期房商品住宅的销量为 12 840 套，剔除其中的经济适用房和限价房外的期房商品住宅签约套数为 10 862 套，日均销售约 350 套，较 6 月的日均销售 385 套下跌 9.1%。

（2）央行在公开市场发行了 50 亿元一年期央行票据，发行利率水平较前次发行直降近 95 个基点，为 2.245 9%，达到了 2006 年 5 月份的水平。

（3）统计分析结果显示，第二个出生的子女没有第一个聪明，第三个出生的子女没有第二个聪明，以此类推。

（4）2000 年，洛杉矶湖人队 14 名球员的年薪平均数约为 410 万美元，中位数约为 260 万美元。

（5）全球平均气温近些年总体具有变高的趋势。

这些都是统计学研究的问题和应用统计方法得出的结论。其他类似的股票行情、物价指数、房价波动、汇率变化，乃至交通事故、死亡人数等各种数据围绕着我们，我们生活在数据之中，想避开都难，可以说，有数据的地方就有统计，统计无处不在。

学习导航

- 统计数据的不同类型：按照数据的不同计量尺度、不同收集方法和是否与时间相关划分。
- 统计学的应用领域。
- 统计学的一些基本概念。
- 常用的统计软件。

第一节　统计数据与统计学

一、统计数据的类型

数据是统计的起点，要进行统计分析，首先要获得相关数据。在学习统计学前，有必要了解统计数据的类型。

（一）按照所采用计量尺度的不同分类

统计数据按照所采用计量尺度的不同可划分为三种类型，即数值型数据、分类型数据和顺序型数据。

1. 数值型数据（metric data）

数值型数据是指直接使用自然数或度量衡单位进行计量的用数字尺度测量的观察值。

例如，GDP 等的宏观经济运行数据、每天进出海关的旅游人数、某地流动人口的数量等。数值型数据的表现就是具体的数值，统计处理中的大多数都是数值型数据。

2. 分类型数据（categorical data）

分类型数据是指反映事物类别的数据。分类属性具有有限个（可能很多）不同值，值之间无序。

例如，人口按性别分为男、女两类，受教育程度也可以按不同类别来区分。这种数据通常用频数（率）表示分类的结果，例如，某地区男性常住人口占 52%、女性占 48%。

3. 顺序型数据（rank data）

只能归于某一有序类别的非数字型数据，称为顺序型数据。

例如，满意度调查中的选项有“非常满意”“比较满意”“比较不满意”“非常不满意”等；再如将学生的考试成绩分为优、良、中、及格、不及格等。

在这三类数据中，数值型数据由于说明了事物的数量特征，因此可归为定量数据（quantitative data），分类型数据和顺序型数据由于定义了事物所属的类别，说明了事物的品质特征，因而可统称为定性数据（qualitative data）。区分数据的类型非常重要，这是因为不同类型的数据在一些情况下，需要用不同的统计方法进行处理。

统计数据按所采用计量尺度的不同的分类如图 1—1 所示。

（二）按照收集方法的不同分类

按照收集方法的不同，可将统计数据分为观测数据和实验数据两类。

1. 观测数据（observational data）

观测数据是在没有对事物进行人为控制的条件下，通过调查或观测而收集到的数据。

观测数据主要集中在社会经济领域。例如，对商品零售价格变动水平进行测量可以得到商品零售价格指数，对股票价格变动水平进行测量可以得到股票价格指数等。

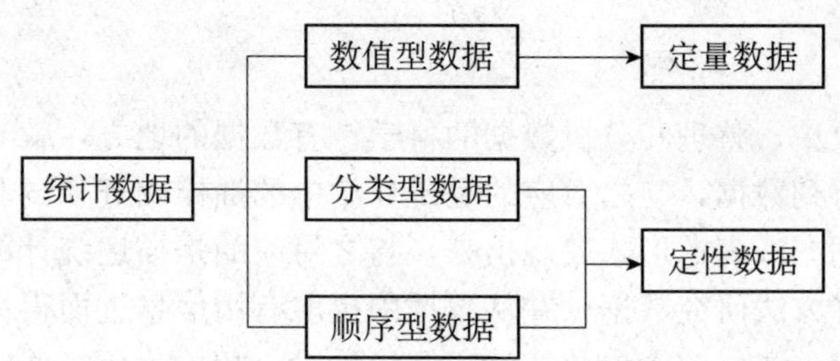

图 1—1 统计数据按所采用计量尺度的不同的分类

2. 实验数据（experimental data）

实验数据指的是通过在实验中控制实验对象而收集到的数据。

实验数据主要集中在自然科学领域。比如某种新型电池的使用寿命、一种新型降压药疗效的实验数据等。

（三）按照是否与时间相联系分类

按照是否与时间相联系，还可以将统计数据分为截面数据和时间序列数据。

1. 截面数据（cross-section data）

在相同或近似相同的时间点上收集的数据，称为截面数据。

截面数据描述了现象在某一时刻的变化情况，它通常是在不同的空间上获得的数据，表 1—1 显示的数据就是截面数据。

表 1—1　2007 年我国部分地区国内生产总值及其构成数据　单位：亿元

地区	国内生产总值	第一产业	第二产业	第三产业
北京	9 353.32	101.26	2 509.40	6 742.66
天津	5 050.40	110.19	2 892.53	2 047.68
河北	13 709.50	1 804.72	7 241.80	4 662.98
山西	5 733.35	269.68	3 438.58	2 025.09
内蒙古	6 091.12	762.10	3 154.56	2 174.46

2. 时间序列数据（time series data）

在不同时间上收集到的数据，称为时间序列数据。

时间序列数据常用于描述现象随时间变化的情况。表 1—2 显示的数据就是时间序列数据。

表 1—2　2001—2007 年我国国内生产总值及其构成数据　单位：亿元

年份	国内生产总值	第一产业	第二产业	第三产业
2001	109 655.2	15 781.3	49 512.3	44 361.6
2002	120 332.7	16 537.0	53 896.8	49 898.9
2003	135 822.7	17 381.7	62 436.3	56 004.7
2004	159 878.3	21 412.7	73 904.3	64 561.3
2005	183 217.5	22 420.0	87 364.6	73 432.9
2006	211 923.4	24 040.0	103 162.0	84 721.4
2007	249 529.8	28 095.0	121 381.3	100 053.5

二、统计学

统计学是一门收集、整理和分析数据的科学，有数据的地方，就有统计学的应用。收集数据并研究如何得到数据，与之对应的是统计学中的抽样调查和试验设计等理论；整理数据指的是将数据用图或表的形式展现出来，与之对应的是描述统计的方法；分析数据指的是选择适当的统计方法研究数据，并从数据中提取有用信息进而得出结论，更多地对应于推断统计的理论与方法，包含参数估计、假设检验、相关分析、回归分析、时间序列分析等诸多内容。

统计学的应用领域非常广泛，是一门适用于几乎所有学科领域的通用数据分析方法。无论是学术研究还是政府管理，无论是公司或企业的生产经营管理还是人们的日常生活，都离不开统计方法的应用。

表 1—3 列出了统计的一些应用领域，从中可以看到，统计无处不在，统计学是非常有实用价值的。

表 1—3　　统计的应用领域

Actuarial work（精算）	Hydrology（水文学）
Agriculture（农业）	Industry（工业）
Animal science（动物学）	Linguistics（语言学）
Anthropology（人类学）	Literature（文学）
Archaeology（考古学）	Manpower planning（劳动力计划）、
Auditing（审计学）	Management science（管理科学）
Crystallography（晶体学）	Marketing（市场营销学）
Demography（人口统计学）	Medical diagnosis（医学诊断）
Dentistry（牙医学）	Meteorology（气象学）
Ecology（生态学）	Military science（军事科学）
Econometrics（经济计量学）	Nuclear material safeguards（核材料安全管理）
Education（教育学）	Ophthalmology（眼科学）
Election forecasting and projection（选举预测和策划）	Pharmaceutics（制药学）
Engineering（工程学）	Physics（物理学）
Epidemiology（流行病学）	Political science（政治学）
Finance（金融）	Psychology（心理学）
Fisheries research（水产渔业研究）	Psychophysics（心理物理学）
Gambling（博彩业）	Quality control（质量控制）
Genetics（遗传学）	Religious studies（宗教研究）
Geography（地理学）	Sociology（社会学）
Geology（地质学）	Survey sampling（抽样调查）
Historical research（历史研究）	Taxonomy（分类学）
Human genetics（人类遗传学）	Weather modification（气象改善）

资料来源：贾俊平、何晓群、金勇进：《统计学》，4 页，北京，中国人民大学出版社，2007。

当今世界正进入大数据的时代，全球知名咨询公司麦肯锡称："数据，已经渗透到当今每一个行业和业务职能领域。"随着信息技术，特别是数据库技术的发展，社会各行业和领域收集、存储数据的能力有了很大的提高，同时积累了大量的数据，这为统计自身理论的进一步发展和在社会各领域的更广泛应用提供了机会。在知识经济和信息时代，统计学具有十分广阔的前景。

你知道吗?

在统计学产生和发展的过程中，出现了一批著名的统计学家，他们为统计学的发展做出了卓越的贡献，下面列举了一些历史上著名的国内外统计学家，在本书中会给出部分统计学家的小传。

(1) 雅各布·伯努利(Jacob Bernoulli，1654—1705)。

(2) 亚伯拉罕·棣莫佛(Abraham De Moivre，1667—1754)。

(3) 托马斯·贝叶斯(Thomas Bayes，1701—1761)。

(4) 卡尔·弗里德里希·高斯(Carl Friedrich Gauss，1777—1855)。

(5) 弗洛伦斯·南丁格尔(Florence Nightingale，1820—1910)。

(6) 卡尔·皮尔逊(Karl Pearson，1857—1936)。

(7) 罗纳德·艾尔默·费歇尔(Ronald Aylmer Fisher，1890—1962)。

(8) 许宝騄(1910—1970)。

第二节 一些基本概念

一、随机性和规律性

随机现象是相对于确定性现象而言的。在一定条件下，必然发生某一结果的现象称为确定性现象。例如，在标准大气压下，纯水在温度降低到零摄氏度时会凝固等。随机现象则是指在基本条件不变的情况下，每一次试验或观察前，不能肯定会出现哪种结果，呈现出偶然性。许多社会现象是随机的，带有不确定性。例如，买一注“双色球”福利彩票，能否中奖是不确定的；在犁好的土地中播下1 000颗种子，有多少会发芽也是不确定的。也有许多社会现象是有规律的，比如，人口密度高的地方犯罪率通常也比较高。

随机试验的每一可能结果称为一个基本事件，一个或一组基本事件统称随机事件，或者简称事件。典型的随机试验有掷骰子、扔硬币、抽扑克牌以及轮盘游戏等。

现实中，随机性与规律性并非完全对立，社会现象通常是随机性和规律性的有机结合体，随机之中带有规律性。抛一枚均匀的硬币，可能出现正面，也可能出现反面，其结果是随机的。但是，随机之中又有规律，如果重复抛该硬币若干次，则硬币正面出现的频率会随着重复次数的增加逐渐趋于0.5这个数值。图1—2记录了500次掷硬币试验中正面出现频率的波动情况。在重复次数较少时，该频率波动剧烈；随着重复次数的增加，该频率波动的幅度逐渐减小，并向0.5靠拢。这种现象可以用统计学中著名的大数定律解释。

类似的例子还有很多：你很难预测股市在某一天是上涨还是下跌，但是，作为国民经

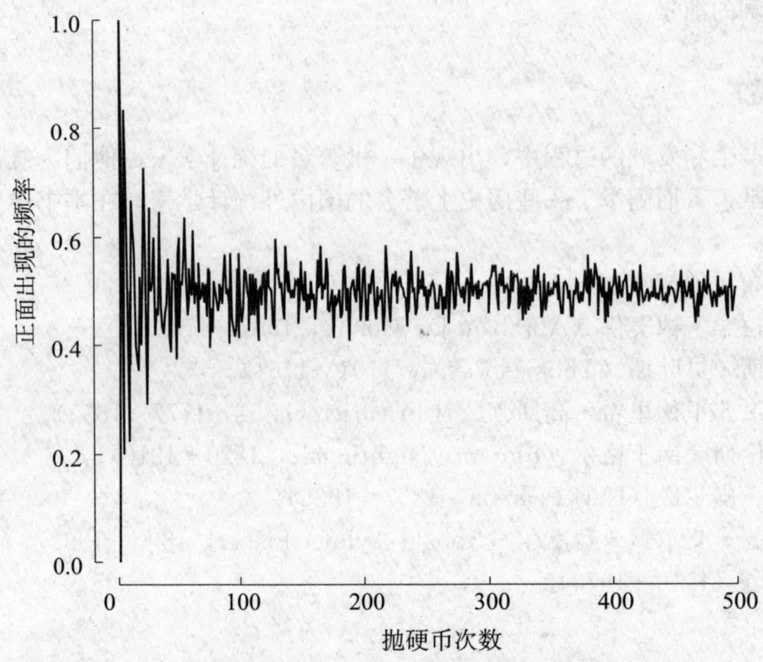

图 1—2　抛一枚均匀硬币，正面出现频率的变化趋势

济的晴雨表，在经济向好的那些年份，股票价格指数总的趋势是上涨的；人的身高很难预先确定，受生活习惯、基因、体育锻炼等因素的影响，存在较大的个体差异，带有一定的随机性，但是，从总体来说，我国公民的平均身高是非常稳定的，并且随着生活水平的提高在逐步增加。这都说明了随机之中有规律，这种规律称为统计规律。

对统计数据进行分析，就是利用数据产生的随机性和统计规律进行推断和决策。例如，要比较甲和乙两所高中的英语教学水平，分别在两所学校各随机抽取 30 名学生进行试卷测试。一般情况下，两个学校学生的成绩会有差异，这种差异有可能来自抽取到水平不同的学生，也可能来自两所高中英语教学水平的不同。在很多情况下，我们会面临不同背景的观测数据，需要研究这两组不同背景下的数据是否来自同一随机现象，即需要研究两组数据之间的差异是否大到超过随机性本身所能解释的地步，这种研究的理论就是概率论（probability theory）。

小词典

在随机事件的大量重复出现中，往往呈现几乎必然的规律，这个规律就是大数定律。通俗地说，这个定律就是，在试验不变的条件下，重复试验多次，随机事件的频率近似于它的概率。比如，我们向上抛一枚硬币，硬币落下后哪一面朝上本来是偶然的，但当我们上抛硬币的次数足够多后，如上万次甚至几百万次，我们就会发现，硬币每一面向上的次数约占总次数的二分之一。这就说明了偶然之中包含着某种必然。

二、概率和机会

概率是对机会的描述，度量某件事情发生的可能性，其取值在 0 和 1 之间（也可能是 0 和 1）。概率为 0，对应那些绝对不可能发生的事情，比如在标准大气压下，水加热到 60℃就沸腾，这是不可能的；概率为 1，对应那些一定会发生的事情，比如在真空状态下，自由落体在经过 t 秒钟后，落下的距离 s 必定是 $gt^2/2$ 。现实中，概率为 0 或 1 的事件都比较少，绝大部分事件发生的概率都介于 0 和 1 之间，为随机事件。这样的例子有：

（1）随意抛掷一颗骰子，出现的点数为 6。

（2）A、B 两队进行一场足球比赛，比赛结果为平局。

（3）在某交易日，上证指数以红盘报收。

（4）某对夫妇生下的是一名男孩。

（5）某天出现雷雨天气。

通过对这些随机事件以概率的形式进行表述，可以为进一步的统计推断奠定基础。

小词典

概率论是研究随机现象数量规律的数学分支。事件的概率是衡量该事件发生的可能性的量度。虽然在一次随机试验中某个事件的发生是带有偶然性的，但那些可在相同条件下大量重复的随机试验往往呈现出明显的数量规律。例如，多次测量一个物体的长度，其测量结果的平均值随着测量次数的增加，逐渐稳定于一个常数，并且诸测量值大都落在此常数的附近，其分布状况呈现中间多、两头少的对称性。大数定律及中心极限定理就是描述和论证这些规律的。

现代概率论的主要分支有极限理论、随机过程、随机分析、应用概率论、金融数学等。

你知道吗?

设从均值为 μ、方差为 σ^2（有限）的任意一个总体中抽取样本量为 n 的样本，当 n 充分大时，样本均值的抽样分布近似服从均值为 μ、方差为 σ^2/n 的正态分布。

三、参数和统计量

统计学经常涉及参数和统计量的概念。为研究某一问题，需要对研究对象进行界定。在统计学中，将所要研究的全部个体（数据的集合）称为总体，其特征的一些概括性数字度量称为参数。例如，某一地区的平均受教育年限，一批袋装牛奶的合格品率等。

作为总体特征概括性数字度量，参数的种类可以有很多，但研究者通常关心的主要有以下几种：总体平均数（记为 μ）、总体方差（记为 σ^2 ）、总体中具有某特征的个体所占的比例（记为 π）等。

现实中，研究对象的范围虽然在大多数情况下容易界定，但是要把这些研究对象相关特征的数据全部收集到通常面临着很大的困难，涉及时间、人力、物力、财力等诸多因素。例如，想要知道全国的总人口数，若逐个进行统计，实施普查，花费的时间和费用是惊人的，现阶段只能是每十年进行一次人口普查。我们更多地采用抽样调查的方法获得感兴趣的总体参数。有时候，对应的研究对象可能是无限总体，即该总体所包括的元素是无限、不可数的，此时收集总体的全部数据变得根本不可行。例如，在科学试验中，可将每一个试验数据看作总体的一个元素，而试验可以无限地进行下去。为此，很自然的一个想法是我们不必去收集总体的全部数据，而是从总体中随机抽取一小部分元素的集合作为样本，根据样本提供的信息来推断总体的特征。再如，我国每隔五年进行一次百分之一的人口调查，从出厂的某批次灯泡中随机抽出几个检测其寿命等。

与参数相对应，我们称用来描述样本特征的概括性数字度量为统计量。它根据样本数据计算得出，是样本的函数。常用的统计量和参数类似，主要有样本平均数（记为 $\overline{x}$）、样本方差（记为 s^2）、样本比例（记为 p）等。

统计学中的绝大多数问题都是研究如何根据统计量去推断参数。例如，如何用样本平均数（$\overline{x}$）去估计总体平均数（μ），如何用样本方差（s^2）去估计总体方差（σ^2），如何用样本比例（p）去估计总体比例（π）等。图 1—3 形象地展示了这一过程。

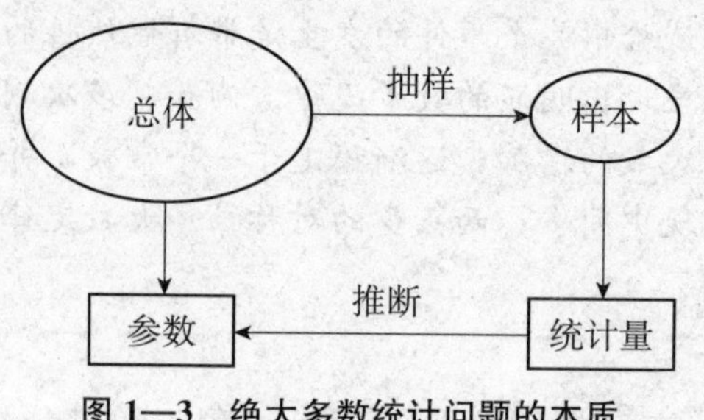

图 1—3 绝大多数统计问题的本质

小词典

抽样调查是一种非全面调查，它是从总体（全部调查研究对象）中抽选一部分单位进行调查，并据以对总体的一些参数（如总体均值、总体方差等）作出估计和推断的一种调查方法。显然，抽样调查虽然是非全面调查，但它的目的在于取得反映总体情况的信息资料，因而也可起到全面调查的作用。由于全面调查有测量误差等非抽样误差的存在，故抽样调查有时比全面调查获得的参数估计结果更加真实可信。根据抽选样本的方法的不同，抽样调查可以分为概率抽样和非概率抽样两类。概率抽样是从调查研究的总体中，根据概率论与数理统计的原理，采用随机原则来抽选样本，并从数量上对总体的某些特征作出估计推断，对推断出的可能出现的误差可以从概率意义上加以控制。非概率抽样是指从总体中非随机地选择特定的要素（单位）。

四、随机变量

(一) 随机变量与变量的类型

随机变量是相对于常量(也叫常数)而言的,是说明随机现象某种特征的概念。例如,某个小学中每天上学的人数是不同的,可能今天多几个,明天少几个,因为有些人生病,有些人逃学,还有一些人因为其他原因没有来,上课学生人数就是一个随机变量,但学校登记注册的学生人数则是常量,是一个固定的已知数目。

1. 随机变量(random variable)

随机变量是随机现象(在一定条件下,并不总是出现相同结果的现象称为随机现象)各种结果的实值函数(一切可能的样本点)。如未来某一天的气温、下一年度美职篮(NBA)总冠军等,都是随机变量的实例。

事实上,所有随机取值的数据都归属于某个随机变量,是随机变量的某一次具体实现。数据可划分为定性数据和定量数据两类,类似地,随机变量的类型也区分为定性变量和定量变量。

2. 变量类型

(1) 定性变量(categorical variable)。

观测的个体只能归属于几种互不相容类别中的一种,一般是用非数字来表达其类别,这样的观测数据称为定性变量。

(2) 定量变量(quantitative variable)。

定量变量也就是通常所说的连续变量,如长度、重量、产量、人口、速度和温度等,它们是通过测量或计数、统计所得到的量。这些变量具有数值特征,称为定量变量。

性别、受教育程度等,都是定性变量;商品销售额、职工工资等,则都属于定量变量。统计学所面对的是随机变量和各变量之间的关系。

(二) 变量之间的关系

事物是普遍联系的,作为随机现象某种特征的表达,变量与变量之间同样存在着千丝万缕的联系。与区分数据的类型类似,这里同样需要区分不同变量类型之间的关系,因为研究不同变量类型之间的关系,对应着不同种类的统计模型。

按照变量所属类型的不同组合,可以将变量之间的关系区分为定性变量之间的关系、定量变量之间的关系和定性与定量变量之间的关系。

性别与文化程度是否有关、不同国家的人民对陌生人的态度倾向是否存在差异、居民家庭订阅报纸和开通宽带上网之间是否有联系等,这些都属于定性变量之间的关系。研究定性变量之间关系的统计模型与方法主要有列联分析、对数线性模型等。

广告投入是否会影响销售额、城镇居民人均收入和人均支出相互影响有多大、复习时间和考试成绩之间是否存在必然联系等,这些都是定量变量之间的关系。研究定量变量之间关系的统计模型与方法主要有线性回归、非线性回归等。

手机品牌和手机销售量之间的关系、是否违约和信用卡用户年龄以及月收入之间的关系、上市公司所属行业与八大基本财务指标之间的关系等,都可归为定性变量与定量变量之间的关系。研究此类关系的统计模型与方法主要有方差分析、Logistic 回归、判别分析等。

上述统计模型与方法，有些是较为基础的内容，会在本书的相关章节予以介绍，比如列联分析、方差分析和回归分析；有些则属于更深层次的内容，需要参阅相关专业统计书籍。

第三节 统计与统计软件

随着科技的飞速发展和计算机的普及，原本枯燥、庞大的统计计算等工作，如今都可以通过统计软件完成，这为统计应用的普及提供了条件。

统计软件的种类很多，这里介绍常见的几种：

(1) Excel。虽然严格来说，Excel 并不是一款统计软件，但它自带了一些统计计算功能。excel 中设计了种类十分齐全的统计函数，并且通过加载宏安装数据分析的功能，能够进行一些诸如方差分析、线性回归等简单的统计分析。

(2) SPSS。SPSS 的全称是 statistical product and service solutions，即统计产品与服务解决方案，是目前非常受欢迎的一款统计软件。它囊括了各种成熟的统计方法与模型，并提供了各种数据准备与整理技术。

(3) SAS。SAS 的全称为 statistics analysis system。在数据处理和统计分析领域，SAS 是一款权威统计软件。SAS 以编程为主，在编程操作时需要用户对所使用的统计方法有较清楚的了解，非统计专业人员掌握起来较为困难。

(4) S -plus。S -plus 是由美国 MathSoft 公司开发的一种基于 S 语言的统计软件，是世界上公认的三大统计软件之一，主要用于数据挖掘、统计分析和统计作图等。其最大的特点在于它可以交互地从各方面发现数据中的信息，并可以很容易地实现一个新的统计方法，兼容性好。

(5) R。R 是一款国际自由统计软件，由一群致力于推广统计应用的志愿者组织管理。它完全免费，其统计功能的实现源自不断加入的由各个研究方向的统计学家编写的软件包，是目前更新速度最快的软件。R 同样需要编程，但与 SPSS 和 SAS 中的编程语言相比，R 语言是彻底面向对象的统计编程语言，十分简洁和高效。R 的官方网址是 http://www.r-project.org，在这个网站上可以下载到各种程序包及相关资料。

(6) Eviews。在时间序列数据的分析和处理上，Eveiws 是一款非常专业的软件，擅长于多种常用的计量经济模型。它通过建立序列间的统计关系式，实现预测和模拟等功能。该软件在科学数据分析与评价、金融分析、经济预测、销售预测和成本分析等领域应用广泛。

还有许多其他的统计软件，这里不一一罗列。值得注意的是，统计软件的使用必须建立在熟悉相关统计理论与方法的基础上，否则容易误用。而学习统计软件的最好方式是在使用中学习，并多看软件的帮助和说明。由于 Excel 是 Office 常用软件，普及较广，本书将以 Excel 为例介绍各种统计方法在统计软件上的实现。

人物小传

雅各布·伯努利（Jacob Bernoulli，1654—1705），伯努利家族代表人物之一，瑞士数学家。他被公认为是概率论的先驱之一。他是最早使用“积分”这个术语的人，也是较早使用极坐标系的数学家之一。他较早阐明了随着试验次数的增加，频率稳定在概率附近。概率论中的伯努利试验与大数定理也是他提出来的。雅各布·伯努利一生最有创造力的著作就是1713年出版的《猜度术》，他在这部著作里提出了概率论中著名的“伯努利定理”，这是大数定律的最早形式。这本书的出版是组合数学及概率论史上的一件大事。

本章小结

统计学是一门收集、整理和分析数据的科学，正因为如此，统计学和统计数据密不可分。本章第一节从现实中的统计数据出发，讲述了统计数据和统计学之间的关系。由于不同类型的统计数据对应不同的统计方法，因而，区分统计数据的类型显得非常重要。第一节从数据的不同计量尺度、不同收集方法和是否与时间相关三个角度对统计数据的类型进行了划分。

本章第二节介绍了统计学中一些基本概念，主要有随机性和规律性、概率和机会、参数和统计量、随机变量等。这里既有统计思想，如随机性和规律性的关系，也有统计术语，如参数、统计量、随机变量等。这些统计思想和术语贯通全书。

现代统计应用与统计软件紧密相连，统计方法需要利用统计软件实现。本章第三节介绍了常用的几种统计软件。学习统计软件的最好方式是在使用中学习，并多看软件的帮助和说明。

思考与练习

1. 什么是统计学？怎样理解统计学与统计数据之间的关系？

2. 统计数据可分为哪几种类型？不同类型的数据各有什么特点？

3. 指出下面的数据类型：

(1) 体重；

（2）民族；

（3）空调销量；

（4）购买商品时的支付方式（现金、信用卡）；

（5）学生对某教学改革措施的态度（赞成、中立、反对）。

4. 一项调查表明，北京市大学生每学期在网上购物的平均花费是500元，他们选择在网上购物的主要原因是“价格实惠”，试问：

（1）“大学生在网上购物的原因”是分类型变量、顺序型变量还是数值型变量？

（2）在这个问题中，总体参数指的是什么？

（3）“北京市大学生每学期在网上购物的平均花费是500元”是参数还是统计量？

5. 一家研究机构从IT从业者中随机抽取800人作为样本进行调查，其中70%回答他们的月收入在5 000元以上，40%的人回答他们的消费支付方式是信用卡，试问：

（1）月收入和消费支付方式分别属于哪一种变量，是分类型、顺序型还是数值型？

（2）这一研究涉及的是截面数据还是时间序列数据？

6. 举例说明总体、样本、参数、统计量、变量这几个概念。

7. 为什么要定义数据和变量的类型？为什么要对变量之间的关系进行划分？

8. 试举出一个日常生活发生的，反映随机之中又有规律性的例子。

第二章

数据的收集

数据的收集过程

若要运用各种统计方法对数据进行统计分析，首先要收集用于分析的相关数据。

对于数据的收集，往往需要做大量的工作，其一般过程为：

（1）明确调查目的，确定调查对象。

（2）选择合适的调查方式。

（3）展开调查活动，收集数据。

（4）整理数据。收集的数据比较混乱，为了便于分析，可采用一定方式对数据进行整理，如条形图、扇形图、表格等。

（5）分析数据，得出结论。

若采用抽样调查的方法收集数据，抽取样本时要注意样本的代表性和广泛性。

数据是应用统计方法的基础，如何取得准确可靠的数据是统计研究的内容之一。本章主要介绍数据的来源、数据误差以及数据文件等。

学习导航

- 统计数据的两种不同来源：数据的直接来源和间接来源。
- 数据误差的种类。
- 抽样误差的含义与影响因素。
- 数据文件的存储格式。

在当今信息爆炸的时代，每天翻开报纸、打开电视或网页，就会有铺天盖地的数据袭来。例如，股票行情、物价指数、外汇汇率、离婚率、房价、流行病等的相关数据。当然，还有国家统计局定期发布的各种宏观经济数据、海关发布的进出口贸易数据等。从这些数据中，有关方面可以提取对自己有用的信息。此外，人们购买住房是喜欢大户型还是小户型、学习成绩的好坏与性别是否有关、公众在购买汽车时倾向于选择国内品牌还是国外品牌，这些都是我们感兴趣却又不知道答案的问题。为了回答这些问题，需要收集相关的数据进行分析，以得出相应的结论。换句话说，当研究的问题确定之后，我们就要考虑为进行研究所需要的数据，包括我们从哪里获得数据？谁为我们提供数据？如果需要调查，调查对象是谁？如何从众多的潜在被调查者中抽样？怎样实施调查？还有一些研究问题可能需要通过实验的方法获得数据，那么，怎样使用实验方法获得数据？这些都涉及数据的收集问题，也是这一章要讨论的问题。

一位睿智的统计学家说过，世界上有两种数据：好数据和坏数据。好数据是指根据合理、正确的统计原理收集得到的数据；坏数据是指通过其他方法收集到的数据。我们所得到数据的准确性如何？如果不准确，误差是怎样产生的？应当如何控制误差以获得高质量的数据？这些工作都是一项统计研究活动不可缺少的环节。本章也将对统计误差的产生与控制的相关问题加以讨论。

第一节　数据的来源

从统计数据本身的来源看，它最初都是来源于直接的调查或实验。但是，从使用者的角度看，数据则主要来源于两种渠道：一是直接的调查和科学实验，这是数据的直接来源，我们称之为第一手数据或直接数据；二是其他人的调查或实验数据，这是数据的间接来源，我们称之为第二手数据或间接数据。本节将从使用者的角度，对获取数据的这两种渠道分别加以介绍。

一、数据的直接来源

数据的直接来源主要有两种：一是调查或观察；二是实验。调查是取得社会经济数据的重要手段，其中包括政府统计部门进行的调查，如经济普查、人口普查；也有其他部门或机构为特定的目的而进行的调查，如市场调查等。实验则是取得自然科学数据的主要手段。我们把通过使用调查方法获得的数据称为调查数据，把通过使用实验方法获得的数据称为实验数据。

（一）调查

调查通常是对社会现象而言的。例如，经济学家们通过收集经济现象的数据来分析经济形势、某种经济现象的发展趋势、经济现象之间的相互联系和影响。心理学家们通过收集有关人心理测试的数据，以了解人的心理及行为。管理学家们通过收集生产、经营、销售等各方面的数据，分析整个企业运行的状况。调查数据通常取自有限总体，即总体所包含的个体单位是有限的。调查包括三种类型：普查、抽样调查和统计报表。

1. 普查（census）

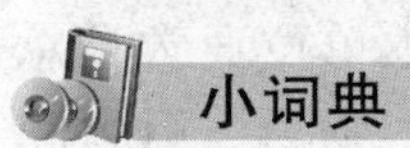

小词典

普查是为某一特定目的而专门组织的一次性全面调查，如我国定期进行的人口普查、农业普查、经济普查等。

世界各国一般都定期进行各种普查，以便掌握有关国情、国力的基本统计数据。普查是适用于特定目的、特定对象的一种调查方式，它主要用于收集处于某一时点状态上的、不能够或者不适宜定期用全面统计报表收集的社会经济现象的数据，目的是掌握特定社会经济现象的基本全貌，为国家制定有关政策或措施提供依据。

普查作为一种特殊的数据收集方式，具有以下几个特点：

（1）普查通常是一次性或者周期性的。由于普查涉及面广、调查单位多，需要耗费大量的人力、物力、财力和时间，故通常需要间隔较长的时间。如我国的人口普查从1953年到2010年共进行了6次。

（2）普查一般要规定统一的标准调查时间，以避免调查数据的重复或遗漏，保证普查结果的准确性。如我国第五次人口普查的标准时间定为2000年11月1日零时，第六次人口普查的标准时间定为2010年11月1日零时；第二次全国农业普查的标准时间定为2006年12月31日24时。标准时间一般定为调查对象比较集中、变动比较小的时间。

（3）普查的数据一般比较准确，规范化程度也较高，因此它可以为抽样调查或其他调查提供基本的依据，特别是可与抽样调查的数据资料相互验证，从而提高调查质量，保证调查精度在合理的范围之内。

（4）普查适用的范围比较狭窄，只能适用于一些最基本、最一般现象的调查。

你知道吗?

我国的普查制度：

（1）每逢年份的末位数字为“0”的年份进行人口普查。

（2）每逢年份的末位数字为“6”的年份进行农业普查。

（3）每逢年份的末位数字为“3”或者“8”的年份进行经济普查。

2. 抽样调查（sampling survey）

小词典

抽样调查是从调查对象的总体中抽取一部分单位作为样本进行调查，并根据样本调查结果来推断总体数量特征的一种非全面调查方式。根据是否按照随机性原则进行抽样，可以分为概率抽样调查与非概率抽样调查。

有句谚语说：“你不必吃完整头牛才知道肉是老的。”这就是抽样的精髓：通过调查一部分来得知全体。抽样调查是实际中应用最广泛的一种调查方式和方法，它有以下几个特点：

(1) 经济性。这是抽样调查的一个最显著的优点。由于调查的样本单位通常是总体单位中的很小一部分，调查的工作量小，因而可以节省大量的人力、物力、财力和时间。

(2) 时效性强。抽样调查可以迅速、及时地获得所需要的信息。由于工作量小，调查的准备时间、调查时间、数据处理时间等都可以大大缩减，从而提高数据的时效性。与普查相比，抽样调查可以频繁地进行，随着事物的发生和发展及时取得有关信息，以弥补普查的不足。例如，在两次人口普查之间，各年的人口数据都是通过抽样调查获得的。

(3) 适应面广。抽样调查可以获得更广泛的信息，它适用于对各个领域、各种问题的调查。从适用的范围来看，抽样调查既可以用于全面调查能够调查的现象，也适用于全面调查不能调查的现象，特别适合对一些特殊现象的调查，如产品质量检验、医药的临床试验、对顾客满意度的调查等。从调查的项目和指标来看，抽样调查的内容和指标可以更详细，能获得更全面、更广泛和更深入的数据。

(4) 准确性高。抽样调查的数据质量有时比全面调查更高，因为全面调查的工作量大、环节多、登记性（或调查）误差往往很大，而抽样调查则相反。当然，用样本数据去推断总体时，不可避免地会有推断误差，但这种误差的大小可以计算并加以控制，因此推断的结果通常是可靠的。

最基本的抽样方式有简单随机抽样、分层抽样、等距抽样（机械抽样或系统抽样）、整群抽样和多阶段抽样。调查则可以采用访问调查、邮寄调查、（计算机辅助）电话调查、群组座谈会、个别深度访问，以及直接观察法和实验法等方法。其中访问调查、邮寄调查、（计算机辅助）电话调查都需要设计调查问卷，以问卷为基础来进行调查，因此，这几种方法又可以统称为问卷法。

你知道吗?

（计算机辅助）电话调查简称CATI（computer assisted telephone interview），是近年高速发展的通信技术及计算机信息处理技术应用于传统的电话访问所得到的产物。作为一种调查方法和技术，CATI已在欧美许多国家盛行，有些国家CATI访问量甚至高达95%。CATI技术在国外之所以如此流行，一方面得益于电话的高普及率，另一方面迫于大都市入户访问成功率越来越低的现状。

（计算机辅助）电话调查一般包括三个主要步骤：进入系统、电话访谈、访问结束。

在（计算机辅助）电话调查时，调查员坐在计算机前，面对屏幕上的问卷，为通话另一端的被访者读出问题，并将被访者回答的结果通过鼠标或键盘记录到计算机中，督导在另一台计算机前借助局域网和电话交换机的辅助对整个访问工作进行现场监控。通过该系统，调查者可以更短的时间、更少的费用得到更加优质的访问数据，所得数据可被各种统计软件直接使用。

采用（计算机辅助）电话调查，调查的时效性强，收集到的数据代表性高，结果真实可信，已成为国内外专业调查机构开展民意研究和市场调查最主要的数据收集方法。

3. 统计报表（statistical report forms）

统计报表是按照国家有关法规的规定，自上而下地统一布置、自下而上地逐级提供基本统计数据的调查方式。

统计报表是收集数据的一种重要方式，在我国几十年的政府统计工作中，已形成一套比较完备的统计报表制度，它已成为国家和地方政府部门统计数据的主要来源。

（二）实验数据

收集数据的另一种方法是在实验中控制一个或多个变量并测量操纵的结果。如果说调查研究是被动的数据收集方式，我们只观察、记录或度量，但是不干扰，那么，实验则可以主动产生数据，做实验的人会主动介入，将某项处理施加于受试对象，来观察受试对象有何反应。实验数据是指在实验中控制实验对象而收集到的数据。实验是检验变量间因果关系的一种方法。在实验中，研究人员要控制某一情形的所有相关方面，操纵少数感兴趣的变量，然后观察实验的结果。

实验大多是对自然现象而言的。例如，化学家们通过实验了解不同元素结合后产生的变化；农学家们通过实验了解水分、温度对农作物产量的影响；医学家们通过实验验证新药的疗效；等等。实验作为收集数据的一种科学的方法也被广泛运用到社会科学当中，目前在心理学、教育学、社会学、经济学、管理学等研究中大量地使用实验的方法获取所需要的数据。

当实验中有多个控制变量时，如何操纵控制变量，用较少的实验次数获得实验数据，从而满足统计分析的需要就成了一个问题，因而产生了统计学一个重要分支：实验设计。实验设计（design of experiment，DOE），也称为试验设计，是以概率论和数理统计为理论基础，经济地、科学地安排实验的一项技术。实验设计自20世纪20年代问世至今，其发展大致经历了三个阶段：早期的单因素和多因素方差分析、传统的正交试验法和近代的调优设计法。

一个好的实验设计包含以下几个方面的内容：

第一是明确衡量产品质量的指标，这个质量指标必须是能够量化的指标，在实验设计中称为实验指标，也称为响应变量（response variable）或输出变量。

第二是寻找影响实验指标的可能因素（factor），也称为影响因子或输入变量。因素变化的各种状态称为水平，要求根据专业知识初步确定因子水平的范围。

第三是根据实际问题，选择适用的实验设计方法。实验设计的方法有很多，每种方法都有不同的适用条件，选择了适用的方法就可以事半功倍，选择的方法不正确或者根本没有进行有效的实验设计就会事倍功半。

第四是科学地分析实验结果，其方法包括对数据的直观分析、方差分析、回归分析等。

你知道吗?

最初的实验设计发生在17世纪初，当时英国海军面临一种病的威胁，在海上长期航行的水手们皮肤上有青灰斑点，牙龈大量出血，英国海军部怀疑这是由于缺乏柑橘类水果导致的。当这个想法被提出时，恰好有四艘海军军舰正要离开英国本土做长期航行，为调查是否是由于缺乏柑橘类水果而产生这种疾病，海军部安排其中一艘军舰上的水手每天喝柑橘汁，而其他三艘军舰上的水手则没有柑橘汁供应。航行还未结束，没有喝柑橘汁的水手们开始成批地生病，以至于不得不把每天喝柑橘汁的水手分配到这三艘军舰上以帮助这些军舰进港。尽管这项实验计划现在看来还可以更好地改进，但该实验本身已成功地证实了海军部最初的想法。

二、数据的间接来源

对于大多数使用者来说，亲自去调查往往是不可能的或不必要的。我们大多使用其他人调查或者实验得到的数据，对与研究变量相关的原有信息进行重新加工、整理，使之成为进行统计分析可以使用的数据，我们把这些数据称为间接来源的数据或二手数据。

从收集的范围来看，二手数据可以取自系统外部，也可以取自系统内部。数据取自系统外部的主要渠道有：统计部门和各级政府部门公布的有关资料，如定期发布的统计公报、定期出版的各类统计年鉴；各类经济信息中心、信息咨询机构、专业调查机构、各行业协会和联合会提供的市场信息和行业发展的数据情报；各类专业期刊、报纸、书籍所提供的文献资料；各种会议，如博览会、展销会、交易会及专业性、学术性研讨会上交流的有关资料；从互联网或图书馆查阅到的相关资料；等等。取自系统内部的资料，就经济活动而言，主要包括业务资料，如与业务经营活动有关的各种单据、记录和凭证等；经营活动过程中的各种统计报表；各种财务、会计核算和分析资料等。现在，随着互联网的发展，大量的电子版数据公布在各国政府部门和企业的网站上，充分利用搜索引擎，例如百度、Google等，我们可以获取需要的各种数据，不仅可以节省时间，而且可以省去录入的麻烦。但是，在使用从网络获取的数据时，一定要注意考察数据的真实性和完整性，以免造成分析结果的偏差和错误。

相对来说，二手数据的收集比较容易，收集数据的成本低，并且能较迅速地得到。二手数据的作用也非常广泛，除了可以用于分析所要研究的问题之外，这些资料还可以提供研究问题的背景，帮助研究者进行探索性分析，检验和回答某些假设和疑问，寻找研究问题的思路和途径，从而可以更好地定义问题。因此，收集二手数据是研究者首先考虑并采用的。

你知道吗?

提供我国社会和经济数据的公开出版物有《中国统计年鉴》《中国统计摘要》《中国社会统计年鉴》《中国工业经济统计年鉴》《中国农垦统计年鉴》《中国人口和就业统计年鉴》《中国市场统计年鉴》以及各省、市、地区的统计年鉴等。

提供世界各国社会和经济数据的出版物有《世界经济年鉴》《国际统计年鉴》《国外经济统计资料》《世界银行发展报告》，联合国的有关部门、世界各国也定期出版各种统计数据。

部分统计局网站：

（1）中华人民共和国国家统计局：http://www.stats.gov.cn/。

（2）联合国统计司：：http://www.un.org/。

（3）欧盟统计局：http://ec.europa.eu/eurostat。

（4）加拿大统计局：http://www.statcan.gc.ca/。

（5）英国统计局：http://www.statistics.gov.uk/。

想一想

1. 结合你在工作和生活中用到的数据，看看哪些是直接得到的数据，哪些是间接得到的数据？在使用这些数据时，有哪些需要注意的问题？

2. 在现实生活中，你遇到过哪些抽样调查问题？你了解各种抽样方法（如分层抽样、整群抽样、多阶段抽样等）的适用情形么？

3. 在本节“你知道吗?”英国海军的例子中，还可以如何改进实验设计？

你知道吗?

第六次人口普查

中华人民共和国第六次人口普查的标准时点是 2010 年 11 月 1 日零时。

此次普查的主要目的是查清十年来我国人口在数量、结构、分布和居住环境等方面的变化情况，为实施可持续发展战略、构建社会主义和谐社会提供科学准确的统计信息支持。人口普查主要调查人口和住户的基本情况，内容包括姓名、性别、年龄、民族、受教育程度、行业、职业、社会保障、婚姻生育、住房情况等。

第六次人口普查登记的全国总人口为 1 339 724 852 人，与 2000 年第五次全国人口普查相比，十年增加了 7 390 万人，增长了 5.84%，年平均增长 0.57%，比 1990 年到 2000 年的年平均增长率 1.07%下降 0.5 个百分点。

数据表明，十年来我国人口增长处于低生育水平阶段。31 个省、自治区、直辖市共有家庭户 40 152 万户，家庭户人口 124 461 万人，平均每个家庭户的人口为 3.10 人，比 2000 年人口普查的 3.44 人减少 0.34 人。家庭户规模继续缩小，主要是受我国生育水平不断下降、迁移流动人口增加、年轻人婚后独立居住等因素的影响。

男性人口占 51.27%，女性人口占 48.73%，总人口性别比由 2000 年人口普查的 106.74 下降为 105.20（以女性人口为 100.00）。0～14 岁人口占 16.60%，比 2000 年人口普查下降 6.29 个百分点；60 岁及以上人口占 13.26%，比 2000 年人口普查上升 2.93 个百分点，其中 65 岁及以上人口占 8.87%，比 2000 年人口普查上升 1.91 个百分点。我国人口年龄结构的变化，说明随着我国经济社会快速发展，人民生活水平和医疗卫生保健事业的巨大改善，生育率持续保持较低水平，老龄化进程逐步加快。

居住在城镇的人口为 66 557 万人，占总人口的 49.68%，居住在乡村的人口为 67 415 万人，占 50.32%。同 2000 年人口普查相比，城镇人口比重上升 13.46 个百分点。这表明 2000 年以来我国经济社会的快速发展极大地促进了城镇化水平的提高。

第二节 数据误差

研究抽样技术使我们意识到，很多因素可使调查数据产生错误并导致错误结论。若仅凭某一样本中有 60%的人赞同学校的改革措施，我们还不能够得出此结论：全校所有师生中有 60%的人支持改革。从最初决定调查到最后报告结果，任何一个环节都有可能出错。本节我们将就数据的误差问题展开讨论。数据误差是指通过调查收集到的数据与研究对象真实结果之间的差异。数据误差有两类：抽样误差和非抽样误差。

(1) 抽样误差（sampling error)。抽样误差是由于抽样的随机性引起的样本结果与总体真值之间的误差。

(2) 非抽样误差（non-sampling error)。非抽样误差是相对抽样误差而言的，是指除抽样误差之外的，由于其他原因引起的样本观察结果与总体真值之间的差异。

抽样误差是一种随机性误差，只存在于概率抽样中，非抽样误差则不同，无论是在概率抽样、非概率抽样中还是在全面调查中，都有可能产生非抽样误差。非抽样误差有很多种类型，包括抽样框误差、响应误差、未响应误差、调查员误差和测量误差等。

关于非抽样误差的讨论也有很多，在这里我们只选择有代表性的两种类型展开讨论：响应误差和未响应误差。有兴趣的读者可以阅读有关非抽样误差的其他文献。

一、抽样误差

抽样误差是由于抽样的随机性引起的样本结果与总体真值之间的误差，它并不是某件事出错造成的误差，而是指这样一种事实：如果同样的调查再进行一次，结果未必会与上次一模一样。结合本节开始的例子，如果同样的调查再重复一次，那么可能并不是 60%的人赞同学校的改革措施，而是 58%或 61%或其他相近比例的人支持改革。再比如第一个 100 次抛硬币 49 次正面朝上，第二个 100 次抛硬币可能 50 次正面朝上，第一次实验 50%的正面朝上的比例不同于第一次实验正面朝上的比例 49%。

在概率抽样中，我们依据随机原则抽取样本，可能抽中由这样一些单位组成的样本，也可能抽中由另外一些单位组成的样本。根据不同的样本，可以得到不同的观测结果。换句话说，只要采用概率抽样，抽样误差就不可避免。例如，检验一批产品中的不合格品率，随机抽出一个样本，样本由若干个产品组成，通过检测得到不合格品率为 5%，如果我们再抽取一个产品数量相同的样本，检测的结果或许还是 5%，但也有可能是 4.8%，还有可能是 5.1%，不同样本可能得到不同的结果。但是我们知道，总体真实结果只有一个，尽管这个真实结果我们并不知道。不过我们可以推测，虽然不同的样本会带来不同的结果，但这些不同的结果应该在总体真值附近。如果我们不断增大样本量，不同的结果也会向总体真值逼近。事实也正是如此，如果这批产品的数量非常大，我们不得不采用抽样的方法检查其质量，又假设我们的样本由随机抽取的 1 000 个零件组成，经过多次抽样，得到多个不同样本的检测结果，就会发现这些结果的分布是有规律的。例如，如果总体真正的不合格品率是 5%，那么，大部分的样本结果（如反复抽样中 95%的样本结果）会落在 3.65%～6.35%。以总体的真值 5%为中心，有 95%的样本（100 个样本中，大约有 95 个样本）结果波动于误差 1.35%以内的范围，也就是 5%－1.35%＝3.65%，5%＋1.35%＝6.35%。这个 1.35%的误差是抽样的随机性带来的，我们把这种误差称为抽样误差。总体百分比和抽样误差如图 2—1 所示。

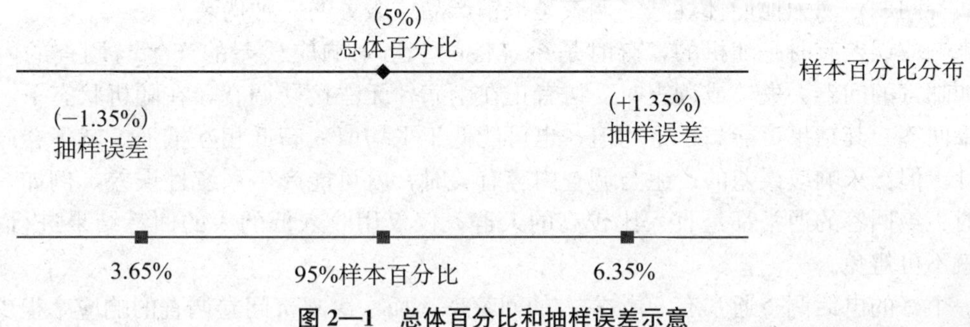

图 2—1　总体百分比和抽样误差示意

由此看出，抽样误差并不是针对某个具体样本的检测结果与总体真实结果的差异而言的，抽样误差描述的是所有样本可能的结果与总体真值之间的平均性差异。例如，在图 2—1 中，我们说全部样本中有 95%的样本结果与真值之间的差异上下不超过 1.35%。读者可能会问："总体真值是不知道的，怎么可能知道有 95%的样本结果与真值的差异是 1.35%呢?"确实，总体真值我们是不知道的，否则我们也就不用调查了。但是，通过样本是可以计算出这个误差的。在本书第五章、第六章将介绍这方面的内容。

综上所述，抽样误差是在用样本数据进行统计推断时所产生的随机误差，其可能由于抽取样本时没有遵循随机原则而产生，可能由于样本结构与总体结构存在差异而产生，还可能由于样本量不足而产生，这种误差通常无法消除，但可以通过各种统计方法进行计算和控制。

你知道吗?

抽样误差的大小与多种因素有关，最明显的是样本量的大小，样本量越大，抽样误差越小。当样本量大到与总体单位相同时，此时抽样调查变成普查，抽样误差便减小到零，因为这时已经不存在样本选择的随机性问题，每个单位都需要接受调查。抽样误差的大小还与总体的变异性有关。总体的变异性越大，即各单位之间的差异越大，抽样误差也就越大，因为有可能抽中特别大或特别小的样本单位，从而使样本结果偏大或偏小。抽样误差可以告诉我们，样本离总体的实际值可能有多远，因此，在公布任何一次抽样调查的结果时都应说明抽样误差的大小。

二、未响应误差

未响应误差又称作无回答误差。作为非抽样误差中的一种，未响应误差是指由于种种原因，包含在样本中的一部分人未对调查做出反应或回答而造成的误差。电话调查中，这可能是由于某一选定的电话号码拨了多次也没有反应，或者接通后被调查者拒绝回答问题；邮寄问卷调查中，地址写错、受访者搬家，或者受访者虽然收到问卷，却把问卷遗忘或丢失等，这些都可能导致未响应误差。邮寄问卷调查通常比电话调查有更多的未响应误差。此外，令人感到不安的是，拒绝参加所有形式调查的人的比例正在上升，人们越来越不愿回答问题，因为他们怀疑某一调查是推销产品或服务的一种伪装。

未响应误差有时是随机的，有时是系统性的。当未响应误差的产生与调查的内容无关，如邮寄的问卷丢失，或调查时受访者正在生病，无法接受调查，在随机状态下，受访者如果回答，其结果可能高于平均值，也可能低于平均值，高低相互抵消，就不会产生有偏估计。但当未响应误差的产生与调查内容有关时，就可能产生系统性误差。例如，调查收入时拒绝回答的通常都是收入比较高的人群，仅仅用收入低的人的回答结果进行推算，偏差就不可避免。

一个好的电话调查通常有90%左右的回答率，而一次邮寄问卷调查的响应率很少能达到50%，如何处理未响应问题，以获得总体参数良好的估计是一个需要解决的问题。抽样调查中的未响应数据通常称为缺失数据，当收集到的数据中含有缺失数据时，我们不能忽略，应当对缺失数据形成的“数据空洞”，利用有回答数据和其他辅助信息建立统计模型，对缺失数据用插补等统计方法进行处理，以形成完整的数据集，然后进行统计推断，只有这样，结果才更为可信。

你知道吗？

若未响应误差是随机产生的，通常可以通过增大样本量的方式解决。但当未响应误差是系统性误差时，解决的途径主要有两个：一是预防，即在调查进行前做好各方面的准备工作，尽量把未响应误差降到最低；二是当未响应误差出现后，分析其产生的原因，采取一些补救措施，例如，可以在未响应单位中再抽取一个样本，实施更有力的调查，并以此作为未响应层的代表，和响应层的数据结合起来对总体进行估计。

三、响应误差

响应误差是指在调查过程中，由于问题的措辞、问题所处的位置、访问员的影响或受访者自身的原因（诸如理解误差、记忆误差和有意识误差等），而使受访者在回答问题时产生的误差。即使所有的问题都有回答，我们所知道的也仅仅是调查时受访者告诉访问员的，而未必是他们实际上做的、感觉的或真实的想法。当我们在报纸上看到，在最近的一次调查中有60%的人赞同总经理的处理方法，那么我们应该在大脑里把这句话改写为：被调查并回答了问题的人在当时有60%对访问员说他们赞同总经理的处理方法。

我们中的很多人在购物中心、电话中或通过邮件被调查过，不知你是否能记起这样的情景：当你试图缩短调查时间时，你就马马虎虎地应付，或者试图说访问员想听到的内容，而不管自己实际是怎么想的。响应误差有很多种类型，我们在这里只讨论其中的一部分情况。

（一）问题的措辞

调查中问题的措辞影响着人们的回答。例如，1992 年 Roper 协会通过调查发现，22%的响应者说他们怀疑大屠杀曾经发生过。经过对这一统计结果的最初反应之后，读者开始把注意力转向问题本身："在你看来，'纳粹对犹太人的灭绝从未发生'是可能的还是不可能的?"这个题目包含了双重否定，这很可能使受访者困惑。两年后 Roper 协会又做了新的调查，这一次的提问方式变为："在你看来，'纳粹对犹太人的灭绝从未发生'可能吗？还是你确信它发生过?"这样，只有 1%的人认为大屠杀从未发生过，和最初的 22%存在显著性差异。

除了修改措辞，我们还会经常遇到这样的问题：响应者是否一开始就没有观点，或者是措辞通过选项给了响应者一个观点？在大屠杀问题上，可能的选项有两个，即这件事情从未发生过或确定它发生过。没有想过这个问题的人和对这个问题不发表意见的人就没有合适的答案去选择了。当持有中立观点的人也不得不选择两个答案中的一个时，中立的态度就没有代表了，同时这两种观点就有可能被夸大。

想一想

1. 如何提问能防止问题产生倾向性答案?
2. 如何进行问卷设计可以降低未响应率？有哪些调查访问技术能够提高回答率?

（二）问题所处的位置

调查中问题所处的位置也有可能影响结果，这就更增添了问卷设计的复杂性。在调查刚开始时，访问员和受访者之间还不能很好地沟通，受访者对于表达某些观点也许较犹豫。随着调查的深入，受访者也许会感觉自如一些，因而有可能说话直率且减少了些客套话。到调查结束时，受访者也许会感到疲劳或厌倦。如果受访者希望尽快结束这次调查，比起调查中间的回答，最后的回答就有可能较短、较不准确、较不认真。访问者试图通过如下方法来使受访者放松，即在开始时问较容易、不涉及个人的问题，而在关系融洽时问较难的和涉及个人的问题，结束调查时的问题通常短且简单。

（三）访问员的影响

受访者的答案可能会受到访问员的身份、性别及观点等因素的影响。调查设计者们总是尽量使访问员和受访者在人口统计特征，比如年龄、性别、种族等方面差不多。尤其对于敏感的问题，例如，考试是否作弊、对其他群体的态度、伦理或法律行为、性生活等，在调查时双方最好能有共同语言。

（四）受访者的影响

首先，不同的受访者对调查问题的理解不同，每个人都按自己的理解回答，大家的标准不一致，由此会造成理解误差。理解问题大都与受访者的心理活动有关，因此，心理学知识对于设计一份好的调查问卷是有帮助的。

其次，当调查的问题是关于一段时间内的现象或事实，需要受访者回忆时，回忆的时间间隔越长，回忆的数据可能就越不准确。因此，缩短调查所涉及的时间范围可以减小记忆误差。

最后，当调查的问题比较敏感，受访者不愿意回答，但迫于各种原因又必须回答时，可能就会告诉访问者一个不真实的信息。产生有意识误差的动因大致有两种：一种是调查问题涉及个人隐私，受访者不愿意回答，所以造假；另一种是受利益驱动，进行数字造假。有意识误差是一种系统性偏差，它往往向某一个方向倾斜。减小回答中的有意识误差需要多方面的努力，一方面，调查人员要做好受访者的思想工作，让他们打消顾虑；另一方面，调查人员要遵守职业道德，为受访者保密。

第三节　数据文件

数据是由一些变量和它们的观测值所组成的。在一项研究中，不论数据是通过调查方法得到的还是通过实验方法获得的，通常都会以表格形式录入计算机中，这样的一个数据表通常叫做数据阵或数据文件。表 2—1 就是数据文件的一般格式。

表 2—1　数据文件的一般格式

样本单位	年龄（岁）	性别	问题 1	问题 2
1	20	女	可口可乐	知道
2	31	男	百事可乐	不知道
3	24	男	百事可乐	不知道
4	38	女	百事可乐	知道
5	19	男	可口可乐	不知道
6	22	女	可口可乐	知道
7	40	女	百事可乐	不知道
8	32	男	可口可乐	不知道

文件由行和列组成。一般来说，行代表样本单位，每一行称为一个观测值，表 2—1 中反映出接受调查的有 8 个人。列表示不同的变量，每一列为一个变量的不同观测值。表 2—1 中第一列为样本编号，第二、三列是背景变量，分别为被访者的年龄和性别，最后两列为调查的问题。这是可口可乐公司开展的一项关于市场占有份额的调查。第一个问题是："在可口可乐和百事可乐中，您更喜欢哪个？"第二个问题是："您知道最近新出的一种无糖的可口可乐吗？"

数据文件中所表现的是调查的结果，为了数据的录入方便，也为了更好地整理、汇总和展示数据，可以把分类数据和顺序数据转化为数字。在表 2—1 中，我们可以采用以下的方式进行编码：

男——1　　　　女——0

可口可乐——1　百事可乐——0

知道——1　　　不知道——0

这样，数据又可以表现为表 2—2 的形式。

表 2—2　　编码后数据文件的一般格式

样本单位	年龄（岁）	性别	问题 1	问题 2
1	20	0	1	1
2	31	1	0	0
3	24	1	0	0
4	38	0	0	1
5	19	1	1	0
6	22	0	1	1
7	40	0	0	0
8	32	1	1	0

对于这样数据量小的文件，看起来还比较轻松。但大多数的调查，问题绝不止两个，样本量也绝不止几个。设想一个样本量为 1 000、问题为 50 个的数据文件，仅读起来就已经相当困难，更不用说发现数据中的特征和规律了。为了更好地解读海量数据，我们必须使用统计方法，对数据进行简化和浓缩，以了解数据背后的事实和规律。这些统计方法正是本书后面将要告诉读者的。

本章小结

统计学作为研究数据的一门方法论学科，始终要围绕数据说话，数据从哪里来？本章概述了数据的收集过程。

根据数据的获得途径，可以将其分为一手数据和二手数据。我们把直接的调查和科学实验称为数据的直接来源，这类数据称为第一手数据或直接数据；把来源于其他人的调查或实验称为数据的间接来源，这类数据称为第二手数据或间接数据。根据是否可以控制有关因素，又可以将一手数据分为实验数据和调查数据。我们把通过使用调查方法获得的数据称为调查数据，把通过实验得到的数据称为实验数据。

数据误差是指通过调查收集到的数据与研究对象真实结果之间的差异。数据误差有两类：抽样误差和非抽样误差。抽样误差是由抽样的随机性引起的样本结果与总体真值之间的误差。非抽样误差是指抽样误差之外的，由于其他原因引起的样本观察结果与总体真值之间的差异。

收集数据时，很多因素可使数据产生错误并导致错误结论，这既包括抽样调查中必然出现的抽样误差，也包括可能出现在调查实践中应该避免的未响应误差和响应误差。本章从不同的误差类型展开讨论，系统介绍了误差的处理和防范。数据收集得是否妥当，关系到后继分析和推断的结果是否合理。

此外，本章还介绍了常用的计算机使用的数据形式，主要形式是由变量和观测值组成的方阵形式。

思考与练习

1. 什么是二手资料？使用二手资料需要注意些什么？
2. 统计数据的来源有哪些？
3. 数据误差分为哪些类型？各种数据误差有什么特点？
4. 你认为应该如何控制调查中的响应误差？
5. 一项抽样调查随机选择电话号码进行访问，这种抽样方法会漏掉所有没装电话的人。这是非抽样误差还是抽样误差的来源？
6. 哪些因素在决定抽样误差大小时是重要的？
7. 什么是数据文件？数据文件的行和列通常代表什么？
8. 为什么当一个实验不包括对照组时，解释其结果就比较困难？

第三章

数据的描述——数据的直观显示

大数据的挑战

当前，我们已经进入了大数据时代，数据量的增加给了统计学广阔的应用空间和发展前景，同时增加了数据描述的必要性和难度。在收集到需要的数据后，我们需要从数据中寻找相应的信息。面对海量的数据，我们无法完全理解它们，无法从中看到我们希望得到的信息，所以必须采用一些方法对收集到的数据加以整理和描述，从数据中提取有用的信息，将其转化为直观的形式，使人们能够对数据中包含的信息一目了然。数据的描述主要有两种形式：第一种是绘制统计图；第二种是制作统计表。通过这两种方式可以帮助我们简化数据，从而使我们能够直观理解数据并从数据中提取有用信息。

上一章讨论了有关数据的收集方法。如何让这些数据“说话”，通过统计图、统计表等方法将数据转化为可用的形式，从中提取我们想要的信息，是学习统计学必须掌握的技能。本章我们介绍用统计表、统计图来描述统计数据的方法。

学习导航

- 统计表的作用，统计表的类型和编制规则。
- 不同变量的统计表描述。
- 不同变量的图示。
- 统计图的制作。

第一节　用统计表描述数据

一、统计表的构成

统计表是描述数据的一种基本工具，是由横竖交叉线条绘制的表格来表现数据所包含信息的一种重要形式。在数据的收集、整理、描述和分析过程中都需要使用统计表。把许多杂乱无章的数据，经过整理，按照一定的规定和要求有条理地组织在相应的表格内，就形成了一张统计表。广义的统计表包括统计工作各个阶段的一切表格；狭义的统计表指的是容纳和描述各种统计数据信息的表格，它能够清楚、有条理地显示统计数据的分布特征，是表现数据资料整理结果的最常用的表格，是描述统计数据的重要工具。

统计表对描述统计数据具有重要作用，主要体现在以下几个方面：首先，统计表利用表格形式，合理地安排统计数据，能够清晰、简明地反映出数据的分布特征；其次，通过统计表可对统计数据进行对照比较和分析，有利于计算统计分析指标；再次，在统计分析报告中使用统计表，可节省文字叙述篇幅，能够达到简明易懂、紧凑有力的分析效果；最后，统计表是汇总和积累统计资料，进行统计分析的重要工具。

统计表的形式多种多样，根据使用者的要求和统计数据本身的特点，可以编制形式多样的统计表。常见的统计表如表 3—1 所示。

表 3—1　　我国主要年份的城乡人口数　　单位：万人　←—表头

←—列标题

年份	城镇人口	乡村人口
1978	17 245	79 014
1980	19 140	79 565
1985	25 094	80 757
1990	30 195	84 138
1995	35 174	85 947
2000	45 906	80 837
2005	56 212	74 544
2006	57 706	73 742
2007	59 379	72 750

（左侧标注：行标题；右侧标注：数据资料）

注：1982 年以前的数据为户籍统计数。

资料来源：中华人民共和国国家统计局：《中国统计年鉴 2008》，北京，中国统计出版社，2008。

统计表一般由四个主要部分构成，即表头、行标题、列标题和数据资料。必要时，需要在统计表的下方加上表外附加。

表头，即总标题。它是统计表的名称，用于概括统计表中要说明的内容，应放在统计表的正上方。

行标题和列标题通常安排在统计表的第一列和第一行，它们主要用来表示所描述数据依据的变量指标的类别和名称。

统计表的其余部分是具体的数据资料。

表外附加通常放在统计表的下方，主要包括资料来源、指标的注释、填表单位、填表人员、填表时间和必要的文字说明等内容。

二、统计表的类型

统计表的类型一般根据统计表的结构内容来划分，根据统计表中行标题和列标题中变量指标的分类情况，统计表可分为简单表、分组表、复合表和交叉表四种类型。

(一) 简单表

简单表中的行标题或列标题中的变量指标未经过任何分类，只是反映各变量的名称或按时间顺序的简单排列。简单表也称一览表，表中数据按照行标题或列标题进行简单排列，如表3—2所示。简单表在日常统计工作中应用非常广泛，但其反映问题的深度很有限，在进行进一步的统计分析时还需要借助分组表、复合表和交叉表等。

表3—2　　2013年第1季度我国主要宏观经济运行指标

主要宏观经济指标	单位	数值
国内生产总值	亿元	118 855
第一产业增加值	亿元	7 427
固定资产投资（不含农户）	亿元	58 092
全国房地产开发投资	亿元	13 133
城镇居民人均总收入	元	8 015

资料来源：中国国家统计局网站季度数据。

(二) 分组表

分组表中的行标题或列标题中的变量指标按照一定标志进行了分类。分组表也称简单分组表，可以揭示出现象的不同类型的特征，研究现象的内部结构，如表3—3所示。在表3—3中，行变量按照销售单位所在地进行划分，针对每一个行变量类别，又按照时间进行划分，行变量类别和列变量类别交叉点的值反映了该销售单位所在地类别在某年份的社会消费品零售总额。

表3—3　　1998—2007年按销售单位所在地划分我国社会消费品零售总额　　单位：亿元

年份	社会消费品零售总额	市	县	县以下
1998	33 378.1	20 294.1	4 220.2	8 863.8
1999	35 647.9	22 201.8	4 460.8	8 985.3
2000	39 105.7	24 555.2	4 831.1	9 719.4
2001	43 055.4	27 379.1	5 251.4	10 424.9
2002	48 135.9	31 376.5	5 566.5	11 192.9
2003	52 516.3	34 608.3	6 011.8	11 896.2
2004	59 501.0	39 695.7	6 636.0	13 169.3
2005	67 176.6	45 094.3	7 485.4	14 596.9
2006	76 410.0	51 542.6	8 477.9	16 389.5
2007	89 210.0	60 410.7	9 943.8	18 855.5

资料来源：中华人民共和国国家统计局：《中国统计年鉴2008》，北京，中国统计出版社，2008。

(三) 复合表

行标题或列标题中的变量指标按照两个或两个以上的标志进行层叠分类所形成的统计表称为复合表，如表3—4所示。

表 3—4　　1978—2007 年主要年份国内生产总值及其构成　　单位：亿元

年份	国内生产总值	第一产业	第二产业	工业	建筑业	第三产业
1978	3 645.2	1 027.5	1 745.2	1 607.0	138.2	872.5
1980	4 545.6	1 371.6	2 192.0	1 996.5	195.5	982.0
1985	9 016.0	2 564.4	3 866.6	3 448.7	417.9	2 585.0
1990	18 667.8	5 062.0	7 717.4	6 858.0	859.4	5 888.4
1995	60 793.7	12 135.8	28 679.4	24 950.6	3 728.8	19 978.5
2000	99 214.6	14 944.7	45 555.9	40 033.6	5 522.3	38 714.0
2005	183 217.4	22 420.0	87 364.6	77 230.8	10 133.8	73 432.9
2006	211 923.5	24 040.0	103 162.0	91 310.9	11 851.1	84 721.4
2007	249 529.9	28 095.0	121 381.3	107 367.2	14 014.1	100 053.5

资料来源：中华人民共和国国家统计局：《中国统计年鉴 2008》，北京，中国统计出版社，2008。

（四）交叉表

交叉表是一种常用的分类汇总表格。行标题和列标题中的变量指标同时采用分类的形式来表示，使得数据依据行或列变量分类结果在交叉的单元格中显示。交叉表如表 3—5 所示。

表 3—5　　某项调查被访问者受教育水平和性别分布交叉表

受教育水平	性别		合计人数（人）	百分比（%）
	男	女		
小学及以下	100	140	240	8
初中	500	460	960	32
高中	600	630	1 230	41
大学及以上	260	310	570	19
合计	1 460	1 540	3 000	100

三、统计表的编制规则

由于制表者的意图以及所描述数据对象复杂程度的不同，统计表在结构和形式上可能会表现出较大的差异，但“简练、美观、科学、实用”是编制统计表的基本指导原则。制表时，要强调编制统计表的目的和要求，做到简洁明了、重点突出，避免过分烦琐。统计表编制效果的好坏，在一定程度上关系到使用者对表中信息的解读是否正确。在具体编制统计表时，应当遵循以下几点具体规则：

（1）表头一般应有表在文中的序号，而且要与文中的引用说明对应。表头要用最简练的文字概括表中所描述数据信息的主要内容，具体包括数据的时间、描述对象以及主要内容。

（2）统计表的结构要简练，形式要美观。行标题、列标题尽量采用简洁准确的词语表达，同时它们和数据资料的位置安排要合理。通过行标题和列标题位置的互换，使得编制出的统计表数据摆放的长宽比例适当，避免出现结构比例失衡的情形。

（3）如果表中的数据采用同一计量单位，则需要在表的右上角注明；如果表中数据采用不同计量单位，可在表中每个变量指标名称后单独注明。

（4）若统计表的栏数较多，通常需要加编号。

（5）统计表的上下两条线一般加粗显示，表中的线为细线，表的两端开口，这样使得统计表看起来清楚、醒目。

（6）统计表中的数据需要对齐，有小数点时以小数点对齐，小数点的位数必须统一。对于没有数据的单元格，可用"—"表示，避免出现空白的单元格。

（7）统计表中的各行和各列，一般应按照先局部后总体的原则，即先列出各个分项目，然后列出总计值。

（8）统计表应加注说明或注释。下方的表外附加项中至少要包括表中数据的来源或出处，方便使用者了解统计表中数据的可靠性。此外，根据需要可注明表中变量指标的解释、其他必要的文字说明等。

四、数据的统计表描述

（一）定性变量的统计表描述

统计学中的定性变量（categorical variable）是指观测的个体只能归属于几种互不相容类别中的一种，一般用非数字来表达其类别。

定性变量包括分类变量和顺序变量两种类型。分类变量的取值是对事物的一种分类，而顺序变量的取值是对事物的分类排序。在整理和描述定性变量时，需要根据分类变量或顺序变量的取值进行统计分组，同时计算每一组对应的频数，进而遵照统计表的编制规则制作统计表。

假设某项调查中 3 000 名被访问者按性别分类（组）后，即可整理得到男性和女性的人数，从而得到每一类的频数、频率以及比例分布表，见表 3—6。

表 3—6　　某项调查 3 000 名被访问者按性别分组

性别	频数（人）	频率	百分比（%）
男	1 460	0.486 7	48.67
女	1 540	0.513 3	51.33

频数（frequency）是指落在某一特定类别（或组）中的数据个数；用各类别的频数与全部频数之和求比值，就可以得到频率或比例（proportion）；把各个类别及其相应的频数或频率全部列出，并用统计表的形式表现出来，则形成频数分布（frequency distribution）和频率分布（proportion distribution）。

当定性变量是顺序变量时，变量值依据事物的某一属性的大小或多少按次序将事物排列，并用数字作为名次的标志。如学生跳远排名次，跳的最远的定为第 1 名，次远的定为第 2 名，以此类推，所得 1，2，3…就是顺序变量。

假设某项调查中 3 000 名被访问者按照受教育水平高低可分为四大类，除了可以得到每一类所对应的频数、比例分布表外，还可计算累积频数或累积频率，见表 3—7。

表 3—7　被访者受教育水平累积分布表

受教育水平	人数（人）	百分比（%）	向上累积		向下累积	
			频数（人）	频率（%）	频数（人）	频率（%）
小学及以下	240	8	240	8	3 000	100
初中	960	32	1 200	40	2 760	92
高中	1 230	41	2 430	81	1 800	60
大学及以上	570	19	3 000	100	570	19
合计	3 000	100				

累积的方法有两种：一是从顺序变量取值的最小一方向最大一方累加，称为向上累积；二是从顺序变量取值的最大一方向最小一方累加，称为向下累积。

累积频数是将顺序变量各个取值的观测频数逐级累加起来得到的频数。通过累积频数，可以很容易看出顺序变量某一取值以下或某一取值以上的频数之和。

累积频率或累积百分比是将顺序变量各取值所对应频数的百分比累加起来得到的百分比。通过累积频率，可以很容易看出顺序变量某一取值以下或某一取值以上的频率之和。

（二）定量变量的统计表描述

定量变量（quantitative variable），也就是通常所说的连续变量，如重量、长度等，它们是通过测量或计数得到的量，这种变量具有数值特征，所以称为定量变量。

对于定量变量，通常采用统计分组，得到每一组所对应的频数、频率或比例表来进行描述。在整理取值数据时，先要进行统计分组，即根据统计分析的需要，将数据按照某种标准划分成不同的组别，然后再计算落在某一特定组别中的数据个数（即频数）以及累积频数等。统计分组按照分组标志的不同可分为单变量分组和组距分组。

单变量分组是把每一变量取值都作为分组标志，这种方法适用于离散型变量，且变量取值较少的情形。例如，某项调查中 100 名调查员每人调查的有效问卷数如表 3—8 所示。

表 3—8　100 名调查员每人调查的有效问卷数

95	101	103	105	107	108	110	111	114	115
115	116	116	121	122	122	124	124	125	125
125	126	126	128	128	131	131	132	133	133
134	134	135	135	135	136	136	136	137	138
139	139	140	140	142	142	142	143	143	144
144	144	145	145	145	145	147	147	147	148
152	153	153	153	154	154	154	154	155	155
155	155	156	156	159	160	161	163	163	163
163	165	166	166	166	167	171	171	171	174
175	177	178	179	180	182	182	188	191	196

对于有效问卷数处于 130 到 150 份的调查员，根据其问卷数进行单变量分组，得到表 3—9。

表 3—9　**调查员按有效问卷数进行单变量分组**

问卷数	频数	问卷数	频数
131	2	139	2
132	1	140	2
133	2	142	3
134	2	143	2
135	3	144	3
136	3	145	4
137	1	147	3
138	1	148	1

组距分组是将全部变量取值划分为若干个区间，并将这一区间值作为分组标志的方法。根据表 3—9 的内容可以发现，单变量分组会使得分组过细，组数过多，不利于观察数据分布的特征和规律，对于连续型变量也无法采用这种分组方式。在变量是连续型变量或离散型变量取值较多的情况下，通常采用组距分组。

对表 3—8 中 100 个调查员每人调查的有效问卷数进行组距分组。首先确定组数，组数的确定与数据的特点和多少有关，但目的是能够反映出数据分布的特征和规律，可以按照经验公式（3.1）来确定组数 n：

$$n=1+\frac{\lg N}{\lg 2} \tag{3.1}$$

公式（3.1）中，N 为收集到的数据个数。根据公式（3.1）计算的结果四舍五入取整即可得到经验分组数。实际应用当中，需要根据数据的多少和特点，参考这一标准，灵活确定。本例中最终确定为 11 组。其次，确定各组的组距。组距是一组的上限与下限数值的差，当采用等距分组时，组距＝（最大值－最小值）÷组数。根据计算结果，组距约为 9.2。为了便于计算，取组距为 10。最后，根据分组结果整理频数分布表，得到的分组结果见表 3—10。

表 3—10　**100 个调查员按有效问卷数进行组距分组**

分组（份）	频数（人）	频率（%）
90～100	1	1
100～110	5	5
110～120	7	7
120～130	12	12
130～140	17	17
140～150	18	18
150～160	15	15
160～170	11	11
170～180	8	8
180～190	4	4
190～200	2	2
合计	100	100

对定量变量进行统计分组时，一般应遵循"不重不漏"原则，即每个数据只被分到某

一组，所有数据都能被分到其中一组。为了保证每个数据都被分入且只被分入其中一组，对于组距分组，需要采用“上组限不在组内”原则，即某一组上限值的变量值在分组时不归入本组，而归入将其作为下限的临近组。如在表 3—10 中，110 不归入 100～110 组，而归入 110～120 组。

有时各组组距可能不相等（多出现在数据的分布不均匀的情况，如数据值很大或数据量很小时），例如，对于人年龄的分组，根据年龄的分布特点可分为 0～20 岁，20～40 岁，40～60 岁，60 岁以上。因为人年龄的分布不均匀，若按等距分组继续按 60～80 岁，80～100 岁，100～120 岁分组，则 100～120 岁组内频数将明显小于 20～40 岁组内的频数，所以为了使各组内频数不至于相差太大，可采用非等距分组。

另外，组距分组不能反映各组内的数据分布情况，为了反映各组数据的一般水平，可将组中值作为该组数据的代表值，组中值即该组上限值和下限值的平均数，当各组数据在本组内呈现近似均匀分布或对称分布时，用组中值作为该组数据的代表值效果较好，此时组中值可以作为组内样本的平均值，可以用它乘以组内频数计算组内样本总值，进而可以估算总体总值和总体均值。

第二节　用统计图描述数据

一、统计图

描述数据的另一种方法是将它们用统计图的形式画出来。图中可以包含大量的数据信息，并且能够直观地被理解。统计图是以图形形象地表现统计数据的一种形式。

根据统计图描述统计变量的个数的不同，统计图可以分为单变量统计图、双变量统计图和多变量统计图；根据统计图描述统计变量的性质和外形特征的不同，统计图又可以分为条形图、饼图、环形图、累计分布图、直方图、折线图、茎叶图、盒形图、散点图等。

制作统计图有两个主要目的：一是帮助研究者从数据中提取信息，统计图可以揭示统计数据的内部结构和依存关系，显示统计数据的发展趋势和分布状况，有利于进行统计分析与研究；二是把统计数据所包含的信息传递给使用者，把“枯燥”的统计数据转化为生动形象的图形信息，一张好的统计图，往往胜过冗长的文字表述。用统计图描述统计数据，具有鲜明醒目、富于表现、易于理解的特点。

统计图已经有两百多年的历史。采用传统的手工方式制作的统计图，缺乏精确性，且很难处理大量的数据信息。在计算机普及的今天和各种功能强大的统计软件带动下，制作一幅漂亮的统计图已不再是难事。通过计算机软件，我们不仅可以绘制二维平面统计图，还可以绘制三维立体统计图。本章附录将介绍如何使用 Excel 软件制作常用的统计图。

二、定性变量的图示

对定性变量进行图形描述，通常是先计算定性变量取值每一分类所对应出现的频数或频率，然后通过条形图、饼图、环形图、累积分布图等形式加以描述。

(一) 条形图

条形图（bar graph）可用于显示分类变量和顺序变量取值的频数或频率分布，用宽度相同的条形的高度或长短来表示频数的多少或频率的大小。条形图可以横置或纵置，纵置时也称为柱形图（column graph）。此外，根据图形描述的定性变量的个数的不同，条形图有单式条形图、复式条形图等形式。单式条形图的分类变量只有一个，如图 3—1 所示，只是按照城乡分类。复式条形图的分类变量不止一个，如图 3—2 所示，其分类变量有城乡和年份。

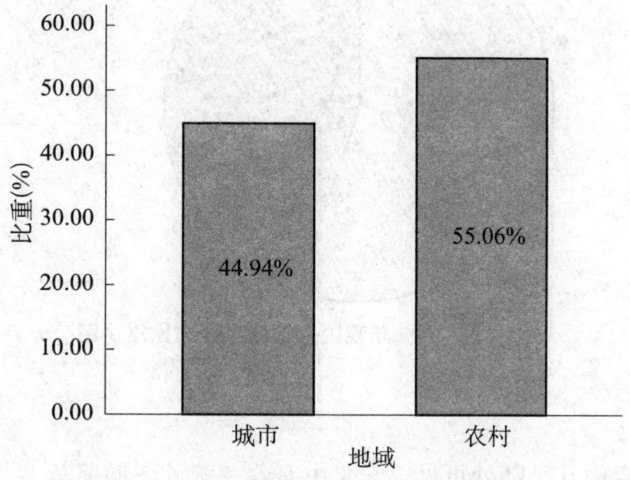

图 3—1 2007 年我国人口城乡分布条形图

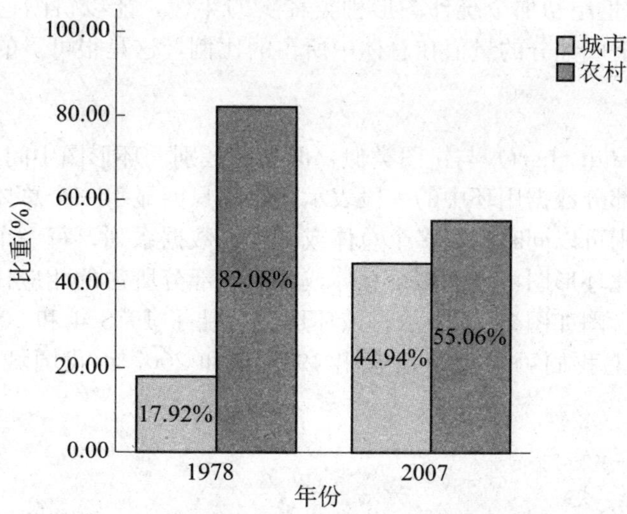

图 3—2 1978 年和 2007 年我国人口城乡分布条形图

(二) 饼图

饼图（pie chart）可用于显示分类变量和顺序变量取值所对应的频数或频率分布，用圆形及圆内扇形的圆心角来表示数值的大小。用饼图表示分类变量的取值尤其直观明了，可用于表示分类变量中各组频数所占的比例，即各组的频率，从而反映各组频数的相对大小。当直接用于显示每一组的频数时，效果没有采用比例表示的好。因此，饼图对于研究结构性问题十分有用。但当分类过多时，每个扇形的面积会过小，饼图的效果就不是很好了。在绘制时，总体中各部分所占的百分比用圆内的各个扇形面积占整个圆面积的比例表示，如图 3—3 所示。

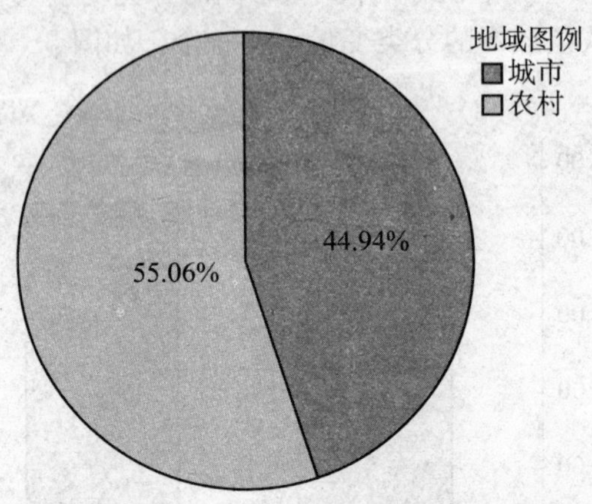

图 3—3　2007 年我国人口城乡分布比重饼图

你知道吗?

饼图在当今社会中几乎随处可见，它是由有着“统计图形奠基人”之称的苏格兰工程师普莱菲发明的。在《统计学摘要》一书中，普莱菲第一次采用饼图展示了一些欧洲国家的领土比例，在 19 世纪初那个统计图形种类稀少的年代，能以饼图这种直观方式显示数据的结构，反映各组成部分的量值在总体中所占的比例，这是很可贵的创举。

（三）环形图

环形图（doughnut chart）与饼图类似，但又有区别。环形图中间有一个“空洞”，总体或样本中的每一部分数据用环中的一段表示。饼图只能显示一个总体或样本各部分所占的比例，而环形图则可以同时绘制多个总体或样本的数据系列，每一个总体或样本的数据系列为一个环，因此环形图可显示多个总体或样本各部分所占的相应比例，从而有利于比较研究。典型的环形图如图 3—4 所示，该环形图反映了 1978 年和 2007 年我国人口的城乡分布，在这张图上我们可以直观地看出 1978 年和 2007 年我国城乡人口分布的变化情况。

想一想

前面我们介绍的统计图表分类变量都不超过两个，若分类变量有三个或三个以上，想一下我们可以采用什么形式的统计图表描述数据。

（四）累积分布图

对于顺序变量的取值进行图形描述，除了以上三种统计图外，还可以采用累积分布图

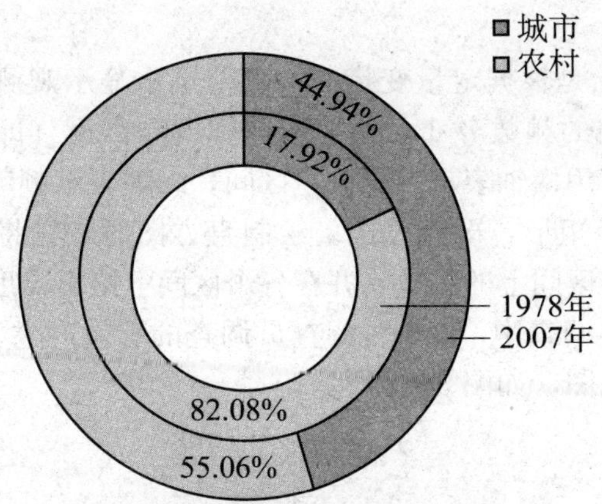

图 3—4　1978 年和 2007 年我国人口城乡分布环形图

(cumulative distribution graph)，具体包括累积频数分布图和累积频率分布图。

累积频数分布图和累积频率分布图分别可分为向上累积和向下累积频率或频数分布图。

例如前述在调查中得到有关被访者受教育水平的数据，对其进行整理后，如表 3—7 所示。根据表 3—7 的内容，可以做出被访者受教育水平的向上累积或向下累积频数或频率分布图，这里以频数为例说明，如图 3—5 所示。

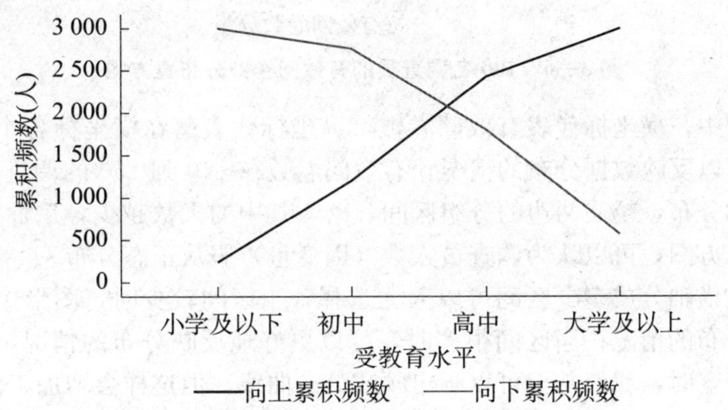

图 3—5　3 000 名被访者受教育水平累积频数分布图

向上累积频数分布是先列出各组的上限，然后由标志值低的组向标志值高的组依次累积频数。向下累积频数分布是先列出各组的下限，然后由标志值高的组向标志值低的组依次累积频数。

三、定量变量的图示

定量变量也称为数值型变量，按照数据的取值类型，又可细分为连续型变量和离散型变量。以上用来描述定性变量取值的图示法都能够用来描述定量变量的数值。此外，对于定量变量的取值，还可以采用直方图、折线图、茎叶图、盒形图等统计图来进行描述。

（一）直方图

直方图（histogram）是根据定量变量的取值范围来显示观测频数的图，常用于显示连续型变量在取值区间内的频数分布，用矩形的宽度和高度（即面积）来表示频数的分布。在平面直角坐标中，用横轴表示数据分组区间，纵轴表示频数或频率，这样，各组与相应的频数就形成了一个矩形，即直方图。绘制直方图时，先将横轴分成若干等距的区间，然后计算数据在各个区间上的频数，并在各个区间上绘出高度与数据在相应区间的频数成比例的矩形。在前述调查中，100 名调查员调查的有效问卷数分组数据如表 3—8 所示，根据该表绘制出直方图，如图 3—6 所示。

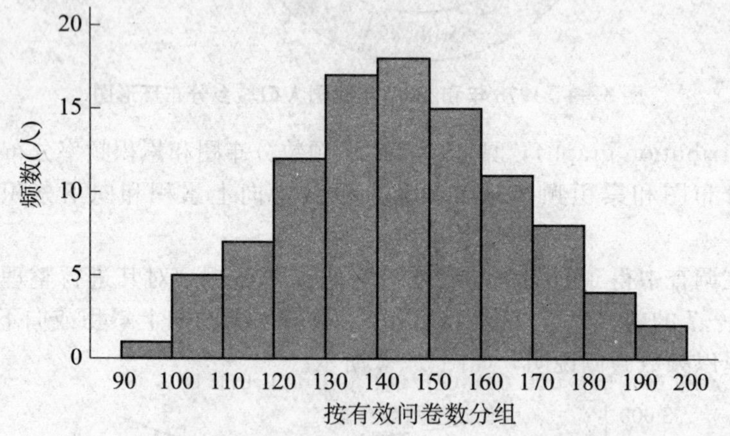

图 3—6　100 名调查员的有效问卷数分布直方图

在该直方图中，横坐标代表有效问卷数，纵坐标代表落在横坐标各个区间中的人数。可见，直方图可以反映数据分布的情况，有效问卷数在 140 到 150 的调查员人数最多，且分布基本为对称分布，越往两边的分组区间，落入其中的人数越少，后面我们会看到，对于这样形状的直方图，可以认为调查员人数（因变量）服从正态分布。

直方图中把横轴分成多少区间可以人为选择，当区间较少时，图形中只有少数矩形，也许不能反映分布的情况；当区间很多时，可以更好地反映分布的情况，根据微分原理，当区间长度趋于零时，我们甚至可以画出频数分布曲线，但这样会增加工作量。

想一想

直方图与条形图有哪些不同之处？什么类型的数据不能用直方图？什么类型的数据不能用条形图？

（二）折线图

折线图也称频数多边形图，是在直方图的基础上，把直方图顶部的中点（即组中值）用直线连接起来形成的。折线图的两个终点要与横轴相交，具体的做法是将第一个矩形的顶部中点通过竖边中点（即该组频数一半的位置）连接到横轴，将最后一个矩形顶部中点与其竖边中点连接到横轴。这样得到的折线与横轴所围成的面积与直方图的面积相等，从而使二者表示的频数分布一致。根据表 3—10 资料绘制折线图，如图 3—7 所示。当数据

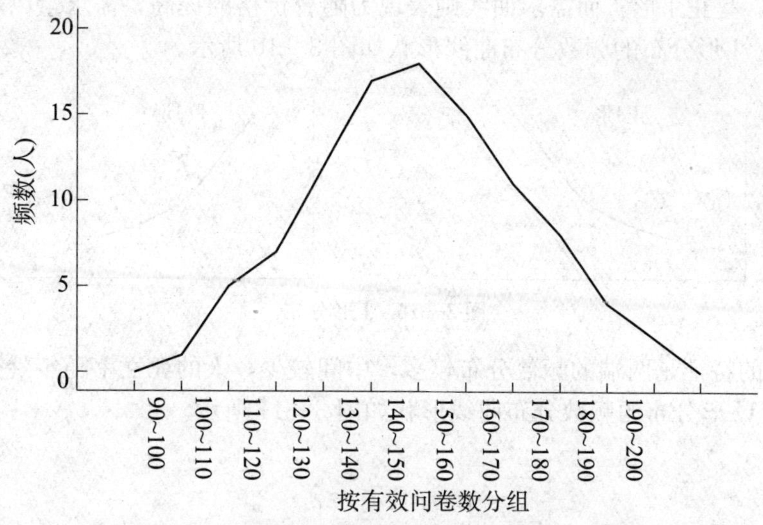

图 3—7　100 名调查员的有效问卷数分布折线图

所分的组数很多时，组距会越来越小，这时所绘制的折线图就会越来越光滑，逐渐形成一条平滑的曲线，即频数分布曲线。分布曲线在统计学中有着十分广泛的应用，是描述各种统计量和分布规律的有效方法。同样，对于定量变量也可以绘制累积频数分布折线图。

常见的频数分布曲线主要有正态分布、偏态分布、J 形分布、U 形分布等几种类型。其中，正态分布是一种对称的钟形分布，图 3—7 中 100 名调查员按有效问卷分组的频数分布就近似服从正态分布。现实中有很多现象服从这种分布，如农作物的单位面积产量、零件的公差、纤维强度等都服从正态分布，正态分布的频数分布曲线形状如图 3—8 所示。

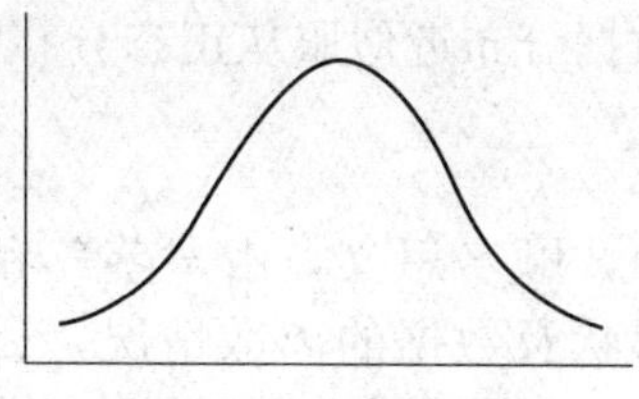

图 3—8　正态分布

偏态分布是相对于正态分布而言的，根据分布的偏斜倾向，又可细分为右偏（正偏）分布和左偏（负偏）分布两种情况。偏态分布的频数分布曲线形状如图 3—9 所示。

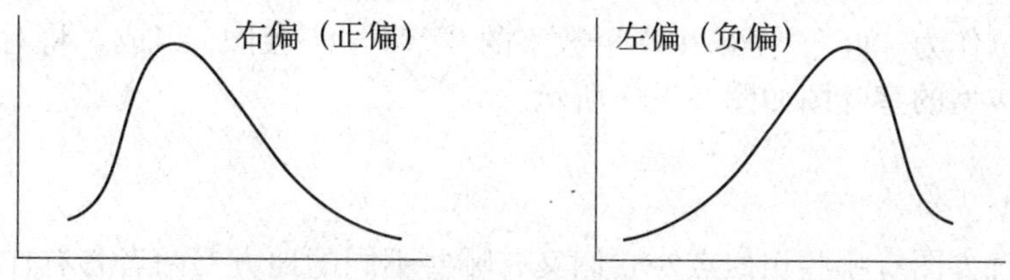

图 3—9　偏态分布

J 形分布有正 J 形和反 J 形两种。经济学中的供给曲线，随着价格的提高供给量以更快的速度增加，呈正 J 形；而需求曲线则表现为随着价格的提高，需求量以较慢的速度递减，呈反 J 形。J 形分布的频数分布曲线形状如图 3—10 所示。

图 3—10　J 形分布

U 形分布的特征是两端的频数分布较多，中间较少，人的死亡率随年龄变化的分布近似 U 形分布。U 形分布的频数分布曲线形状如图 3—11 所示。

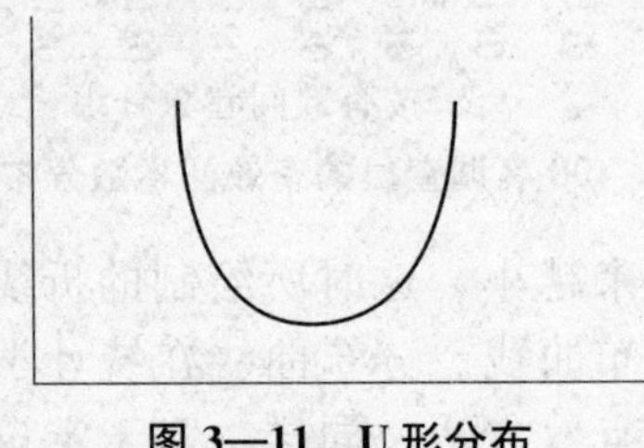

图 3—11　U 形分布

想一想

1. 寻找一些反映不同事物或者现象的数据，例如某公司的月度销售额、某地区的交通事故死亡人数、某股票市场的日收盘指数等，画出它们的频数分布曲线，看看表示不同事物的数据都有什么样的分布？这些分布相同吗？它们各自有哪些特点呢？

2. 现实中你遇到过的哪些数据分布近似服从正态分布？哪些数据分布服从偏态分布？

（三）茎叶图

茎叶图（stem-and-leaf plot），顾名思义，由"茎"和"叶"两部分组成。通过茎叶图，可以反映原始数据的分布形状及数据的离散情况，比如分布是否对称，数据是否集中，是否有离群点，等等。制作茎叶图时，首先要把一个数字分成两部分，将最后一位作为"叶"，其他的高位数字作为"茎"。茎叶图不仅能够反映数据在各个区间中的分布情况，还能反映数据的具体值。

例如，根据表 3—8 的内容绘制茎叶图，首先把每一个数字分成两部分，高位作为"茎"，最后一位作为"叶"。全部 100 个数字的"茎"由 9 到 19 组成，将对应的"叶"由小到大排列，典型的茎叶图如图 3—12 所示。

想一想

茎叶图与直方图有哪些相似点？它们又有哪些不同的地方？两者各有什么优缺点？

（四）盒形图

盒形图（box plot）是含有丰富信息的图，主要反映原始数据的分布特征，它由一组

```
Frequency     Stem &  Leaf

    1.00        9 .  5
    5.00       10 .  13578
    7.00       11 .  0145566
   12.00       12 .  122445556688
   17.00       13 .  11233445556667899
   18.00       14 .  002223344455557778
   15.00       15 .  233344445555669
   11.00       16 .  01333356667
    8.00       17 .  11145789
    4.00       18 .  0228
    2.00       19 .  16

Stem width:        10
Each leaf:       1 case(s)
```

图 3—12　100 名调查员有效问卷数分布的茎叶图

数据的最大值、最小值、中位数、上下四分位数这五个特征数值组成。与茎叶图相比，盒形图不能反映出每一个原始数据的信息，但提供了简明有效的视图。对于多组数据，可以将各组数据的盒形图并列起来，从而进行分布特征的比较。

例如，某班级有 22 名学生，其中男女各 11 人，外语考试成绩见表 3—11，根据该数据绘制按性别区分的男女学生外语成绩的盒形图见图 3—13。

表 3—13　22 名学生外语成绩

性别	外语成绩										
	1	2	3	4	5	6	7	8	9	10	11
男	92	90	87	85	84	78	75	73	70	68	68
女	97	93	90	86	85	83	81	78	76	71	70

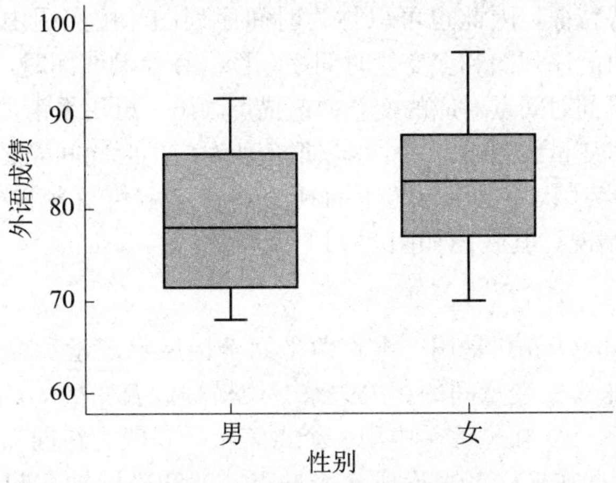

图 3—13　按性别区分的男女学生外语成绩盒形图

你知道吗?

中位数、上四分位数和下四分位数是几个重要的体现数据分布的统计特征量。

对于一组有限个数的数据来说，它们的中位数是这样的一种数：这些数据里的一半的数据比它大，而另外一半数据比它小。计算有限个数的数据的中位数的方法是：把所有的同类数据按照大小顺序排列。如果数据的个数是奇数，则中间那个数据就是这些数据的中位数；如果数据的个数是偶数，则中间两个数据的算术平均值就是这些数据的中位数。

在统计学中，把所有数值由小到大排列并分成四等份，处于三个分割点位置的就是四分位数（quartile）。

下四分位数又称第一四分位数（Q1）或较小四分位数，等于该样本中所有数值由小到大排列后第25%的数字。

第二四分位数（Q2）即中位数，等于该样本中所有数值由小到大排列后第50%的数字。

上四分位数又称第三四分位数（Q3）或较大四分位数，等于该样本中所有数值由小到大排列后第75%的数字。

上四分位数与下四分位数的差距称为四分位距（interquartile range）。

四、趋势的图示

以上分别介绍了定性变量和定量变量的统计图示，它们的特点是：无论是单变量的数据描述还是多变量的对比，所描述的变量取值都可以看作在同一时间截面上的分布情况。当我们需要考虑定量和变量的取值在不同时间截面上的分布特征或者定量和变量的取值所表现出的相关趋势时，就需要借助对定量和变量取值的趋势进行图形描述。

（一）线图

线图（line plot）在直角平面坐标中主要用来描述定量和变量取值随时间变化的特征，即时间序列数据的趋势特征，因此也可以称为时间序列图。按照图中所描述的变量个数不同，可以绘制单变量时间序列图和多变量时间序列图。在绘制线图时，时间一般在横轴，变量观测值在纵轴，将不同时间点对应的变量取值描点画出，再用平滑曲线将其连接起来。需要注意的是，当绘制多变量线图时，多个变量取值所对应的时间间隔必须是相同的。

例如，表3—3中我国1998—2007年的社会消费品零售总额按销售单位所在地分为市、县及县以下三种情况，其线图如图3—14所示。

（二）散点图

散点图（scatter diagram）是用二维直角平面坐标展示定量和变量取值随时间变化表现出的趋势，主要用来观察变量间的相关关系。用横轴代表变量 x，纵轴代表变量 y，两个变量的每组数据（x_i，y_i）在坐标系中用一个点表示，一般为在同一时间截面上两个变量的取值。这样，n 组数据在坐标系中形成 n 个散点，就和坐标轴一起构成了散点图。散点图可以直观地反映横坐标变量和纵坐标变量之间的关系，当数据量较大时，将画出的各个点连接起来就可以得到线图。

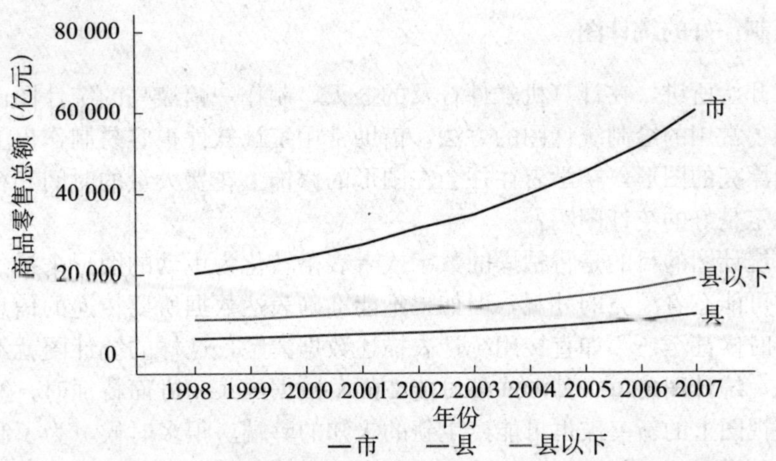

图 3—14　按销售单位所在地划分的 1998—2007 年社会消费品零售总额

例如，表 3—12 是我国 1998—2007 年的国内生产总值和货运周转量数据，据此绘制的散点图如图 3—15 所示。

表 3—12　　国内生产总值和货运周转量

年份	国内生产总值（亿元）	货运周转量（亿吨千米）
1998	84 402.3	38 089
1999	89 677.1	40 568
2000	99 214.6	44 321
2001	109 655.2	47 710
2002	120 332.7	50 686
2003	135 822.8	53 859
2004	159 878.3	69 445
2005	183 217.4	80 258
2006	211 923.5	88 840
2007	249 529.9	101 419

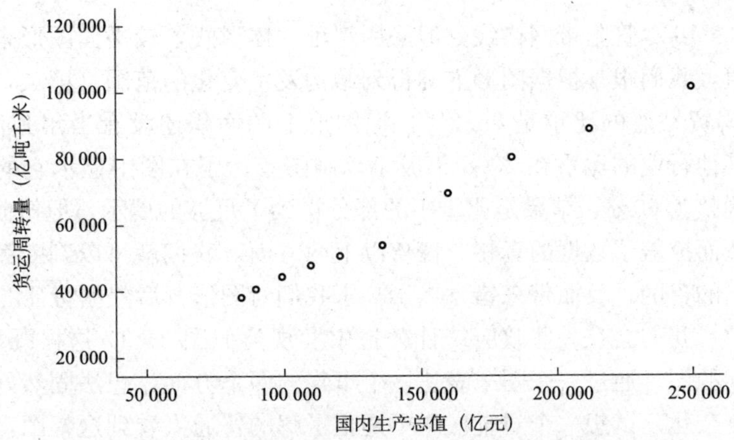

图 3—15　1998—2007 年国内生产总值和货运周转量散点图

五、如何制作好的统计图

正如本节开始所讲，在计算机软件普及的今天，制作一幅漂亮的统计图已经不再是难事。以上介绍了常用的绘制统计图的方法，借助常用统计软件很容易制作出上述各种统计图。为了得到漂亮的图形，初学者往往会在图形的修饰上花费大量的时间和精力，但漂亮的统计图就一定是好的统计图吗？

我们制作统计图的目的是将枯燥的数字或者表格转化为生动的图形来描述数据，精心设计的统计图可能有着漂亮的外观，但如果不能准确表达数据所要传递的信息，或者画蛇添足，在有些时候甚至还不如直接用统计表描述数据清楚，这样的统计图就不能称为好的统计图。此外，统计图的每一种形式都可能在揭示数据的某一方面特征时，又掩盖了其他特性，每一次视图上的新突破也可能产生新的未知的弊端。很多时候，为了制作一幅好的统计图，更多的是需要我们平衡，这就要求制图者必须清楚什么样的图是好图。

这里以图 3—16 说明，该图采用立体图的形式描述 1952 年、1978 年、2008 年按行业划分的社会消费品零售额构成。乍一看，该图外观精美，采用立体柱状代表不同年份，在同一柱体上用不同颜色表示结构，而且附带刻度网格线和具体数据。可见，制图者肯定花费了大量的心思。但图 3—16 并不能算是一幅好图，甚至不能称为一幅合格的统计图。

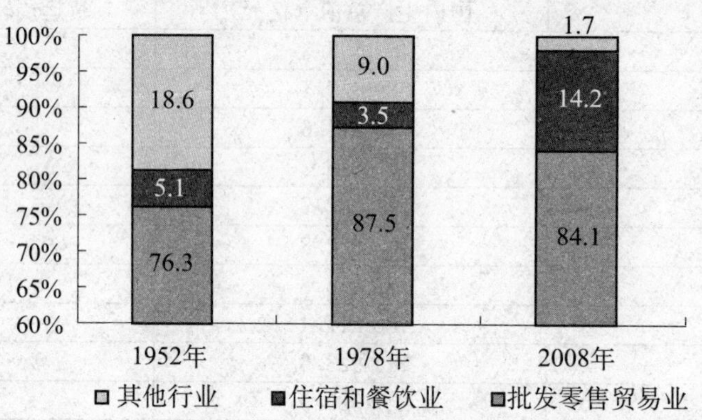

图 3—16　我国主要年份社会消费品零售额按行业划分构成

第一，图 3—16 尽管附带网格线，但采用三维立体形式，较平面图形来说，如果不看图上标注的数值，我们很难根据图形准确得到结构发生变化的范围。第二，我们可以看到 1952 年批发零售贸易业的比重是 76.3%，但图形上的面积还没有当年其他行业面积大。这主要是因为其他行业的比重在 2008 年极小。制图者为了在图中显示它的存在，将纵坐标轴的起始点调整为 60%，结果是比重小的部分得到了足够的展示，但扭曲了各部分之间的比例关系，从而掩盖了数据的真相。仅从以上两方面，我们就可以判断图 3—16 没有达到准确描述数据的目的，反而带来错觉，影响了我们对图形背后数据特征的认识。

日常生活中，我们会在一些政府统计公报中发现类似图 3—17 这样既显示水平指标，又显示速度指标的图。通过一张图来表达一个事物的两个方面，想法固然好，但容易导致信息的扰乱和复杂化。试想一个对统计图不是很了解的普通人看到这幅图，他能够清楚地判断出用来表示水平指标的条形图需要参照左侧的坐标轴，而用来表示速度指标的线图需要参照右侧的坐标轴吗？

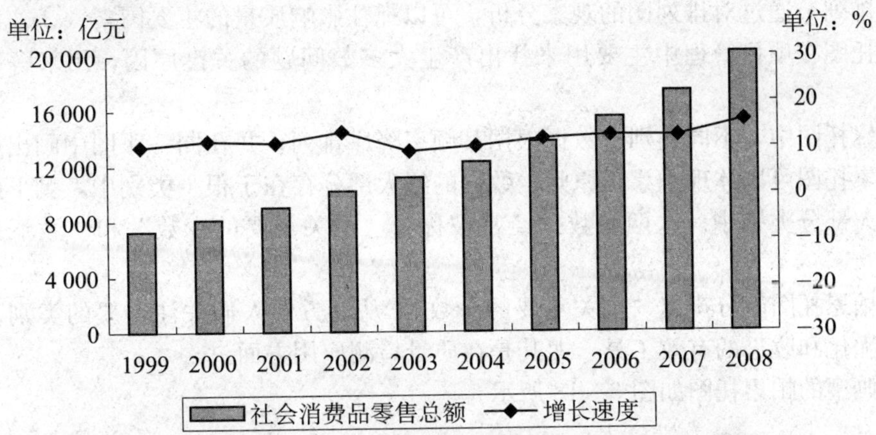

图 3—17 1999—2008 年我国社会消费品零售总额及其增速

我们在制作统计图时，应当避免一些不必要的修饰和复杂化，过多的修饰可能会掩盖图形所要表达的信息。图形体现的视觉效果应当与所体现的事物特征一致，否则会歪曲数据，给人留下错误的印象。

Edward R. Tufte 在其著作 *The Visual Display of Quantitative Information*（1983）中，使用"图优性"（graphical excellency）来描述一个好图。"图优性"是指图形能够在最短的时间内，用最少的笔墨，在最小的空间里，给观众最多的思想。在他看来，一个好图应具备以下基本特征：（1）显示数据；（2）注意力集中在图形的内容上，而不是制作程序；（3）避免歪曲事实；（4）强调数据之间的比较；（5）服务于一个明确的目的；（6）有对图形的统计描述和文字说明。

此外，Tufte 还提出了五种鉴别图形好坏的标准：（1）好图应当精心设计，有助于洞察问题的实质；（2）好图应当使复杂的观点得到简明、确切、高效的阐述；（3）好图应当能以最少的笔墨提供最多的信息；（4）好图应当是多维的；（5）好图应当表述数据的真实情况。

试一试

在网络、书籍中收集统计图，并根据"图优性"原则检验统计图的好坏。

你知道吗？

帕累托图

帕累托图又叫排列图，是按照发生频率大小顺序绘制的直方图，它是将出现的质量问题和质量改进项目按照重要程度排列而绘制的一种图表，可以用来确定产生质量问题的主要因素。

排列图用双直角坐标系表示，左边纵坐标表示频数，右边纵坐标表示频率，分析线表示累积频率，横坐标表示影响质量的各项因素，按影响程度的大小（即出现频数的多少）从左到右排列。通过对排列图的观察分析，可以抓住影响质量的主要因素。

帕累托图在项目管理中主要用来找出产生大多数问题的关键原因，用来解决大多数问题。

在帕累托图中，不同类别的数据根据其频率降序排列，并在同一张图中画出累积百分比图。帕累托图可以体现帕累托原则：数据的绝大部分存在于很少类别中，剩下的极少数据分散在大部分类别中。这两组数据经常被称为“至关重要的少数”和“微不足道的多数”。

根据帕累托图能分辨出“至关重要的少数”，从而方便人们关注重要的类别。帕累托图是进行优化和改进的有效工具，尤其是在质量检测应用方面。

一个典型的帕累托图如图 3—18 所示。

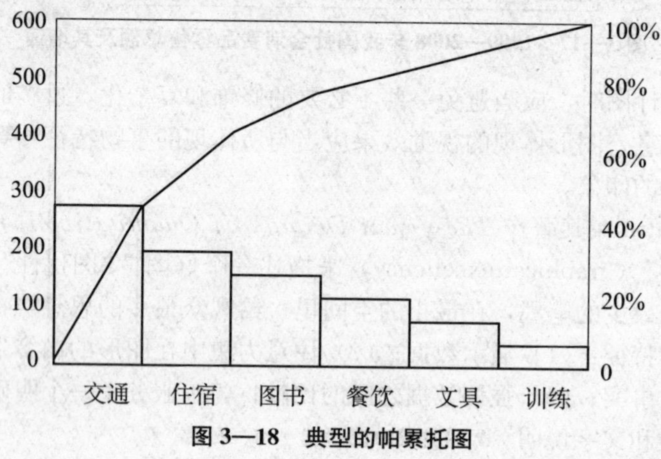

图 3—18　典型的帕累托图

人物小传

弗洛伦斯·南丁格尔（Florence Nightingale，1820—1910），出生在意大利的一个富裕家庭，因在克里米亚进行护理而闻名。她是世界上第一个真正的女护士，开创了护理事业。

在数学尤其是统计学方面，南丁格尔从小就显示出过人的天分。后来，南丁格尔成为统计图表设计的先驱。她发展出极坐标饼图的形式（polar area diagram），或称为南丁格尔玫瑰图（Nightingale rose diagram），相当于现代圆形直方图（circular histogram），以反映病人死亡率随季节的变化，这在当时是一种新颖的显示数据特征的方法。

1859 年，南丁格尔被选为英国皇家统计学会的第一个女成员，她后来成为美国统计协会的名誉会员。“5·12”国际护士节设立在南丁格尔的生日这一天，就是为了纪念这位近代护理事业的创始人。

本章小结

本章我们主要学习了如何用统计表和统计图来描述数据的知识。

统计表是用于显示统计数据的基本工具，一般由四个主要部分组成，即表头、行标题、列标题和数据资料。必要时，可以在统计表的下方加上表外附加。

统计图是以图形形象地表现统计数据的一种形式。根据统计图描述统计变量的个数的不同，统计图可以分为单变量统计图、双变量统计图和多变量统计图；根据统计图描述统计变量的性质和外形特征的不同，统计图又可以分为条形图、饼图、环形图、累积分布图、直方图、折线图、茎叶图、盒形图、散点图等。

对于不同类型的数据，其整理与显示所能够使用的方法也有所不同。分类变量主要通过频数、比例、百分比来构造频数、频率分布表进行描述，或者采用条形图、饼图等统计图进行描述。顺序变量除了能够使用分类变量的整理与显示方法外，还可以采用累积频数分布表和累积频数分布图进行描述。定性变量一般先采用单变量分组或组距分组进行整理，然后采用频数表、累积频数分布表进行描述，也可以采用直方图、线图、盒型图、茎叶图、散点图等进行描述。

统计表和统计图对于描述数据有着文字无法比拟的作用，在使用中，必须清楚统计表的一般制作规则，以及用来判断统计图好坏的标准。

思考与练习

1. 统计表由哪几个部分构成?

2. 定性变量和定量变量的统计图描述方法分别有哪些?

3. 定性变量和定量变量的统计表描述方法分别有哪些?

4. 定量变量的分组方法有哪些?

5. 如何对定量变量进行统计分组?

6. 怎样理解在统计分组过程中的“互斥”“不重不漏”“上组限不在组内”“下限不包括在内”的原则?

7. 制作统计表时应注意哪些问题?

8. 茎叶图和直方图有哪些区别和联系?

9. 直方图与条形图有什么区别?

10. 某班 40 名学生统计学考试成绩分别为:

66 89 88 84 86 87 75 73 72 68 75 82 97 58 81 54 79 76 95
76 71 60 90 65 76 72 76 85 89 92 64 57 83 81 78 77 72 61

70　81

学校规定：60 分以下为不及格，60～70 分为及格，70～80 分为中，80～90 分为良，90～100 分为优。

要求：(1) 将该班学生分为不及格、及格、中、良、优五组，编制一张频数分布表。

(2) 指出分组标志及类型、分组方法的类型，分析该班学生的考试情况。

11. 甲、乙两班各有 30 名学生，统计学考试成绩如表 3—13 所示。

表 3—13

考试成绩	人数	
	甲班	乙班
优	4	5
良	8	13
中	14	9
差	4	3

要求：(1) 根据上表中的数据，制作甲、乙两班考试成绩分类的对比条形图。

(2) 比较两班考试成绩分布的特点。

附录：用 Excel 作频数分布表和条形图

【附例 1】　一家市场调查公司为研究不同品牌饮料的市场占有率，对随机抽取的一家超市进行了调查。调查员在某天对 50 名顾客购买饮料的品牌进行了记录，如果一个顾客购买某一品牌的饮料，就将这一品牌饮料的名字记录一次。记录的原始数据如表 3—14 所示。

表 3—14　　**顾客购买饮料的品牌名称**

百事可乐	可口可乐	康师傅冰红茶	百事可乐	可口可乐
汇源果汁	康师傅冰红茶	汇源果汁	康师傅冰红茶	汇源果汁
百事可乐	可口可乐	可口可乐	百事可乐	百事可乐
汇源果汁	汇源果汁	雀巢咖啡	百事可乐	可口可乐
可口可乐	百事可乐	雀巢咖啡	可口可乐	康师傅冰红茶
康师傅冰红茶	雀巢咖啡	康师傅冰红茶	汇源果汁	百事可乐
雀巢咖啡	康师傅冰红茶	百事可乐	百事可乐	百事可乐
康师傅冰红茶	可口可乐	可口可乐	汇源果汁	百事可乐
可口可乐	雀巢咖啡	雀巢咖啡	康师傅冰红茶	雀巢咖啡
雀巢咖啡	康师傅冰红茶	百事可乐	雀巢咖啡	汇源果汁

调查员需要对不同品牌的饮料做一张频数分布表，并用条形图显示其分布状况。

用 Excel（2010 版）来完成这个工作。首先，将不同品牌的饮料用一个数字代码来表示：1——可口可乐、2——百事可乐、3——汇源果汁、4——雀巢咖啡、5——康师傅冰红茶。

然后将各品牌的代码输入到 Excel 表格中，如表 3—15 所示。

Excel 现在把代码视为数值型数据。为建立频数分布表和条形图，Excel 要求对每个品牌代码指定一个上限，将代码上限输入到工作表的 C4：C8。Excel 对数据值小于或等于每一品牌代码的项目数据进行计数。这样，Excel 提供的合计数就是各品牌的频数分布。下面给出使用 Excel 绘制频数分布表和条形图的步骤。

第 1 步：选择“数据”选项。

第 2 步：选择“数据分析”选项。

第 3 步：在分析工具中选择“直方图”。

第 4 步：当出现对话框时，在“输入区域”方框内键入 B2：B51；在“接收区域”方框内键入 C4：C8；在“输出区域”方框内键入 E3；选择“累积百分率”；选择“图标输出”；选择“确定”。

Excel 输出的结果见表 3—15、图 3—19。

表 3—15　　各品牌饮料的分布

	A	B	C	D	E	F	G	H
1	品牌名称	代码	代码上限					
2	百事可乐	2						
3	汇源果汁	3			接收	频率	累积 %	
4	百事可乐	2	1		1	10	20.00%	
5	汇源果汁	3	2		2	13	46.00%	
6	可口可乐	1	3		3	8	62.00%	
7	康师傅冰红茶	5	4		4	9	80.00%	
8	雀巢咖啡	4	5		5	10	100.00%	
9	康师傅冰红茶	5			其他	0	100.00%	
10	可口可乐	1						
11	雀巢咖啡	4						
12	可口可乐	1						
13	康师傅冰红茶	5						
14	可口可乐	1						
15	汇源果汁	3						
16	百事可乐	2						
17	雀巢咖啡	4						
18	康师傅冰红茶	5						
…	…	…						
…	…	…						
…	…	…						
47	百事可乐	2						
48	百事可乐	2						
49	百事可乐	2						
50	雀巢咖啡	4						
51	汇源果汁	3						

为了使频数表易于阅读，我们可以将频数表中的“组界”用描述性标题“饮料品牌”来代替，将品牌的代码 1、2、3、4、5 还原为品牌名称，并将“其他”改为“合计”，将

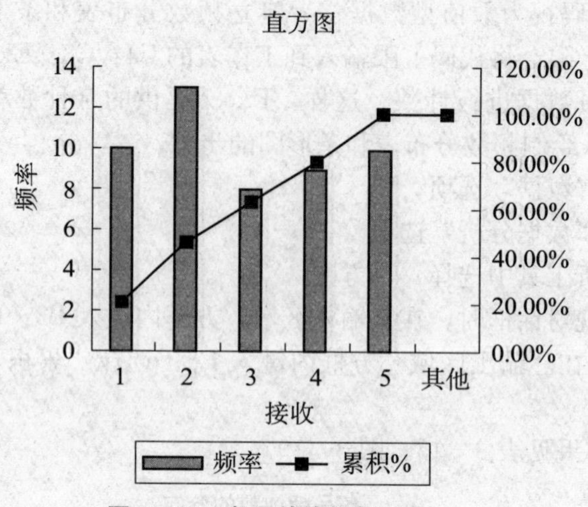

图 3—19　各品牌饮料条形图

频数总数 50 输入到 F9 中。

■ 用 Excel 作数值型数据的频数分布

对于数值型数据，如果是单变量值分组，作频数分布表的过程与上述类似；如果是组距分组，只需在第 4 步的“接收区域”方框内输入各组的上限值所在的单元格区域。需要注意的是，使用 Excel 作频数分布表时，每一组的频数包括一个组的上限值。

■ 用 Excel 作图

Excel 提供了较强的作图功能，使用者可根据数据需要选择图形的类型，并进行图形编辑。在工作表中输入数据后，可按下面的步骤进行操作。

第 1 步：选择“插入”下拉菜单，选择“图表”。

第 2 步：选择“在原工作表中嵌入”或“建立新图表”选项。

第 3 步：按鼠标左键拖动，直到所需要的图形大小满意为止，松开鼠标左键。

第 4 步：当出现对话时，在“区域”方框内键入数据所在区域，然后选择“下一步”；在“选择图表类型”对话框中选择所需的图表类型，然后选择“下一步”；根据提示选择和输入相应的内容，然后选择“完成”。

如果要对图表进行修改，可用鼠标双击图表，然后用鼠标双击需要修改的部分，即可进行修改。

第四章

数据的描述——重要的统计量

统计中的平均数

在考虑经济、社会、民生情况时，人均收入、人均国民生产总值等平均数指标颇受重视。以人口为分母的平均，直接体现国民经济发展的水平。重视平均数，比仅仅关注“总量”更为科学。

经济社会发展，各种平均数越来越让人欣喜。然而，我们眼里不能只有平均数，更不能因为平均数而沾沾自喜。要知道，凡有平均，就肯定有平均线上，也有平均线下，例如，少数高收入群体会抬高平均数的值，但不能说明多数群众的收入就像平均数一样高，那些“被平均”了的低收入者、困难群众的收入状况不能通过平均数反映。

平均数并不代表大多数个体的情况。从统计学角度看，平均数会掩盖个体之间的差异。比如，我国城乡居民平均收入持续增长的同时，从 1988 年到 2007 年，收入最高与最低的 10%人群，收入差距从 7.3 倍上升到 23 倍。平均数在反映这种收入差距方面甚至不如中位数（中位数是本章讨论的内容之一）。实现共同富裕是我们的目标，在用平均数反映收入平均水平的同时，还需要用方差等统计量反映个体之间的收入差异。

利用统计表和统计图，能够以表格或图形的形式描述数据，但这仅是对数据分布特征的直观展示。数据的内在规律表现为数据分布的特征，包括数据分布的集中趋势、离散趋势以及数据分布的形状等。进一步深入具体地描述数据内在规律，必须借助于一些重要的统计量。本章将从三个方面对数据的分布特征进行测度和描述：通过众数、中位数、均值度量数据分布的集中趋势；通过方差、标准差、离散系数反映数据分布的离散程度；通过偏度系数、峰度系数反映数据分布的形状。

学习导航

- 数据集中趋势的描述及相应的计算方法：均值、中位数与众数。
- 数据离散程度的测度指标及相应的计算方法：异众比率、极差、四分位差、方差、标准差、平均差与离散系数。
- 数据分布形状的描述及测度方法：偏态与峰度。
- 数据的标准化。

第一节　集中趋势的描述

集中趋势是指一组数据向某中心值靠拢的倾向，是描述数据分布的一个重要特征。集中趋势的测度实际是对一组数据的一般水平代表值或中心值的测度，通常我们用平均指标来表示。根据描述不同类型的数据和研究问题的需要，可以构造不同的集中趋势的统计量。常用的测度集中趋势的统计量主要有均值、中位数、众数。

一、均值

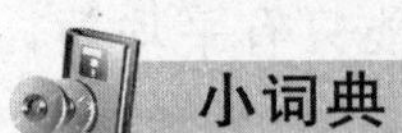

小词典

均值（mean）又称算术平均数，是统计数据高低相互抵消的结果。均值是最主要的集中趋势测度统计量，适用于数值型数据，但不适用于分类型数据和顺序型数据。一般用符号 $\overline{x}$ 表示。

均值是一个变量，可以看作数据集的重心。如果把数据按大小排列，并把它们想象成是跷跷板，则支点放在均值处时，可以达到平衡。根据所掌握数据形式的不同，均值有不同的计算方法。

（一）均值的计算方法

1. 算术平均数

未经分组整理的原始数据，其算术平均数（arithmetic mean）的计算就是直接将一组数据的各个数值相加除以数值个数，称为简单算术平均数。设一组样本数据为 x_1、x_2、…、x_n，则算术平均数 $\overline{x}$ 的计算公式为：

$$\overline{x}=\frac{x_1+x_2+\cdots+x_n}{n}=\frac{\sum_{i=1}^{n}x_i}{n} \tag{4.1}$$

对于分组整理的数据，就要以各组变量值出现的次数或频数为权数计算加权的算术平均数。假设样本数据被分成 k 组，样本数据各组变量的代表值用 x_1、x_2、…、x_k 表示，各组变量值出现的频数用 f_1 、f_2 、… 、f_k 表示，则算术平均数 $\overline{x}$ 的计算公式为：

$$\overline{x}=\frac{x_1 f_1+x_2 f_2+\cdots+x_k f_k}{f_1+f_2+\cdots+f_k}=\frac{\sum_{i=1}^{k} x_i f_i}{\sum_{i=1}^{k} f_i} \tag{4.2}$$

如果是单变量分组，公式（4.2）中的代表值就是各组的分组变量值；如果是组距分组，公式（4.2）中的代表值就是各组的组中值。将组中值作为代表值是假定各组数据在各组中是均匀分布的，但实际情况与这一假定会有一定的偏差，使得利用组距分组资料计算的平均数与实际的均值会产生误差，它是实际均值的近似值。

加权算术平均数的大小，不仅受各组变量值大小的影响，而且受各组变量值出现的频数即权数大小的影响。如果某一组的权数大，说明该组的数据较多，那么该组数据的大小对算术平均数的影响就较大；反之，则较小。实际上，我们将公式（4.2）变形为下面的形式，就更能清楚地看出这一点：

$$\overline{x}=\frac{\sum_{i=1}^{k} x_i f_i}{\sum_{i=1}^{k} f_i}=\sum_{i=1}^{k} x_i \frac{f_i}{\sum_{i=1}^{k} f_i} \tag{4.3}$$

由公式（4.3）可以清楚地看出，加权算术平均数受各组变量值 x_i 和各组频率 $\frac{f_i}{\sum f_i}$ 大小的影响。频率越大，相应的变量值计入平均数的份额也越大，对平均数的影响就越大；反之，频率越小，相应的变量值计入平均数的份额也越小，对平均数的影响就越小。需要指出的是，当各组变量值出现的频数（ f_i ）或频率 $\frac{f_i}{\sum f_i}$ 相等时，权数的作用就消失了，此时，加权算术平均数就等于简单算术平均数。

算术平均数在统计学中具有重要的地位，它是进行统计分析和统计推断的基础。从统计思想上看，算术平均数是一组数据的重心所在，它是消除了一些随机因素影响后或者数据误差相互抵消后的必然性的结果。

算术平均数具有下面一些重要的数学性质，这些数学性质在实际中有着广泛的应用，同时体现了算术平均数的统计思想。

性质 1

各变量值与其算术平均数的离差之和等于零，即：

$$\sum_{i=1}^{n}(x_i-\overline{x})=0$$

或

$$\sum_{i=1}^{k}(x_i-\overline{x})f_i=0$$

这表明各个变量值与其平均数的离差有正有负，但离差通过求和可以完全抵消。

性质 2

与其他常数相比，各变量值与其算术平均数的离差平方和最小，即：

$$\sum_{i=1}^{n}(x_i-\overline{x})^2=\min\sum_{i=1}^{n}(x_i-a)^2$$

或

$$\sum_{i=1}^{k}(x_i-\overline{x})^2 f_i=\min\sum_{i=1}^{k}(x_i-a)^2 f_i$$

其中，a 为任意常数。这表明 $\overline{x}$ 是描述现象集中趋势的最佳代表值。

【例 4.1】 根据表 4—1 中给出的某项调查中 30 名被访者的月收入水平分组数据，计算其平均收入水平。

表 4—1　　30 名被访者的月收入水平分组数据

收入水平分组（元）	组中值 x_i（元）	被访者人数 f_i（人）	$x_i f_i$
1 000～2 000	1 500	3	4 500
2 000～3 000	2 500	7	17 500
3 000～4 000	3 500	13	45 500
4 000～5 000	4 500	5	22 500
5 000～6 000	5 500	2	11 000
合计	—	30	101 000

解：根据表 4—1 的数据，套用公式（4.3），有：

$$\overline{x}=\frac{\sum_{i=1}^{5}x_i f_i}{\sum_{i=1}^{5}f_i}=\frac{101\ 000}{30}\approx 3\ 366.67\text{（元）}$$

所以 30 名被访者的平均月收入水平是 3 366.67 元。

2. 调和平均数

调和平均数（harmonic mean）也称倒数平均数或调和均值。在实践中，有时由于资料的原因不能直接采用算术平均数的计算公式，例如，分组数据中只有各组的变量值和标志总量，缺少各组单位数，这时就要用调和平均数计算均值。与算术平均数一样，调和平均数也有简单和加权两种形式。

简单调和平均数是各个变量值倒数的简单算术平均数的倒数，主要应用于各变量值对应的标志总量相等的情况。当变量值用 x_i 表示时，其计算公式如下：

$$M_H=\frac{1+1+\cdots+1}{\frac{1}{x_1}+\frac{1}{x_2}+\cdots+\frac{1}{x_n}}=\frac{n}{\sum_{i=1}^{n}\frac{1}{x_i}} \tag{4.4}$$

当各变量值对应的标志总量不相等时，用 M_i 表示各单位或各组的变量值对应的标志总量，其计算公式如下：

$$M_H=\frac{M_1+M_2+\cdots+M_n}{\frac{M_1}{x_1}+\frac{M_2}{x_2}+\cdots+\frac{M_n}{x_k}}=\frac{\sum_{i=1}^{n}M_i}{\sum_{i=1}^{n}\frac{M_i}{x_i}} \tag{4.5}$$

调和平均数实际上是加权算术平均数的变形，只要令 $M_i=x_i f_i$，则有：

$$M_H = \frac{\sum_{i=1}^{n} M_i}{\sum_{i=1}^{n} \frac{M_i}{x_i}} = \frac{\sum_{i=1}^{n} x_i f_i}{\sum_{i=1}^{n} \frac{x_i f_i}{x_i}} = \frac{\sum_{i=1}^{n} x_i f_i}{\sum_{i=1}^{n} f_i} = \bar{x} \tag{4.6}$$

由此可见，调和平均数和算术平均数在本质上是一致的，两者均服从“平均指标＝$\frac{\text{样本标志总量}}{\text{样本单位数}}$”这一关系。两者的区别是计算时使用了不同的数据，在加权算术平均数中，权数 f 是指各组的单位数或各组单位数占总体单位数的比重，而调和平均数的权数 M 是指各组的标志总量。

另外，两者的应用条件不同，由于算术平均数的权数是各组单位数，与基本公式“平均指标＝$\frac{\text{样本标志总量}}{\text{样本单位数}}$”中的分母对应，所以在已知所求平均数的分母资料（即样本单位数）时，应以分母资料为权数 f，采用算术平均数公式计算。而调和平均数的权数是各组的标志总量，与基本公式“平均指标＝$\frac{\text{样本标志总量}}{\text{样本单位数}}$”中的分子对应，所以在已知所求平均数的分子资料时，应以分子资料为权数 M，采用调和平均数公式计算。

【例 4.2】　某人用 10 元钱买了 1 千克水果，第二天水果打折，他用 10 元买了 2 千克水果，一个礼拜后水果再次打折，他用 10 元买了 3 千克水果。这三次买水果的平均价格是多少?

解：若水果价格用“元/千克”表示，则首先计算出第一次购买价格为每千克 10 元，第二次购买价格为每千克 5 元，第三次购买价格为每千克 3.3 元，然后采用调和平均数计算公式，得出平均价格为：

$$\bar{x} = \frac{3}{\frac{1}{10}+\frac{1}{5}+\frac{1}{3.3}} = 5(\text{元/千克})$$

应注意：当每次购买的金额固定，价格用“元/千克”表示时，应采用调和平均数计算平均价格。

若水果价格用“千克/元”表示，则首先计算出第一次 1 元购买 0.1 千克水果，第二次 1 元购买 0.2 千克水果，第三次 1 元购买 0.3 千克水果，此时应采用算术平均数计算公式，得出平均价格为：

$$\bar{x} = \frac{0.1+0.2+0.3}{3} = 0.2(\text{千克/元})$$

应注意：当每次购买的金额固定，价格用“千克/元”表示时，应采用算术平均数计算平均价格。

这个例子说明了调和平均数和算术平均数的区别和联系。事实上：三次购买水果的支出总金额为 10＋10＋10＝30（元），总购买量为 1＋2＋3＝6（千克），从而平均价格为 6/30＝0.2（千克/元）或 30/6＝5（元/千克），可以直接计算平均价格。

3. 几何平均数

几何平均数（geometric mean）也称几何均值，是适用于特殊数据的一种平均数。在实践中，通常用来计算平均比率和平均速度，也可以用来计算某变量数据值在一段时间内的平均增长率。当所掌握的变量值本身是比率的形式，而且各比率的乘积等于总的比率时，就应采用几何平均数计算平均比率。几何平均数采用 n 个变量取值（比率）连乘积的 n 次方根的形式，计算公式为：

$$M_G = \sqrt[n]{x_1 \times x_2 \times \cdots \times x_n} = \sqrt[n]{\prod_{i=1}^{n} x_i} \tag{4.7}$$

若将公式（4.7）两边取对数，则几何平均数也可看作是算术平均数的一种变形，即 n 个变量值的几何平均数的对数为这 n 个变量值的对数的算术平均数，即：

$$\log M_G = \frac{1}{n}(\log x_1 + \log x_2 + \cdots + \log x_n) = \frac{\sum_{i=1}^{n} \log x_i}{n} \tag{4.8}$$

【例 4.3】 某股票投资者长期持有一只股票，2005—2008 年每年的收益率分别是 5.6%，7.2%，28.5%，－15.6%。计算该股票投资者 4 年内的平均收益率。

解：根据股票 4 年的平均收益率可得到其 4 年的相对价格分别是 105.6%，107.2%，128.5%，84.4%。套用公式（4.7）计算 4 年的平均相对价格：

$$M_G = \sqrt[n]{\prod_{i=1}^{n} x_i} = \sqrt[4]{105.6\% \times 107.2\% \times 128.5\% \times 84.4\%} \approx 105.26\%$$

4 年的平均收益率是 105.26%－100%＝5.26%。

（二）均值的特点

均值一般用于寻找定量数据的中心代表值，并不适用于定性数据。均值的优点在于它对变量的每一个取值都加以利用。当我们用均值代替原始数据分析时，虽然原始数据信息会丢失，但是每个数据信息又都被用来寻找均值。

均值的缺点在于其统计量的稳健性较差，即容易受到极端值的干扰。由于计算利用了每一个原始数据，因此只要任何一个数据值发生了变化，均值就会有所改变。对于偏态分布的数据，或数据集中有明显偏大或偏小的离群值时，均值的代表性较差。因此，当数据分布的偏斜程度很大时，可以考虑选择中位数或众数作为集中趋势的代表，这样更能反映数据的平均状况。

二、中位数

小词典

中位数（median）是指将变量取值按大小顺序排列后，处于中间位置的那个变量值。中位数把变量的所有取值分成了数目相同的两组，一半的数值小于等于这个数，另一半的数值大于等于这个数。

中位数适用于定量变量，以及定性变量中的顺序变量取值的集中趋势测度，但不适用于定性变量中的分类变量取值。中位数一般用 M_e 表示。

（一）中位数的确定

当变量的取值数据规模较小时，将数据按大小排列。当数据个数 N 为奇数时，处在

$\frac{N+1}{2}$ 位置上的变量取值大小即为该组数据的中位数；当数据个数 N 为偶数时，处在 $\frac{N}{2}$ 和 $\frac{N}{2}+1$ 位置上两个变量取值的简单算术平均数即为中位数。

$$M_e=\begin{cases}X_{(\frac{N+1}{2})} & \text{当 } N \text{ 为奇数时}\\ \frac{1}{2}(X_{\frac{N}{2}}+X_{\frac{N}{2}+1}) & \text{当 } N \text{ 为偶数时}\end{cases} \tag{4.9}$$

当变量的取值数据规模较大时，首先，将数据按单变量分组或组距分组，得到频数分布；其次，对频数分布做向上累积或向下累积，第 $\frac{\sum f}{2}$（$\sum f$ 为偶数时）或 $\frac{\sum f+1}{2}$（$\sum f$ 为奇数时）个变量取值所在的组为中位数所在组；最后，如果是单变量分组，可以取该组标志值作为中位数，如果是组距分组，则采用如下公式近似计算得到中位数。

$$\text{下限公式：}M_e=L+\frac{\frac{\sum f}{2}-S_{m-1}}{f_m}\cdot i \tag{4.10}$$

$$\text{上限公式：}M_e=U-\frac{\frac{\sum f}{2}-S_{m+1}}{f_m}\cdot i \tag{4.11}$$

其中，L 是中位数所在组的下限，U 是中位数所在组的上限，S_{m-1} 是到中位数组前面一组为止的向上累积频数，S_{m+1} 是到中位数组后面一组为止的向下累积频数，f_m 为中位数组的频数，i 为中位数组的组距。

【例 4.4】　根据表 4—1 中给出的某项调查中 30 名被访者的月收入水平分组数据，得到累积频数分布表 4—2，计算其中位数。

表 4—2　　30 名被访者的月收入水平累积频数表

收入水平分组（元）	组中值 x_i（元）	被访者人数（人）	向下累积频数（人）
1 000～2 000	1 500	3	30
2 000～3 000	2 500	7	27
3 000～4 000	3 500	13	20
4 000～5 000	4 500	5	7
5 000～6 000	5 500	2	2
合计	—	30	—

解：根据表 4—2 的内容，$\frac{\sum f}{2}=15$，对应的收入水平是 3 000～4 000 元，因此该组就是中位数所在组，有 $L=3\,000$，$U=4\,000$，$S_{m-1}=3+7=10$，$S_{m+1}=2+5=7$，$f_m=13$，i=1 000。根据公式（4.10）或公式（4.11）计算，有：

$$M_e=L+\frac{\frac{\sum f}{2}-S_{m-1}}{f_m}\cdot i=3\,000+\frac{15-10}{13}\times 1\,000\approx 3\,384.6\text{（元）}$$

$$M_e = U - \frac{\frac{\sum f}{2} - S_{m+1}}{f_m} \cdot i = 4\,000 - \frac{15-7}{13} \times 1\,000 \approx 3\,384.6\text{（元）}$$

因此，30 名被访者的月收入水平的中位数是 3 384.6 元。

（二）中位数的特点

中位数很好地代表了一组数据的中间值，当直方图显示数据是一个有偏分布时更具有代表性。中位数具有较好的稳健性，对极端值并不敏感，数据中一个极端值的大小无论如何变化，中位数都不发生改变。由于中位数只是数据中间位置的代表取值，因此中位数并没有利用数据的所有信息，其对原始数据信息的代表性不如均值。

三、众数

小词典

众数（mode）是指一组数据中出现次数最多的变量值，用 M_o 表示。例如，成年女性的鞋码多集中在 36、37 码，因此鞋厂生产的女鞋的鞋码的众数一般为 36～37 码。

（一）定性变量的众数确定

根据分类变量和顺序变量的不同取值得到频数分布，确定众数时，只需找出频数出现最多所对应的变量取值即可。举一个简单的例子，表 4—3 为 3 000 名被调查者的受教育水平频数分布，通过观察频数分布表，我们可以直观地看到受教育水平为高中的频数最大，因此对于 3 000 名被调查者的受教育水平来说，众数就是高中学历。

表 4—3　　3 000 名被调查者的受教育水平频数分布表

受教育水平	人数（人）	百分比（%）
小学及以下	240	8
初中	960	32
高中	1 230	41
大学及以上	570	19
合计	3 000	100

我们还可以直观地感觉到，对于定性变量的图形描述来说，我们只需要找到条形图中最高的条形所对应的变量取值，或是饼图中面积最大的扇形所对应的变量取值，即定性变量的众数。

（二）定量变量的众数确定

对于离散型变量的取值，计算众数时，只需找出出现次数最多的变量取值即可。

【例 4.5】　根据表 4—4 中 35 名调查员的有效问卷频数分布资料确定众数。

表 4—4　　调查员按有效问卷数的单变量分组

问卷数（份）	频数	问卷数（份）	频数
131	2	139	2
132	1	140	2
133	2	142	3
134	2	143	2
135	3	144	3
136	3	145	4
137	1	147	3
138	1	148	1

解：根据表 4—4 的内容，问卷数为 145 份所对应的人数是 4 人，高于其他所有问卷数对应的人数，因此 35 名调查员的有效问卷的众数是 145 份。

对于连续型变量的取值，根据组距分组得到频数分布。对于等距分组，对应频数最大的组为众数所在组；对于不等距分组，对应频数密度最大的组为众数所在组。设众数组的频数为 f_m，众数前一组的频数为 f_{-1}，众数后一组的频数为 f_{+1}。

如果假定数据在众数所在组中是均匀分布的，众数的确定原理可以用图 4—1 来表示，众数与其相邻两组的频数分布有如下关系：

$$\text{下限公式：} M_o = L + \frac{f_m - f_{-1}}{(f_m - f_{-1}) + (f_m - f_{+1})} \times i \tag{4.12}$$

$$\text{上限公式：} M_o = U - \frac{f_m - f_{+1}}{(f_m - f_{-1}) + (f_m - f_{+1})} \times i \tag{4.13}$$

其中，L 表示众数所在组的下限，U 表示众数所在组的上限，i 表示众数所在组的组距。公式（4.12）、公式（4.13）是假定数据分布具有明显的集中趋势，且众数组的频数在该组内是均匀分布的，若这些假定不成立，采用这种方法近似确定众数的代表性会很差。

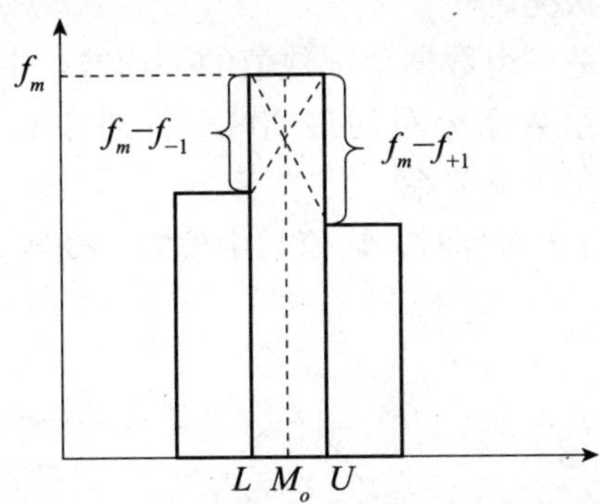

图 4—1　组距分组的众数近似确定原理

【例 4.6】　根据例 4.4，确定表 4—2 中 30 名被访问者月收入水平的众数。

解：首先确定众数组是 3 000～4 000 元组，因此 $L = 3\ 000$，$U = 4\ 000$，$f_{-1} = 7$，$f_{+1} = 5$，$f_m = 13$，$i = 1\ 000$。根据公式（4.12）或公式（4.13）计算，有：

$$M_o = L + \frac{f_m - f_{-1}}{(f_m - f_{-1}) + (f_m - f_{+1})} \times i$$
$$= 3\,000 + \frac{13-7}{(13-7)+(13-5)} \times 1\,000$$
$$\approx 3\,428.6\,(\text{元})$$
$$M_o = U - \frac{f_m - f_{+1}}{(f_m - f_{-1}) + (f_m - f_{+1})} \times i$$
$$= 4\,000 - \frac{13-5}{(13-7)+(13-5)} \times 1\,000$$
$$\approx 3\,428.6\,(\text{元})$$

因此，30 名被访问者的月收入水平的众数是 3 428.6 元。

（三）众数的特点

从众数的确定方法可以看出，众数是根据众数所在组及相邻组的频数分布信息来确定数据中心点位置的，因此，众数是一个位置代表值，它不受数据中极端值的影响，同样对原数据信息的代表性也不如均值。此外，众数只有在数据量较多时才有意义，在数据量较少时，不宜使用众数。

想一想

1. 众数适用于顺序型数据和定量数据吗？一组数据的众数是唯一的吗？
2. 什么时候用均值反映数据集的平均状况较好？什么时候用中位数或众数呢？

四、均值、中位数、众数之间的比较

均值、中位数、众数是描述数据集中趋势的主要统计量，它们按照不同的方法来确定，具有不同的特点和应用场合。但是，三者之间存在着一定的数量关系，这种数量关系取决于变量取值的频数分布状况。

从分布的角度看，均值是一组数据全部数值的平均数，中位数是处于一组数据中间位置上的数值，众数始终是一组数据分布的最高峰值。对于具有单峰分布的大多数数据而言，均值、中位数、众数存在以下关系：

（1）当变量取值的频数分布对称时，均值与中位数、众数三者完全相等，即 $\bar{x} = M_e = M_o$，如图 4—2 所示。

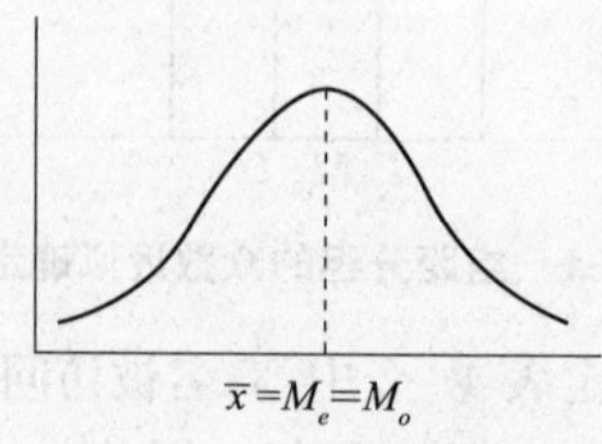

图 4—2　正态分布

（2）当变量取值的频数分布呈现右偏时，说明数据存在最大值，必然拉动均值向极大值一方靠拢，而众数和中位数由于不受极端值的影响，因此，三者之间的关系为 $\bar{x}>M_e>M_o$，如图 4—3 所示。

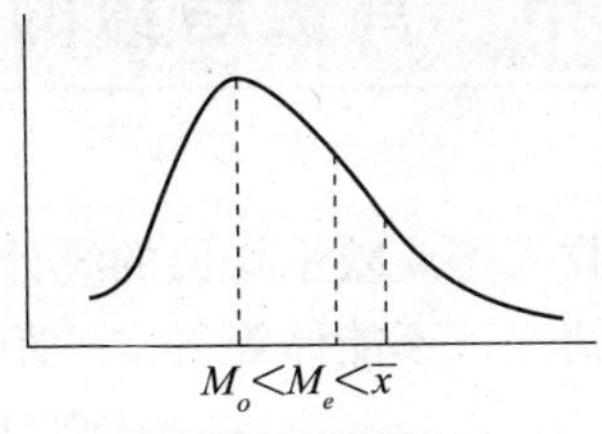

图 4—3　右偏分布

(3) 当变量取值的频数分布呈现左偏时，说明数据存在最小值，必然拉动均值向极小值一方靠拢，而众数和中位数由于不受极端值的影响，因此，三者之间的关系为 $\bar{x}<M_e<M_o$，如图 4—4 所示。

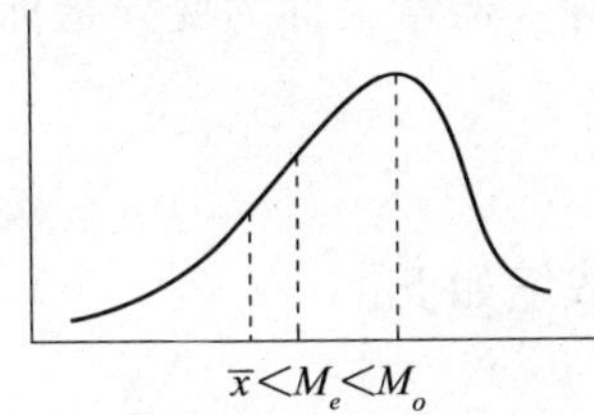

图 4—4　左偏分布

从上面的关系我们可以看出，当频数分布呈对称分布或近似对称分布时，以均值、中位数或众数来描述数据的集中趋势都比较理想；当频数分布呈偏态分布时，极端值会对均值产生较大影响，而对众数、中位数没有影响，此时，用众数、中位数来描述集中趋势比较好。

算一算

如图 4—5 所示，该数据的频数分布是对称的，算一算众数、中位数、均值分别为多少，看看是否相等。

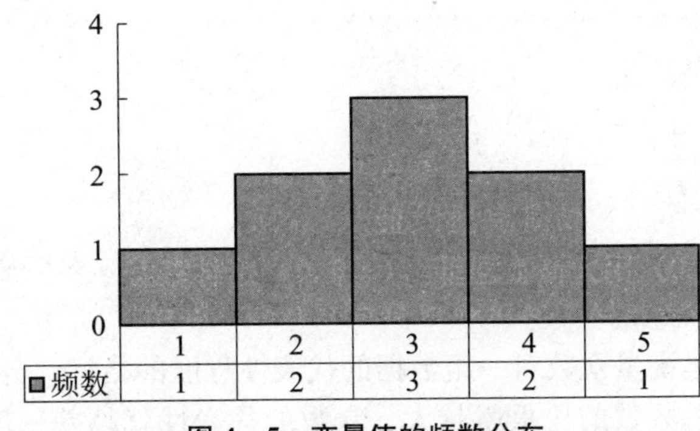

图 4—5　变量值的频数分布

第二节　离散趋势的描述

在本章开头，我们提到人均收入等反映平均值的统计量只能反映全体人民收入的平均水平，不能体现个体收入的离散情况，不能体现贫富差距，为解决这一问题，需要引入体现数据离散趋势的统计量。

数据分布的离散趋势是描述数据分布的另一个重要特征。离散趋势反映了变量各个取值远离其中心值的程度，因此也称为离中趋势。离散趋势从另一个侧面说明了一组数据集中趋势测度值的代表程度。根据不同类型的数据和研究问题的需要，可以构造不同的描述离散趋势的统计量。常用的测度离散趋势的统计量主要有异众比率、极差、四分位差、平均差、方差、标准差和离散系数等，通常也称为变异指标。

想一想

两组学生的统计学期末考试成绩如下：

92　90　94　63　56

79　80　76　78　82

两组数的均值都是 79，可见两组学生的平均水平相当，但第一组学生的成绩明显呈现两极分化，而第二组学生的成绩比较均衡。

两组学生统计学成绩的区别可以如何反映？

一、异众比率

小词典

异众比率（variation ratio）是指一组数据中非众数所在组的频数占总频数的比例。异众比率既适用于定性数据也适用于定量数据，但主要用于测度分类数据的离散趋势，用 V_r 表示。

异众比率的计算公式是：

$$V_r = \frac{\sum f_i - f_m}{\sum f_i} = 1 - \frac{f_m}{\sum f_i} \tag{4.14}$$

其中，$\sum f_i$ 表示变量取值的总频数。对于未分组数据，f_m 表示众数的频数；对于分组数据，f_m 表示众数所在组的频数。

异众比率的作用是衡量众数对一组数据的代表性程度的指标。异众比率越大，说明非众数所在组的频数占总频数的比重就越大，众数的代表性就越差；反之，异众比率越小，众数的代表性就越好。

【例 4.7】　根据表 4—3 中 3 000 名被访问者的受教育水平频数分布情况，计算异众比率。

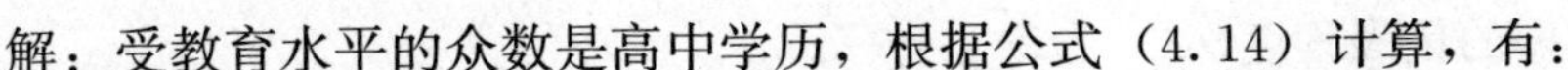

解：受教育水平的众数是高中学历，根据公式（4.14）计算，有：

$$V_r = 1 - \frac{f_m}{\sum f_i} = 1 - \frac{1\ 230}{3\ 000} = 59\%$$

这说明全部 3 000 名被访问者中，有 59%的被访问者的受教育水平不属于高中学历，因此将高中学历作为全部被访问者学历水平的代表并不合适。

二、极差和四分位差

（一）极差

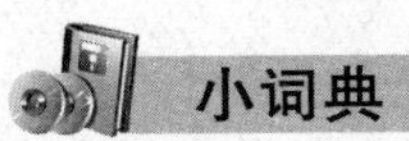

小词典

极差（range）是一组数据的最大值与最小值之差，也称全距。极差主要用于测度顺序型数据和定量数据的离散趋势，用 R 表示。

极差的计算公式是：

$$R = \max(x_i) - \min(x_i) \tag{4.15}$$

其中，$\max(x_i)$ 和 $\min(x_i)$ 分别表示一组数据中的最大值和最小值。

【例 4.8】 根据表 4—4 中 35 名调查员的有效问卷数分组情况计算极差。

解：$R = \max(x_i) - \min(x_i) = 148 - 131 = 17$（份）

极差是最容易计算的离散趋势的测度统计量，但它容易受极端值的影响。35 名调查员有效问卷数的极差是 17，但如果有一名调查员的有效问卷数变为 160，那么极差就会增大至 29。这是由于极差只是利用了一组数据两端的极值，不能反映出中间数据的分散情况，因而不能准确地描述出数据的离散趋势。

（二）四分位差

小词典

通常所说的四分位数是指处在 25%位置上的数值（下四分位数）和处在 75%位置上的数值（上四分位数）。

如果记下四分位数为 Q_L，上四分位数为 Q_U，其计算公式是：

$$Q_L = X_{\frac{n+1}{4}},\ Q_U = X_{\frac{3\times(n+1)}{4}} \tag{4.16}$$

四分位差是上四分位数与下四分位数之差，又称为内距或四分间距（inter-quartile range），用 Q_d 表示。四分位差的计算公式为：

$$Q_d = Q_U - Q_L \tag{4.17}$$

四分位差主要用于测度顺序型数据和定量数据的离散趋势，它克服了极差容易受数据中两端极值的影响这一缺陷。剔除数据中最小和最大的各 25%的数据，反映了中间 50%数据的离散趋势。其数值越小，说明中间的数据越集中；其数值越大，说明中间的数据越分散。此外，由于中位数处于数据的中间位置，因此，四分位差的大小在一定程度上能够说明中位数对一组数据的代表程度。

例如，某班级计算机基础课成绩的四分位差为 $Q_d=90-70=20$，计算机应用课成绩的四分位差为 $Q_d=80-70=10$，这说明，两门课程都有75%的学生成绩在70分以上，但计算机基础课的成绩比计算机应用课的相对分散一些，因为有一半学生的计算机基础课的成绩集中在70～90分，而有一半学生的计算机应用课的成绩集中在70～80分。

三、平均差、方差和标准差

（一）平均差

平均差（mean deviation）是一组数据与其均值离差绝对值的平均数，用 M_d 表示。

根据掌握资料的不同，平均差有以下两种计算方法。

对于未分组数据，采用简单平均法，其计算公式是：

$$M_d=\frac{\sum_{i=1}^{n}|x_i-\overline{x}|}{n} \tag{4.18}$$

对于分组数据，采用加权平均法，其计算公式是：

$$M_d=\frac{\sum_{i=1}^{k}|x_i-\overline{x}|f_i}{\sum_{i=1}^{k}f_i} \tag{4.19}$$

公式（4.19）中的 x_i 代表组中值。

【例4.9】 根据表4—1中给出的某项调查中30名被访者的月收入水平分组数据，计算其平均差。

解：根据表4—5中的数据，套用公式（4.19），有：

$$M_d=\frac{\sum_{i=1}^{k}|x_i-\overline{x}|f_i}{\sum_{i=1}^{k}f_i}=\frac{23\,333.3}{30}\approx 777.78\text{（元）}$$

表4—5　　30名被访者的月收入平均差计算表

收入水平分组（元）	组中值 x_i（元）	被访者人数 f_i（人）	$\lvert x_i-\overline{x}\rvert$	$\lvert x_i-\overline{x}\rvert f_i$
1 000～2 000	1 500	3	1 866.67	5 600.01
2 000～3 000	2 500	7	866.67	6 066.69
3 000～4 000	3 500	13	133.33	1 733.29
4 000～5 000	4 500	5	1 133.33	5 666.65
5 000～6 000	5 500	2	2 133.33	4 266.66
合计	—	30	—	23 333.3

平均差计算简便，意义明确，而且平均差是根据每个数据计算的，因此它能够准确地、全面地反映一组数值的离散趋势。平均差越大，说明数据的离散趋势越大；平均差越小，说明数据的离散趋势越小。

但是，由于平均差是用绝对值进行运算的，它不适用于代数形式，所以在实际应用上受到很大的限制。下面介绍应用更广泛的方差和标准差。

(二) 方差和标准差

小词典

方差（variance）是一组数据与其均值离差平方的算术平均数。标准差（standard deviation）是方差的平方根。

方差、标准差同平均差一样，也是根据全部数据计算的，能够准确地反映每个数据与其均值的平均差异程度。方差、标准差是取离差的平方消除正负号，这更便于数学上的处理。因此，方差、标准差是实际中应用最广泛的离散趋势度量统计量。

根据总体数据计算的，称为总体方差或标准差；根据样本数据计算的，称为样本方差或标准差。设总体方差为 σ^2 ，标准差为 σ 。

对于未分组的数据，方差和标准差的计算公式分别是：

$$\sigma^2 = \frac{\sum_{i=1}^{N}(X_i - \overline{X})^2}{N} \tag{4.20}$$

$$\sigma = \sqrt{\frac{\sum_{i=1}^{N}(X_i - \overline{X})^2}{N}} \tag{4.21}$$

对于分组数据，方差和标准差的计算公式分别是：

$$\sigma^2 = \frac{\sum_{i=1}^{K}(X_i - \overline{X})^2 F_i}{\sum_{i=1}^{K} F_i} \tag{4.22}$$

$$\sigma = \sqrt{\frac{\sum_{i=1}^{K}(X_i - \overline{X})^2 F_i}{\sum_{i=1}^{K} F_i}} \tag{4.23}$$

公式（4.22）中的 x_i 代表组中值。

样本方差、标准差与总体方差、标准差在计算上有所差别。总体方差和标准差在对各个离差平方平均时是除以数据个数或总频数，而样本方差和标准差在对各个离差平方平均时是用样本数据个数或总频数减 1（称为自由度）去除总离差平方和。设样本方差为 s^2 ，标准差为 s 。

对于未分组的数据，方差和标准差的计算公式为：

$$s^2 = \frac{\sum_{i=1}^{n}(x_i - \overline{x})^2}{n-1} \tag{4.24}$$

$$s = \sqrt{\frac{\sum_{i=1}^{n}(x_i - \overline{x})^2}{n-1}} \tag{4.25}$$

对于分组数据，方差和标准差的计算公式为：

$$s^2 = \frac{\sum_{i=1}^{k}(x_i - \overline{x})^2 f_i}{\sum_{i=1}^{k} f_i - 1} \tag{4.26}$$

$$s = \sqrt{\frac{\sum_{i=1}^{k}(x_i - \overline{x})^2 f_i}{\sum_{i=1}^{k} f_i - 1}} \tag{4.27}$$

公式（4.26）中的 x_i 代表组中值。

这里需要说明两点：

(1) 为什么这里的自由度是 $n-1$ 呢？自由度（degree of freedom）是指一组数据中可以自由取值的个数。当样本数据的个数为 n、样本均值 $\overline{x}$ 确定后，只有 $n-1$ 个数据可以自由取值，其中必有一个数据不能自由取值。所以，样本方差和标准差的自由度为 $n-1$。

例如，假定样本有 3 个数值：$x_1=2$，$x_2=4$，$x_3=9$，则 $\overline{x}=5$。当 $\overline{x}=5$ 确定后，x_1、x_2 和 x_3 中一旦确定两个数据的取值，则第三个数据的值就确定了。

(2) 为什么这里的分母要用自由度 $n-1$，而不是 n 呢？从实际应用的角度看，在抽样估计中，当用样本方差 s^2 去估计总体方差 σ^2 时，它是 σ^2 的无偏估计量，对这一问题的进一步讨论可参见参数估计的相关内容。如果不作特别说明，本书下文所讲的方差都是指样本方差。

【例 4.10】 根据表 4—1 中给出的某项调查中 30 名被访者的月收入水平分组数据，计算其方差和标准差。

解：根据表 4—6 中的数据，套用公式（4.26）和公式（4.27），有：

$$s^2 = \frac{\sum_{i=1}^{k}(x_i - \overline{x})^2 f_i}{\sum_{i=1}^{k} f_i - 1} = \frac{31\ 466\ 670}{30-1} \approx 1\ 085\ 058$$

$$s = \sqrt{1\ 085\ 058} \approx 1\ 041.66\ (\text{元})$$

表 4—6　　30 名被访者的月收入方差和标准差计算表

收入水平分组（元）	组中值 x_i（元）	被访者人数 f_i（人）	$(x_i-\overline{x})^2$	$(x_i-\overline{x})^2 f_i$
1 000～2 000	1 500	3	3 484 457	10 453 371
2 000～3 000	2 500	7	751 117	5 257 819

续前表

收入水平分组（元）	组中值 x_i（元）	被访者人数 f_i（人）	$(x_i-\bar{x})^2$	$(x_i-\bar{x})^2 f_i$
3 000～4 000	3 500	13	17 777	231 101
4 000～5 000	4 500	5	1 284 437	6 422 185
5 000～6 000	5 500	2	4 551 097	9 102 194
合计	—	30	—	31 466 670

方差和标准差是测度数据离散程度最常用的统计量。标准差反映了一组数据与均值之间的平均距离，标准差越大，表明观测值越分散。方差所表达的信息与标准差一样，但由于方差的单位是原变量单位的平方，所以解释含义相对标准差要差。

想一想

在现实生活中，你遇到过哪些用到方差的实际案例？哪些数据的标准差很小？列举一些日常生活中标准差很大的例子。

四、离散系数

以上介绍的离散测度统计量都是反映一组数据的绝对变异程度。这些统计量数值的大小，不仅取决于数据的变异程度，而且与变量数据水平、计量单位有关。因此，不能直接利用上述变异指标对不同水平、不同计量单位的现象进行比较。

算一算

以下两组数据的标准差分别是多少？看看 b 组数据的标准差是不是 a 组数据的 10 倍。

a 组：5　5　6　6　6　7　7

b 组：50　50　60　60　60　70　70

利用标准差的计算公式，我们可以算得 b 组数据的标准差是 a 组数据的 10 倍，但如果两组数据的度量单位不同（如 a 组按厘米计量，b 组按毫米计量），则两组数据的波动程度实际是相同的。

当两组数据的计量单位不同时，比较其变异程度就不能采用标准差。我们构造离散系数，先将反映数据的绝对差异程度的统计量转化为反映相对差异程度的统计量，再进行对比。

小词典

离散系数（coefficient of variation）是一组数据的标准差与其均值之比，又称变异系数，用 V_s 表示。

离散系数的计算公式是：

$$V_s=\frac{s}{\bar{x}} \qquad (4.28)$$

离散系数主要用于比较不同样本数据的离散程度，其数值越大，说明数据的离散程度越大。

【例 4.11】 在甲、乙两地的个人收入调查中，甲地的人均月收入是 6 520 元，标准差是1 640元；乙地的人均月收入是 5 800 元，标准差是 1 300 元。比较甲、乙两地人均月收入的差异程度。

解：由 $\bar{x}_{甲}=6\ 520$，$s_{甲}=1\ 640$，得到 $V_{s甲}=\frac{s_{甲}}{\bar{x}_{甲}}=\frac{1\ 640}{6\ 520}\approx 0.252$。

由 $\bar{x}_{乙}=5\ 800$，$s_{乙}=1\ 300$，得到 $V_{s乙}=\frac{s_{乙}}{\bar{x}_{乙}}=\frac{1\ 300}{5\ 800}\approx 0.224$。

由于 $V_{s甲}>V_{s乙}$，因此甲地的人均月收入差异程度大于乙地。

想一想

试总结描述离散程度的统计量有哪些，它们各自有哪些优缺点。

第三节 偏态与峰度的描述

集中趋势和离散趋势是数据分布的两个重要特征，但要全面了解数据分布的特点，还需要知道数据分布的形状是否对称、偏斜的程度以及分布的扁平程度等。偏度和峰度就是对这些分布特征的描述。偏度是对数据分布的偏移方向和程度所作的进一步描述；峰度是对数据分布的扁平程度所做的描述。对偏斜程度的描述用偏态系数，对扁平程度的描述用峰度系数。

一、矩的概念

小词典

矩是物理学上用以表示力与力臂对重心关系的术语，这个关系和统计学中变量与权数对平均数的关系在性质上很类似，所以统计学中也用矩来说明频数分布的性质。一般来说，变量 X 的样本观测值与 a 之差的 k 次方的平均数称为变量 X 关于 a 的 k 阶矩。常见的矩有一阶矩和二阶矩，一阶原点矩即均值，二阶中心矩即方差。

矩的计算公式是：

$$\frac{\sum_{i=1}^{n}(x_i-a)^k f_i}{\sum_{i=1}^{n} f_i} \tag{4.29}$$

当 $a=0$ 时，利用上式计算的矩称为 k 阶原点矩，用字母 M 表示。一阶原点矩是 $M_1=\frac{\sum_{i=1}^{n}x_i f_i}{\sum_{i=1}^{n}f_i}$，即均值；二阶原点矩是 $M_2=\frac{\sum_{i=1}^{n}x_i^2 f_i}{\sum_{i=1}^{n}f_i}$，即平方的均值；三阶原点矩是 $M_3=\frac{\sum_{i=1}^{n}x_i^3 f_i}{\sum_{i=1}^{n}f_i}$；等等。

当 $a=\overline{x}$ 时，利用上式计算的矩称为 k 阶中心矩，用字母 m 表示。一阶中心矩是 $m_1=\frac{\sum_{i=1}^{n}(x_i-\overline{x})f_i}{\sum_{i=1}^{n}f_i}=0$；二阶中心矩是 $m_2=\frac{\sum_{i=1}^{n}(x_i-\overline{x})^2 f_i}{\sum_{i=1}^{n}f_i}$；三阶中心距是 $m_3=\frac{\sum_{i=1}^{n}(x_i-\overline{x})^3 f_i}{\sum_{i=1}^{n}f_i}$；等等。

二、偏态

小词典

偏态（skewness）就是数据分布的不对称性，偏态系数就是对偏态的度量值，记为 SK。

从本章第一节的内容中我们已经知道，频数分布有对称和偏态之分。在偏态的分布中，又分为左偏和右偏。我们可以利用众数、中位数和算术平均数之间的关系判断分布是左偏还是右偏，但要测度分布偏斜的程度，就需要计算偏态系数。偏态系数采用矩进行计算，其计算公式是：

$$SK=\frac{m_3}{\sigma^3}=\frac{\sum_{i=1}^{n}(x_i-\overline{x})^3 f_i}{\sigma^3\sum_{i=1}^{n}f_i} \tag{4.30}$$

由于三阶中心矩 m_3 含有计量单位，为消除计量单位的影响，需要用 m_3 除以 σ^3，使其转化为相对数。SK 的绝对值越大，表示偏斜的程度就越大。根据变量的样本数据计算时，由于总体的 σ^3 不知道，因此用样本 s^3 代替。

当分布对称时，变量的三阶中心矩 m_3 正负相互抵消，因而 $SK=0$；当分布不对称时，m_3 正负离差不能抵消，当 $SK>0$ 时，表示正偏或右偏，反之，当 $SK<0$ 时，表示负偏或左偏。如图 4—6 所示，中间虚线表示的是正态分布，其左侧为右偏分布，右侧为左偏分布。

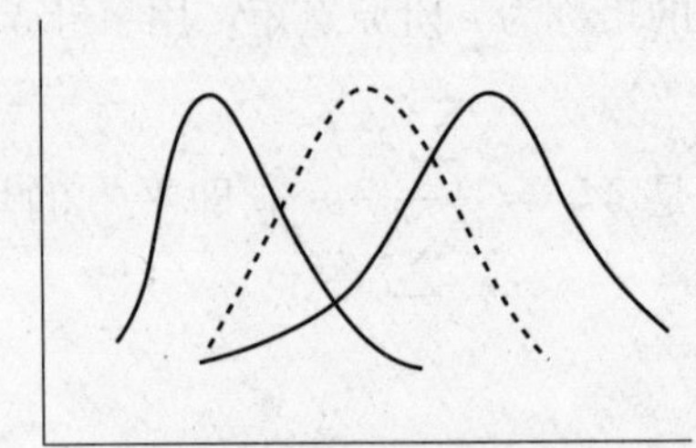

图 4—6　偏态分布

【例 4.12】　根据表 4—1 中给出的某项调查中 30 名被访者的月收入水平分组数据，计算收入分布的偏态系数。

解：根据表 4—7 的数据，用例 4.10 计算的样本 s 代替 σ，套用公式（4.30），有：

$$SK=\frac{\sum_{i=1}^{n}(x_i-\overline{x})^3 f_i}{s^3\sum_{i=1}^{n}f_i}=\frac{2\ 657\ 463\ 111.20}{30\times(1\ 041.66)^3}\approx 0.08$$

偏态系数为正，因此 30 名被访者的月收入分布是右偏分布。

表 4—7　　30 名被访者的月收入分布的偏态系数计算表

收入水平分组（元）	组中值 x_i（元）	被访者人数 f_i（人）	$(x_i-\overline{x})^3$	$(x_i-\overline{x})^3 f_i$
1 000～2 000	1 500	3	−6 504 331 140.80	−19 512 993 422.40
2 000～3 000	2 500	7	−650 970 474.10	−4 556 793 318.70
3 000～4 000	3 500	13	2 370 192.60	30 812 503.80
4 000～5 000	4 500	5	1 455 690 859.30	7 278 454 296.50
5 000～6 000	5 500	2	9 708 991 526.00	19 417 983 052.00
合计	—	30	—	2 657 463 111.20

三、峰度

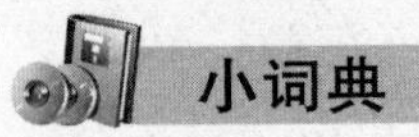

小词典

峰度（kurtosis）是指与标准正态相比，数据分布是平峰还是尖峰的特征。峰度系数是数据分布平峰或尖峰程度的度量值，记为 K。

峰度的计算公式是：

$$K=\frac{m_4}{\sigma^4}-3=\frac{\sum_{i=1}^{n}(x_i-\overline{x})^4 f_i}{\sigma^4\sum_{i=1}^{n}f_i}-3 \tag{4.31}$$

分布曲线的尖峭程度与偶数阶中心矩数值大小有直接的关系，以 m_4 来度量分布曲线的尖峭程度。m_4 是个绝对数，含有计量单位，为消除计量单位的影响，将 m_4 除以 σ^4 得到无量纲的相对数。根据变量的样本数据计算时，由于总体的 σ^4 不知道，因此用样本 s^4 代替。

峰度（系数）通常是与正态分布相比较而言的。峰度系数 $K=0$，表示数据服从正态分布。将各种不同分布的尖峭程度与正态分布比较，当 $K>0$ 时，表示分布的形状比正态分布更瘦、更高，称为尖峰分布；当 $K<0$ 时，表示分布的形状比正态分布更扁平，称为平峰分布。如图 4—7 所示，图中虚线为正态分布，比正态分布尖峭的是尖峰分布，比正态分布扁平的是平峰分布。

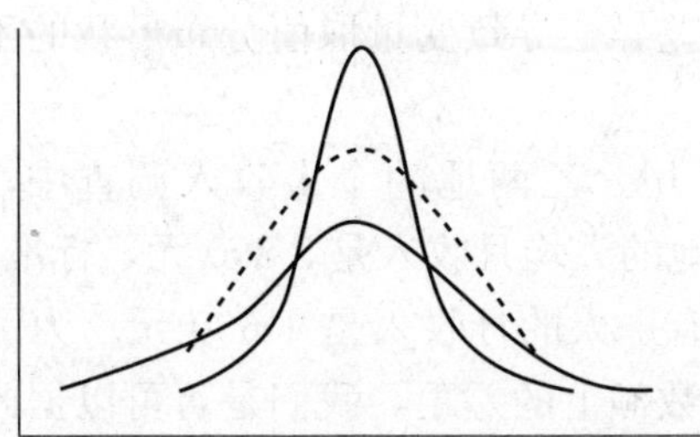

图 4—7　尖峰分布与平峰分布

值得注意的是，公式（4.31）中也可以不减 3，此时的比较标准是 3，即 $K>3$ 时为尖峰分布，$K<3$ 时为平峰分布。

【例 4.13】　根据表 4—8 中给出的某项调查中 30 名被访者的月收入水平分组数据，计算其分布的峰度系数。

表 4—8　30 名被访者的月收入分布的峰度系数计算表

收入水平分组（元）	组中值 x_i（元）	被访者人数 f_i（人）	$(x_i-\overline{x})^4$	$(x_i-\overline{x})^4 f_i$
1 000～2 000	1 500	3	12 141 439 810 602.70	36 424 319 431 808.10
2 000～3 000	2 500	7	564 176 580 790.82	3 949 236 065 535.74
3 000～4 000	3 500	13	316 017 778.96	4 108 231 126.48
4 000～5 000	4 500	5	1 649 778 121 567.11	8 248 890 607 835.55
5 000～6 000	5 500	2	20 712 482 892 155.30	41 424 965 784 310.60
合计	—	30	—	90 051 520 120 616.47

解：根据表 4—8 的数据，用例 4.10 计算的样本 s 代替 σ，套用公式（4.31），有：

$$K=\frac{\sum_{i=1}^{n}(x_i-\overline{x})^4 f_i}{s^4\sum_{i=1}^{n}f_i}-3=\frac{90\ 051\ 520\ 120\ 616.47}{30\times(1\ 041.66)^4}-3\approx-0.45$$

峰度系数为负，因此 30 名被访者的月收入分布是平峰分布，即其分布曲线的形状比正态分布的高峰要扁平。

第四节　数据的标准化处理

不同变量的取值一般有不同的均值和标准差。统计意义上，即便两个变量取值都属于同一分布类型，当均值和标准差不同时，一个变量的取值也不能与另一个变量的取值相比较。原因是均值和标准差的差异会导致变量取值分布形状的不同，下面结合一个例子加以说明。

【例 4.14】　在例 4.11 甲、乙两地的个人收入调查中，甲地的人均月收入是 6 520 元，标准差是 1 640 元；乙地的人均月收入是 5 800 元，标准差是 1 300 元。现甲地有一人的月收入是 5 000 元，乙地有一人的月收入是 4 600 元。为了表述方便，我们将他们分别对应称为甲和乙。由于绝对数额上的差距，我们是否可以据此认为乙的个人相对收入水平低于甲的个人相对收入水平呢?

显然，我们不能做出直观的判断。尽管我们在例 4.11 中已经证明甲地的人均月收入水平差距大于乙地的人均月收入水平差距，但这一点无法反映两地某两个具体的个人的月收入水平差距。甲、乙两个人的月收入数额的绝对差异，并不能体现他们在各自区域内收入水平所处位置的相对差异。为了比较两人在两地相对收入水平的高低，必须进行一定的变换处理，将具有不同均值和标准差的两个个体收入转化为具有相同标准的结果进行对比。

统计上，一般采用统计标准化处理，将具有不同量纲或是不同分布形状的数据转化为标准化得分（standard score)，再进行比较。标准化的计算方法是将变量取值与其样本均值的差除以样本标准差，得到的值称为标准化得分，一般用 z 来表示，其计算公式是：

$$z_i = \frac{x_i - \bar{x}}{s} \tag{4.32}$$

标准化得分给出了一组数据中各数据的相对位置，具有均值为 0、标准差为 1 的特性。实际上，标准化处理只是将原始数据进行了线性变换，它并没有改变一个数据在该组数据中的相对位置，也没有改变数据分布的形状。比较标准化得分只具有相对意义，而没有绝对意义。

在例 4.11 中，甲的个人月收入标准化得分是 $z_{甲} = \frac{5\ 000 - 6\ 520}{1\ 640} \approx -0.927$ ；乙的个人月收入标准化得分是 $z_{乙} = \frac{4\ 600 - 5\ 800}{1\ 300} \approx -0.923$ 。将标准化得分用图形来表示，如图 4—8 所示。由于 $z_{乙} > z_{甲}$，通过标准化得分，虽然差距不是很明显，但结合图形我们可以判断出甲的个人收入水平距甲地收入均值的距离要大于乙的个人收入水平距乙地收入均值的距离，因此乙在乙地的个人相对收入水平高于甲在甲地的个人相对收入水平。

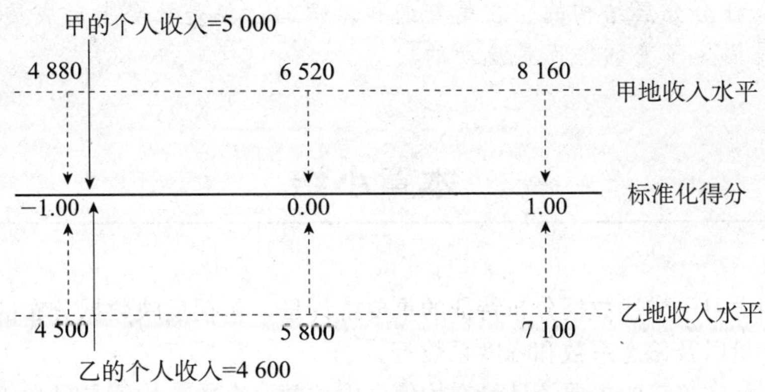

图 4—8　甲、乙两人收入标准化得分示意

标准化得分

对不同个体数据标准化后可以得到标准化得分。标准化得分的主要作用在于：数据经标准化后，我们便可以测度每个数据在该组中的相对位置，并可以用它来判断一组数据是否有异常值。比如，如果某个数值的标准得分为 1.05，则我们知道该数值位于距离均值 1.05 倍标准差的位置。

通常情况下，如果数据分布近似正态分布，约有 68%的数据分布在距离均值 1 个标准差的范围内，约有 99%的数据分布在距离均值 3 个标准差的范围内（由此产生了质量控制领域中的 3σ 原则）。

当我们对不同量纲的数据进行比较时，我们不能直接对其进行比较，而需要先对其进行标准化处理，得到标准化得分后才可以对不同量纲的数据进行比较，在区域竞争力等研究领域，标准化得分得到了广泛应用。

人物小传

维弗雷多·帕累托（Vilfredo Pareto，1848—1923），意大利经济学家、社会学家，洛桑学派的主要代表之一，生于巴黎，瑞士洛桑大学教授。帕累托对经济学、社会学和伦理学做出了很多重要的贡献，特别是在收入分配的研究和个人选择的分析中。他提出了帕累托最优的概念，并用无异曲线发展了个体经济学领域。帕累托因对意大利 20%的人口拥有 80%的财产的观察而著名，后来被约瑟夫·朱兰和其他人概括为帕累托法则（20/80 法则），后来进一步概括为帕累托分布的概念，帕累托在此基础上提出简便高效的帕累托图，用以发现产生大多数问题的原因。帕累托指数是指对收入分布不均衡的程度的度量，参见基尼系数。帕累托还提出了精英理论。他认为，社会分层结构的存在是普遍和永恒的，但是社会上层成员和下层成员的社会地位不是固定不变的，而是流动的。

本章小结

本章我们学习了描述数据分布特征的重要统计量，包括反映数据分布的集中趋势、离散趋势的统计量以及偏态系数和峰度系数等。

描述数据集中趋势的主要统计量有均值、中位数、众数。均值是最常用的测度数据集中趋势的代表值，主要适用于定量变量，但对极端值比较敏感。中位数适用于顺序型变量和定量变量，不适用于分类变量。中位数对极端值不敏感，当数据分布不对称时，多用中位数来描述数据分布的集中程度。如果均值与中位数的大小大致相等，则选择均值描述数据的集中趋势；如果两者差别较大，则中位数更合适。众数多用于描述分类变量的集中趋势，对极端值不敏感。

描述数据离散趋势的主要统计量有异众比率、极差、四分位差、平均差、方差、标准差和离散系数。异众比率多用于描述分类数据；极差是数据中最大值与最小值的差，但不能反映中间数据的分布情况；四分位差是上下四分位数的差值，反映了中间50％数据的离散趋势；平均差由于取绝对值，故受制于运算法则的限制；方差和标准差是实际应用中最广泛的离散趋势测度指标，能够反映出每一数据与均值的平均差异；离散系数是描述数据离散趋势的相对值，适用于不同总体或不同计量单位数据离散趋势的比较。

描述数据分布形状的统计量主要是偏态系数和峰度系数。偏态系数主要用来描述数据分布与正态分布相比的偏斜程度；峰度系数主要用来描述数据分布与正态分布相比的尖峭程度。

思考与练习

1. 一组数据的分布特征可以从哪几个方面进行测度？

2. 简述众数、中位数和均值的特点以及三者之间的关系。

3. 描述数据离散趋势的测度指标有哪些？分别指出它们的适用场合。

4. 为什么要计算离散系数？

5. 比较极差、平均差和标准差的特点，并说明为什么标准差是最常用的描述离散趋势的统计量。

6. 对数据进行标准化的目的是什么？标准化分数有哪些用途？

7. 某学院二年级两个班的学生外语期末考试成绩如表 4—9 所示。

表 4—9　　某学院二年级两个班的学生外语期末考试成绩

外语考试成绩	学生人数	
	甲班	乙班
50～60	2	4
60～70	5	7
70～80	10	14
80～90	17	18
90～100	6	7
合计	40	50

要求：试分别计算两个班的平均成绩和标准差，并比较说明哪个班的外语考试成绩差异程度更大。

8. 某农场在不同自然条件的地段上用同样的管理技术试种两个粮食新品种，有关资料如表 4—10 所示。

表 4—10　　试种粮食品种情况

试种地段	甲品种		乙品种	
	播种面积（亩）	收获率（千克/亩）	播种面积（亩）	收获率（千克/亩）
A	2.0	450	2.5	383
B	1.5	385	1.8	405
C	4.2	394	3.2	421
D	5.3	420	5.5	372
合计	13.0		13.0	

要求：试计算有关指标，并从作物收获率的水平和稳定性两个方面综合评价哪个品种更有推广价值。

附录：用 Excel 计算数据分布特征的主要测度指标

本章主要介绍了描述数据集中趋势、离散趋势、分布形状的统计量，这里以具体数据为例介绍如何用 Excel 软件得到数据分布特征的描述统计量。

以第三章中表 3—8 中前 20 名调查员的有效问卷数据为例说明，具体数据见表 4—11。

表 4—11

95	101	103	105	107	108	110	111	114	115
115	116	116	121	122	122	124	124	125	125

本章介绍了数据分布特征的各种测度指标，其中多数都可以通过 Excel 的“数据分析”选项中的“描述统计”命令直接得出结果。假定已将数据输入到工作表中的 A1：A20 单元格，然后按下列步骤操作：

第 1 步：选择“工具”下拉菜单。

第 2 步：选择“数据分析”选项。

第 3 步：在分析工具中选择“描述统计”。

第 4 步：当出现对话框后，在“数据区域”方框内键入 A1：A20，分组方式选择“逐列”，在“输出选项”中选择输出区域 C1，选择需要计算的统计量，包括“汇总统计”、“平均数置信度”（后面一般输入 95%）、“第 K 大值”（后面输入 1 即计算最大值）、“第 K 小值”（后面输入 1 即计算最小值），最后选择“确定”。

输出结果见表表 4—12。

表 4—12　　描述统计的输出结果

	A	B	C	D	E
1	95		列 1		
2	101				
3	103		平均	113.95	
4	105		标准误差	1.967 466	
5	107		中值	115	
6	108		模式	115	
7	110		标准偏差	8.798 774	
8	111		样本方差	77.418 42	
9	114		峰值	−0.611 54	
10	115		偏斜度	−0.472 03	
11	115		区域	30	
12	116		最小值	95	
13	116		最大值	125	
14	121		求和	2 279	
15	122		计数	20	
16	122		最大（1）	125	
17	124		最小（1）	95	
18	124		置信度（95%）	4.117 953	
19	125				
20	125				

说明：表中输出的主要统计量依次为：均值、标准误差、中值（中位数）、模式（众数）、标准偏差（标准差）、样本方差、峰值（峰度系数）、偏斜度（偏态系数）、区域（极差）、最小值、最大值、求和（样本总和）、计数（样本数据的个数）、第 K 大（小）值（括号内表示用户对 K 的设定值）、置信度（95%）（显著性水平为 0.05 时的均值置信度）。

第五章

概率与概率分布

概率的魅力

概率在应用数学中占有很重要的位置，用概率的知识可预测随机事件发生的可能性大小，在日常生活、自然、科技领域也有着广泛的应用，是我们解决日常生活中的问题不可缺少的知识。

据NBA中国官网消息，北京时间5月21日，2014年NBA选秀抽签举行，克利夫兰骑士队再次获得状元签，连续第二年拿下状元签，这是他们四年第三次获得状元签。骑士队副主席杰夫·科恩激动地说："我们只有1.7%的机会，但是我们最终成功了。"

NBA联盟有30支球队，14支球队获得乐透签，他们都有一定概率获得状元签。确定乐透区选秀顺位的方式与乐透彩的摇奖方式很像，是将14个小球分别贴上1～14的数字，并放进摇奖器，随后进行摇奖。每次会抽出4个数字球，根据排列组合，一共会产生$C_{14}^{4}=1\,001$种数字组合，其中1 000种组合被随机分配给14支球队，其中有1种组合是"状元签组合"。战绩最差的球队获得的组合最多（250个），抽中状元签的概率也最大，战绩最好的球队（非季后赛球队）获得的组合最少，太阳队只有5个。剩下球队按照战绩从差到好依次排序。

2014年的状元签概率高低依次为：密尔沃基雄鹿（25.0%），费城76人（19.9%），奥兰多魔术（15.6%），犹他爵士（11.9%），波士顿凯尔特人（8.8%），洛杉矶湖人（6.3%），萨克拉门托国王（4.3%），底特律活塞（2.8%），克里夫兰骑士（1.7%），新奥尔良鹈鹕（1.1%），丹佛掘金（0.8%，从纽约尼克斯处获得），奥兰多魔术（0.7%，从丹佛掘金处获得），明尼苏达森林狼（0.6%），菲尼克斯太阳（0.5%）。

因为是摇奖抽取前三位，因此一些球队虽然概率很低，但也有机会拿到状元签。比如2008年，公牛以1.75%的概率抽中了状元签，选了德里克·罗斯；2002年，火箭抽中状元签的概率也只有8.9%，但最终他们成功了，选中了姚明。

从1 000中组合中随机选取一个"状元签组合"，这个"状元签组合"是一个随机变量，其服从在1 000个数字组合上的离散型均匀分布。14支球队都有获得状元签的概率，虽然有大有小，但有较大概率获得状元的球队不一定最终如愿，必须充分考虑小概率事件发生的可能性。这就是概率的魅力。

概率论是研究随机现象的数量规律的一门科学，是统计推断的基础。本章将介绍概率的一些基本概念，诸如离散变量的概率分布、连续变量的概率分布、抽样分布。

学习导航

- 事件及事件的关系、性质。
- 概率的性质及运算法则。
- 离散型随机变量的概率分布。
- 连续型随机变量的概率分布。
- 抽样分布。

第一节　概率的问题

一、事件

（一）事件的定义

自然界和人类社会中存在两类现象：确定现象和随机现象。

在一定条件下，必然会发生的结果称为必然事件，用 Ω 表示。例如，每天早晨太阳从东方升起，水在 100 摄氏度以上沸腾等。反之，一定条件下，必然不会发生的事情称为不可能事件，用 Φ 表示。例如，在不受外力作用的条件下，做匀速直线运动的物体改变其运动状态是不可能的。以上两类现象统称为确定现象。

大千世界还有一类现象，称为随机现象。让我们进行一些试验，如抛出一枚硬币出现正面或者反面；观测商场每天的顾客数和销售额；掷一颗骰子出现的点数；测试某种型号电视机的寿命；测量某物理量（长度、质量）的误差等，这些试验我们统称为随机试验，随机试验所代表的现象称为随机现象。

小词典

随机试验的特点是在基本条件不变的条件下，进行一系列试验或观察会得到不同的结果。也就是说，就个别的试验或观察结果而言，它的结果是不确定的，呈现出偶然性。随机试验的每一个可能的结果称为随机事件，简称事件，用大写拉丁字母 A、B、C 等表示。例如，参加世界杯的有 32 支球队，获得世界杯冠军的球队有 32 种可能（可能性即获胜概率有大有小），每一种可能就是一个随机事件。

必然事件和不可能事件可看作随机事件的两个特例。

想一想

生活中存在哪些常见的随机现象？

小词典

由随机试验的一切可能基本结果组成的集合称为样本空间，记为 $\Omega=\{\omega\}$，其中 ω 表示基本结果，又称为样本点。样本点是今后抽样的最基本单元。事件是样本空间的子集，即事件是由某些样本点构成的。

例如，掷一颗骰子，观察其出现的点数，它的样本空间 $\Omega=\{1,2,3,4,5,6\}$，事件 $A=$“出现奇数点”$=\{1,3,5\}$。

（二）事件的关系

一般来说，事件之间具有以下的关系及运算，这与集合论中的集合及运算是完全相似的，以两个事件 A 与 B 为例说明。

1. 事件的包含

事件的包含是指若事件 A 发生必然意味着事件 B 发生，则称事件 B 包含事件 A，或事件 A 包含于事件 B，记作 $A\subset B$ 或 $B\supset A$ 。

譬如掷一颗骰子，事件 $A=$“出现 4 点”的发生必然导致事件 $B=$“出现偶数点”的发生，故 $A\subset B$ 。

2. 事件的互斥

事件的互斥是指事件 A 和事件 B 不可能同时发生，互斥的充要条件是两个事件没有公共样本点。事件的互斥也称为事件互不相容。

样本点是互不相容的。

3. 事件的并

事件的并（或和）是指事件 A 与 B 至少有一个发生的事件。它是由属于事件 A 或事件 B 的所有样本点组成的集合，记为 $A\cup B$ 或（$A+B$）。

如在掷一颗骰子的试验中，事件 $A=$“出现奇数点”$=\{1,3,5\}$，事件 $B=$“出现的点数不超过 3”$=\{1,2,3\}$，则 A 与 B 的并 $A\cup B=\{1,2,3,5\}$。

4. 事件的交

事件的交（或积）是指事件 A 与 B 同时发生的事件。它是由属于事件 A 也属于事件 B 的公共样本点组成的集合，记为 $A\cap B$（或 AB）。

如在掷一颗骰子的试验中，事件 $A=$“出现奇数点”$=\{1,3,5\}$，事件 $B=$“出现的点数不超过 3”$=\{1,2,3\}$，则 A 与 B 的交 $A\cap B=\{1,3\}$。

5. 事件的差

事件的差是指事件 A 发生但事件 B 不发生的事件。它是由属于事件 A 但不属于事件 B 的那些样本点组成的集合，记为 $A-B$ 。

如在掷一颗骰子的试验中，事件 $A=$“出现奇数点”$=\{1,3,5\}$，事件 $B=$“出现的点数不超过 3”＝｛1，2，3｝，则 A 与 B 的差 $A-B=\{5\}$。

6. 事件的逆

事件的逆是指若事件 B 与事件 A 互斥，且事件 B 与事件 A 组成了整个样本空间，则称事件 B 是事件 A 的逆事件。它是由样本空间中所有不属于事件 A 的样本点组成的集合，记为 $B=\overline{A}$。此时，事件 B 也称为事件 A 的对立事件。必然事件 Ω 是不可能事件 Φ 的逆事件。

如在掷一颗骰子的试验中，事件 $A=$“出现奇数点”＝｛1，3，5｝的逆事件 $\overline{A}=$“出现偶数点”＝｛2，4，6｝。

（三）事件的性质

事件的运算满足下面的性质，设 A、B 和 C 为三个事件：

(1) 交换律：$A\cup B=B\cup A$，$A\cap B=B\cap A$。

(2) 结合律：$A\cup(B\cup C)=(A\cup B)\cup C$，$A(BC)=(AB)C$。

(3) 分配律：$A\cup(B\cap C)=(A\cup B)\cap(A\cup C)$，$A\cap(B\cup C)=(A\cap B)\cup(A\cap C)$。

二、概率

（一）事件的概率

事件 A 的概率是对事件 A 出现的可能性大小的一种度量，在数学中表示为 $P(A)$。

一般意义上，概率是 0 到 1 之间的一个数，它表示了一个事件发生的可能性。概率为 0，表示事件不可能发生，概率为 1，表示事件必然发生。小概率（接近 0）的事件不太可能发生，而大概率（接近 1）的事件则很可能发生。

概率的数学性质有：

(1) 非负性：对任意事件 A，有 $0\leqslant P(A)\leqslant 1$。

(2) 规范性：对必然事件 Ω，有 $P(\Omega)=1$；对不可能事件 Φ，有 $P(\Phi)=0$。

(3) 可加性：若事件 A 与事件 B 互斥，有 $P(A\cup B)=P(A)+P(B)$。

推广到两两互斥的事件，则有 $P(A_1\cup A_2\cdots\cup A_n)=P(A_1)+P(A_2)+\cdots+P(A_n)$。

（二）概率的定义

概率观念的产生可追溯到很多年以前。在《旧约全书》中就有关于投骰子的记载，传说挪威和瑞典国王是通过扔一对骰子来决定一块有争议的土地所有权的。到了 17 世纪，就有零星的有关机会和概率的文章出现。当时对概率的讨论主要与牌和骰子赌博中的赔率有关，问题被提到了数学家们的面前，概率论就是从那时发展起来的。

你知道吗?

概率论同其他数学分支一样，是在一定的社会条件下，通过人类的生产活动和社会实践发展起来的。其发源于 17 世纪中叶，引起数学家思考概率论问题的起因是来自赌博者的请求，最早的有关概率论的论著是《论赌博中的计算》一书。17、18 世纪，不少数学家从事概率的研究，伯努利所著的《猜度论》一书包含了概率论中的伯努利定理，这是大数定律的最早形式。随后棣莫弗在《机会的学说》一书中提出了“棣莫弗—拉普拉斯定理”，即服从二项分布的随机变量序列的中心极限定理，他意识到很多实际问题中的随机变量都是由大量相互独立因素综合影响形成，而其中每个个别因素在总的影响中的作用都很小，这样的随机变量近似服从正态分布。概率论是在大数定律和中心极限定理的基础上发展起来的。

概率的定义有古典定义（等可能事件）、统计定义（相对频数）和主观定义三种。

1. 古典定义

有一类简单的随机现象具有下面两个特征：

(1) 在试验中它的全部可能结果只有有限个，而且这些结果是两两互不相容的；

(2) 每个结果的出现是等可能的，即它们发生的概率相等。

这类随机现象在概率论发展初期就被注意到了，许多的概率论结果也是对它作出的。一般把这类随机现象的数学模型称为古典概型。

在古典概型意义下，某一随机试验的结果数量有限，并且在公平性、对称性的原则下，每个结果出现的可能性相同，则事件 A 发生的概率为该事件所包含的基本事件个数 m 与样本空间中所包含的基本事件个数 n 的比值，记为：

$$P(A)=\frac{\text{事件 }A\text{ 所包含的基本事件个数}}{\text{样本空间所包含的基本事件总数}}=\frac{m}{n} \tag{5.1}$$

法国数学家拉普拉斯（Laplace）在 1812 年把上式作为概率的一般定义。现在通常称它为概率的古典定义，因为它只适用于古典概型场合。

例如，事件 A 为骰子点数为奇数，则事件 A 包含的基本事件为骰子点数是 1、3、5，共 3 种情况，而基本事件总数为 6（骰子点数共有 6 种情况），则事件 A 的概率为 3/6，即1/2。类似的，若事件 A 为扑克牌为梅花，则事件 A 包含的基本事件个数为 13，因为共有 13 张梅花，而基本事件总数为 52（扑克牌共有 52 张），则事件 A 的概率为 13/52，即 1/4。

2. 统计定义

虽然个别随机事件在某次试验或观察中可以出现也可以不出现，但在大量的试验中它呈现出明显的规律性，即频率稳定性。

在相同条件下进行 n 次随机试验（说明试验可重复进行），事件 A 出现 m 次，则比值 m/n 称为事件 A 发生的频率。随着 n 的增大，该频率围绕某一常数 P 上下摆动，且波动的幅度逐渐减小，趋向于稳定，这个频率的稳定值即可以看作事件 A 的概率，记为：

$$P(A)=\frac{m}{n}=p \tag{5.2}$$

历史上有人通过抛硬币验证了频率稳定性。假如硬币均匀，直观上出现正面的机会与出现反面的机会应该相等，即在大量试验中出现正面的频率应接近于 50%，验证结果见表 5—1。

表 5—1　　**抛硬币试验**

试验者	掷硬币次数	出现正面次数	频率
蒲丰	4 040	2 048	0.506 9
皮尔逊	12 000	6 019	0.501 6
皮尔逊	24 000	12 012	0.500 5

3. 主观定义

对一些无法重复出现的事件，利用相对频数来逼近概率是无效的，确定其结果的概率只能在主观层面上人为地得到。比如，明天只有一天，是无法重复出现的，在明天还没来之前，我们要确定明天下雨的概率，需要根据掌握的信息进行估计和判断。因为时光不能倒流，所以很多事件都不能重复出现。

概率的主观定义叫主观概率（subjective probability），也叫个人概率，是个人根据相关信息对某事件发生的可能性的一种估计和判断。在决策中，决策者不大可能根据全部的信息进行百分之百的推断，大多数的决策是在具有偶然不确定性的情况下做出的。应用概率论可以使决策者用有限的资料来分析这些偶然性，并减少风险。概率经常是对尚未出现的事件发生可能性的估计。

主观概率是一次事件的概率，主观概率的定义方法虽不客观但不随意，它是评价者在掌握各种信息的基础上，对某事件的发生或者对其断言的真实性的确信程度。主观概率的提出是古典方法和频率方法的一个有效补充，评价者的知识和经验是主观概率是否合理的关键。主观概率在贝叶斯统计领域有广泛的应用，它是贝叶斯统计中确定参数先验分布的重要方法。

想一想

以下事件的概率是如何得到的？

1. 从一副扑克牌中抽一张得到红桃 K。
2. 某汽车公司预测它们生产的新型汽车受市场的欢迎程度将达到 80%。
3. 明天郊游时会下雨。

（三）概率的加法

概率是一个数字，可以进行加减乘除等运算，通过概率的计算我们可以利用简单事件的发生概率来得到复杂事件的发生概率。这里介绍概率的加法运算。

1. 加法的特殊定理

若事件 A 和事件 B 的交集为空，那么 A 与 B 就是互斥事件，也叫互不相容事件，可叙述为不可能同时发生的事件。

两个互斥事件之和的概率，等于两个事件的概率之和。即若事件 A 与事件 B 互斥，有：

$$P(A \cup B)=P(A)+P(B) \tag{5.3}$$

例如，100 个产品中有 60 个一等品，30 个二等品，10 个废品。规定一、二等品为合格品。记 $A=$ “产品为一等品”，$B=$ “产品为二等品”，A、B 互斥。从中抽取一件产品，产品为合格品的概率是 $P(A \cup B)=P(A)+P(B)=\frac{60}{100}+\frac{30}{100}=\frac{90}{100}$。

推广到 n 个两两互斥的事件，则有：

$$P(A_1 \cup A_2 \cdots A_n)=P(A_1)+P(A_2)+\cdots+P(A_n) \tag{5.4}$$

特别地，若事件 A 与事件 B 互斥，并且事件 A 与事件 B 的和组成了整个样本空间，即

$A\cup B=\Omega$。此时，事件 A 与事件 B 互为逆事件，有 $P(A)+P(B)=P(A\cup B)=1$。这个式子还可以写成 $P(A)+P(\overline{A})=1$ 或 $P(\overline{A})=1-P(A)$，上式称为概率的补偿定理。

2. 加法的一般定理

有的事件并不是互斥的，有可能同时发生，存在交集。例如，事件 A 为骰子点数为奇数，事件 B 为骰子点数大于 4，事件 A 发生并不意味着事件 B 一定不发生，骰子点数为 5 是这两个事件的交集。因此，计算两个事件之和的概率，应该减去一次交集的概率，否则这部分就包括了两次，即多算了一次。

一般意义上，两个事件之和的概率为：

$$P(A\cup B)=P(A)+P(B)-P(AB) \tag{5.5}$$

事实上，对于两个互斥事件而言，有 $P(AB)=P(\Phi)=0$。可见，加法的特殊定理是一般定理的一个特例。

【例 5.1】　设某地有甲、乙两种报纸，该地成年人中有 20%读甲报纸，有 16%读乙报纸，有 8%两种报纸都读，那么成年人中有百分之几至少读一种报纸？

解：设 $A=$｛读甲报纸｝，$B=$｛读乙报纸｝，$C=$｛至少读一种报纸｝，则：

$$P(C)=P(A\cup B)=P(A)+P(B)-P(A\cap B)$$

由题意知：

$$P(A)=0.2,\ P(B)=0.16,\ P(A\cap B)=0.08$$

于是：

$$P(C)=0.2+0.16-0.08=0.28$$

即有 28%的成年人至少读一种报纸。

你知道吗？

若有不互斥的多个事件 A_1，…，A_n，其中任意两个或多个事件都有可能同时发生，存在交集，此时的多个事件之和的发生概率计算公式为：

$$P(A_1\cup A_2\cup\cdots A_n)=\sum_{i-1}^{x}P(A_2)-\sum_{1\leqslant i\leqslant j\leqslant n}^{n}(A_iA_j)+\sum_{1\leqslant i\leqslant j\leqslant k\leqslant n}P(A_iA_{jAk})\cdots$$
$$+(-1)^{n-1}P(A_1A_2\cdots A_n)$$

（四）概率的乘法

1. 条件概率

每一个随机试验都是在一定的条件下进行的，而这里讨论的条件概率是在试验结果的部分信息已知（即在原随机试验的条件下，再加上一些附加信息）的情况下。例如，一家饮料公司准备推出一种新的饮料，为估计新饮料的市场销售前景，公司先在一个超市进行试销，发现销售效果良好，那么该公司就有理由认为新饮料在市场上将有良好的销售成绩。设 $A=$｛新饮料在整个市场上销售良好｝，$B=$｛新饮料的试销情况良好｝。现在需要回答的是：已知事件 B 发生的条件下，事件 A 发生的概率有多大？也就是在已知新饮料试销结果的情况下，它在整个市场上销售良好的可能性有多大？这就是条件概率问题。

小词典

在事件 B 发生的条件下事件 A 发生的概率，称为已知 B 时 A 发生的条件概率或称为给定 B 下 A 的概率，记为 $P(A|B)$。条件概率的计算公式为：

$$P(A|B)=P(AB)/P(B) \tag{5.6}$$

【例 5.2】 在肝癌普查中发现，某地区的自然人群中，每 10 万人中，平均有 40 人患原发性肝癌，有 34 人甲胎球蛋白高含量，有 32 人既患原发性肝癌又甲胎球蛋白高含量，求某人在已知甲胎球蛋白高含量的条件下患原发性肝癌的概率。

解：记 C=“患原发性肝癌”，D=“甲胎球蛋白高含量”，

$$P(D)=\frac{34}{100\,000},P(CD)=\frac{32}{100\,000},P(C|D)=\frac{P(CD)}{P(D)}=\frac{32}{34}=0.941\,1$$

由于增加了新的条件（附加信息），一般来说，$P(A|B)\neq P(A)$。若 $P(A|B)=P(A)$，事件 A 的条件概率（在事件 B 发生的条件下）与事件 A 本身的概率相等，则意味着事件 B 的信息对于事件 A 没有影响，说明这两个事件是独立的。

2. 乘法的特殊定理

两个独立事件之积（同时发生）的概率，等于两个事件的概率之积。即若事件 A 与事件 B 独立，则有：

$$P(AB)=P(A)P(B) \tag{5.7}$$

推广到两两独立的事件，有：

$$P(A_1A_2\cdots A_n)=P(A_1)P(A_2)\cdots P(A_n) \tag{5.8}$$

例如，要计算抛两次硬币都是正面朝上的概率，因为两次抛硬币的过程是独立的，每次正面朝上的概率都是 $\frac{1}{2}$，所以两个事件之积的概率为 $\frac{1}{2}\times\frac{1}{2}=\frac{1}{4}$。

3. 乘法的一般定理

更多的时候，事件并不是独立的，概率的计算是有条件的。一般意义上，两个事件之积（同时发生）的概率为：

$$P(AB)=P(A)P(B|A) \tag{5.9}$$

上式也可以写作：

$$P(AB)=P(B)P(A|B)$$

求两个以上事件之积（同时发生）的概率与上述相似。以三个事件 A、B、C 为例，事件 A、B、C 同时发生的概率为：

$$P(ABC)=P(A)P(B|A)P(C|AB) \tag{5.10}$$

(五) 全概率公式和贝叶斯公式

全概率公式和贝叶斯公式用来计算复杂的概率，它们实质上是加法公式和乘法公式的综合运用和推广。

1. 全概率公式

设 n 个事件 $A_1,A_2,\cdots,A_n$ 两两互斥，并有 $A_1+A_2+\cdots+A_n=\Omega$，说明 n 个事件没有交

集，并且组成了整个样本空间，满足这两个条件的事件组称为一个完备事件组。

若 $P(A_i) > 0\ (i = 1,2,\cdots,n)$，则对任意事件 B，有：

$$P(B) = \sum_{i=1}^{n} P(B \mid A_i)P(A_i) \tag{5.11}$$

把事件 $A_1, A_2, \cdots, A_n$ 看作引起事件 B 发生的所有可能原因，或者是事件 B 发生的所有可能情况，把各种条件下事件 B 发生的概率相加，即为事件 B 的概率。

【例 5.3】　某厂生产甲、乙、丙三种产品，各种产品的次品率分别为 4%、6%、7%，各种产品的数量分别占总数量的 30%、20%、50%，将三种产品组合在一起，计算任取一个是次品的概率。

解：设事件 A_1 表示“产品为甲”，事件 A_2 表示“产品为乙”，事件 A_3 表示“产品为丙”，事件 B 表示“产品为次品”。根据全概率公式，有：

$$\begin{aligned} P(B) &= \sum_{i=1}^{3} P(B \mid A_i)P(A_i) \\ &= 4\% \times 30\% + 6\% \times 20\% + 7\% \times 50\% \\ &= 5.9\% \end{aligned}$$

2. 贝叶斯公式

贝叶斯公式与全概率公式要解决的问题正好相反，它是在条件概率的基础上寻找事件发生的原因（或事件是在什么条件下发生的）。

设 n 个事件 $A_1, A_2, \cdots, A_n$ 两两互斥，并有 $A_1 + A_2 + \cdots + A_n = \Omega$，则：

$$P(A_i \mid B) = \frac{P(A_iB)}{P(B)}$$

进一步有：

$$P(A_i \mid B) = \frac{P(B \mid A_i)P(A_i)}{\sum_{i=1}^{n} P(B \mid A_i)P(A_i)} \tag{5.12}$$

这就是贝叶斯公式，它立足于结果去推导原因，也称为逆概率公式，它是基于事件 B 已发生的情形下，推导事件 A 发生的概率。

【例 5.4】　某厂生产甲、乙、丙三种产品，各种产品的次品率分别为 4%、6%、7%，各种产品的数量分别占总数量的 30%、20%、50%，将三种产品组合在一起，若任取一个是次品，分别求该次品是甲、乙、丙产品的概率。

解：设事件 A_1 表示“产品为甲”，事件 A_2 表示“产品为乙”，事件 A_3 表示“产品为丙”，事件 B 表示“产品为次品”。先根据全概率公式，有 $P(B) = 5.9\%$。

根据贝叶斯公式，有：

$$P(A_1 \mid B) = \frac{P(B \mid A_1)P(A_1)}{P(B)} = \frac{4\% \times 30\%}{5.9\%} = 20.34\%$$

$$P(A_2 \mid B) = \frac{P(B \mid A_2)P(A_2)}{P(B)} = \frac{6\% \times 20\%}{5.9\%} = 20.34\%$$

$$P(A_3 \mid B) = \frac{P(B \mid A_3)P(A_3)}{P(B)} = \frac{7\% \times 50\%}{5.9\%} = 59.32\%$$

可见，该次品为丙产品的概率较大，达到了 59.32%。

三、概率分布

概率分布指的是随机变量的概率分布。

随机变量与随机事件是对应的。随机事件是一次试验的结果（样本空间的一个子集），随机变量是试验结果的数值性描述（样本点的一个函数）。例如，掷一枚骰子出现的点数，抛 50 次硬币正面朝上的次数，灯泡的平均使用寿命等。

小词典

随机变量是试验结果的一个数值表示，这个数值是随着试验结果的不同而变化的，也是样本点的一个函数。通俗地理解为，以某种可能性取某些值的一个变量。

随机变量一般用 X、Y、Z 等字母来表示。根据取值情况（随机试验的结果）的不同可分为离散型随机变量和连续型随机变量。

离散型随机变量是指随机变量 X 的取值为有限多个或所有取值可以逐个列举出来 $x_1, x_2, \cdots, x_n$。例如，掷一枚骰子出现的点数是从 1 到 6 的某个整数；抛 50 次硬币正面朝上的次数是从 0 到 50 的某个整数；产品检验时样品中出现的废品数；电话访问中某段时间中的话务量等。

连续型随机变量是指随机变量 X 的取值有无限多个，并且任意两个值之间还有其他的值。比如测量误差、分子运动速度、候车时的等待时间、降水量、风速等。

还有一种我们要特别研究的概率分布叫抽样分布。在抽样调查中，因为样本是随机的，所以样本统计量（如样本均值）是一个随机变量，它的分布就叫做抽样分布。

本章第二、三、四节，我们将分别讨论离散型随机变量的概率分布、连续型随机变量的概率分布以及抽样分布。

第二节　离散型随机变量的概率分布

一、离散型随机变量的概率分布

设离散型随机变量 X 取有限个可能值 $x_1, x_2, \cdots, x_n$，取这些值的概率分别为 $p_1, p_2, \cdots, p_n$，即 $P(X = x_i) = p_i$，$i = 1, 2, \cdots, n$。将之用表 5—2 表示。

表 5—2　离散型随机变量的概率分布

$X = x_i$	x_1	x_2	…	x_n
$P(X = x_i) = p_i$	p_1	p_2	…	p_n

小词典

列出随机变量 X 的所有可能取值 $x_1, x_2, \cdots, x_n$ 以及取每个值的概率 $p_1, p_2, \cdots, p_n$，并用表格的形式表现出来，称为离散型随机变量的概率分布。其中 $P(X=x_i)=p_i$，$i=1, 2, \cdots, n$ 是 X 的概率函数。

离散型随机变量的概率分布具有以下性质：

(1) $p_i \geqslant 0$；

(2) $\sum_i p_i = 1$, $i=1,2,\cdots,n$。

随机变量的特征可用期望和方差来描述。期望描述随机变量取值的平均程度，方差描述随机变量取值的离散程度。

对于离散型随机变量 X 而言，其期望为各可能取值 x_i 及其概率 p_i 的乘积之和。为：

$$E(x) = \sum_{i=1}^{n} x_i p_i \tag{5.13}$$

X 的方差为各可能取值 x_i 与期望值的离差平方和的期望。为：

$$V(x) = E[X-E(x)]^2 = \sum_{i=1}^{n} [x_i - E(x)]^2 p_i \tag{5.14}$$

二、常见的离散型随机变量的概率分布

常见的离散型随机变量的概率分布有如下几种类型：均匀分布、0—1 分布、二项分布、泊松分布以及超几何分布等。

(一) 均匀分布

若离散型随机变量 X 的所有可能取值的概率相同，即 p_i 都相同，则 X 服从均匀分布。设所有可能的取值个数为 n，则 $p_i = \frac{1}{n}$。

对于服从均匀分布的离散型随机变量 X，有：

$$E(X) = \sum_{i=1}^{n} x_i p_i = \frac{1}{n}\sum_{i=1}^{n} x_i \tag{5.15}$$

$$V(X) = \sum_{i=1}^{n} [x_i - E(X)]^2 p_i = \frac{1}{n}\sum_{i=1}^{n} [x_i - E(X)]^2 \tag{5.16}$$

例如，随机变量 X 为掷一枚骰子出现的点数，则 X 服从均匀分布。其结果如表 5—3 所示。

表 5—3

$X=x_i$	1	2	3	4	5	6
$P(X=x_i)=p_i$	1/6	1/6	1/6	1/6	1/6	1/6

则有：

$$E(X) = \frac{1}{6}\sum_{i=1}^{6} x_i = 3.5$$

$$V(X)=\frac{1}{6}\sum_{i=1}^{6}[x_i-3.5]^2=2.9$$

（二）0—1 分布

我们先来介绍与 0—1 分布和二项分布有关的一个重要概念：n 重伯努利试验。

只有两个可能结果的试验称为伯努利试验。如新生儿的性别可能为男孩也可能为女孩，抛一枚硬币的方向可能朝上也可能朝下，某人对某问题的态度可能支持也可能反对，学生对某一问题的回答可能正确也可能错误等。

满足下面四个约定的试验称为 n 重伯努利试验：

（1）每次试验至多出现两个可能结果之一：A 或者 $\overline{A}$；

（2）A 在每次试验中发生的概率不变；

（3）各次试验相互独立；

（4）共进行 n 次试验。

在一次伯努利试验中，随机变量 X 只取两个可能的值，并且其中一个赋值为 1，另一个赋值为 0，则称 X 服从 0—1 分布。0—1 分布也称为伯努利分布。

设 X 取 1 的概率为 p，取 0 的概率为 $q=1-p$。

对于服从 0－1 分布的离散型随机变量 X，有：

$$E(X)=1\times p+0\times(1-p)=p \tag{5.17}$$

$$V(X)=(1-p)^2p+(0-p)^2(1-p)=p(1-p) \tag{5.18}$$

例如，随机变量 X 为新生小孩的性别，女孩赋值为 1，男孩赋值为 0，有取值为 1 的概率是 0.49，取值为 0 的概率是 0.51。X 服从 0—1 分布，如表 5—4 所示。

表 5—4

$X=x_i$	1	0
$P(X=x_i)=p_i$	0.49	0.51

并有：

$$E(X)=p=0.49$$

$$V(X)=p(1-p)=0.25$$

（三）二项分布

确定随机变量 X 服从二项分布，先明确 X 仅有两个可能值，可把其中一个取值 A 理解为“成功”，另一个 $\overline{A}$ 理解为“失败”，并要知道每次试验时“成功”的概率，然后对该变量进行一定数量的独立观察，即进行 n 次伯努利试验，而试验成功的次数 X 服从二项分布。

小词典

称 n 重伯努利试验中事件 A 发生的次数 X 服从二项分布，记作 $X\sim B(n,p)$，p 为事件 A 发生的概率，且

$$b(x;n,p)=P(X=x)=C_n^x p^x q^{n-x},x=0,1,\cdots,n,q=1-p。$$

例如，掷 n 次硬币时硬币朝上的次数 X 服从二项分布。

注意到 $b(x;n,p)$ 是二项式 $(q+ps)^n$ 展开式中 s^x 的系数，这正是 $b(x;n,p)$ 被称为二项分布的缘由。特别地：

$$\sum_{x=0}^{n} b(x;n,p) = \sum_{x=0}^{n} \mathrm{C}_n^x p^x q^{n-x} = (p+q)^n = 1$$

除此之外，还有 $P(m \leqslant X \leqslant n) = \sum_{x=m}^{n} \mathrm{C}_n^x p^x q^{n-x}$。

当 $n=1$ 时，二项分布简化为 0—1 分布。

二项分布随机变量的期望和方差为：

$$E(X) = \sum_{x=0}^{n} xP(X=x) = \sum_{x=0}^{n} x\mathrm{C}_n^x p^x q^{n-x} = np \tag{5.19}$$

$$\begin{aligned} V(X) &= \sum_{x=0}^{n} (x-np)^2 P(X=x) \\ &= \sum_{x=0}^{n} (x-np)^2 \mathrm{C}_n^x p^x q^{n-x} \\ &= np(1-p) \end{aligned} \tag{5.20}$$

【例 5.5】　假如生三胞胎的概率为 10^{-4}，求在 100 000 次生育中，有 0、1、2 次生三胞胎的概率。

解：这可看作 n 重伯努利试验。$n=100\ 000$，$p=10^{-4}$，由二项分布的概率计算，有：

$$b(0;100\ 000;0.000\ 1) = \binom{100\ 000}{0} p^0 (1-p)^{100\ 000} = 0.000\ 045\ 378$$

$$b(1;100\ 000;0.000\ 1) = \binom{100\ 000}{1} p^1 (1-p)^{100\ 000-1} = 0.000\ 453\ 82$$

$$b(2;100\ 000;0.000\ 1) = \binom{100\ 000}{2} p^2 (1-p)^{100\ 000-2} = 0.002\ 269\ 3$$

$$E(X) = np = 100\ 000 \times 10^{-4} = 10$$

$$D(X) = np(1-p) = 100\ 000 \times 10^{-4} \times (1-10^{-4}) = 9.999$$

二项分布通常只在小样本中使用，对于大样本而言，从例 5.5 可看出，二项分布下概率的计算比较复杂，更好的办法是进行二项分布的泊松分布近似和正态分布近似（normal approximation to the binominal distribution）。

(四) 泊松分布

法国数学家泊松（Possion）研究了被马踢死（小概率事件）的骑兵人数的数据，并于 1837 年以概率的形式描述得到了泊松分布，也被称为不可能事件法则，意思是说特定事件发生的概率 p 非常小。

但随着概率理论和实践的发展，人们证实泊松分布对某一类随机现象有很贴切的描述。它可以描述在一个指定时间范围内或指定的面积、体积之内，某一事件出现次数的分布。例如，一定时间段内，某航空公司接到的订票电话数；一定时间段内，放射性物质放射的粒子数；一定页数的书刊上出现的错别字个数；一匹布上发现的瑕疵点个数；单位时间内到达某一服务柜台（诊所、超市结账台、电话总机、银行提款机等）请求服务的人数都服从泊松分布。

称取非负整值的随机变量 X 服从参数为 μ 的泊松分布，如果

$$P(X=x)=\frac{\mu^{x}e^{-\mu}}{x!},x=0,1,2,\cdots \tag{5.21}$$

则记作 $X\sim P(\mu)$ 。

服从泊松分布的随机变量的期望和方差为：

$$E(X)=\sum_{x=0}^{\infty}xP(X=x)=\sum_{x=0}^{\infty}x\frac{\mu^{x}e^{-\mu}}{x!}=\mu \tag{5.22}$$

$$V(X)=\sum_{x=0}^{\infty}(x-\mu)^{2}P(X=x)=\sum_{x=0}^{\infty}(x-\mu)^{2}\frac{\mu^{x}e^{-\mu}}{x!} \tag{5.23}$$

泊松分布最初是作为二项概率分布的近似而被发现的。在 n 重伯努利试验中，p 代表每次伯努利试验成功的概率。当试验次数 n 相对很大，成功概率 p 相对很小，而乘积 np 大小适中时，二项分布近似等于泊松分布，即：

$$b(x,n,p)\approx\frac{\mu^{x}}{x!}e^{-\mu}$$

其中 $\mu=np$ 。

【例 5.6】 承例 5.5，这里因为 n 很大，p 很小，可用泊松分布近似计算，$\mu=np=10$ 。

$$P(X=0)=\frac{10^{0}}{0!}e^{-10}=0.000\,045\,40$$

$$P(X=1)=\frac{10^{1}}{1!}e^{-10}=0.000\,454\,0$$

$$P(X=2)=\frac{10^{2}}{2!}e^{-10}=0.002\,270$$

同例 5.5 比较，近似程度令人满意。

泊松分布在随机过程理论中有非常基础且很重要的应用。

人物小传

泊松（Poisson，1781—1840）是法国数学家。1798 年进入巴黎综合工科学校深造，1806 年任该校教授，1812 年当选为巴黎科学院院士。他工作的特色是应用数学方法研究各类物理问题，并由此得到数学上的发现。他是 19 世纪概率统计领域里的卓越人物。他改进了概率论的运用方法，特别是用于统计方面的方法，最著名的是 1837 年发表的论文中建立了描述随机现象的一种概率分布——泊松分布，这是一种描述稀少事件的发生概率的分布。另外，他还推广了“大数定律”，并导出了在概率论与数理方程中有重要应用的泊松积分。泊松的一生都奉献给了数学，他说：“我的一生只需要做好两件事：一件是研究数学，一件是教授数学。”

（五）超几何分布

在二项分布中，每个伯努利试验的成功概率都是一样的。假定对产品进行放回式抽样，即每检查一个产品是否合格后就将其放回，这样再抽样时，检查过的产品还有可能被抽中，每次抽样时成功（如抽到合格品）的概率都是一样的，等于合格品在样本总体中所占的比例，此时伯努利试验成功的次数服从二项分布。

然而，大多数抽样不是放回式抽样，而是无放回抽样，即一次抽取若干产品，每检查一个之后并不放回，每个产品不会被重复检查。假如总体很小，每次试验成功的概率都会变化。

当从一个小样本进行无放回抽样时，每次试验成功的概率不能保持一致，不符合二项分布，此时引进超几何分布（hypergeometric distribution）代替二项分布。

超几何分布由三个参数决定，分别是产品总个数 n，总个数中不合格产品数 m，不放回抽样的数目 t，样本中有 x 个不合格产品的概率为：

$$p(x)=\frac{\binom{m}{x}\binom{n-m}{t-x}}{\binom{n}{t}}x=0,1,\cdots,t$$

超几何分布需要计算三个排列组合值，形式较为复杂，但计算机软件可以很容易实现该计算。

第三节　连续型随机变量的概率分布

一、连续型随机变量的概率分布

连续型随机变量可取某个区间 $[a,\ b]$ 或者 $(-\infty,+\infty)$ 之间的一切值，我们关注的是落在某个区间的概率，所以不能像对离散型随机变量那样，列出每一个值及相应的概率，而是通过给出概率密度函数的方式进行分析。我们举例说明这一点。

【例 5.7】　一台自动灌装饮料的机器，每瓶标准重量是 200 克，事实上，装瓶时会有一些误差。如随机抽出一瓶，其重量 X 是随机的，但 X 取 200 附近的值的可能性（概率）大些，取远离 200 的值的可能性小些。与 200 距离愈远，可能性愈小，可以用图 5—1 所示的曲线表示 X 的概率分布情况。这条曲线与 X 轴围成的面积为 1，表示全部概率为 1，任意两条与 X 垂直的直线与 X 轴围成的面积反映了 X 取这两个界限值之间的概率。如图 5—1 所示，X 的值有 75%可能性落在 195～205，写为 $P(195\leqslant X\leqslant 205)=0.75$，实际意义是：在装有由这台机器灌装的名义上为 200 克饮料的所有瓶中，有 75%的瓶的重量落在了 195～205。

图 5—1 所示的这条曲线称为随机变量 X 的概率密度曲线。假设知道密度曲线的形式 $f(x)$，由微积分的知识知道，随机变量 X 在 a 与 b 之间取值的概率可以用定积分表示成

$P(a<x<b)=\int_a^b f(x)dx$，用图示法表示连续型随机变量 X 的概率分布，如图 5—2 所示。

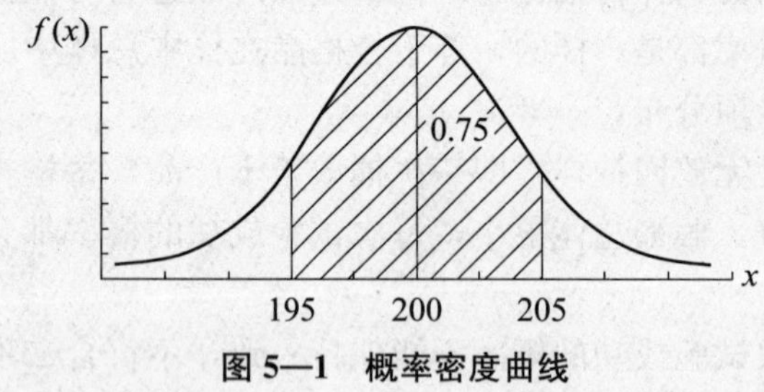

图 5—1　概率密度曲线

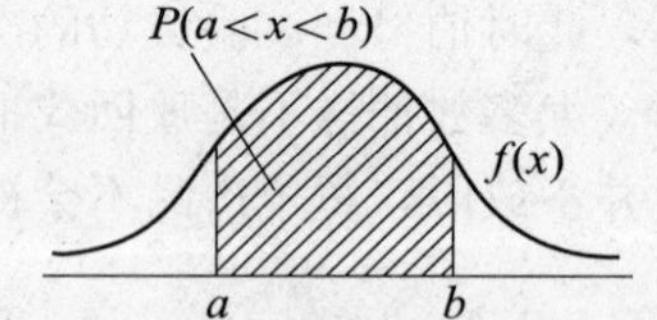

图 5—2　连续型随机变量的概率分布

小词典

当连续型随机变量 X 用函数 $f(x)$ 来描述时，我们称 $f(x)$ 为概率密度函数（probability density function），具有以下性质：

$$f(x)\geqslant 0$$

$$\int_{-\infty}^{+\infty} f(x)dx=1$$

$$P(a<x<b)=\int_a^b f(x)dx$$

想一想

1. 连续型随机变量取单点值的概率是多少？
2. 概率密度曲线上的点表示随机变量取该点的概率吗？

事实上，由于在平面上一条直线的面积为零，所以对连续型随机变量 X 取单点值的概率为零，因此 X 落在某个区间的概率与区间端点无关。

要注意的是，概率密度曲线在某点 a 处的高度，并不反映 x 取 a 值的概率。但这个高度越大，X 取 a 值附近的机会就越大。

连续型随机变量 X 的概率可以用分布函数 $F(x)$ 来描述。

设 x 为任意实数，连续型随机变量 X 的分布函数的定义为：

$$F(x)=P(X\leqslant x)=\int_{-\infty}^{x} f(t)dt, x\in(-\infty,+\infty) \tag{5.24}$$

由定义可看出，分布函数 F 在 x 处的取值就是随机变量 X 的取值落在区间 $(-\infty,x]$ 的概率，它是以概率密度函数 $f(x)$ 为基础的。二者的关系如图 5—3 所示。

分布函数还有两个比较直观的性质：

$$F(-\infty)=0$$

$$F(+\infty)=1$$

根据分布函数 $F(x)$，$P(x_1\leqslant X\leqslant x_2)$ 可以写成：

$$P(x_1 \leqslant X \leqslant x_2) = \int_{x_1}^{x_2} f(x)dx = \int_{-\infty}^{x_2} f(x)dx - \int_{-\infty}^{x_1} f(x)dx$$
$$= F(x_2) - F(x_1) \tag{5.25}$$

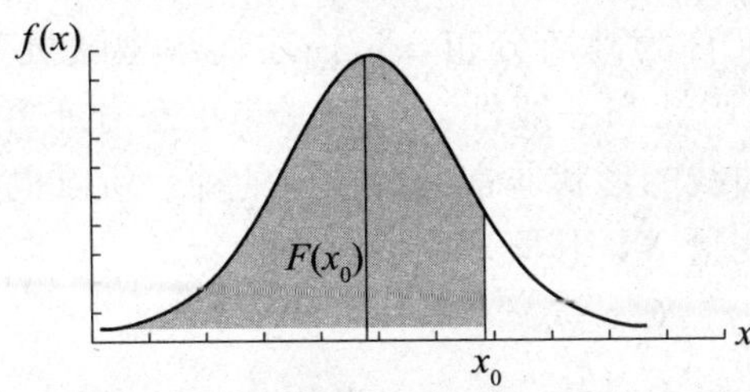

图 5—3　分布函数与概率密度函数的关系

连续型随机变量的期望和方差通过概率密度函数来计算，有：

$$E(X) = \int_{-\infty}^{+\infty} xf(x)dx = \mu \tag{5.26}$$

$$V(X) = E[X - E(X)]^2 = \int_{-\infty}^{+\infty} (x-\mu)^2 f(x)dx = \sigma^2 \tag{5.27}$$

二、常见的连续型随机变量的概率分布

常见的连续型随机变量的概率分布有如下几种类型：连续型均匀分布、正态分布、t 分布、卡方分布以及 F 分布等。正态分布是我们讨论的重点，而 t 分布、卡方分布和 F 分布都是从正态分布中衍生出来的。

(一) 连续型均匀分布

当连续型随机变量 X 的概率密度值为常数，即 $f(x)$ 都相同时，X 服从连续型均匀分布。

设所有可能的取值从 a 到 b，由 $\int_{-\infty}^{+\infty} f(x)dx = \int_a^b f(x)dx = 1$，可得 X 的概率密度函数为：

$$f(x) = \begin{cases} \dfrac{1}{b-a}, & a \leqslant x \leqslant b \\ 0, & \text{其他} \end{cases} \tag{5.28}$$

称 X 服从在区间 $[a,b]$ 的均匀分布。分布函数为：

$$F(x) = \int_{-\infty}^{x} f(t)dt = \begin{cases} 0, & x < a \\ \dfrac{x-a}{b-a}, & a \leqslant x \leqslant b \\ 1, & x > b \end{cases} \tag{5.29}$$

并有：

$$E(X) = \int_{-\infty}^{+\infty} xf(x)dx = \int_a^b x\frac{1}{b-a}dx = \frac{a+b}{2} \tag{5.30}$$

$$V(X) = \int_{-\infty}^{+\infty} (x-\mu)^2 f(x)dx = \int_a^b \left(x - \frac{a+b}{2}\right)^2 \frac{1}{b-a}dx$$

$$= \frac{(b-a)^2}{12} \tag{5.31}$$

（二）正态分布

正态（normal）分布又称为高斯分布，是描述连续型随机变量最重要的分布。取名"正态"是由于它的广泛适用性和一般性，当然，非正态分布并不意味着不正常的分布。因为正态分布的概率密度曲线的形状非常像钟楼上的钟，所以也叫钟形分布。

服从正态分布的随机变量 X，其概率密度函数为：

$$f(x) = \frac{1}{\sqrt{2\pi}\sigma}\exp\left(-\frac{(x-\mu)^2}{2\sigma^2}\right) \tag{5.32}$$

分布函数为：

$$F(x) = \int_{-\infty}^{x} f(t)dt = \int_{-\infty}^{x}\frac{1}{\sqrt{2\pi}\sigma}\exp\left(-\frac{(x-\mu)^2}{2\sigma^2}\right)dt \tag{5.33}$$

其中，μ 为均值，σ 为标准差，$\pi = 3.141\,59$ ，$e = 2.718\,28$ 。

若随机变量 X 服从期望为 μ 、方差为 σ^2 的正态分布，则记作：

$$X \sim N(\mu, \sigma^2) \tag{5.34}$$

只要有均值 μ 与标准差 σ ，就可以构成一个正态分布。因此，每一对均值和标准差都有一个正态分布，并有：

$$E(X) = \int_{-\infty}^{+\infty} xf(x)dx = \int_{-\infty}^{+\infty} x\frac{1}{\sqrt{2\pi}\sigma}\exp\left(-\frac{(x-\mu)^2}{2\sigma^2}\right)dx = \mu \tag{5.35}$$

$$V(x) = \int_{-\infty}^{+\infty} (x-\mu)^2 f(x)dx = \int_{-\infty}^{+\infty} (x-\mu)^2 \frac{1}{\sqrt{2\pi}\sigma}\exp\left(-\frac{(x-\mu)^2}{2\sigma^2}\right)dx = \sigma^2 \tag{5.36}$$

正态分布概率密度函数曲线见图 5—4。其形状非常像一个钟形，具有如下特征：

（1）每一对 μ 与 σ^2 都可以形成一条曲线，这意味着可将正态分布概率密度函数曲线看成是一族曲线，在编制曲线时需要并且只需要 μ 与 σ^2 。

（2）曲线为钟形，而且对称。期望 μ 为变量取值的中间点和对称点。方差 σ^2 反映了变量的离散程度。σ^2 越小，曲线越尖，σ^2 越大，曲线越扁平。

（3）在正态分布中，变量的均值、中位数和众数都是相等的。

（4）概率密度值在对称点 μ 取到最大值，越往两边值越小，直至无限趋近于 0，但与 x 轴永不相交。

（5）正态分布的随机变量，大部分取值在中间点 μ 附近，满足人们通常所说的 3σ 原则，即：$P(|X-\mu| \leqslant \sigma) = 0.682\,6$ ，$P(|X-\mu| \leqslant 2\sigma) = 0.954\,5$ ，$P(|X-\mu| \leqslant 3\sigma) = 0.997\,3$ 。

（6）曲线下的总面积为 1。曲线从对称点往右或往左的面积都是 0.5。

正态分布在整个统计学中占有极其重要的地位，其重要性主要体现在：

（1）实际生活中的很多现象服从或近似服从正态分布。例如，人的身高和体重、数学意义上的测量误差等。

（2）正态分布用于很多离散型随机变量的近似。比如，当试验次数 n 较大时，二项分

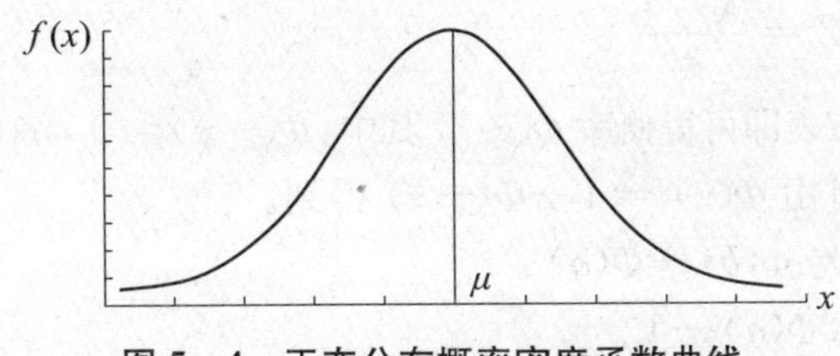

图 5—4 正态分布概率密度函数曲线

布近似于正态分布，而泊松分布和超几何分布在很多情况下也近似于正态分布。

（3）统计的三大抽样分布即 t 分布、卡方分布和 F 分布都是从正态分布中衍生出来的。在进行统计分析时，还经常要求或事先假定数据服从正态分布。

（4）利用正态分布可以证明一条非常优良的性质，即不管总体的特征如何，选自总体的大样本的均值的分布都服从或近似服从正态分布，这也叫做中心极限定理，它构成了经典统计推断最重要的基础。

由于每一对 μ 与 σ^2 都可以形成一条正态曲线，为了得到更加一般意义和标准的正态分布，我们可以采取标准化处理，把所有均值为 μ、方差为 σ^2 的正态分布都转化为均值为 0、方差为 1 的正态分布，即通过线性变换的标准化处理，把正态分布转化为标准正态分布。

设 $X \sim N(\mu,\sigma^2)$，标准化处理为：

$$Z=\frac{X-\mu}{\sigma}$$

并有：$E(Z)=E(\frac{X-\mu}{\sigma})=\frac{\mu-\mu}{\sigma}=0$；$V(Z)=V(\frac{X-\mu}{\sigma})=\frac{\sigma^2}{\sigma^2}=1$。

这样便得到了服从标准正态分布的 Z 变量，有：

$$Z \sim N(0,1)$$

Z 变量的概率密度函数为：

$$f(z)=\frac{1}{\sqrt{2\pi}}\exp\left(-\frac{z^2}{2}\right) \tag{5.37}$$

Z 变量的分布函数为：

$$F(z)=\int_{-\infty}^{z}\frac{1}{\sqrt{2\pi}}\exp\left(-\frac{t^2}{2}\right)dt \tag{5.38}$$

标准正态分布的概率密度函数和分布函数是唯一的。概率密度函数 $f(z)$ 一般用 $\varphi(z)$ 表示，分布函数 $F(z)$ 一般用 $\Phi(z)$ 表示。

对于一般的正态分布 $X \sim N(\mu,\sigma^2)$，有：

$$\begin{aligned}P(a\leqslant X\leqslant b)&=P\left(\frac{a-\mu}{\sigma}\leqslant\frac{X-\mu}{\sigma}\leqslant\frac{b-\mu}{\sigma}\right)=P\left(\frac{a-\mu}{\sigma}\leqslant Z\leqslant\frac{b-\mu}{\sigma}\right)\\&=\Phi\left(\frac{b-\mu}{\sigma}\right)-\Phi\left(\frac{a-\mu}{\sigma}\right)\end{aligned} \tag{5.39}$$

一般的正态分布取决于均值和标准差，每一个不同的正态分布在计算概率时都是不同的，计算非常复杂。把一般的正态分布转化为标准正态分布后，计算概率是唯一的，统计学家已把各种概率值制作成一张标准正态分布表，我们只需查表就能得到相应的结果。

标准正态分布表的使用事项有：

（1）标准化处理为 $Z=\dfrac{X-\mu}{\sigma}$ 。

（2）查标准正态分布表即可得概率 $\Phi(z)$ 。其中：$\Phi(-\infty)=0$ ，$\Phi(0)=0.5$ ，$\Phi(+\infty)=1$ 。

（3）对于负的 z，可由 $\Phi(z)=1-\Phi(-z)$ 得到。

（4）$P(a\leqslant z\leqslant b)=\Phi(b)-\Phi(a)$ 。

（5）$P(|z|\leqslant a)=2\Phi(a)-1$ 。

对于服从标准正态分布的 Z 变量，有 95%的值在－1.96～1.96，又因为曲线是对称的，有 2.5%的值小于－1.96，同样有 2.5%的值大于 1.96。从概率的层面解释，Z 变量取值在－1.96～1.96 的概率为 0.95，取值小于－1.96（或大于 1.96）的概率为 0.025。

此外，还能根据标准正态分布计算某特别值及比它更极端的 Z 值的概率。例如，$z=2.34$，查标准正态分布表得到，z 大于等于 2.34 的概率是 0.009 6，即 10 000 个观察值中只有 96 个 z 值大于等于 2.34，这个概率是很小的，几乎不可能发生。

标准正态分布表对于计算各种概率值是非常有用的。

【例 5.8】 设 $X\sim N(0,1)$ ，求以下概率：

（1）$P(X<2)$ ；（2）$P(|X|<2)$ ；（3）$P(X>1.5)$ ；（4）$P(1.5<X<2)$ 。

解：（1）$P(X<2)=\Phi(2)=0.977\,2$ ；

（2）$P(|X|<2)=2\Phi(2)-1=2\times0.977\,2-1=0.954\,4$ ；

（3）$P(X>1.5)=1-\Phi(1.5)=1-0.933\,2=0.066\,8$ ；

（4）$P(1.5<X<2)=\Phi(2)-\Phi(1.5)=0.977\,2-0.933\,2=0.044$ 。

【例 5.9】 设 $X\sim N(6,4)$ ，求以下概率：

（1）$P(|X|<10)$ ；（2）$P(9<X<10)$ 。

解：X 标准化处理，$Z=\dfrac{X-\mu}{\sigma}=\dfrac{X-6}{2}\sim N(0,1)$

（1）$P(|X|<10)=P\left(|Z|<\dfrac{10-6}{2}\right)=2\Phi(2)-1=0.954\,4$ ；

（2）$P(9<X<10)=P\left(\dfrac{9-6}{2}<Z<\dfrac{10-6}{2}\right)=\Phi(2)-\Phi(1.5)=0.044$ 。

你知道吗？

正态分布是最重要的一种概率分布。正态分布的概念是由数学家棣莫弗（Moivre）于 1733 年首次提出的，但由于德国数学家高斯（Gauss）率先将其应用于天文学研究，故正态分布又叫高斯分布。

三、由正态分布衍生的几个重要分布

服从正态分布的随机变量经过一定转换，所得到的新的随机变量服从不同的分布形式。卡方分布、t 分布和 F 分布这三个统计学中重要的分布，都是从正态分布衍生出来的。

对于上述三种分布，我们将重点讨论各自被提出的历史背景、在统计学中的重要意义、与正态分布的关系以及相应的分布特征。这三种分布的概率密度函数都很复杂，超出

了一般要求，本书不予给出。

(一) 卡方分布

卡方（χ^2）分布是用希腊字母 χ 来命名的，常应用于拟合优度检验中。几个独立的正态分布随机变量的平方和，经一定转换便能得到卡方分布，卡方变量总是非负的。

设 n 个随机变量 $X_1, X_2, \cdots, X_n$ 相互独立，且都服从标准正态分布 $N(0,1)$，则它们的平方和服从自由度为 n 的卡方分布。记作

$$\chi^2 = \sum_{i=1}^{n} X_i^2 \sim \chi^2(n) \tag{5.40}$$

卡方分布与自身的自由度有关，是一族分布而不是一个单独分布。自由度是统计学中的一个重要概念，可以理解为独立变量的个数，在数学意义上还可解释为二次型的秩。图 5—5 给出了 χ^2 分布的自由度分别为 $k=1$、2、6 的概率密度曲线图，可以看出，当自由度 $k=n$ 逐渐增大时，χ^2 分布逐渐地接近正态分布。

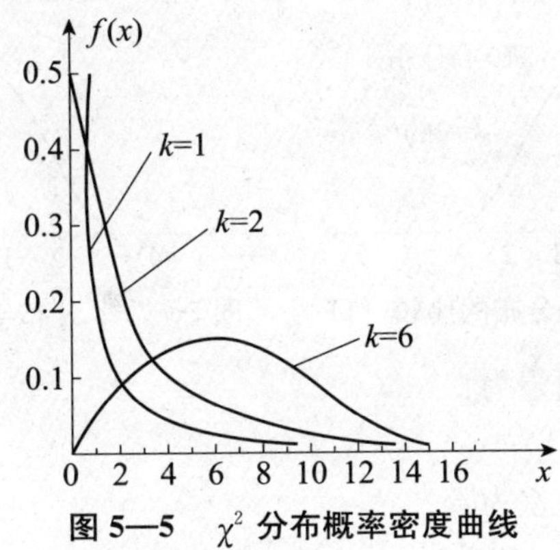

图 5—5 χ^2 分布概率密度曲线

卡方分布的期望为：

$$E(\chi^2) = n \tag{5.41}$$

卡方分布的方差为：

$$V(\chi^2) = 2n \tag{5.42}$$

卡方分布还具有可加性，即若 $\chi_1^2 \sim \chi^2(n_1)$，$\chi_2^2 \sim \chi^2(n_2)$，且 χ_1^2 与 χ_2^2 独立，则：

$$\chi_1^2 + \chi_2^2 \sim \chi^2(n_1 + n_2) \tag{5.43}$$

这相当于若 χ_1^2、χ_2^2 分别是 n_1、n_2 个独立的标准正态分布随机变量的平方和，且 χ_1^2 与 χ_2^2 独立，则 $\chi_1^2 + \chi_2^2$ 是 $n_1 + n_2$ 个独立的标准正态分布随机变量的平方和，所以 $\chi_1^2 + \chi_2^2$ 服从自由度为 $n_1 + n_2$ 的正态分布。

你知道吗?

早在 1900 年以前，数学家们在误差分析的线性模型中，就发现残差平方和服从卡方分布，后来卡尔·皮尔逊在其创造的拟合优度检验中，构造出了一个统计量，服从卡方分布，所以他的拟合优度检验也叫作卡方拟合优度检验，但他忽略了卡方分布的自由度，这被后来的费歇尔纠正。假设检验或显著性检验的先驱就是拟合优度检验，而拟合优度检验

用的就是卡方统计量，可见卡方分布的重要性。

（二）t 分布

设 X、Y 为两个独立随机变量，$X \sim N(0,1)$，$Y \sim \chi^2(n)$，则 $t = \dfrac{X}{\sqrt{Y/n}}$ 称为自由度为 n 的 t 分布。记作：

$$t = \frac{X}{\sqrt{\frac{Y}{n}}} \sim t(n) \tag{5.44}$$

t 分布的概率密度曲线与正态分布类似。当自由度 $k = n < 30$ 时，t 分布比正态分布随机变量的变动程度稍大一些，如图 5—6 及图 5—7 所示。当 $n > 30$ 时，t 分布与正态分布几乎没有区别。故当 n 很大时，t 分布近似于标准正态分布。但对于小的样本量 n，t 分布与标准正态分布有显著的差别。

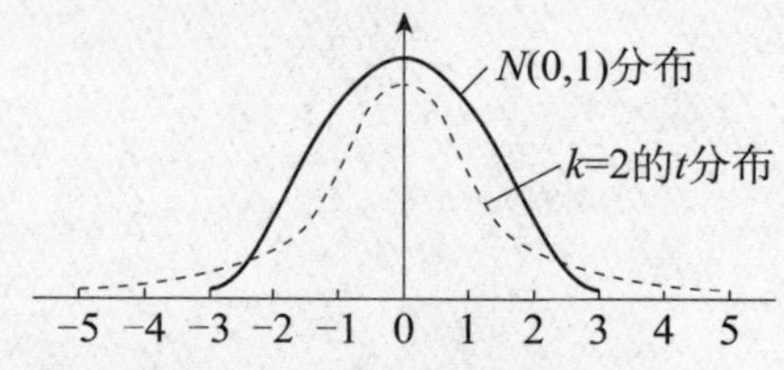

图 5—6　t 分布与正态分布的比较（1）

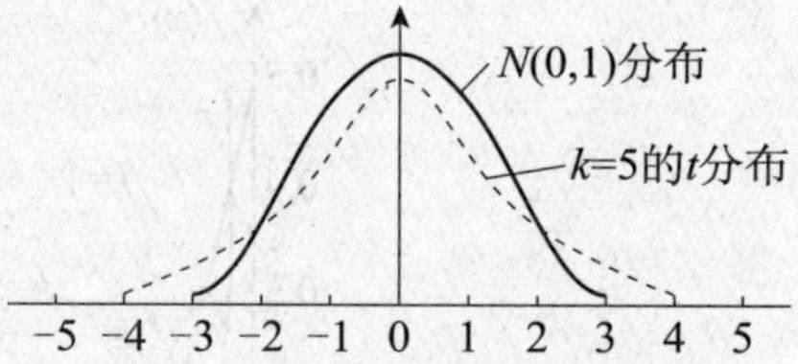

图 5—7　t 分布与正态分布的比较（2）

当 $n \geqslant 2$ 时，t 分布的期望为：

$$E(t) = 0 \tag{5.45}$$

当 $n \geqslant 3$ 时，t 分布的方差为：

$$V(t) = \frac{n}{n-2} \tag{5.46}$$

当 n 较大时，$V(t) = \dfrac{n}{n-2} \approx 1$，这印证了当自由度 n 较大时，t 分布与标准正态分布非常相似。

关于 t 分布，还有一种较复杂的情况。设 n 个随机变量 $X_1, X_2, \cdots, X_n$ 相互独立，且都服从正态分布 $N(\mu, \sigma^2)$，得到 $\overline{X} = \dfrac{1}{n}\sum\limits_{i=1}^{n} X_i$，$S^2 = \dfrac{1}{n-1}\sum\limits_{i=1}^{n}(X_i - \overline{X})^2$，则随机变量 $\dfrac{\overline{X}-\mu}{S/\sqrt{n}}$ 服从自由度为 $n-1$ 的 t 分布。记作：

$$\frac{\overline{X}-\mu}{S/\sqrt{n}} \sim t(n-1) \tag{5.47}$$

你知道吗?

1900 年左右，一名在爱尔兰都柏林一家啤酒厂工作的化学家 William Gosset，对概率分布产生了兴趣，并决定利用实际数据检验正态分布是否总是对的。他是以收集几千个犯人的身高和左手中指长度来开始他的探索的。根据这两个数据集（身高和手指长度），他制作了两个直方图，他发现两个直方图的形状非常接近，但是与正态分布有很大的不同，于是他将这个新的分布叫做 t 分布（t-distribution）。他在发表这个结果时，因为他的雇主不愿意让其员工发表文章，害怕他们将酿造啤酒的秘密泄露出去，所以 William Gosset 署了一个假名为“学生”，因此，t 分布也叫做学生分布（Student's t）。后来，伟大的统计学家费歇尔（Fisher）对 t 分布的曲线导出了相应的数学函数。现代统计学从描述走向推断的两大重要标志之一就是小样本理论，而小样本理论就开创于 William Gosset 的 t 分布，可见 t 分布的重要性。现在，t 分布已成为统计学中非常重要的一种分布。

（三）F 分布

F 分布是用统计学家费歇尔的首个字母来命名的，常应用于方差分析中。F 变量总是非负的。

设随机变量 X 和 Y 分别服从自由度为 m 和 n 的卡方分布，且 X 与 Y 独立，则随机变量 $F=\frac{X/m}{Y/n}$ 服从自由度为 (m,n) 的 F 分布。记作：

$$F=\frac{X/m}{Y/n}\sim F(m,n) \tag{5.48}$$

F 分布的概率密度曲线与 k_1,k_2 有关，如图 5—8 所示。由该图可看出，F 变量总是非负的。

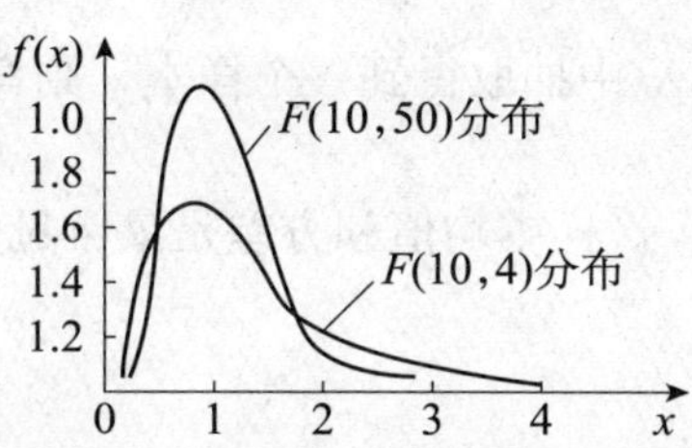

图 5—8　F 分布的概率密度曲线

当 $n>2$ 时，F 分布的期望为：

$$E(F)=\frac{n}{n-2} \tag{5.49}$$

当 $n>4$ 时，F 分布的方差为：

$$V(F)=\frac{2n^2(m+n-2)}{m(n-2)(n-4)} \tag{5.50}$$

你知道吗?

在费歇尔的著作《作物收成变动研究Ⅱ》中，提出了方差分析（analysis of variance），用于比较不同类型的作物品种和肥料品种的产量差异。在其著作《作物收成变动研究Ⅳ》中，又提出了协方差分析（analysis of covariance），这是一种因素分解的方法，效应可以测量。方差分析是一种非常重要的显著性检验方法，而方差分析的核心就是应用 F 分布，F 分布已成为统计学中非常重要的一种分布。

第四节 抽样分布

一、统计量

统计学中提取信息的重要方式就是对调查的原始数据进行一定的运算，并得到某些具有代表性的数字结果（如最常见的均值），用来反映数据某些方面的特征，这些数字结果就是统计量。统计量是样本数据的函数，它不依赖任何未知参数，利用调查数据，就能直接计算得到统计量的值。推断统计学的重要作用就是根据从总体中得到的样本，构造适当的统计量，由样本的性质推断总体的性质。

设 $x_1,x_2,\cdots,x_n$ 是从总体 X 中抽取得到的一个容量为 n 的样本，在没有任何未知参数的情况下，完全根据样本构造一个函数 $T(x_1,x_2,\cdots,x_n)$，函数 $T(x_1,x_2,\cdots,x_n)$ 便是一个统计量，也称为样本统计量。

当调查得到样本 $x_1,x_2,\cdots,x_n$ 数据的值时，代入 T，计算出 $T(x_1,x_2,\cdots,x_n)$ 的数值，就得到了一个具体的统计量值。

设 $x_1,x_2,\cdots,x_n$ 是从总体 X 中抽取得到一个样本，则样本均值为 $\overline{x}=\frac{1}{n}\sum_{i=1}^{n}x_i$，样本方差为 $s^2=\frac{1}{n-1}\sum_{i=1}^{n}(x_i-\overline{x})^2$。样本均值和方差是最常见的统计量。

二、样本均值的抽样分布

在抽样调查中，样本是随机的，根据样本得到的统计量也是随机的，统计量的取值是不确定的，事实上统计量也是一个随机变量，而统计量的分布就是抽样分布。在这里，我们重点讨论最重要的统计量——样本均值的抽样分布。

设总体 X 服从正态分布 $N(\mu,\sigma^2)$，$x_1,x_2,\cdots,x_n$ 是从总体 X 中独立抽取得到的样本量为 n 的一个样本，则样本均值 $\overline{x}=\frac{1}{n}\sum_{i=1}^{n}x_i$ 服从期望为 μ、方差为 σ^2/n 的正态分布。记作：

$$\overline{x}\sim N(\mu,\frac{\sigma^2}{n}) \tag{5.51}$$

上面的结果表明，样本均值的期望与总体均值相同，而方差则变为原来的 $1/n$，这说明用样本均值去估计总体均值，平均来说没有偏差（因为期望相等），当样本量 n 增加时，样本均值的方差变小，即用样本均值 $\overline{x}$ 估计总体均值 μ 会更加精确。

三、中心极限定理

在实际应用中，总体的分布并不一定是正态分布或近似正态分布，此时样本均值的抽样分布就不是那么确定，将取决于总体分布的情况。

值得庆幸的是，当样本量 n 比较大时，统计学家经过严谨的数学推导，证明了一条非常重要的并且性质优良的定理——中心极限定理。该定理告诉我们，不管总体服从什么样的分布，只要样本量 n 足够大，样本均值都近似服从正态分布。

设随机变量 X 的分布未知，但已知均值为 μ，方差为 σ^2（有限），抽取得到一个样本量为 n 的样本，当 n 足够大（我们通常要求 $n \geqslant 30$）时，则样本均值 $\bar{x}=\frac{1}{n}\sum_{i=1}^{n}x_i$ 近似服从期望为 μ、方差为 σ^2/n 的正态分布。

在统计学中，经常把证明极限分布为正态分布的定理称为中心极限定理。早在 18 世纪初，棣莫弗证明了二项分布的极限分布为正态分布。现在叙述的中心极限定理，更多的是指在 19 世纪 20 年代由林德伯格和勒维所证明的，在任意分布的总体中抽取样本，样本均值的极限分布为正态分布。

人物小传

亚伯拉罕·棣莫弗（Abraham De Moivre，1667—1754）是法国数学家。棣莫弗的《机遇论》与伯努利的《推测术》和拉普拉斯的《概率的分析理论》并称为早期概率史上三大里程碑性质的著作。棣莫弗在统计方面的工作主要有以下两方面：(1) 用频率估计概率，得出观察值的算术平均的精度，与观察次数 N 的平方根成比例。(2) 棣莫弗的工作对数理统计学最大的影响在于现今以他的名字命名的中心极限定理。棣莫弗做出他的发现后约 40 年，拉普拉斯建立了中心极限定理较一般的形式，中心极限定理最一般的形式到 20 世纪 30 年代才完成。中心极限定理的重要意义在于，它说明一系列重要统计量，在样本量 N 趋于无穷时，其极限分布都有正态的形式，这构成了数理统计学中大样本方法的基础。如今，大样本方法在统计方法中占据了重要的地位，棣莫弗的工作堪称这一重要统计领域研究的基石。

本章小结

本章主要介绍了概率和概率分布的基础知识。

试验、事件是概率论中的基本概念。从公理化角度出发，事件与集合论中集合的概念是对应的。概率有三种定义方法，即古典定义、统计定义和主观定义。概率具有非负性、规范性和可加性等基本性质，概率的运算法则有加法、乘法、全概率公式和贝叶斯公式。

随机变量根据取值特点可以分为离散型随机变量和连续型随机变量两种。离散型随机变量的概率分布给出了变量所有可能的取值及相应的概率，由此可以计算其数学期望和方差。常用的离散型随机变量概率分布有均匀分布、0—1 分布、二项分布和泊松分布等。连续型随机变量的概率分布表现为概率密度函数和分布函数。常见的连续型随机变量概率分布有均匀分布、正态分布以及由正态分布衍生的卡方（χ^2）分布、F 分布和 t 分布。正态分布在统计学中占有基础性的地位。

统计推断的任务是根据样本推断总体，推断方式是基于样本统计量的分布——抽样分布进行推断。

概率及概率分布的知识是推断统计学的理论基础，也为我们学习参数估计和假设检验的各种理论奠定了基础。

思考与练习

1. 频率和概率有什么关系？

2. 什么是随机变量？它有哪些类型？

3. 概率有哪些基本性质？

4. 简述密度函数和分布函数的定义。

5. 二项分布和泊松分布的主要区别是什么？

6. 正态分布概率密度函数的图形有何特点？

7. 对于自由度为 5 的卡方分布，分布曲线下的总面积是多少？若自由度为 10，总面积又是多少？

8. 有朋友自远方来，假设某人坐火车、坐船、坐汽车、坐飞机的概率分别是 0.3、0.2、0.1 和 0.4，而他坐火车、坐船、坐汽车、坐飞机迟到的概率分别是 0.25、0.3、0.1 和 0，实际上他迟到了，请推测他坐哪种交通工具来的可能性最大。

9. 每次试验成功的概率为 p，$0<p<1$，则在 5 次独立的重复试验中，至少失败 2 次的概率为多少？

10. 如果随机变量 $X \sim N(\mu,\sigma^2)$，则 $Y=aX+b$ 服从什么分布？

11. 连续型随机变量 x 在 $[0,2]$ 内取值，其概率密度函数为 $f(x)=\begin{cases}\frac{1}{2} & 0\leqslant x\leqslant 2\\ 0, & 其他\end{cases}$，则 $E(x)$ 与 $D(x)$ 分别为多少？

12. 已知自动车床生产的零件长 $X \sim N(50,0.75^2)$（单位：毫米），若规定零件长度在 50 ± 1.5 毫米 为合格品，求 10 个零件中恰有 1 个不合格的概率。

附录：用 Excel 计算数据分布特征的主要测度值

利用 Excel 中的函数工具，可以计算二项分布、泊松分布、正态分布等概率分布的概率。在本附录中，我们将分别予以介绍。

1. 二项分布概率的计算

利用 Excel 中的 BINOMDIST 函数可以计算出二项分布的概率以及累积概率。该函数有四个参数：Number _ s（实验成功的次数）、Trials（实验的总次数）、Probability _ s（每次实验成功的概率）、Cumulative［该参数是一个逻辑值，设实验成功的次数为 m，如果为 True，则计算出累积分布函数的概率，即 $P(X \leqslant m)$；如果为 False，则计算出概率密度函数的概率，即 $P(X=m)$］。

【附例 1】　已知一批产品的次品率为 4%，从中有放回地抽取 5 个，求 5 个产品中：

(1) 恰好有一个次品的概率。

(2) 有 3 个以下次品的概率。

解：(1) 计算 $P(X=1)$。

第 1 步：选择“插入”下拉菜单。

第 2 步：选择数据“函数”选项。

第 3 步：当出现对话框时，从“函数分类”窗口选择“统计”选项，并在“函数名”窗口中选择“BINOMDIST”，然后单击“确定”。

第 4 步：当 BINOMDIST 对话框出现时，在 Number _ s 窗口输入成功的次数 x（本例为 1)；在 Trials 窗口输入实验的总次数 n（本例为 5)；在 Probability _ s 窗口输入每次实验成功的概率 p（本例为 0.04)；在 Cumulative 窗口输入 0 或 False，表示计算成功次数恰好等于指定数值的概率（填入 1 或 Ture 表示计算成功次数小于或等于指定数值的累积概率值)。

第 5 步：单击“确定”。此时，在指定的单元格出现恰好有 1 个次品的概率为0.169 869 312。

(2) 计算 $P(X<3)$。

在计算次品数在 3 个以下的累积概率时，只需在上述第 4 步的 Number _ s 窗口输入 2（因为 X<3 等同于 X≤2)，并且在 Cumulative 窗口中输入 True 或 1 即可。此时在指定的单元格出现的概率为 0.999 397 786。

2. 泊松分布概率的计算

利用 Excel 中的 POISSON 函数可以计算出泊松分布的概率以及累积概率。该函数有三个参数：X（事件出现的次数)、Mean（泊松分布均值)、Cumulative［该参数是一个逻辑值，设实验成功的次数为 m，如果为 True，则计算出累积分布函数的概率，即 $P(X \leqslant m)$；如果为 False，则计算出概率密度函数的概率，即 $P(X=m)$］。

【附例 2】　假定某航空公司预订票处平均每小时接到 42 次订票电话，那么 10 分钟内恰好接到 6 次电话的概率是多少?

解：

第 1 步：选择“插入”下拉菜单。

第 2 步：选择数据“函数”选项。

第 3 步：当出现对话框时，从“函数分类”窗口选择“统计”选项，并在“函数名”窗口中选择“POISSON”，然后点击“确定”。

第 4 步：当 POISSON 对话框出现时，在 X 设置框中输入时间出现的次数 x（本例为 6)；在 Mean 窗口中输入泊松分布均值 λ（本例为 7)；在 Cumulative 窗口输入 0 或 False，表示计算成功次数恰好等于指定数值的概率（填入 1 或 Ture 表示计算成功次数小于或等于指定数值的累积概率值）。

第 5 步：单击“确定”。在指定的单元格出现 10 分钟内恰好接到 6 次电话的概率是 0. 149 003。

3. 正态分布概率的计算

利用 Excel 中的 NORMDIST 函数可以计算出正态分布的概率以及累积概率。该函数有四个参数：X（正态函数计算的区间点）、Mean（正态分布均值）、Standard _ dev（正态分布的标准差）、Cumulative［该参数是一个逻辑值，设实验成功的次数为 m，如果为 True，则计算出累积分布函数的概率，即 $P(X \leqslant m)$；如果为 False，则计算出概率密度函数的概率，即 $P(X = m)$］。

【附例 3】 假定某公司职员每周的加班津贴服从均值为 50 元、标准差为 10 元的正态分布，那么全公司中有多少比例的职员每周的加班津贴会超过 70 元？又有多少比例的职员每周的加班津贴为 40～60 元呢？

解：

第 1 步：选择“插入”下拉菜单。

第 2 步：选择数据“函数”选项。

第 3 步：当出现对话框时，从“函数分类”窗口选择“统计”选项，并在“函数名”窗口中选择“NORMDIST”，然后点击“确定”。

第 4 步：当 NORMDIST 对话框出现时，在 X 后填入正态分布函数计算的区间点（本例为 70）；在 Mean 后填入正态分布的均值μ（本例为 50）；在 Standard _ dev 后填入标准差σ（本例为 10）；在 Cumulative 后填入 1（或 True）表示计算事件出现次数小于或等于指定数值的累积概率值。

第 5 步：单击“确定”。在指定的单元格出现加班津贴不超过 70 元的概率是 0. 977 249 938。

用 1 减去计算结果即得到 P（X>70）的值，即 1－0. 977 249 938＝0. 022 750 062。

同理，为了计算每周加班津贴为 40 元到 60 元职员的比例，首先要计算出 P（X≤60）和 P（X≤40）的值，这时只需将上述 X 设置框中的 70 改为 60 和 40 分别计算，再相减即可得到 $P(40 \leqslant X \leqslant 60)$ 的值。

第六章

参数估计

野兔是谁打中的?

某商人与一位猎人一起去打猎，一只野兔从前方跳过，只听一声枪响，野兔应声倒下，你猜是谁打中的？由于只发一枪便打中，而猎人命中的概率一般大于商人命中的概率，故一般会猜测是猎人打中的。这只是现实生活中的一个例子，事实上，在现实生活中，我们常需要对诸如总体总值、总体均值、具有某一特征的样本在总体中所占比例等总体的参数进行估计，从总体中抽取的样本信息是不完全的，来自样本的估计结果一般并不恰好等于总体真实值，但是我们还是利用抽样调查等方法，收集样本数据，用样本代表总体，对总体进行研究。之所以采用这种方法，是因为在通常情况下，对总体进行全面调查从时间和经济角度考虑都是不可行的，而用抽样的方法收集样本数据，对总体参数进行统计推断，可以得到总体参数的点估计、区间估计和估计的精度（即估计量的方差），当样本量达到一定数量时，参数估计量可以达到满意的精度要求。

本章介绍参数估计的方法，包括点估计、区间估计和样本量的确定问题。

学习导航

- 点估计。
- 一个总体参数的区间估计。
- 两个总体参数的区间估计。
- 关于样本量的问题。

统计推断是现代统计学的重点任务之一。所谓统计推断，就是根据样本来推断总体。参数估计和假设检验构成统计推断的两大核心内容。本章介绍参数估计。参数估计是在抽样及样本分布的基础上根据样本统计量 $\hat{\theta}$ 来推断总体的参数 θ，比如用样本均值 $\overline{x}$ 估计总体的均值 μ（期望）、用样本方差 s^2 估计总体的方差 σ^2 等。本章我们首先介绍参数估计的两种基本方法：点估计和区间估计；其次我们将对一个总体参数、两个总体参数进行区间估计；最后介绍样本量的确定。

第一节 点估计

小词典

点估计就是直接以样本统计量 $\hat{\theta}$ 的某个取值作为总体参数 θ 的估计值。比如用样本均值 $\bar{x}$ 直接估计总体均值 μ，用样本比例 p 直接估计总体比例 π，用样本方差 s^2 直接作为总体方差 σ^2 的估计值等。

假定要估计某个班学生数学考试的平均成绩，根据抽出的一个随机样本计算的平均分数为 75 分，用 75 分作为全班学生数学考试的平均成绩，这就是点估计。

获得点估计有两种常用方法，即矩法和极大似然法。利用矩法和极大似然法得到的点估计就称为矩法估计和极大似然估计。

一、矩法

小词典

1900 年，英国统计学家 K. Pearson 提出了一个替换原则，后来人们称此方法为矩法。替换原则常指如下两句话：用样本矩去替换总体矩，这里的矩是原点矩或者是中心矩；用样本矩的函数去替换相应的总体矩的函数。

设 X 为一个随机变量，对于任意大于零的正整数，称 $E(X^k)$ 为随机变量 X 的 k 阶原点矩，记为 $M_k=E(X^k)$。当 $k=1$ 时，可以看出，一阶原点矩即为随机变量 X 的数学期望。称 $B_k=E[X-E(X)]^k$ 为以 $E(X)$ 为中心的 k 阶中心矩。当 $k=2$ 时，二阶中心矩即为随机变量 X 的方差。

当 $E(X)=0$ 时，k 阶中心矩即为 k 阶原点矩。

【例 6.1】 已知某种灯泡的寿命 $X\sim N(\mu,\sigma^2)$，其中 μ 和 σ^2 都是未知的。现随机抽取 4 只灯泡，测得寿命（单位：小时）分别为 1 502，1 453，1 367，1 650，试估计 μ 和 σ^2。

解：因为 μ 是全部灯泡的平均寿命，$\bar{x}$ 为样本平均寿命，根据矩法原理，用 $\bar{x}$ 估计 μ，用 s^2 估计 σ^2。

由于

$$\bar{x}=\frac{1}{n}\sum x_i=\frac{1\,502+1\,452+1\,367+1\,650}{4}=1\,493(\text{小时})$$

$$s^2 = \frac{\sum_{i}^{n}(x_i - \overline{x})^2}{n-1}$$

$$= \frac{(1\ 502 - 1\ 493)^2 + (1\ 452 - 1\ 493)^2 + (1\ 367 - 1\ 493)^2 + (1\ 650 - 1\ 493)^2}{4-1}$$

$$= 14\ 096(\text{小时})$$

所以，μ 和 σ^2 的估计值分别为 1 493 小时和 14 069 小时。

矩法估计的统计思想（替换原理）非常简单，大家都能接受，使用场合非常广泛。它的实质是用经验分布函数替换总体分布。

二、极大似然估计

极大似然估计（也称最大似然估计）是求估计用得最多的方法，它最早是由高斯在1821 年提出的，但一般将之归功于费歇尔，因为后者在 1922 年再次提出这种想法，并证明了它的一些性质而使得极大似然法得到了广泛的应用。

小词典

设总体含有待估参数 θ，它可以取很多值，我们要在 θ 的一切可能取值之中选出一个使样本观测值出现的概率最大的那个 θ 值作为 θ 的估计（记为 $\hat{\theta}$），并称 $\hat{\theta}$ 为 θ 的极大似然估计。

设总体 X 的概率密度函数为 $f(x,\theta)$ ，其中 θ 为未知的总体参数。现从总体中抽取一个样本量为 n 的样本，其观测值为 $x_1,x_2,\cdots,x_n$ ，那么随机样本 $x_1,x_2,\cdots,x_n$ 发生的可能性可以通过其联合分布的概率密度函数 $\prod_{i=1}^{n} f(x_i;\theta)$ 来表达。θ 不同，这个概率值也不同，因而，称之为 θ 的似然函数，记为 $L(\theta)$ ：$L(\theta) = \prod_{i=1}^{n} f(x_i;\theta)$ 。极大似然法就是要找到一个 θ 的估计量 $\hat{\theta}$ ，使得似然函数 $L(\theta)$ 达到最大。即对于 $\hat{\theta}$ 以外的一切 θ 的可能值 θ' ，都有 $\prod_{i=1}^{n} f(x_i;\hat{\theta}) > \prod_{i=1}^{n} f(x_i;\theta')$ 。

如果 $f(x;\theta)$ 关于 θ 可微，为求似然函数的极大值，可令 $\frac{\partial L(\theta)}{\partial \theta} = 0$ ，解此似然方程，即可得到 θ 的极大似然估计。

实际中，为了计算方便，通常对似然方程取对数：$\frac{\partial \ln L(\theta)}{\partial \theta} = 0$ ，再解此对数似然方程。

【例 6.2】　设 X 服从参数为 λ 的泊松分布，其概率分布函数为：

$$P(X = k) = \frac{\lambda^k}{k!}e^{-\lambda},\ k = 0,1,2,\cdots$$

其中，$\lambda > 0$ 为未知参数，$x_1,x_2,\cdots,x_n$ 为来自 X 的样本，求 λ 的最大似然估计。

解：似然函数为

$$L(x_1,x_2,\cdots,x_n;\lambda)=\prod_{i=1}^{n}\frac{\lambda^{x_i}}{x_i!}e^{-\lambda}=e^{-n\lambda}\frac{\lambda^{\sum_{i=1}^{n}x_i}}{\prod_{i=1}^{n}x_i!}$$

对数似然方程为

$$\frac{\mathrm{d}\ln L}{\mathrm{d}\lambda}=-n+\frac{1}{\lambda}\sum_{i=1}^{n}x_i=0$$

解此方程，可得：

$$\lambda=\bar{x}=\frac{1}{n}\sum_{i=1}^{n}x_i$$

由于 $\frac{\mathrm{d}^2\ln L}{\mathrm{d}\lambda^2}<0$，故似然函数在 $\bar{x}$ 处达到最大值，从而 λ 的最大似然估计为：

$$\hat{\lambda}=\overline{X}=\frac{1}{n}\sum_{i=1}^{n}X_i\text{。}$$

【例 6.3】 求事件发生的概率 p 的极大似然估计。

解：若事件 A 发生的概率 $P(A)=p$，定义随机变量：

$$X=\begin{cases}1 & \text{若在一次试验中事件 } A \text{ 发生}\\ 0 & \text{若在一次试验中事件 } A \text{ 不发生}\end{cases}$$

则 $X\sim B(1,p)$，其概率分布为 $P(X=x_i)=p^{x_i}(1-p)^{1-x_i}$，$x_i=0$，1。

设 $x_1,x_2,\cdots,x_n$ 为抽自 X 的样本，则似然函数为：

$$L(x_1,x_2,\cdots,x_n;p)=\prod_{i=1}^{n}p^{x_i}(1-p)^{1-x_i}=p^{\sum_{i=1}^{n}x_i}(1-p)^{n-\sum_{i=1}^{n}x_i}$$

求对数似然方程

$$\frac{\mathrm{d}\ln L}{\mathrm{d}p}=\frac{\sum_{i=1}^{n}x_i}{p}-\frac{n-\sum_{i=1}^{n}x_i}{1-p}=0$$

解得：

$$p=\bar{x}=\frac{1}{n}\sum_{i=1}^{n}x_i$$

注意到 $\sum_{i=1}^{n}x_i\leqslant n$，容易验证 $\frac{\mathrm{d}^2\ln L}{\mathrm{d}p^2}$ 在 $\bar{x}$ 处取负值，于是 $\bar{x}$ 是 $\ln L$ 的最大值点，因而 p 的最大似然估计为 $\hat{p}=\overline{X}$。

三、点估计优劣的评价标准

参数估计是用样本统计量 $\hat{\theta}$ 作为总体参数 θ 的估计。对于同一个参数，估计量常不止一种。例如总体均值的估计既可以用样本均值估计，也可以用样本中位数估计，那么到底应该采用哪一个估计量呢？这就涉及估计量的评价问题。

什么是一个好的点估计呢？直观上，我们希望：

(1) 大量样本的样本统计量的均值等于总体参数的真实值，即这种样本统计量是该参数的无偏估计；

（2）许多重复抽样所得到的估计量不应该离真实值太远。

由此，总结出评价估计量好坏的标准有三个：无偏性、有效性、一致性。

（一）无偏性

设θ为总体分布的未知参数，$\hat{\theta}$是θ的一个估计，那么$\hat{\theta}$是一个统计量，对于不同的样本，$\hat{\theta}$将取不同的值。

小词典

如果$\hat{\theta}$的期望等于未知参数θ，即

$$E(\hat{\theta}) = \theta$$

对一切可能的$\hat{\theta}$成立，则称$\hat{\theta}$为θ的无偏估计。

【例 6.4】　设$x_1, x_2, \cdots, x_n$为从一个均值为μ的总体中独立抽取的样本，请验证μ的如下估计量的无偏性：

$$\hat{\mu}_1 = x_1 , \hat{\mu}_2 = \frac{x_1 + x_2}{2} , \hat{\mu}_3 = \frac{x_1 + x_2 + x_{n-1} + x_n}{4} , \hat{\mu}_4 = 2x_1 , \hat{\mu}_5 = \frac{x_1 + x_2}{3}$$

解：由于$E(x_i) = \mu$，容易验证$E(\hat{\mu}_i) = \mu$，$i = 1,2,3$。因而，$\hat{\mu}_1, \hat{\mu}_2, \hat{\mu}_3$都是$\mu$的无偏估计。

然而，$E(\hat{\mu}_4) = 2\mu$，$E(\hat{\mu}_5) = \frac{2}{3}\mu$，因而，它们都不是$\mu$的无偏估计。

估计量的无偏性克服了系统性偏差，尽管估计量的取值是随机波动的，但总体上集中在参数真值的附近，围绕着参数的实际值对称地变化。

（二）有效性

一个无偏的估计量并不意味着它就非常接近被估计的参数，它还必须与总体参数的离散程度比较小，这对估计量提出了有效性的要求。

小词典

设$\hat{\theta}_1$和$\hat{\theta}_2$均为参数θ的无偏估计，如果有$Var(\hat{\theta}_1) < Var(\hat{\theta}_2)$，则称$\hat{\theta}_1$比$\hat{\theta}_2$有效。当$\hat{\theta}$是所有无偏估计中方差最小的那个时，称$\hat{\theta}$为最小方差无偏估计。

【例 6.5】　设$x_1, x_2, \cdots, x_n$是来自总体X的容量为n的样本，试比较如下两个总体均值μ的估计量的有效性：

$$\hat{\mu}_1 = \bar{x} , \hat{\mu}_2 = \sum_{i=1}^{n} a_i x_i$$

其中$a_i \geqslant 0$，$i = 1,2,\cdots,n$，且$\sum\limits_{i=1}^{n} a_i = 1$。

解：由于$E(\hat{\mu}_1) = \mu$，$E(\hat{\mu}_2) = E(\sum\limits_{i=1}^{n} a_i x_i) = \mu \sum\limits_{i=1}^{n} a_i = \mu$，因而，$\hat{\mu}_1, \hat{\mu}_2$均为$\mu$的无偏估计。

又因为

$$\begin{aligned}(\sum_{i=1}^{n}a_i)^2 &= \sum_{i=1}^{n}\sum_{j=1}^{n}a_ia_j \leqslant \frac{1}{2}\sum_{i=1}^{n}\sum_{j=1}^{n}(a_i^2+a_j^2)\\ &= \frac{1}{2}\sum_{i=1}^{n}(na_i^2+\sum_{j=1}^{n}a_j^2)\\ &= \frac{1}{2}(n\sum_{i=1}^{n}a_i^2+n\sum_{j=1}^{n}a_j^2)\\ &= n\sum_{i=1}^{n}a_i^2\end{aligned}$$

从而

$$Var(\hat{\mu}_1)=\frac{\sigma^2}{n}=\frac{\sigma^2}{n}(\sum_{i=1}^{n}a_i)^2\leqslant\sigma^2(\sum_{i=1}^{n}a_i^2)=Var(\hat{\mu}_2)$$

所以，估计量 $\hat{\mu}_1=\bar{x}$ 比 $\hat{\mu}_2=\sum_{i=1}^{n}a_ix_i$ 有效。

（三）一致性

当样本量不断增大时，估计量的值要能稳步地趋向总体参数的实际值。

小词典

设 $\hat{\theta}$ 是 θ 的一个估计量，若 $\hat{\theta}$ 依概率收敛于 θ，即对任意的 $\varepsilon>0$，

$$\lim_{n\to\infty}P(|\hat{\theta}-\theta|<\varepsilon)=1$$

则称 $\hat{\theta}$ 是 θ 的一致估计。

一致性表明，大样本给出的估计量要比小样本更接近总体参数的真实值。

实际中，不一定能找到完全符合上述标准的估计量，但是我们总是希望所采用的估计量能尽可能接近这些标准。同时满足上述三条标准的估计量称为一致最小方差无偏估计量。

想一想

1. 评价估计量好坏的标准有哪些？
2. 除了要知道参数的点估计，我们为什么还要求参数的估计量的方差？

第二节　区间估计

用点估计 $\hat{\theta}$ 来估计总体的未知参数 θ，一旦获得了样本观察值 $x_1,x_2,\cdots,x_n$，将它们代入 $\hat{\theta}$ 的表达式中，即可得到 θ 的一个估计值。这很直观，使用起来也很方便。但是，点

估计只提供了θ的一个近似值，却没有反映这种近似的精确度。同时，由于θ本身是未知的，因而无从知道这种点估计的误差大小。所以，我们希望估计出一个真实参数所在的范围，并希望知道这个范围以多大的概率包含参数真值，这就是参数的区间估计问题。

在“套圈”游戏中，我们每个人都有这样的感受，圈子大，套中奖品的可能性就大；反之，圈子小，套中奖品的机会不可能太大。点估计好比最小的圈子，等于拿一个小石子去瞄奖品（参数），而区间估计好比是拿圈子套奖品（参数），不言而喻，如果让大家试试，多数人会选择用圈子套。这个生活的小常识告诉我们，区间估计增强了对参数估计的把握程度。

在现实生活中，区间估计给出了估计者认为比较可能的一个范围，它比点估计要灵活，并且留有一定的余地，例如，当讨论一个人的体重时，我们不太可能准确说他体重80kg，而是会说他体重80kg左右或者70～90kg，70～90kg就是一个区间估计，这种估计提供的信息比80kg提供的信息要多。

小词典

设θ为总体的一个未知参数，$x_1,x_2,\cdots,x_n$是来自该总体的一个样本，对给定的α（$0<\alpha<1$），确定两个统计量$\hat{\theta}_L$和$\hat{\theta}_U$，若有

$$P(\hat{\theta}_L \leqslant \theta \leqslant \hat{\theta}_U) = 1-\alpha \tag{6.1}$$

成立，则称$[\hat{\theta}_L,\hat{\theta}_U]$为$\theta$的置信度为$1-\alpha$的置信区间。其中，$\hat{\theta}_L$称为置信下限，$\hat{\theta}_U$称为置信上限。$\alpha$为显著性水平，一般取较小的值，如0.05，0.01等。

总体参数是确定的值，不存在可能会落在某个区间的问题，相反，建立的置信区间存在能否包含参数的真实值的问题。置信区间$[\hat{\theta}_L,\hat{\theta}_U]$是一个随机区间，对于给定的样本$x_1,x_2,\cdots,x_n$，$[\hat{\theta}_L,\hat{\theta}_U]$要么包含未知参数$\theta$，要么不包含$\theta$，两者必居其一。但在重复抽取样本的情况下，将得到许多不同的区间$[\hat{\theta}_L,\hat{\theta}_U]$，根据贝努利大数定律，这些区间中大约有$100(1-\alpha)\%$的区间包含未知参数$\theta$。一般地，如果将构造置信区间的步骤重复多次，则置信区间中包含总体参数真值的次数所占的比例称为置信度。它代表了区间估计的可靠程度，其值越接近1越好。

置信区间大，估计结果就不精确，置信区间无限大，估计也就失去了意义。置信区间的大小与置信度的高低存在着正向变动的关系，但置信度和估计的精确程度相互制约。常说的区间估计评价准则有两个：一是置信区间的距离最短准则；二是置信区间能够包含总体参数的概率最大准则。实际中，我们总是在保证置信度的前提下，尽可能地提高精度。因此，区间估计的问题就是在给定显著性水平α值的情况下，利用样本$x_1,x_2,\cdots,x_n$去求两个估计量$\hat{\theta}_L$和$\hat{\theta}_U$的问题。

想一想

1. 怎样理解置信区间？

2. 为什么从总体中采用任何方式抽选随机样本，构造的置信区间不包含参数的真实值还是有一定的可能性？

你知道吗？

Jerzy Neyman（1897—1981）在 20 世纪 20 年代拓展了抽样理论，并为波兰政府制定了一套复杂的分层抽样方案，从而获得了世界性声望。Neyman 与 E. S. Pearson 多年合作，因有关估计和假设检验的理论而名垂千古。

第三节 一个总体情形下参数的区间估计

研究一个总体时，所关心的参数主要有总体均值 μ 和总体比例 π 等。本节介绍如何用样本统计量来构造一个总体参数的置信区间。

在对总体均值进行区间估计时，需要区分用于构造估计量的样本是大样本（一般认为 $n \geqslant 30$ 为大样本）还是小样本；而对总体比例进行区间估计时，一般只考虑大样本情形。

一、大样本情形

当用于构造估计量的样本为大样本时，无论总体是否服从正态分布，样本均值 $\overline{x}$ 的抽样分布均为正态分布，其数学期望为总体均值 μ，方差为 σ^2/n，其中 σ^2 为总体方差。对 $\overline{x}$ 进行标准化以后的随机变量将服从标准正态分布，即有：

$$z=\frac{\overline{x}-\mu}{\sigma/\sqrt{n}} \sim N(0,1) \tag{6.2}$$

从而，总体均值 μ 在 $1-\alpha$ 置信度下的置信区间为：

$$\left[\overline{x}-z_{\alpha/2}\frac{\sigma}{\sqrt{n}},\overline{x}+z_{\alpha/2}\frac{\sigma}{\sqrt{n}}\right] \tag{6.3}$$

其中，$z_{\alpha/2}$ 是标准正态分布右侧面积为 $\alpha/2$ 时的 z 值，$z_{\alpha/2}\dfrac{\sigma}{\sqrt{n}}$ 是估计总体均值时的边际误差，也称为估计误差或误差范围。

如果总体的方差未知，则公式（6.3）中的 σ 可用样本标准差 s 代替，此时总体均值 μ 的置信区间变为：

$$\left[\overline{x}-z_{\alpha/2}\frac{s}{\sqrt{n}},\overline{x}+z_{\alpha/2}\frac{s}{\sqrt{n}}\right] \tag{6.4}$$

【例 6.6】 从某艺校随机抽取 100 名女学生，测得平均身高为 170 厘米，标准差为 7.5 厘米，试求该艺校女学生平均身高 95%的置信区间。

解：由于为大样本，并且总体方差未知，已知 $n=100$，$\overline{x}=170$，$s=7.5$，$1-\alpha=0.95$，查表得 $z_{\alpha/2}=1.96$，有：

$$\overline{x}\pm z_{\alpha/2}\frac{s}{\sqrt{n}}=170\pm 1.96\times\frac{7.5}{\sqrt{100}}=170\pm 1.47$$

因此，该校女学生平均身高的 95%的置信区间为 168.53～171.47 厘米。

二、小样本情形

(一) 正态总体，σ^2 已知

当总体服从正态分布且 σ^2 已知时，总体均值 μ 在 $1-\alpha$ 置信度下的置信区间同样可以采用

$$\left[\overline{x}-z_{\alpha/2}\frac{\sigma}{\sqrt{n}},\overline{x}+z_{\alpha/2}\frac{\sigma}{\sqrt{n}}\right]$$

【例 6.7】 从某超市的货架上随机抽得 9 包 0.5 千克装的白糖，实测其重量分别为（单位：千克）：0.497，0.506，0.518，0.524，0.488，0.510，0.510，0.515，0.512，从长期的实践中知道，该品牌的白糖重量服从正态分布 $N(\mu,\sigma^2)$，已知 $\sigma^2=0.01^2$，求 μ 的 95% 置信区间。

解：经计算，$\overline{x}=0.5089$，对于显著性水平 $\alpha=0.05$，查标准正态分布表，可得 $z_{0.025}=1.96$，于是由公式（6.4）式，可得 μ 的 95% 置信区间为：

$$\left[0.5089-1.96\times\frac{0.01}{\sqrt{9}},0.5089+1.96\times\frac{0.01}{\sqrt{9}}\right]=[0.5024,0.5154]$$

(二) 正态总体，σ^2 未知

方差未知，并且为小样本时，虽然同样可以用样本方差 s^2 代替 σ^2 来构建总体均值的置信区间，但此时，样本均值经标准化以后的随机变量服从自由度为 $n-1$ 的 t 分布，即：

$$t=\frac{\overline{x}-\mu}{s/\sqrt{n}}\sim t(n-1) \tag{6.5}$$

根据 t 分布建立的总体均值 μ 在 $1-\alpha$ 置信度下的置信区间为：

$$\left[\overline{x}-t_{\alpha/2}(n-1)\frac{s}{\sqrt{n}},\overline{x}+t_{\alpha/2}(n-1)\frac{s}{\sqrt{n}}\right] \tag{6.6}$$

其中，$t_{\alpha/2}(n-1)$ 为自由度为 $n-1$ 时，t 分布中右侧面积为 $\alpha/2$ 时的 t 值，该值可以通过查 t 分布表得到。

【例 6.8】 在例 6.7 中，若 σ^2 未知，求 μ 的 95% 的置信区间。

解：已知 $n=9$，$\overline{x}=0.5089$，直接计算可得：

$$s^2=0.1184\times10^{-3}$$

对于显著性水平 $\alpha=0.05$，查自由度为 8 的 t 分布表，可得 $t_{0.025}(8)=2.306$。从而，μ 的 95% 置信区间为：

$$\left[0.5089-2.306\times\sqrt{\frac{0.1184\times10^{-3}}{9}},0.5089+2.306\times\sqrt{\frac{0.1184\times10^{-3}}{9}}\right]$$
$$=[0.5005,0.5173]$$

(三) 比例的估计

在大样本情形 $[np\geqslant5,n(1-p)\geqslant5]$ 下，比例 p 的抽样分布近似正态分布。

p 的数学期望为 $E(p)=\pi$，p 的方差为 $Var(p)=\frac{\pi(1-\pi)}{n}$。样本比例经标准化后的随机变量服从标准正态分布，即：

$$z=\frac{p-\pi}{\sqrt{\frac{\pi(1-\pi)}{n}}}\sim N(0,1) \tag{6.7}$$

从而，总体比例 π 在 $1-\alpha$ 置信度下的置信区间为：

$$\left[p-z_{\alpha/2}\sqrt{\frac{\pi(1-\pi)}{n}},p+z_{\alpha/2}\sqrt{\frac{\pi(1-\pi)}{n}}\right] \tag{6.8}$$

π 值未知的解决办法：

用样本比例 p 来代替 π，总体比例的置信区间可表示为：

$$\left[p-z_{\alpha/2}\sqrt{\frac{p(1-p)}{n}},p+z_{\alpha/2}\sqrt{\frac{p(1-p)}{n}}\right] \tag{6.9}$$

较为保守的方法是，当 $\pi=1-\pi=0.5$ 时，$\pi(1-\pi)$ 达到最大值。所以用 0.5 作为 π 的估计值，求出的将是最宽的置信区间：

$$\left[p-z_{\alpha/2}\sqrt{\frac{0.25}{n}},p+z_{\alpha/2}\sqrt{\frac{0.25}{n}}\right] \tag{6.10}$$

当 $0.3\leqslant p\leqslant 0.7$ 时，采用这两种方法得到的结果很接近。

【例 6.9】 从某社区抽取一个由 200 个家庭组成的样本，发现其中有 36%的家庭拥有电脑。试问，在 99%的置信度下，该社区拥有电脑的家庭所占比例的置信区间是多少？

解：若采用第一种方法，得到的置信区间为：

$$\begin{aligned}\left[p-z_{\alpha/2}\sqrt{p(1-p)/n},p+z_{\alpha/2}\sqrt{p(1-p)/n}\right]&=0.36\pm 2.58\times\sqrt{\frac{0.36\times 0.64}{200}}\\&=0.36\pm 0.09=[0.27,\ 0.45]\end{aligned}$$

若采用第二种方法，则得到置信区间：

$$\begin{aligned}\left[p-z_{\alpha/2}\sqrt{0.25/n},p+z_{\alpha/2}\sqrt{0.25/n}\right]&=0.36\pm 2.58\times\sqrt{\frac{0.5\times 0.5}{200}}\\&=0.36\pm 0.09=[0.27,\ 0.45]\end{aligned}$$

因此，该社区拥有电脑的家庭所占比例的置信区间是［27%，45%］。

想一想

在对总体均值进行区间估计时，什么情形下应用 z 统计量？什么情形下应用 t 统计量？

第四节　两个总体情形下参数的区间估计

两个正态总体参数的区间估计通常用于两个总体的比较，主要有两个总体的均值之差和两个总体的比例之差等。对于两个总体均值之差的区间估计，还应区分独立样本和匹配样本两种情形。

一、独立样本

独立样本指的是将两个样本从两个总体中独立抽取，一个样本中的元素与另一个样本中的元素相互独立。

（一）大样本情形

假设有两个总体，它们均值分别为 μ_1 和 μ_2，方差分别为 σ_1^2 和 σ_2^2，现分别从这两个总体中独立地抽取大小为 n_1 和 n_2 的两个样本。大样本情形下，无论两个总体是否服从正态分布，两个样本均值之差的抽样分布均服从期望为 $\mu_1-\mu_2$，方差为 $\frac{\sigma_1^2}{n_1}+\frac{\sigma_2^2}{n_2}$ 的正态分布，即有：

$$\overline{x}_1-\overline{x}_2 \sim N\left(\mu_1-\mu_2, \frac{\sigma_1^2}{n_1}+\frac{\sigma_2^2}{n_2}\right)$$

对 $\overline{x}_1-\overline{x}_2$ 进行标准化，则有：

$$z=\frac{(\overline{x}_1-\overline{x}_2)-(\mu_1-\mu_2)}{\sqrt{\frac{\sigma_1^2}{n_1}+\frac{\sigma_2^2}{n_2}}} \sim N(0,1) \tag{6.11}$$

从而，当两个总体的方差 σ_1^2、σ_2^2 已知时，由 $P(|z| \leqslant z_{\alpha/2})=1-\alpha$，可构造 $1-\alpha$ 置信度下的 $\mu_1-\mu_2$ 的置信区间为：

$$\left[(\overline{x}_1-\overline{x}_2)-z_{\alpha/2}\sqrt{\frac{\sigma_1^2}{n_1}+\frac{\sigma_2^2}{n_2}}, (\overline{x}_1-\overline{x}_2)+z_{\alpha/2}\sqrt{\frac{\sigma_1^2}{n_1}+\frac{\sigma_2^2}{n_2}}\right] \tag{6.12}$$

当两个总体的方差 σ_1^2、σ_2^2 未知时，可用两个样本方差来代替，这时置信区间变为：

$$\left[(\overline{x}_1-\overline{x}_2)-z_{\alpha/2}\sqrt{\frac{s_1^2}{n_1}+\frac{s_2^2}{n_2}}, (\overline{x}_1-\overline{x}_2)+z_{\alpha/2}\sqrt{\frac{s_1^2}{n_1}+\frac{s_2^2}{n_2}}\right] \tag{6.13}$$

（二）小样本情形

小样本情形下，需假定两个总体都服从正态分布，并且应该视两个总体的方差是否已知分别考虑。

（1）两个总体的方差 σ_1^2 和 σ_2^2 已知。此时，同样可以利用公式（6.12）给出 $\mu_1-\mu_2$ 的置信区间。

（2）两个总体的方差 σ_1^2 和 σ_2^2 未知但相等，即 $\sigma_1^2=\sigma_2^2$。此种情形下，由于两个总体的方差相等，因而可将两个样本的数据合并，并计算合并后的样本方差，记为 s_p^2：

$$s_p^2=\frac{(n_1-1)s_1^2+(n_2-1)s_2^2}{n_1+n_2-2} \tag{6.14}$$

构造 t 统计量，有：

$$t=\frac{(\overline{x}_1-\overline{x}_2)-(\mu_1-\mu_2)}{s_p\sqrt{\frac{1}{n_1}+\frac{1}{n_2}}} \sim t(n_1+n_2-2) \tag{6.15}$$

从而，两个总体均值之差在 $1-\alpha$ 置信度下的置信区间为：

$$\left[(\overline{x}_1-\overline{x}_2)-t_{\alpha/2}(l)s_p\sqrt{\frac{1}{n_1}+\frac{1}{n_2}}, (\overline{x}_1-\overline{x}_2)+t_{\alpha/2}(l)s_p\sqrt{\frac{1}{n_1}+\frac{1}{n_2}}\right] \tag{6.16}$$

其中，$l=n_1+n_2-2$。

（3）两个总体的方差σ_1^2和σ_2^2未知且不相等，即$\sigma_1^2 \neq \sigma_2^2$。当$\sigma_1^2$与$\sigma_2^2$未知且不相等时，可用两个样本方差$s_1^2$和$s_2^2$分别估计$\sigma_1^2$和$\sigma_2^2$，从而得到$\bar{x}_1-\bar{x}_2$的方差估计为$\frac{s_1^2}{n_1}+\frac{s_2^2}{n_2}$，但此时，$t=\frac{(\bar{x}_1-\bar{x}_2)-(\mu_1-\mu_2)}{\sqrt{\frac{s_1^2}{n_1}+\frac{s_2^2}{n_2}}}$不再服从自由度为$n_1+n_2-2$的$t$分布，而是近似服从自由度为$v$的$t$分布，即有：

$$t=\frac{(\bar{x}_1-\bar{x}_2)-(\mu_1-\mu_2)}{\sqrt{\frac{s_1^2}{n_1}+\frac{s_2^2}{n_2}}} \sim t(v) \tag{6.17}$$

其中：

$$v=\frac{\left(\frac{s_1^2}{n_1}+\frac{s_2^2}{n_2}\right)^2}{\frac{\left(\frac{s_1^2}{n_1}\right)^2}{n_1-1}+\frac{\left(\frac{s_2^2}{n_2}\right)^2}{n_2-1}}$$

从而，$\mu_1-\mu_2$的置信度为$1-\alpha$的近似置信区间估计为：

$$\left[(\bar{x}_1-\bar{x}_2)-t_{\alpha/2}(v)\sqrt{\frac{s_1^2}{n_1}+\frac{s_2^2}{n_2}},(\bar{x}_1-\bar{x}_2)+t_{\alpha/2}(v)\sqrt{\frac{s_1^2}{n_1}+\frac{s_2^2}{n_2}}\right] \tag{6.18}$$

【例 6.10】 某公司用两条流水线生产小包装的番茄酱，现从两条流水线上各随机抽取一个样本，容量分别为$n_1=6$，$n_2=7$，称重后算得（单位：克）：$\bar{x}_1=10.6$，$\bar{x}_2=10.1$，$s_1^2=0.012\,5$，$s_2^2=0.01$。设两条流水线上所装番茄酱的重量都服从正态分布，其均值分别为μ_1和μ_2，方差分别为σ_1^2和σ_2^2，求$\mu_1-\mu_2$的90%置信度下的置信区间。

解：此题并未说明σ_1^2和σ_2^2是否相等，因而需要分两种情况考虑：

（1）假设两总体的方差相等，即$\sigma_1^2=\sigma_2^2$，则可通过公式（6.16）得到$\mu_1-\mu_2$的置信区间。将$(\bar{x}_1-\bar{x}_2)=0.5$、$t_{0.05}(11)=1.795\,9$、$s_p^2=\frac{(n_1-1)s_1^2+(n_2-1)s_2^2}{n_1+n_2-2}=0.011\,14$、$n_1=6$、$n_2=7$代入公式（6.16）中，得到$\mu_1-\mu_2$的90%置信度下的置信区间为[0.394 6，0.605 4]。

（2）假设两总体的方差不相等，即$\sigma_1^2 \neq \sigma_2^2$，则应采用公式（6.17）。此时，

$$s_1^2/n_1+s_2^2/n_2=0.012\,5/6+0.01/7=0.003\,512$$

$$v=\frac{(s_1^2/n_1+s_2^2/n_2)^2}{\frac{(s_1^2/n_1)^2}{n_1-1}+\frac{(s_2^2/n_2)^2}{n_2-1}}=\frac{0.003\,512^2}{\frac{0.012\,5^2}{36\times 5}+\frac{0.01^2}{49\times 6}}\approx 10$$

查表可得，$t_{0.05}(10)=1.812\,5$，将它们代入公式（6.18）中，得到$\mu_1-\mu_2$的90%置信度下的置信区间为[0.392 6，0.607 4]。

比较可知，用这两种方法得到的置信区间数值略有不同。

二、匹配样本

与独立样本不同，匹配样本指的是一个样本中的数据与另一个样本中的数据相对应。例如，指定20名学生先采用A试卷进行测试，然后让这20名学生再采用B试卷进行测

试，这样得到的两套试卷下的学生成绩就是匹配数据。对于 A、B 两套试卷，如果都是采用随机从全班抽取 20 名学生的方式，则有可能 20 名成绩较好的学生都分到了 A 试卷，而 20 名成绩较差的学生都分到了 B 试卷，测试结果虽然表明 A 试卷的平均得分比 B 试卷高出 10 分，但难以分清到底是试卷的不同还是抽取的学生不一样导致了得分的差别。采用匹配样本，则能较好地避免上述弊端。

大样本条件下，使用匹配样本进行估计时，两个总体均值之差 $u_d=\mu_1-\mu_2$ 的 $1-\alpha$ 置信度下的置信区间为：

$$\left[\overline{d}-z_{\alpha/2}\frac{\sigma_d}{\sqrt{n}},\overline{d}+z_{\alpha/2}\frac{\sigma_d}{\sqrt{n}}\right] \tag{6.19}$$

其中，d 表示两个匹配样本数据的差值，$\overline{d}$ 表示各差值的均值，σ_d 表示各差值的标准差。

如果 σ_d 未知，则可用样本数据 s_d 来代替。如果是小样本，若两个总体配对的观察值之差服从正态分布，则 $u_d=\mu_1-\mu_2$ 的 $1-\alpha$ 置信区间为：

$$\left[\overline{d}-t_{\alpha/2}\frac{s_d}{\sqrt{n}},\overline{d}+t_{\alpha/2}\frac{s_d}{\sqrt{n}}\right] \tag{6.20}$$

【例 6.11】　某机构对随机抽取的 10 名小学生采用 A、B 两套试卷测智力，结果如表 6—1 所示，试建立这两套试卷平均得分之差的 95%置信区间。

表 6—1　　**10 名小学生两套试卷的得分**

学生编号	A 套试卷	B 套试卷	差值 d
1	91	89	2
2	77	67	10
3	86	87	−1
4	80	69	11
5	76	79	−3
6	86	82	4
7	92	86	6
8	84	82	2
9	79	75	4
10	90	84	6

解：将每位学生 A 套试卷的得分与 B 套试卷得分相减，得到差值 d 列。

$$\overline{d}=\frac{1}{n_d}\sum_{i=1}^{n_d}d_i=4.1$$

$$s_d=\sqrt{\frac{1}{n_d-1}\sum_{i=1}^{n_d}(d_i-\overline{d})^2}=4.41$$

查 t 分布表可知 $t_{0.025}(9)=2.262$，由公式（6.20），得到这两套试卷平均得分之差的 95%置信区间为：

$$\left[4.1-2.262\times\frac{4.41}{\sqrt{10}},4.1+2.262\times\frac{4.41}{\sqrt{10}}\right]=[4.1-3.15,4.1+3.15]$$

$$=[0.95,7.25]$$

想一想

1. 在现实生活中，哪些情况下需要比较总体均值的差异？
2. 独立样本情形和匹配样本情形下总体均值差的区间估计有什么区别与联系？

三、比例之差的估计

有时候，常常需要对两个总体的比例进行比较。例如，对两个车间生产的同种产品比较其一级品率，对某电视节目的收视率进行城乡对比等。

由样本比例的抽样分布可知，两个样本比例之差 p_1-p_2 的抽样分布服从正态分布，将 p_1-p_2 进行标准化，则有：

$$z=\frac{(p_1-p_2)-(\pi_1-\pi_2)}{\sqrt{\dfrac{\pi_1(1-\pi_1)}{n_1}+\dfrac{\pi_2(1-\pi_2)}{n_2}}}\sim N(0,1) \tag{6.21}$$

通常，π_1 和 π_2 是未知的，可以用样本比例 p_1 和 p_2 来代替。从而，根据公式（6.21），两个总体比例之差 $\pi_1-\pi_2$ 在 $1-\alpha$ 置信度下的置信区间可构建为：

$$(p_1-p_2)\pm z_{\alpha/2}\sqrt{\frac{p_1(1-p_1)}{n_1}+\frac{p_2(1-p_2)}{n_2}} \tag{6.22}$$

【例 6.12】 H 公司委托一家市场调查公司对旗下产品进行调查，以对该公司产品在两个地区的市场占有率进行比较。调查公司从这两个地区分别随机调查了 1 000 人，其中使用过 H 公司产品的被调查者所占的比例分别为 30%和 22%。试求这两个地区 H 公司产品市场占有率之差的 95%置信区间。

解：$n_1=n_2=1\,000$，$p_1=30\%$，$p_2=22\%$，故 $1-p_1=70\%$，$1-p_2=78\%$，查表可得，$z_{\alpha/2}=z_{0.025}=1.96$。将这些数值代入公式（6.22），得：

$$\begin{aligned}&(30\%-22\%)\pm 1.96\times\sqrt{\frac{30\%\times 70\%}{1\,000}+\frac{22\%\times 78\%}{1\,000}}\\&=8\%\pm 1.96\times 1.95\%\\&=8\%\pm 3.83\%\\&=[4.17\%,11.83\%]\end{aligned}$$

从而，两个地区产品市场占有率之差的 95%置信区间为[4.17%,11.83%]。

第五节 关于样本量

一、确定样本量的一般问题

前面所讲的区间估计问题，都是已知样本量，在给定了置信度 $1-\alpha$ 的情况下估计出总体参数的置信区间。但在实际问题中，样本量并不是给定的，需要自己设计调查方案，并确定样本量。

在区间估计中，衡量估计区间的优劣标准是置信度和精度（即估计区间的长度）。现以正态总体均值的置信区间为例来说明这一问题。在 $1-\alpha$ 置信度下，总体均值 μ 的置信区间为 $\bar{x}\pm z_{\alpha/2}\dfrac{\sigma}{\sqrt{n}}$，其区间长度为 $2z_{\alpha/2}\dfrac{\sigma}{\sqrt{n}}$。置信区间长度的一半称为允许误差，表示在一定的置信度下，用样本均值去估计总体均值时所允许的最大绝对误差，用符号 Δ 表示。允许误差 Δ、可靠性系数 $z_{\alpha/2}$ 、总体标准差和样本量之间存在着如下关系：

$$\Delta=z_{\alpha/2}\frac{\sigma}{\sqrt{n}} \tag{6.23}$$

由公式（6.23），有：

$$n=\frac{z_{\alpha/2}^2\sigma^2}{\Delta^2} \tag{6.24}$$

由公式（6.24）可知，影响样本量的因素主要有：

（1）可靠性系数。所需要的样本量与可靠性系数成正比关系，可靠性要求越强，就越需要较大的样本量。

（2）总体方差。所需要的样本量与总体方差也成正比关系，这很容易理解，目标总体如果离散程度较大，就需要抽取较大的样本。

（3）允许误差。所需要的样本量与允许误差成反比关系，允许的误差越大，需要的样本量就越小；反之，若要求误差比较小，则需要较大的样本量。

实际工作中，样本量的选取还受费用的影响。在总体方差固定的情况下，要使区间估计的可靠性和精度都提高，只有增大样本量。但是样本量增大带来的直接问题是调查成本的增大，因而，在确定合适的样本量时需要权衡各种因素。

最后需要注意的是，在实际问题中，样本量求解出来以后可能会带有小数，这时，合适的做法是将忽略掉小数后的整数部分加 1 作为最终样本量。

二、一般问题的具体化

本小节讨论不考虑费用因素时样本量的确定问题，按估计总体均值和估计总体比例分别加以介绍。

（一）估计总体均值

1. 单个总体情形

单个总体情形下，估计总体均值时，样本量的确定可直接参照公式（6.24）。若总体方差 σ^2 未知，可采用经验值代替。

【例 6.13】　设某市家庭的月均收入服从正态分布，标准差为 160 元，现要对该市家庭的月平均收入进行估计，若置信度为 95%，允许的估计误差在 10 元以内，样本量应定为多少？

解：由题意，已知 $\sigma=160$，$\Delta=10$，$\alpha=1-0.95=0.05$，查表得 $z_{0.025}=1.96$，将它们代入公式（6.24），得：

$$n=\frac{z_{\alpha/2}^{2}\sigma^{2}}{\Delta^{2}}=\frac{1.96^{2}\times160^{2}}{10^{2}}=983.45\approx984\text{（人）}$$

2. 两个总体情形

在估计两个总体均值之差时，样本量的确定方法与单个总体情形类似。对于给定的允许误差和置信度，估计两个总体均值之差所需的样本量为：

$$n_1=n_2=\frac{z_{\alpha/2}^{2}(\sigma_1^{2}+\sigma_2^{2})}{\Delta^{2}} \tag{6.25}$$

其中，n_1 和 n_2 为从两个总体中抽取的样本量，σ_1^2 和 σ_2^2 为两个总体的方差。

【例 6.14】 假定两个总体的标准差分别为 $\sigma_1=12$，$\sigma_2=15$，若要求误差范围不超过 5，相应的置信度为 95%，假定 $n_1=n_2$，估计两个总体均值之差 $\mu_1-\mu_2$ 时所需的样本量为多大?

解：根据公式（6.25），得：

$$n_1=n_2=\frac{z_{\alpha/2}^{2}(\sigma_1^{2}+\sigma_2^{2})}{\Delta^{2}}=\frac{1.96^{2}\times(12^{2}+15^{2})}{5^{2}}=56.7\approx57$$

因而，所需的样本量为 $n_1=57$，$n_2=57$。

（二）估计总体比例

1. 单个总体情形

与估计总体均值时样本量的确定方法类似，单个总体情形下，估计总体比例的允许误差 Δ 的表达式为：

$$\Delta=z_{\alpha/2}\sqrt{\frac{\pi(1-\pi)}{n}} \tag{6.26}$$

整理可得样本量的确定公式：

$$n=\frac{z_{\alpha/2}^{2}\pi(1-\pi)}{\Delta^{2}} \tag{6.27}$$

上式中，置信度、允许误差都是事先确定的，如果能知道 π 的具体数值，就可以利用上面的公式计算所需的样本量。然而在实际应用中，π 的值通常未知，这时有两个选择：一方面，可以用 π 的经验值代替；另一方面，可将 π 值取为 0.5，从而得到最保守估计时所需要的样本量。

【例 6.15】 如果认为某地区私家车的拥有比例为 0.5，并且要求在 95%的置信度下保证这一比例的允许的估计误差不超过 3%，试求样本量应定为多少。

解：根据题意，$\Delta=0.03$，$p=0.5$，$\alpha=0.05$，查表可得 $z_{0.025}=1.96$，由公式（6.27）可得：

$$n=\frac{z_{\alpha/2}^{2}\pi(1-\pi)}{\Delta^{2}}=\frac{1.96^{2}\times0.5\times0.5}{(0.03)^{2}}=1\,067.11\approx1\,068$$

2. 两个总体情形

同样，在给定允许误差、置信度的条件下，估计两个总体比例之差所需要的样本量为：

$$n_1=n_2=\frac{z_{\alpha/2}^{2}[\pi_1(1-\pi_1)+\pi_2(1-\pi_2)]}{\Delta^{2}} \tag{6.28}$$

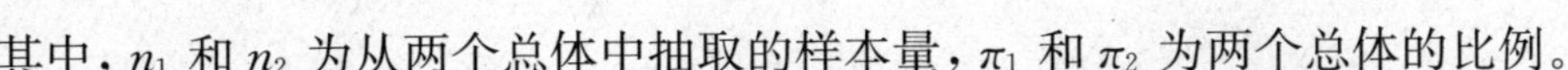

其中，n_1 和 n_2 为从两个总体中抽取的样本量，π_1 和 π_2 为两个总体的比例。

【例 6.16】　假定 $n_1 = n_2$，允许误差 $\Delta=0.05$，相应的置信度为 95%，估计两个总体比例之差 $\pi_1-\pi_2$ 时所需的样本量应为多大？

解：根据公式（6.28），得：

$$n_1 = n_2 = \frac{z_{\alpha/2}^2[\pi_1(1-\pi_1)+\pi_2(1-\pi_2)]}{\Delta^2} = \frac{1.96^2\times(0.25+0.25)}{0.05^2} = 768.3\approx 769$$

因而，所需的样本量 n_1 和 n_2 各为 769。

人物小传

许宝騄（1910—1970）是我国著名的数学家，在中国开创了概率论、数理统计的教学与研究工作，在奈曼—皮尔逊理论、参数估计理论、多元分析、极限理论等方面取得卓越成就，是多元统计分析学科的开拓者之一。在参数估计方面，当时大部分人关心的是均值估计的优良性，寻找极小方差的无偏估计。1938 年，许宝騄在论文中首先讨论线性模型中方差的优良估计问题，并取得了突破性进展。许宝騄能取得如此成就，除了其过人的天赋外，勤奋刻苦、锲而不舍是一个重要的原因。与他接触过的一些人说："许宝騄毫不回避困难。特别是沉着、明确而又默默地献身于学术的最高目标和最高水平，这种精神吸引了我们。"施普林格出版社刊印了《许宝騄全集》，在这本书的书评中有这样一句话："许宝騄被公认为在数理统计和概率论方面第一个具有国际声望的中国数学家。"

本章小结

现代统计学主要研究统计推断问题，所谓统计推断，是指如何利用样本数据，对总体的数量特征做出具有一定可靠程度的估计和判断。

参数估计是统计推断的重要组成部分之一。从形式上看，它包括点估计和区间估计。从研究内容看，它包括估计量的确定以及估计量的性质和评价标准等。在应用参数估计解决具体问题时，需要处理好两方面的问题：一是正确给出估计量；二是说明估计的精确程度。

表 6—2 和表 6—3 总结了一个总体参数的区间估计和两个总体参数的区间估计。

表 6—2　　一个总体参数的区间估计

参数	点估计量	标准误差	置信区间	估计条件
总体均值 μ	$\bar{x}$	$\frac{\sigma}{\sqrt{n}}$	$\bar{x}\pm z_{\alpha/2}\frac{\sigma}{\sqrt{n}}$	(1) σ 已知 (2) 大样本（$n\geqslant 30$）
			$\bar{x}\pm z_{\alpha/2}\frac{s}{\sqrt{n}}$	(1) σ 未知 (2) 大样本（$n\geqslant 30$）

续前表

参数	点估计量	标准误差	置信区间	估计条件
总体均值 μ	$\overline{x}$	$\frac{\sigma}{\sqrt{n}}$	$\overline{x}\pm t_{1-\alpha/2}\frac{s}{\sqrt{n}}$	(1) 正态总体 (2) σ 未知 (3) 小样本（$n\leqslant 30$）
总体比例 P	p	$\sqrt{\frac{p(1-p)}{n}}$	$p\pm z_{\alpha/2}\sqrt{\frac{p(1-p)}{n}}$	(1) 二项总体 (2) 大样本（$n\geqslant 30$）

表 6—3　　两个总体参数的区间估计

参数	点估计量	标准误差	置信区间	估计条件
两个总体均值之差 $\mu_1-\mu_2$	$\overline{x}_1-\overline{x}_2$	$\sqrt{\frac{\sigma_1^2}{n_1}+\frac{\sigma_2^2}{n_2}}$	$(\overline{x}_1-\overline{x}_2)\pm z_{\alpha/2}\sqrt{\frac{\sigma_1^2}{n_1}+\frac{\sigma_2^2}{n_2}}$	σ_1、σ_2 已知
	$\overline{x}_1-\overline{x}_2$	$\sqrt{\frac{s_1^2}{n_1}+\frac{s_2^2}{n_2}}$	$(\overline{x}_1-\overline{x}_2)\pm z_{\alpha/2}\sqrt{\frac{s_1^2}{n_1}+\frac{s_2^2}{n_2}}$	σ_1、σ_2 未知但样本量很大
	$\overline{x}_1-\overline{x}_2$	$\sqrt{\frac{s_1^2}{n_1}+\frac{s_2^2}{n_2}}$	$(\overline{x}_1-\overline{x}_2)\pm t_{1-\alpha/2}(n_1+n_2-2)$ $\sqrt{s_p^2(\frac{1}{n_1}+\frac{1}{n_2})}$	σ_1、σ_2 未知但相等
	$\overline{x}_1-\overline{x}_2$	$\sqrt{\frac{s_1^2}{n_1}+\frac{s_2^2}{n_2}}$	$(\overline{x}_1-\overline{x}_2)\pm t_{1-\alpha/2}(v)\sqrt{\frac{s_1^2}{n_1}+\frac{s_2^2}{n_2}}$	σ_1、σ_2 未知且不等
两个总体比例之差 P_1-P_2	p_1-p_2	$\sqrt{\frac{p_1(1-p_1)}{n_1}+\frac{p_2(1-p_2)}{n_2}}$	$(p_1-p_2)\pm$ $z_{\alpha/2}\sqrt{\frac{p_1(1-p_1)}{n_1}+\frac{p_2(1-p_2)}{n_2}}$	两个二项总体且大样本

思考与练习

1. 设样本 $x_1,x_2,\cdots,x_n$ 来自服从几何分布的总体 X，其概率密度函数为：

$$P(X=k)=p(1-p)^{k-1},k=1,2,\cdots$$

其中，p 未知，$0<p<1$，试求 p 的矩法估计。

2. 设 x_1,x_2 是取自 $N(\mu,1)$ 的一个大小为 2 的样本，试验证下列三个估计量均为 μ 的无偏估计，并比较它们的有效性：

$$\hat{\mu}_1=\frac{2}{3}x_1+\frac{1}{3}x_2\text{；}\hat{\mu}_2=\frac{1}{4}x_1+\frac{3}{4}x_2\text{；}\hat{\mu}_3=\frac{1}{2}(x_1+x_2)$$

3. 某材料强度长期以来标准差稳定在 1.19，现抽取了一个大小为 100 的样本，测得样本均值 $\overline{x}=6.35$，试在 95%的置信度下，求该材料强度均值 μ 的置信区间。

4. 用天平对某物体进行称重，共进行 9 次，测得 $\overline{x}=300$ 克，$s=6$ 克，试求该物体重量的真实值的 99%置信区间（假定测量结果服从正态分布）。

5. 某地对上一年栽种的苹果树进行调查，随机抽查的 300 株苹果树苗中有 220 株成活，试以 95%的置信度估计该批树苗成活率的置信区间。

6. 设某连锁店的两个分店的月营业额分别服从 $N(\mu_i,\sigma^2)$，$i=1$，2。现从第一家分店中抽取一个大小为 40 的样本，求得平均月营业额 $\overline{x}_1=22\ 653$ 万元，样本的标准差 $s_1=64.8$ 万元；从第二家分店中抽取了大小为 30 的样本，求得平均月营业额 $\overline{x}_2=22\ 653$ 万元，样本的标准差 $s_2=64.8$ 万元。试求 $\mu_1-\mu_2$ 的 95%置信区间。

7. 从两个总体中各抽取一个 $n_1=n_2=300$ 的独立随机样本，两个总体的样本比例分别为 40%和 30%，试构造两个总体比例之差 $\pi_1-\pi_2$ 的 95%置信区间。

8. 设大学生中男生身高的总体 $X\sim N(\mu,16)$（单位 cm），若要使其平均身高的 95%置信区间长度小于 1.2，应至少应抽取多少名学生？

9. 某冷藏库需要通过抽样来检测库存的一批鹅蛋是否已变质，根据以往资料，鹅蛋的变质率分别为 53%、49%和 48%，在允许误差不超过 3%、置信度为 95%的情况下，应抽取多少枚鹅蛋进行检测？

附录：用 Excel 求置信区间

用 Excel 求置信区间通常需要根据区间估计的要求逐步进行。我们回忆一下，进行区间估计首先要计算样本均值，即点估计值，该值是要估计区间的中心；接着计算样本标准差，在此基础上结合样本量构造抽样误差，再结合置信度构造极限误差，样本均值分别加上、减去极限误差即得到区间估计上下限。下面结合一个例子具体说明操作步骤。

对于方差未知的正态总体，求总体均值的区间估计。

【附例 1】　某零件加工企业生产一种螺丝钉，对某天加工的零件每隔一定时间抽取一个，共抽取 12 个，测得其长度（单位：mm）数据如表 6—4 中的 A2：A13。假定零件长度服从正态分布，试以 95%的置信水平估计该企业生产的螺丝钉平均长度的置信区间。

操作步骤：

（1）将样本数据输入区域 A2：A13；

（2）计算样本数据个数，在单元格 C2 内输入计算公式“＝count（A2：A13)”，按“确定”，计算机会在单元格 C2 内自动输出计算结果 12，覆盖已输入的计算公式；

（3）按照同样的方法，依次计算样本均值、样本标准差、抽样平均误差、自由度、t 值、误差范围、置信上下限（计算公式见表 6—4），计算结果显示在输入计算公式的单元格内。

表 6—4　　**总体均值的置信区间的构造表**

	A	B	C	
1	样本数据	计算指标	计算公式	结果输出
2	10.94	样本数据个数	＝COUNT（A2：A13)	12
3	11.91	样本均值	＝AVVERGE（A2：A13)	11.074 2
4	10.91	样本标准差	＝STDEV（A2：A13)	0.272 7

续前表

	A	B	C	
5	10.94	抽样平均误差	=C4/SQRt（C2）	0.078 7
6	11.03	置信水平	0.95	0.950 0
7	10.97	自由度	=C2−1	11
8	11.09	*t* 值	=TINV（1−C6，C7）	2.201 0
9	11.00	误差范围	=C8＊C5	0.173 3
10	11.16	置信下限	=C3−C9	10.900 9
11	10.94	置信上限	=C3+C9	11.247 5
12	11.03			
13	10.97			

■ 对于方差已知的正态总体，求总体均值的区间估计。

当总体方差已知时，不需要计算样本标准差，在 C4 处直接输入总体标准差即可。此时需要构造 *Z* 统计量进行区间估计，将 B8 改为 *Z* 值，C8 内输入的计算公式改为“=NORMSINV（1−C6）/2)”即可。

■ 两个总体均值之差的估计：两个总体方差相等但未知。

【附例 2】 为估计两种方法组装产品所需要的时间的差异，对两种不同的组装方法分别随机安排 11 名工人，每名工人组装一件产品所需时间（单位：min）如表 6—5 所示。试对两种方法组装产品所需要的时间差异进行区间估计。

操作步骤：

（1）将样本数据输入区域 A2：B12；

（2）计算方法 1 的样本数据个数，在单元格 D2 内输入计算公式“=count（A2：A13)”，按“确定”，计算机会在单元格 D2 内自动输出计算结果 12，覆盖已输入的计算公式；

（3）按照同样的方法，依次计算其他指标（计算公式见表 6—5），计算结果显示在输入计算公式的单元格内。

表 6—5　　总体均值之差的置信区间的构造表

	A	B	C	D	
1	方法 1	方法 2	计算指标	计算公式	结果输出
2	28.3	27.6	方法 1 数据个数	=COUNT（A2：A13）	12
3	30.1	22.2	方法 2 数据个数	=COUNT（B2：B13）	12
4	29.0	31.0	样本均值之差	=AVVERGE（A2：A13）−AVVERGE（A2：A13）	3.7
5	37.6	33.8	方差的估计量	=SQRT（（（C2−1）VAR（A2：A13）+（C3−1）VAR（B2：B13））/（C2+C3−2））	4.204 4

续前表

	A	B	C	D	
6	32.1	20.0	均值之差的标准误差	=C6 * SQRT (1/C2+1/C3)	1.716 5
7	28.8	30.2	置信水平	0.95	0.95
8	36.0	31.7	自由度	=C2+C3-2	22
9	37.2	26.0	*t* 值	=TINV (1-C7, C8)	2.073 9
10	38.5	32.0	误差范围	=C9 * C6	3.559 7
11	34.4	31.2	置信下限	=C4-C10	0.140 3
12	28.0	33.4	置信上限	=C4+C10	7.259 7

对于比例的区间估计以及两个总体的其他情况的区间估计问题，读者可以思考得到相应的 Excel 计算方法。

第七章

假设检验

女士品茶

20 世纪 20 年代后期，在一个夏日的午后，一群英国剑桥大学的绅士和他们的夫人们，还有来访者，正围坐在户外的桌旁享用着下午茶。在品茶过程中，一位女士坚称：把茶加进奶里，或把奶加进茶里，不同的做法，会使茶的味道品起来不同。在场的一帮科学家们对这位女士的“胡言乱语”嗤之以鼻，这怎么可能呢？他们不能想象，仅仅因为加茶、加奶的先后顺序不同，茶就会发生不同的化学反应。然而在座的一个身材矮小、戴着厚眼镜、蓄着的短胡须开始变灰的先生却不这么看，他对这个问题很感兴趣。他兴奋地说道：“让我们来检验这个命题吧！”并开始策划一个实验。在实验中，坚持茶有不同味道的那位女士将被奉上好几杯已经调制好的茶，其中，有的是先加茶后加奶制成的，有的则是先加奶后加茶制成的。

接下来，在场的许多人都热心地加入到实验中来。几分钟内，他们在那位女士看不见的地方调制出不同类型的茶。最后，蓄短胡须的先生为那位女士奉上了第一杯茶，女士品了一小会儿，然后断言这一杯是先倒的茶后加的奶。这位先生不加评论地记下了女士的说法，然后，又奉上了第二杯……

那个蓄着短胡须的先生就是罗纳德·艾尔默·费歇尔（Ronald Aylmer Fisher），当时他只有三四十岁。后来，他被授予爵士头衔。1935 年，他写了一本叫《实验设计》（*The Design of Experiments*）的书，书的第 2 章就描述了他的“女士品茶”实验。在书中，他把女士的断言视为假设问题，他考虑了各种可能的实验方法，以确定那位女士是否能做出区分。

那个在剑桥大学晴朗的夏日午后所做的实验中，那位女士的分辨结果如何呢？费歇尔没有描述这项实验的结果，但据说那位女士竟然正确地分辨出了每一杯茶！

这个故事告诉我们，对于某些感兴趣的问题，我们可以建立假设并进行检验，这就是本章所要讨论的内容。

学习导航

- 假设检验的统计思想、基本概念和检验步骤。
- 一个总体参数的假设检验。
- 两个总体参数的假设检验。
- 用 Excel 进行假设检验。

假如可口可乐公司生产的一种瓶装雪碧，其标签上标明的容量为 250 毫升，标准差为 4 毫升。如果从市场上随机抽取 50 瓶，发现其平均含量为 248 毫升，那么标签上的承诺是否可信？

解决这个问题，需要统计学中假设检验的知识。

小词典

假设检验（hypothesis testing），也称显著性检验，是统计推断中又一重要内容。该方法首先对研究总体的参数或分布形式提出假设，然后根据抽样分布原理，利用样本实际信息计算相关统计量的取值，并以此来检验事先所作的假设是否合理，实质上就是通过判断样本信息与原假设是否有显著性差异来决定原假设的可信度。

假设检验大体上分为两类：参数假设检验，简称参数检验；非参数检验或者自由分布检验。在不作特殊说明的情况下，本书讨论的是参数检验。

第一节　假设检验的基本问题

一、假设检验的统计思想

假设检验的统计思想是运用小概率原理的反证法思想。主要表现在：依据“小概率事件在一次试验或观察中是不可能发生的”这一概率思想，对提出的假设作出拒绝与否的判断。举例说明，假定某经销商许诺他的一批货物中，不合格品率在 1‰以下，为检验经销商的说法是否可靠，从这批货中随机抽出一件，如果抽出的这件样品经检查是不合格品，那就有理由认为经销商的许诺是值得怀疑的。原因是，1‰的概率是个很小的数，可以断言，随机抽出一件产品恰是不合格品是不可能的事情，但事实却相反，我们就找到一个有说服力的证据，表明经销商承诺这批货物的不合格品率低于 1‰是不真实的，因此拒绝他的承诺。

你知道吗？

什么是小概率？概率是 0～1 之间的一个数，因此小概率就是接近 0 的一个数。著名的英国统计学家费歇尔把 1/20 作为标准，也就是 0.05，从此 0.05 或比 0.05 小的概率都被认为是小概率。有趣的是，费歇尔没有任何深奥的理由解释他为什么选择 0.05，只是说他忽然想起来的。

二、基本概念及检验步骤

（一）原假设与备择假设

原假设是指待检验的假设，也称为零假设（null hypothesis）。备择假设（alternative hypothesis）是原假设的对立面，是指否定原假设后可供选择的假设。沿用本章开始的例子，如果从市场上随机抽取 50 瓶雪碧，发现其平均含量为 248 毫升，那么标签上的承诺是否可信？该假设可以表达为：

$$H_0:\mu=250\ ;\ H_1:\mu\neq 250$$

其中，字母 H 表示假设，下标 0 表示原假设，下标 1 表示备择假设。

原假设与备择假设并不一定完全对称，假设的形式分为双侧检验和单侧检验，单侧检验又分为左侧检验和右侧检验两种。数学表达式如下：

（1）双侧检验：$H_0:\mu=\mu_0$，$H_1:\mu\neq\mu_0$；

（2）左侧检验：$H_0:\mu=\mu_0$，$H_1:\mu<\mu_0$（或者 $H_0:\mu\geqslant\mu_0$；$H_1:\mu<\mu_0$）；

（3）右侧检验：$H_0:\mu=\mu_0$，$H_1:\mu>\mu_0$（或者 $H_0:\mu\leqslant\mu_0$；$H_1:\mu>\mu_0$）。

（二）检验统计量

检验使用的统计量称为检验统计量，它的选择根据具体研究的问题确定。对于原假设是否合理的判断，实质上是看样本检验统计量的数值是否在一定概率保证程度下的正常值范围内。因不同的检验统计量具有不同的分布形式，因此要根据检验的问题选择合适、正确的检验统计量，并识别其分布。一般来说，检验统计量的构造形式为：

$$\text{检验统计量}=\frac{\text{样本统计量}-\text{被假设参数}}{\text{分布标准差}}$$

（三）显著性水平 α 与临界值

小词典

显著性水平（significant level）α 是 H_0 为真却被拒绝的概率，它也是假设检验统计思想中所指的小概率，通常为 0.05。

显著性水平 α 的值定得越小，拒绝原假设 H_0 的说服力越强，反之，则相反。给定了显著性水平 α，可由统计量的概率分布确定其临界值，临界值将统计量的所有可能取值区间分为两个互不相交的部分，即原假设的拒绝域和接受域（非拒绝域）。

（四）拒绝域

检验中，使原假设能够被拒绝的统计量所在的区域称为拒绝域，也称否定域。

如图 7—1～图 7—3 所示，对于不同形式的假设，拒绝域的形式不同。双侧检验的拒绝域分别位于临界值的两端；左侧检验的拒绝域位于临界值左侧；右侧检验的拒绝域位于临界值右侧。

实际应用中，采用哪种假设形式要根据所研究的实际问题来确定。如果是只需判断有

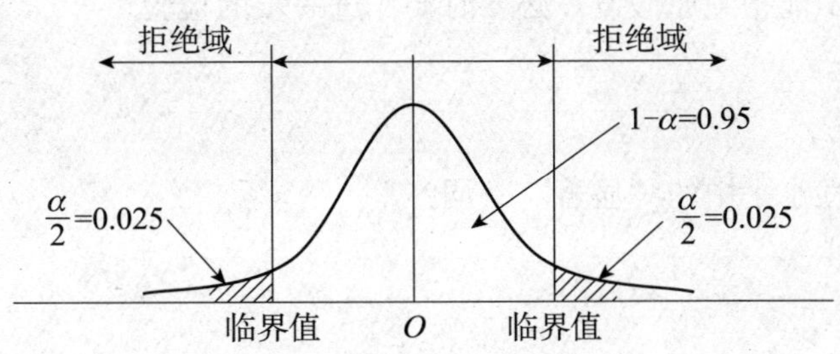

图 7—1　双侧检验

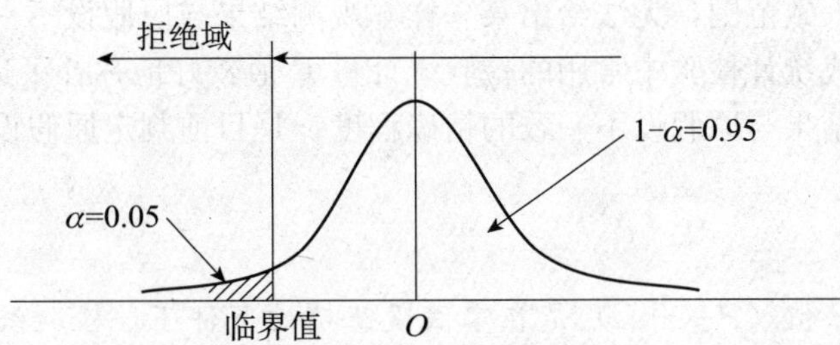

图 7—2　左侧检验

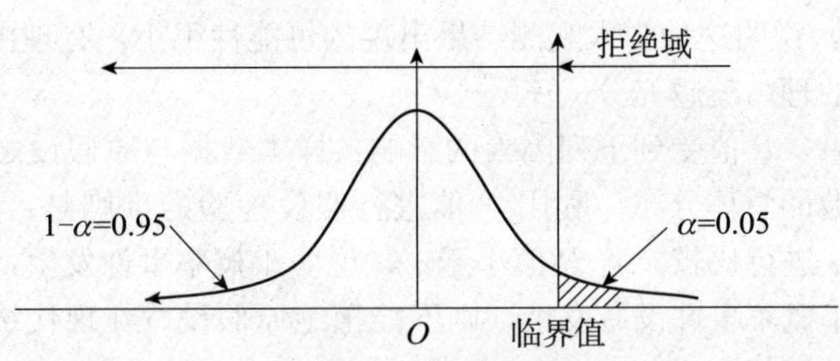

图 7—3　右侧检验

无显著差异的情况，则采用双侧检验；如果是需要判断参数是否偏大（偏小）的情况，则采取左侧（右侧）检验。

(五) 假设检验的具体步骤

根据前面叙述的推断思想及原理，假设检验的实施可以归纳为以下几步：

(1) 根据问题的要求建立原假设 H_0 与备择假设 H_1 。

(2) 在原假设 H_0 成立的前提下，确定检验统计量，并确定该统计量的分布情况，然后根据样本信息计算该检验统计量的实际值。检验统计量也称样本统计量或样本特征值，不同的检验统计量具有不同的分布，具体服从什么样的分布由许多因素决定，如统计量的构造形式、样本是大样本还是小样本、是否知道总体方差等。

(3) 设定检验的显著性水平 α 并确定临界值。在原假设成立的条件下，根据被检验的统计量分布及要求的显著性水平 α 求出相应的临界值。

(4) 将检验统计量的实际值与临界值进行比较，作出是否拒绝原假设的决策。如果样本统计量取值落入拒绝域中，我们就选择拒绝原假设；如果样本统计量取值落入拒绝域外

（接受域），我们就不能拒绝原假设，必要时要作进一步的检验。

想一想

如何理解显著性水平中的“显著”一词？

三、关于 P 值

传统的假设检验流程是事先确定检验的显著性水平 α，然后确定拒绝域，检验时只要统计量的值落入拒绝域就拒绝原假设。但这样的检验方法存在一定的缺憾，那就是只给出检验结论可靠性的大致范围，无法给出某一样本观测结果与原假设不一致的精确程度。

相比之下，现代统计检验中常用的检验统计量 P 值较好地弥补了这个不足，它能够反映出某一样本观测结果与原假设不一致的精确程度，是目前判定原假设去留的重要工具。

小词典

假设检验中，P 值（P-value）是在零假设正确的条件下，检验统计量取样本统计量或沿备择假设方向趋于更极端值的概率。

如果 P 值很小，说明这种样本观测结果出现的可能性很小，有理由拒绝原假设。P 值越小，拒绝原假设的理由就越充分。

作为检验统计量，P 值受到下列因素的影响：样本数据与原假设之间的差异、样本量的大小、被假设参数的总体分布。利用 P 值进行假设检验的准则是：将 P 值与事先确定的检验显著性水平 α 进行比较，若 P 值小于 α，说明小概率事件发生，则拒绝原假设；若 P 值大于 α，说明小概率事件没有发生，则不能拒绝原假设。在现代统计软件中，P 值的具体取值均可以由计算机生成。

四、两类错误

假设检验的统计思想是“小概率原理”，但小概率事件并不是完全不会发生，只是发生的概率很小而已。因此，进行假设检验时会犯两类错误。

小词典

零假设正确却被拒绝，称为第Ⅰ类错误（type Ⅰ error），犯第Ⅰ类错误的概率记为 α，所以也称为 α 错误（α error）或弃真错误，即前面提到的显著性水平；零假设不正确却没有被拒绝，称为第Ⅱ类错误（type Ⅱ error），犯第Ⅱ类错误的概率记为 β，所以也称为 β 错误（β error）或取伪错误。

对原假设的取舍与假设本身真伪的关系见表 7—1。

表 7—1　　对原假设的取舍与假设本身真伪的关系

对原假设 H_0 真伪的判断	真实情况	
	H_0 成立（为真）	H_0 不成立（为伪）
不拒绝 H_0	决策正确	第Ⅱ类错误
拒绝 H_0	第Ⅰ类错误	决策正确

在实际中，人们当然希望犯两类错误的概率越小越好。但在一定的样本量的情况下，如果减少犯 α 错误的概率，就会增大犯 β 错误的概率；如果减少犯 β 错误的概率，就会增大犯 α 错误的概率。二者之间是一种此消彼长的关系，而使 α 错误和 β 错误同时减少的办法只能是增大样本量。但是，我们知道样本量是不可能无限制增大的，否则就会失去抽样调查的意义。因此，在假设检验中，就有一个对两类错误进行控制的问题。

一般来说，哪一类错误所带来的后果越严重，危害越大，在假设检验中就应当把哪一类错误作为首要的控制目标。在假设检验中，大家都在执行这样一个原则，即首先控制犯 α 错误的原则，“规定显著性水平”就体现了这样的原则。在假设检验中两类错误的情况可以用图更加清楚地予以表示，如图 7—4 所示。

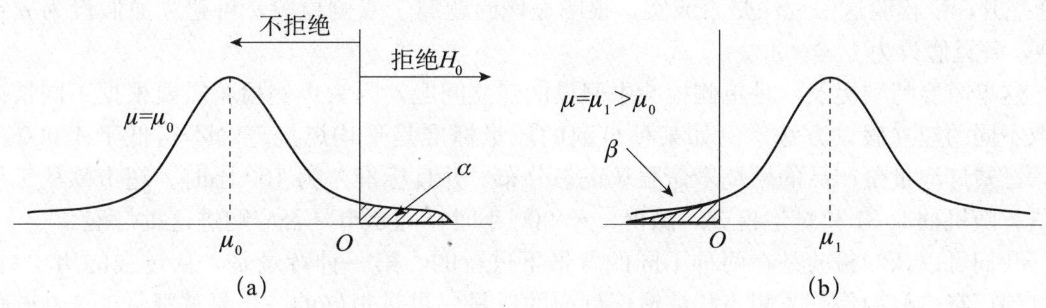

图 7—4　假设检验中犯两类错误的情况

图 7—4（a）显示，如果原假设 $H_0: \mu=\mu_0$ 为真，样本的观察结果应当在 μ_0 附近，落入阴影中的概率为 α，我们是根据样本的观察结果做出判断决策的，如果观察结果落入图 7—4（a）中的阴影部分，我们便拒绝原假设，这时便犯了弃真错误，尽管犯这个错误的概率比较小，但这种错误是不可避免的。图 7—4（b）显示，如果原假设为伪，被检验的参数 $\mu>\mu_0$，那么当样本观察结果落入阴影 β 中时，我们还是把 μ 看成 μ_0 而没有拒绝，这时便犯了取伪错误，其概率为 β。由图 7—4 还可以看出，如果临界点沿水平方向右移，α 将变小而 β 将变大；如果临界点沿水平方向左移，α 将变大而 β 将变小。这也说明了在假设检验中 α 和 β 此消彼长的关系。

想一想

一个人因为杀妻而受审，他实际上是有罪的，但陪审团认为他无罪。这里的一个零假设是：一个人是无罪的，除非你能在一些怀疑之外证明他有罪。那么在此案中，陪审团犯的是第Ⅰ类错误还是第Ⅱ类错误？你能够设想出一个陪审团犯了与以上错误不同的另外一类错误的案例吗？这两种错误中的哪一种是法律系统更情愿容忍的？

五、假设的建立问题

前面介绍的基本概念中已提及原假设与备择假设的确立问题，它们不是随意确定的，应该根据待研究问题的具体背景而定。实践中一般采取“原假设处于被保护地位”的原则，即将没有充分理由便不能拒绝的命题作为原假设，一般指已有的、固有的、经验的命题或观点；把它的对立面，也就是欲证明成立的命题作为备择假设。设想一下，如果我们完全认可原有的东西，就没有必要进行检验了，正是因为我们对原有的东西产生怀疑，才去进行调查，希望能够用事实推翻原有的概念，产生新的结论。由于推翻原假设需要检验统计量落入拒绝域，所以在一次试验中原假设是具有优势的，根据小概率原理，备择假设在一次试验中不容易发生，但一旦发生，我们就有充足的理由推翻原假设，这意味着一个新结论的诞生。但是没有拒绝原假设，并不意味着备择假设就是错的，只是说还没有足够的证据表明原假设不成立。

在双侧检验中，这一原则相对来说比较容易实施，只要将结论比较清晰的命题作为原假设，其对立面作为备择假设即可。如本章开始的例子，雪碧瓶的标签上标明的容量为250毫升，欲检验这一说法是否属实，很明显该问题属于双侧检验，可建立原假设为 $\mu=250$，备择假设为 $\mu\neq 250$。

这里需要特别提及的是单侧检验中假设的建立问题，因为单侧检验需要根据不同情况采取不同的建立假设方法。例如某种灯泡的质量标准是平均燃烧寿命不得低于1 000小时，已知灯泡批量产品的燃烧寿命服从正态分布，并且标准差为100小时。超市欲从工厂进货，随机抽取81只灯泡检查，测得 $\bar{x}=900$ 小时，问超市是否应购进这批灯泡。

我们可以认为检验是在两种不同的背景下进行的。第一种背景是，从过去的历史看，该灯泡厂有良好的信誉，超市相信该厂灯泡的质量一贯是很好的，于是选择 $\mu\geqslant 1\,000$ 作为原假设。这样做是对厂家有利的，这使得符合质量标准的灯泡会以很低的概率 α 被拒收。第二种背景是，根据以往的记录表明，厂家的产品质量并不好，这时超市就坚持以 $\mu\leqslant 1\,000$ 作为原假设。这样做表明超市要求有较有说服力的证据才能相信这批产品质量达到了标准。

由此可见，对同一问题，因对背景的了解不同而采取了不同的态度，具体是通过选择假设的方向来体现的，由此产生的结论可能相同，也可能不同。因此，单侧检验中假设的建立取决于检验人员对检验问题的价值判断。

六、假设检验与参数估计的关系

在参数估计中，我们是根据样本所提供的信息对未知的总体参数进行估计，即求出置信区间，并以一定的概率保证总体参数落在该区间内。在假设检验中，确定 α 和选择检验统计量之后，临界值的位置就已经确定。实际上，由临界值围成的接受域（非拒绝域）就是以 μ_0 为中心的置信区间。检验假设 $\mu=\mu_0$ 是否成立，就是看 μ 的统计量是否落在这个置信区间内。如果假设 $H_0:\mu=\mu_0$ 为真，μ 的统计量落在置信区间外的可能性是很小的；而一旦落在外面，利用“小概率原理”就可以推断 H_0 为伪。α 越小，置信区间越宽，接受域也就越大，从而就使得犯“弃真错误”的可能性变小。由于假设检验和参数估计是对同一实例而言，用的是同一个样本、同一个统计量、同一种分布，故可以利用置信区间进行假设问题的检验。

人物小传

波兰裔美国数学家奈曼（J. Neyman，1894—1981）在1925年9月到达伦敦，结识了英国统计学界的人物，与卡尔·皮尔逊的儿子小皮尔逊（E. S. Pearson，1895—1980）建立起终生友谊。他们在合作的第一篇论文（1928年6月发表）中就提出“备择假设”的概念，指出存在两类错误，他们把原假设 H_0 正确而拒绝 H_0 所犯的错误称为第Ⅰ类错误，把备择假设 H_1 正确而接受 H_0 所犯的错误称为第Ⅱ类错误，从而开始使统计推断理论建立在新的数学基础上。他们引进检验功效函数的概念，以此作为判断检验方法优劣的标准。奈曼还在1924年到1937年建立置信区间的概念，将其建立在概率的频率解释之上，奠定了区间估计理论的数学基础。

第二节 一个总体参数的假设检验

本节主要讨论单样本的检验，包括总体均值、总体方差和总体比例的假设检验，涉及的检验统计量主要有三个：z 统计量、t 统计量和 χ^2 统计量。前两个主要用于总体均值、总体比例的假设检验，后一个主要用于总体方差的假设检验。

一、总体均值的检验

（一）大样本情形

当样本为大样本（样本量 $\geqslant 30$）、总体方差 σ^2 已知时，无论总体是否服从正态分布，样本均值 $\bar{x}$ 的抽样分布均为正态分布，其数学期望为总体均值 μ，方差为 σ^2/n。此时，检验统计量 $z=\dfrac{\bar{x}-\mu_0}{\sigma/\sqrt{n}}$ 服从标准正态分布，即：

$$z=\frac{\bar{x}-\mu_0}{\sigma/\sqrt{n}}\sim N(0,1) \tag{7.1}$$

根据检验统计量计算公式计算检验统计量样本值 z，当显著性水平为 α 时，查 z 分布表：

在双侧检验中，如果 $|z|\geqslant z_{\alpha/2}$，则拒绝原假设 H_0；反之，则不能拒绝原假设 H_0。

在左侧检验中，如果 $z<-z_{\alpha}$，则拒绝原假设；反之，则不能拒绝原假设。

在右侧检验中，如果 $z > z_{\alpha}$，则拒绝原假设；反之，则不能拒绝原假设。

当样本为大样本、总体方差 σ^2 未知时，可以用样本标准差 s 来代替总体标准差 σ，检验统计量为 $z = \dfrac{\bar{x} - \mu_0}{s/\sqrt{n}} \sim N(0,1)$，检验过程同上。

【例 7.1】 某车间用一台包装机包装成品食盐，已知袋装食盐的净重服从正态分布，当机器正常时，其均值为 0.5 千克，标准差为 0.005 千克。某日开工后，要检验包装机是否正常运作，随机抽取了 40 袋食盐，称得净重如下（单位：千克）：

0.490　0.493　0.499　0.507　0.491　0.502　0.505　0.500　0.505　0.491
0.500　0.503　0.502　0.494　0.500　0.503　0.493　0.498　0.488　0.496
0.506　0.496　0.493　0.501　0.501　0.497　0.497　0.500　0.504　0.499
0.501　0.497　0.508　0.493　0.500　0.502　0.500　0.495　0.504　0.503

请检验机器是否处于正常运作状态。（$\alpha = 0.05$）

解：首先建立原假设与备择假设：

$H_0: \mu = \mu_0 = 0.5$；$H_1: \mu \neq \mu_0$

已知该总体服从正态分布及总体的标准差，故本题可以采用 z 检验。

由题中样本数据及已知条件得到：

$\bar{x} = 0.4989$，$\mu_0 = 0.5$，$\sigma = 0.005$，$n = 40$，$\alpha = 0.05$，$z_{\alpha/2} = 1.96$

显然，本题属于双侧检验，根据正态分布，有：

$$|z| = \frac{|\bar{x} - \mu_0|}{\sigma/\sqrt{n}} = \frac{|0.4989 - 0.5|}{0.005/\sqrt{40}} \approx 1.391 < z_{\alpha/2} = 1.96$$

因此，不能拒绝原假设 H_0，即认为包装机器运作正常。

试一试

Excel（2010 版）可以计算 z 统计量检验的 P 值，操作步骤为：

第 1 步：选择“公式”选项；

第 2 步：选择“插入函数”选项；

第 3 步：在函数分类中选择“统计”，在函数名中选择“NORM. S. DIST”，点击“确定”；

第 4 步：输入 z 的绝对值（本例为 1.391），在 Cumulative 中输入 TRUE，得到的函数值结果为 0.917 887 287，这意味着在标准正态分布条件下，z 值 1.391 左边的面积为 0.917 887 287，如图 7—5 所示。

$z = 1.391$ 右边和 $z = -1.391$ 左边的面积是一样的。本例中是双侧检验，故最后的 P 值为：

$$P = 2 \times (1 - 0.917887287) \approx 0.164225$$

由于 $P > \alpha = 0.05$，所以不能拒绝原假设，得到与前面相同的结论。

【例 7.2】 某小麦品种的平均产量为 5 200kg/hm^2。一家研究机构对该小麦品种进行了改良以期提高产量，为检验改良后的新品种产量是否有显著提高，随机抽取了 36 个地

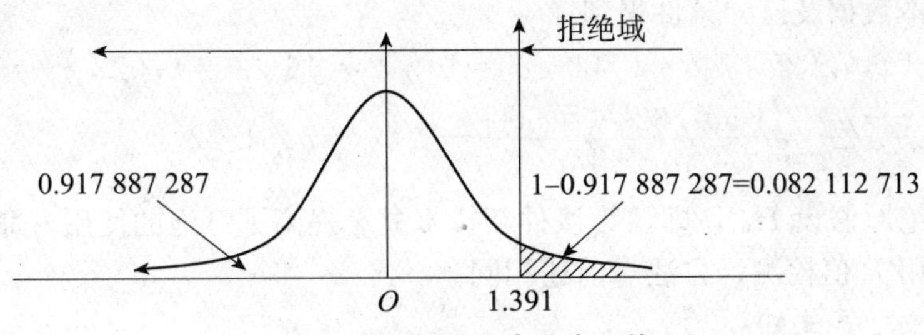

图 7—5 标准正态分布 z 值

块进行试种，得到的样本平均产量为 5 275kg/hm²，标准差为 120kg/hm²。试检验改良后的新品种产量是否有显著提高。（$\alpha=0.05$）

解：显然，本题属于单侧检验（右侧检验）。建立原假设与备择假设：

$$H_0: \mu \leqslant 5\,200\ ;\ H_1: \mu > 5\,200$$

由题中样本数据及已知条件得到：

$$\bar{x}=5\,275\ ,\ \mu_0=5\,200\ ,\ s=120\ ,\ n=36\ ,\ \alpha=0.05\ ,\ z_\alpha=1.645$$

$$z=\frac{\bar{x}-\mu_0}{s/\sqrt{n}}=\frac{5\,275-5\,200}{120/\sqrt{36}}=3.75>z_\alpha=1.645$$

因此，拒绝原假设 H_0，即认为改良后的新品种产量有显著提高。

试一试

如果使用 P 值检测，此例可按照前述方法，找到 NORM. S. DIST，在 z 值框内输入 z 的绝对值 3.75，在 Cumulative 中输入 TRUE，得到的函数值为 0.999 911 583，由于此例为单侧检验，故 P 值为 1－0.999 911 583＝0.000 088 417，再用 P 值直接与 $\alpha=0.05$ 做比较即可做出统计决策。

（二）小样本情形

1. 正态总体，σ^2 已知

在小样本情况（样本量 <30）下，当总体服从正态分布且 σ^2 已知时，仍可以采用统计量 $z=\dfrac{\bar{x}-\mu_0}{\sigma/\sqrt{n}}$ 对样本均值进行检验，这里不再赘述。

【例 7.3】 某灯具厂生产一种白炽灯泡，根据长期观察，得知该灯泡使用寿命服从正态分布，平均使用时间为 1 500 小时，标准差为 10 小时。现准备采用新技术延长灯泡寿命，引用该生产技术后抽检了 16 个灯泡进行试验，使用寿命分别为：

1 533 1 514 1 502 1 497 1 502 1 503 1 504 1 497

1 518 1 500 1 494 1 514 1 513 1 500 1 518 1 513

试以 0.05 的显著性水平判断该种新技术是否显著提高了灯泡的使用寿命。

解：显然，本题属于单侧检验（右侧检验）。建立原假设与备择假设：

$$H_0: \mu=1\,500\ ;\ H_1: \mu>1\,500$$

由题中样本数据及已知条件得到：

$$\bar{x}=1\ 507.625\ ,\mu_0=1\ 500\ ,\sigma=10\ ,n=16\ ,\alpha=0.05\ ,z_\alpha=1.645$$

$$z=\frac{\bar{x}-\mu_0}{\sigma/\sqrt{n}}=\frac{1\ 507.625-1\ 500}{10/\sqrt{16}}=3.05>1.645$$

因此，拒绝原假设 H_0 ，即认为该种新技术显著提高了灯泡的使用寿命。

本例也可用 P 值检测，方法与前述相同。

2. 正态总体，σ^2 未知

在样本是小样本、总体方差未知的情况下，检验统计量 $z=\frac{\bar{x}-\mu_0}{\sigma/\sqrt{n}}$ 就不再适用了。设样本（样本量 <30 ）取自一个方差 σ^2 未知的正态总体，则检验统计量 $t=\frac{\bar{x}-\mu_0}{\sigma/\sqrt{n}}$ 服从自由度为（ $n-1$ ）的 t 分布，由于 σ^2 未知，一般用样本标准差 s 来代替总体标准差σ，即：

$$t=\frac{\bar{x}-\mu_0}{s/\sqrt{n}}\sim t(n-1) \tag{7.2}$$

对于给定的显著性水平 α ，查 t 分布表：

在双侧检验中，当 $|t|>t_{\alpha/2}(n-1)$ 时，拒绝原假设；反之，则不能拒绝原假设。

在左侧检验中，当 $t<-t_\alpha(n-1)$ 时，拒绝原假设；反之，则不能拒绝原假设。

在右侧检验中，当 $t>t_\alpha(n-1)$ 时，拒绝原假设；反之，则不能拒绝原假设。

【例 7.4】 承例 7.3，假如没有灯泡寿命标准差的经验数据，试检验判断该种新技术是否显著提高了灯泡的使用寿命。（ $\alpha=0.05$ ）

解：原假设与备择假设不变，但检验统计量换为 $t=\frac{\bar{x}-\mu_0}{s/\sqrt{n}}$ 。

由题中样本数据及已知条件得到：

$$\bar{x}=1\ 507.625\ ,\mu_0=1\ 500\ ,s=10.404\ ,\alpha=0.05\ ,t_{0.05}(15)=1.753$$

$$t=\frac{\bar{x}-\mu_0}{s/\sqrt{n}}=\frac{1\ 507.625-1\ 500}{10.404/\sqrt{16}}\approx 2.932>1.753$$

因此，拒绝原假设 H_0 ，即认为该种新技术显著提高了灯泡的使用寿命。

试一试

Excel（2010 版）可以计算 t 统计量检验的 P 值，操作步骤为：

第 1 步：选择“公式”选项；

第 2 步：选择“插入函数”选项；

第 3 步：在函数分类中选择“统计”，在函数名中选择“T. DIST”，点击“确定”；

第 4 步：在 X 栏中输入计算出的 t 值（本例为 2. 932），在自由度（Deg _ freedom）中输入 15，在 Cumulative 中输入 TRUE，得到的函数值为 0. 994 848 306，由于本例中是单侧检验，故最后的 P 值为：

$$P=1-0.994\ 848\ 306\approx 0.005\ 152$$

由于 $P<\alpha=0.05$ ，所以拒绝原假设，得到与前面相同的结论。

3. 选择统计量的总结

根据中心极限定理，在大样本条件下，无论总体是何种分布，方差是否已知，样本统计量都服从或近似服从正态分布。因此，如果样本来自正态总体或者样本量足够大，并且总体标准差σ已知，则检验统计量$z=\frac{\bar{x}-\mu_0}{\sigma/\sqrt{n}}$服从标准正态分布；如果样本量足够大，并且总体标准差σ未知，可用样本标准差s来代替总体标准差σ，则检验统计量$z=\frac{\bar{x}-\mu_0}{s/\sqrt{n}}$仍服从标准正态分布。在小样本情况下，当总体服从正态分布且σ^2已知时，仍可以采用z统计量对总体均值进行检验，但如果总体方差未知，则应采用t统计量。如何选择检验统计量可以总结为图 7—6。

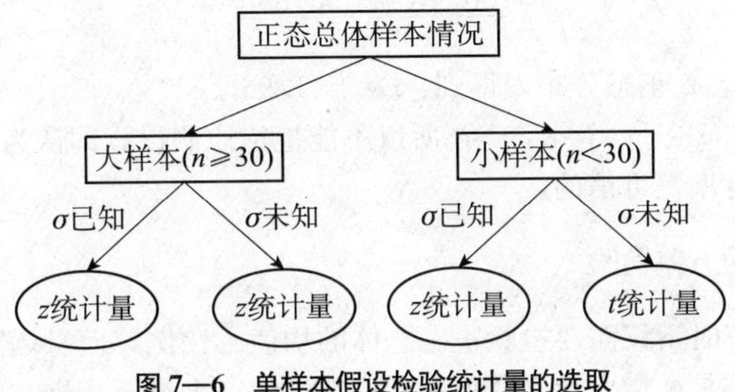

图 7—6　单样本假设检验统计量的选取

二、总体比例的假设检验

比例值总是介于 0～1 之间，在实际问题中，常常需要检验总体是否为某个假设值π_0，例如全部产品中合格品的比例，某项改革措施赞同者的比例，一批种子的发芽率等。

如果某事件有两类结果，即总体服从二项分布，则当样本取自该二项总体，样本量n足够大且满足$\begin{cases} np>5 \\ n(1-p)>5 \end{cases}$时，比例$p$的抽样分布可用正态分布近似。$p$的数学期望为$E(p)=\pi$，$p$的方差为$Var(p)=\frac{\pi(1-\pi)}{n}$，样本比例经标准化后的随机变量则服从标准正态分布，即：

$$z=\frac{p-\pi}{\sqrt{\frac{\pi(1-\pi)}{n}}}\sim N(0,1) \tag{7.3}$$

要检验未知的总体比例π等于某一假设值P_0时，设$H_0:\pi=P_0$；$H_1:\pi\neq P_0$（或$H_0:\pi\geqslant P_0$；$H_1:\pi<P_0$），则检验统计量$z=\frac{p-P_0}{\sqrt{\frac{\pi(1-\pi)}{n}}}$逼近正态分布，但此时无从知晓$\pi$的真实值，可用样本比例$p$来代替$\pi$，因此检验统计量调整为：

$$z=\frac{p-P_0}{\sqrt{\frac{p(1-p)}{n}}}\sim N(0,1)$$

其中，P_0为待检验的总体比例。

判断规则与前面均值检验的规则相同。

【例 7.5】 某研究机构估计本市居民家庭的电脑拥有率为 75%。现随机抽查了 200 个家庭，其中 157 个家庭拥有电脑。估计的该市居民家庭电脑拥有率是否可信？($\alpha = 0.05$)

解：根据题意建立原假设与备择假设：

$$H_0: \pi = 0.75;\ H_1: \pi \neq 0.75\ (P_0 = 0.75)$$

由样本信息可以得到：$p = \dfrac{157}{200} = 0.785$ 。

由于样本量为 $n = 200$ ，属于大样本，因此可以采用 z 检验法。

$$|z| = \frac{|p - P_0|}{\sqrt{\dfrac{p(1-p)}{n}}} = \frac{|0.785 - 0.75|}{\sqrt{\dfrac{0.785 \times (1 - 0.785)}{200}}} \approx 1.205$$

给定 $\alpha = 0.05$ ，查正态分布表得到：$z_{\alpha/2} = 1.96$ 。

因为 $|z| = 1.205 < z_{\alpha/2} = 1.96$ ，所以不能拒绝原假设，即认为该研究机构估计的该市居民家庭电脑拥有率是可信的。

三、正态总体的方差检验

假设检验中，有时不仅需要检验正态总体的均值、比例，而且需要检验正态总体的方差。方差或者标准差是衡量变量离散程度和稳定性的一个重要指标，它在工业过程控制领域应用很广。例如，当一种产品的某项指标波动幅度很大时，可以通过方差检验来发现工艺流程的问题。总体方差的检验一般都建立在总体服从或者近似服从正态分布的条件下，该检验方法称为 χ^2 检验法。方差假设检验的原假设形式为：

双侧检验：$H_0: \sigma^2 = \sigma_0^2$，$H_1: \sigma^2 \neq \sigma_0^2$；

左侧检验：$H_0: \sigma^2 = \sigma_0^2$，$H_1: \sigma^2 < \sigma_0^2$（或者 $H_0: \sigma^2 \geqslant \sigma_0^2$；$H_1: \sigma^2 < \sigma_0^2$）；

右侧检验：$H_0: \sigma^2 = \sigma_0^2$，$H_1: \sigma^2 > \sigma_0^2$（或者 $H_0: \sigma^2 \leqslant \sigma_0^2$；$H_1: \sigma^2 > \sigma_0^2$）。

在原假设成立的情况下，检验统计量为：

$$\chi^2 = \frac{(n-1)s^2}{\sigma_0^2} \sim \chi^2(n-1) \tag{7.4}$$

其中，s^2 为样本方差，σ_0^2 为待检验的假设方差。

对于给定的显著性水平 α ，查 χ^2 分布表，可得如下结论：

在双侧检验中，首先确定临界值 $\chi^2_{1-\alpha/2}(n-1)$ 和 $\chi^2_{\alpha/2}(n-1)$ ，当 $\chi^2 < \chi^2_{1-\alpha/2}(n-1)$ 或者 $\chi^2 > \chi^2_{\alpha/2}(n-1)$ 时，拒绝原假设；反之，则不能拒绝原假设。

在左侧检验中，确定临界值 $\chi^2_{1-\alpha}(n-1)$ ，当 $\chi^2 < \chi^2_{1-\alpha}(n-1)$ 时，拒绝原假设；反之，则不能拒绝原假设。

在右侧检验中，确定临界值 $\chi^2_{\alpha}(n-1)$ ，当 $\chi^2 > \chi^2_{\alpha}(n-1)$ 时，拒绝原假设；反之，则不能拒绝原假设。

这里，$\chi^2_{1-\alpha/2}(n-1)$ 是自由度为 $n-1$ 的卡方分布、右侧面积为 $1-\alpha/2$ 时的 χ^2 值，$\chi^2_{\alpha/2}(n-1)$ 是自由度为 $n-1$ 的卡方分布、右侧面积为 $\alpha/2$ 时的 χ^2 值。

【例 7.6】 根据某饮料厂的长期生产资料可知：该厂饮料灌装线灌装的饮料净含量服从正态分布，标准差为 0.20ml。某天进行生产线检查，从灌装线上随机抽取 20 瓶饮料，

测得样本标准差为 0.35ml。试判断该条灌装线的波动与平日有无显著差异。（$\alpha=0.05$）

解：本题为双侧检验。建立原假设与备择假设：

$H_0:\sigma^2=0.20^2$；$H_1:\sigma^2\neq0.20^2$

根据条件已知：$s^2=0.35^2$，$\sigma_0^2=0.20^2$，$\alpha=0.05$，

则检验统计量 $\chi^2=\frac{(n-1)s^2}{\sigma_0^2}=\frac{(20-1)\times0.35^2}{0.20^2}=58.1875$。

查 χ^2 分布表，得到临界值：$\chi^2_{0.975}(19)=8.91$，$\chi^2_{0.025}(19)=32.85$。

由于 $\chi^2=58.1875>\chi^2_{0.025}(19)=32.85$，故拒绝原假设，即该条灌装线的波动与平日有显著差异。

你知道吗?

一个大米加工厂卖给一个超市一批标明每包重 10kg 的大米，而该超市怀疑该厂家缺斤短两，对 10 包大米进行了称重，得到下面结果（单位：千克）：

9.93　9.83　9.76　9.95　10.07　9.89　10.03　9.97　9.89　9.87

这里假定该批大米的重量服从正态分布。

由于发生分歧，于是各方同意用这个数据进行关于大米重量均值 μ 的检验；以厂家所说的平均重量为 10kg 作为零假设，以超市怀疑的分量不足 10kg 作为备择假设：

$H_0:\mu=10$；$H_1:\mu<10$

于是，超市、加工厂老板和该老板的律师都进行了检验。结果是：

（1）超市用全部数据进行 t 检验，得到拒绝零假设的结论。超市根据全部数据计算得到：样本均值为 9.92kg，而 P 值为 0.0106。因此超市认为，对于显著性水平 $\alpha=0.05$，应该拒绝零假设。

（2）大米加工厂老板只用了 2 个数据，得到“接受零假设”的结论。大米加工厂老板也懂些统计知识，他只取了上面样本的前两个数字 9.93 和 9.83 进行同样的 t 检验。通过对这两个数字进行计算得到：样本均值为 9.88kg，而 P 值为 0.1257。虽然样本均值不如超市检验的大，但 P 值大大增加。加工厂老板于是下了结论：对于显著性水平 $\alpha=0.05$，“接受零假设”，即加工厂的大米平均重量的确为 10kg。

（3）大米加工厂老板的律师用了全部数据，但采用了不同的检验方法，得到“接受零假设”的结论。大米加工厂老板的律师说可以用全部数据，他利用了关于中位数的符号检验（注意对于正态分布，对中位数的检验等价于对均值的检验，符号检验属于非参数检验，其详细检验过程可参考非参数检验的文献）。根据计算，得到该检验的 P 值为 0.0547，所以这个律师说在显著性水平 $\alpha=0.05$ 时，应该“接受零假设”；还说“既然三个检验中有两个都接受零假设，就应该接受零假设。”

大米加工厂老板实际上减少了作为证据的数据，因此只能得到“证据不足，无法拒绝零假设”的结论，但加工厂老板采用了一些错误的统计说法，把“证据不足以拒绝零假设”改成“接受零假设”了；而且从样本中仅选择某些数字（等于销毁证据）违背统计道德。加工厂老板的律师虽然用了全部数据，但采用了不同的方法，只能说“在这个检验方

法下，证据不足以拒绝零假设”而不能说“接受零假设”。另外，该律师对超市用更有效的检验方法得到的“拒绝零假设”的结论视而不见，这也违背了统计原理。其实，对于同一个检验问题，可能有多种检验方法，但只要有一个拒绝，就可以拒绝。那些不能拒绝的检验方法是能力不足，用统计术语来说，该拒绝而不能拒绝的检验方法是势（power）不足，或者效率（efficiency）低。

该例说明了以下几个问题：

（1）在已经得到样本的情况下，随意取舍一些数字是违背统计原理和统计道德的，这相当于篡改或销毁证据。

（2）若由于证据不足而不能拒绝零假设，则绝对不能说成“接受零假设”。如果一定要说，请给出你接受零假设所可能犯第Ⅱ类错误的概率（这是无法计算出的），这是加工厂老板和其律师所犯的错误。

（3）加工厂老板的律师的检验和超市所做的检验都针对同样的检验问题，但由于超市的检验方法比加工厂老板的律师的更强大（或更强势、更有效率），所以超市拒绝了零假设，而加工厂老板的律师的检验则不能拒绝。

（4）如果有针对同一检验问题的许多检验方法，那么只要有一个拒绝就必须拒绝，绝对不能“少数服从多数”，也不能“视而不见”。

第三节　两个总体参数的假设检验

现实中，人们经常需要比较两个总体的参数是否存在显著差异。例如，在相同年龄组中，高学历和低学历的职工收入是否有明显的差异；两种品牌的电池的使用寿命是否有差异；两个地区的大学生的身高是否有差异等。对于这类问题，可以利用两个总体参数的假设检验来解决。

两个总体参数的检验，同样包括总体均值、总体方差和总体比例的假设检验，但涉及的检验统计量主要由三个组成：z 统计量、t 统计量和 F 统计量。前两个主要用于均值、比例的假设检验，后一个主要用于方差的假设检验。与一个总体参数的假设检验相似，根据前提条件不同、检验目标不同等，两个总体参数假设检验的统计量选择情况可以由图 7—7 来表示。

一、独立样本的均值检验

两个独立样本的均值检验原假设及备择假设的形式概括为以下三种情形：

$$\text{原假设：}\begin{cases}\mu_1=\mu_2\\ \mu_1<\mu_2\\ \mu_1>\mu_2\end{cases}\text{或}\begin{cases}\mu_1-\mu_2=0\\ \mu_1-\mu_2<0\\ \mu_1-\mu_2>0\end{cases}$$

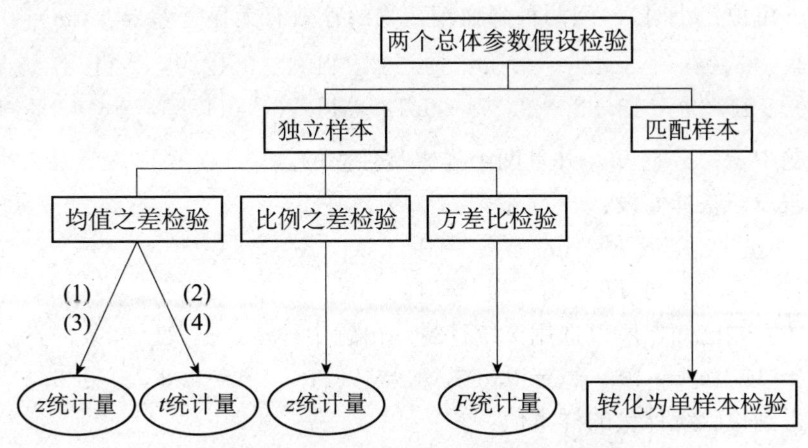

图 7—7 双样本假设检验统计量的选取

备择假设：$\begin{cases}\mu_1 \neq \mu_2 \\ \mu_1 \geqslant \mu_2 \\ \mu_1 \leqslant \mu_2\end{cases}$ 或者 $\begin{cases}\mu_1 - \mu_2 \neq 0 \\ \mu_1 - \mu_2 \geqslant 0 \\ \mu_1 - \mu_2 \leqslant 0\end{cases}$

注：(1) σ_1^2 、σ_2^2 已知；(2) σ_1^2 、σ_2^2 未知，但 $\sigma_1^2 = \sigma_2^2 = \sigma^2$ ；

(3) σ_1^2 、σ_2^2 未知，样本量充分大；(4) σ_1^2 、σ_2^2 未知，小样本。

基于这个假设下，分别讨论各种情形下的检验过程。

(一) σ_1^2 、σ_2^2 已知情形（z 检验法）

当总体方差已知时，构造 z 统计量：

$$z = \frac{(\bar{x}_1 - \bar{x}_2) - (\mu_1 - \mu_2)}{\sqrt{\dfrac{\sigma_1^2}{n_1} + \dfrac{\sigma_2^2}{n_2}}} \sim N(0,1) \tag{7.5}$$

其中，$\bar{x}_1$ 、$\bar{x}_2$ 分别为两个总体的样本均值；μ_1 、μ_2 分别为两个总体的总体均值；σ_1^2 、σ_2^2 分别为两个总体的方差；n_1 、n_2 分别为两个总体的样本量。

在规定显著性水平 α 后，在原假设成立的情况下，计算检验统计量：

$$z = \frac{\bar{x}_1 - \bar{x}_2}{\sqrt{\dfrac{\sigma_1^2}{n_1} + \dfrac{\sigma_2^2}{n_2}}} \sim N(0,1)$$

可以看出，检验两个总体均值是否相等的问题转化为检验两个总体均值之差是否为零的问题，检验判别方法与一个总体均值的检验基本相同，当显著性水平为 α 时，查正态分布表：

在双侧检验中，如果 $|z| \geqslant z_{\alpha/2}$ ，则拒绝原假设 H_0 ，即两个总体的均值存在显著差异；反之，则不能拒绝原假设 H_0 ，即两个总体均值不存在显著差异。

在左侧检验中，如果 $z < -z_\alpha$ ，则拒绝原假设；反之，则不能拒绝原假设。

在右侧检验中，如果 $z > z_\alpha$ ，则拒绝原假设；反之，则不能拒绝原假设。

【例 7.7】 为比较甲、乙两种降血糖药物的药效，将 20 名病情相仿的患者分成两组，每组 10 人，设服药后维持的药效时间分别服从正态分布 $N(\mu_1, 4.0)$ 和 $N(\mu_2, 5.3)$ ，检

测数据如下（单位：小时），问两种降血糖药物的疗效有无显著差异？（$\alpha = 0.05$）

甲：11.44　5.98　8.48　9.09　9.58　11.42　12.98　11.87　7.88　9.68

乙：11.89　15.39　13.82　9.37　9.12　11.70　11.85　6.45　10.90　14.12

解：本题中 σ_1^2 、σ_2^2 已知，并且两组样本是独立的。

提出原假设与备择假设：

$H_0: \mu_1 = \mu_2$ 或 $H_0: \mu_1 - \mu_2 = 0$

$H_1: \mu_1 \neq \mu_2$ 或 $H_1: \mu_1 - \mu_2 \neq 0$

由于总体方差已知，所以选用 z 统计量，由题中样本数据及已知条件：

$$n_1 = 10, n_2 = 10, \bar{x}_1 = 9.84, \bar{x}_2 = 11.46, \sigma_1^2 = 4.0, \sigma_2^2 = 5.3, \alpha = 0.05$$

可计算得到检验统计量的样本值：

$$z = \frac{\bar{x}_1 - \bar{x}_2}{\sqrt{\frac{\sigma_1^2}{n_1} + \frac{\sigma_2^2}{n_2}}} = \frac{9.84 - 11.46}{\sqrt{\frac{4.0}{10} + \frac{5.3}{10}}} \approx -1.680$$

由于 $|z| \approx 1.680 < z_{0.025} = 1.96$，因此不能拒绝原假设，即在显著性水平 $\alpha = 0.05$ 条件下，甲药物与乙药物药效时间均值之间无显著性差异。

（二）σ_1^2 、σ_2^2 未知，但 $\sigma_1^2 = \sigma_2^2 = \sigma^2$（$t$ 检验法）

当总体方差未知但相等时，构造 t 统计量，有：

$$t = \frac{(\bar{x}_1 - \bar{x}_2) - (\mu_1 - \mu_2)}{\sqrt{\left(\frac{1}{n_1} + \frac{1}{n_2}\right)\left[\frac{(n_1 - 1)s_1^2 + (n_2 - 1)s_2^2}{n_1 + n_2 - 2}\right]}} \sim t(n_1 + n_2 - 2) \tag{7.6}$$

其中，$\bar{x}_1$ 、$\bar{x}_2$ 分别为两个总体的样本均值；μ_1 、μ_2 分别为两个总体的总体均值；s_1^2 、s_2^2 分别为两个总体的样本方差；n_1 、n_2 分别为两个总体的样本量。

在原假设成立的情况下，计算检验统计量的值，计算公式为：

$$t = \frac{\bar{x}_1 - \bar{x}_2}{\sqrt{\left(\frac{1}{n_1} + \frac{1}{n_2}\right)\left[\frac{(n_1 - 1)s_1^2 + (n_2 - 1)s_2^2}{n_1 + n_2 - 2}\right]}} \sim t(n_1 + n_2 - 2)$$

当显著性水平为 α 时，查 t 分布表：

在双侧检验中，如果 $|t| \geqslant t_{\alpha/2}(n_1 + n_2 - 2)$，则拒绝原假设 H_0，即两个总体的均值存在显著差异；反之，则不能拒绝原假设 H_0，即两总体均值不存在显著差异。

在左侧检验中，如果 $t < -t_\alpha(n_1 + n_2 - 2)$，则拒绝原假设；反之，则不能拒绝原假设。

在右侧检验中，如果 $t > t_\alpha(n_1 + n_2 - 2)$，则拒绝原假设；反之，则不能拒绝原假设。

【例 7.8】 若已知 A、B 两种降血压药物维持的药效时间服从正态分布 $N(\mu_A, \sigma^2)$ 和 $N(\mu_B, \sigma^2)$，其中 σ^2 具体值未知。问在显著性水平 $\alpha = 0.05$ 下，这两种降血压药物的疗效时间有无显著差异？

A：7.31　7.24　8.30　9.42　9.10　6.87　8.27　7.57　7.13　8.40

B: 7.58 6.81 7.51 6.77 7.77 9.27 6.32 7.88 6.48 8.17

解：本题中 σ_A^2 、σ_B^2 未知，但 $\sigma_A^2=\sigma_B^2=\sigma^2$ ，并且两组样本是独立的。

原假设与备择假设不变，由于总体方差未知，所以选用 t 统计量，由题中样本数据：

$$n_A=10\,,n_B=10\,,\bar{x}_A=7.961\,,\bar{x}_B=7.456\,,s_A^2=0.756\,,s_B^2=0.803\,,\alpha=0.05$$

可计算得到检验统计量值：

$$t=\frac{\bar{x}_A-\bar{x}_B}{\sqrt{\left(\frac{1}{n_A}+\frac{1}{n_B}\right)\left[\frac{(n_A-1)s_A^2+(n_B-1)s_B^2}{n_A+n_B-2}\right]}}$$

$$=\frac{7.961-7.456}{\sqrt{\left(\frac{1}{10}+\frac{1}{10}\right)\left[\frac{(10-1)\times 0.756+(10-1)\times 0.803}{10+10-2}\right]}}\approx 1.279$$

由于 $t=1.279\leqslant t_{0.025}(18)=2.1$ ，因此不能拒绝原假设，即在显著性水平 $\alpha=0.05$ 条件下，A 药物与 B 药物药效时间均值之间无显著性差异。

（三）σ_1^2 、σ_2^2 未知，样本量充分大（z 检验法）

当总体方差未知但样本量充分大时，根据中心极限定理，仍可以选用 z 统计量，但要用样本标准差来代替总体标准差，即：

$$z=\frac{(\bar{x}_1-\bar{x}_2)-(\mu_1-\mu_2)}{\sqrt{\frac{s_1^2}{n_1}+\frac{s_2^2}{n_2}}}\sim N(0,1) \tag{7.7}$$

其中，$\bar{x}_1$ 、$\bar{x}_2$ 分别为两个总体的样本均值；μ_1 、μ_2 分别为两个总体的总体均值；s_1^2 、s_2^2 分别为两个总体的样本方差；n_1 、n_2 分别为两个总体的样本量。

在原假设成立的情况下，计算检验统计量的值，计算公式为：

$$z=\frac{\bar{x}_1-\bar{x}_2}{\sqrt{\frac{s_1^2}{n_1}+\frac{s_2^2}{n_2}}}\sim N(0,1)$$

当显著性水平为 α 时，查 z 分布表：

在双侧检验中，如果 $|z|\geqslant z_{\alpha/2}$ ，则拒绝原假设 H_0 ，即两个总体的均值存在显著差异；反之，则不能拒绝原假设 H_0 ，即两个总体均值不存在显著差异。

在左侧检验中，如果 $z<-z_\alpha$ ，则拒绝原假设；反之，则不能拒绝原假设。

在右侧检验中，如果 $z>z_\alpha$ ，则拒绝原假设；反之，则不能拒绝原假设。

（四）σ_1^2 、σ_2^2 未知，小样本（t 检验法）

当总体方差未知且样本为小样本时，我们选用 t 统计量，有：

$$t=\frac{(\bar{x}_1-\bar{x}_2)-(\mu_1-\mu_2)}{\sqrt{\frac{s_1^2}{n_1}+\frac{s_2^2}{n_2}}}\sim t(f) \tag{7.8}$$

其中，$\bar{x}_1$ 、$\bar{x}_2$ 分别为两个总体的样本均值；μ_1 、μ_2 分别为两个总体的总体均值；s_1^2 、s_2^2 分别为两个总体的样本方差；n_1 、n_2 分别为两个总体的样本量；f 为 t 分布的自由度。

f 的计算公式为：

$$f=\frac{\left(\frac{s_1^2}{n_1}+\frac{s_2^2}{n_2}\right)^2}{\frac{s_1^4}{n_1^2(n_1-1)}+\frac{s_2^4}{n_2^2(n_2-1)}} \tag{7.9}$$

在原假设成立的情况下，计算检验统计量的值，计算公式为：

$$t=\frac{\bar{x}_1-\bar{x}_2}{\sqrt{\frac{s_1^2}{n_1}+\frac{s_2^2}{n_2}}}\sim t(f)$$

当显著性水平为 α 时，查 t 分布表：

在双侧检验中，如果 $|t|\geqslant t_{\alpha/2}(f)$，则拒绝原假设 H_0，即两个总体的均值存在显著差异；反之，则不能拒绝原假设 H_0，即两个总体均值不存在显著差异。

在左侧检验中，如果 $t<-t_{\alpha}(f)$，则拒绝原假设；反之，则不能拒绝原假设。

在右侧检验中，如果 $t>t_{\alpha}(f)$，则拒绝原假设；反之，则不能拒绝原假设。

二、独立样本的方差检验

独立样本的方差检验用于检验两个总体的某项指标波动幅度即方差是否相等，采用 F 检验法，此类假设检验的原假设与备择假设为：

原假设：$H_0:\begin{cases}\sigma_1^2=\sigma_2^2\\ \sigma_1^2<\sigma_2^2\\ \sigma_1^2>\sigma_2^2\end{cases}$ 或者 $\begin{cases}\sigma_1^2/\sigma_2^2=1\\ \sigma_1^2/\sigma_2^2<1\\ \sigma_1^2/\sigma_2^2>1\end{cases}$

备择假设：$H_1:\begin{cases}\sigma_1^2\neq\sigma_2^2\\ \sigma_1^2\geqslant\sigma_2^2\\ \sigma_1^2\leqslant\sigma_2^2\end{cases}$ 或者 $\begin{cases}\sigma_1^2/\sigma_2^2\neq 1\\ \sigma_1^2/\sigma_2^2\geqslant 1\\ \sigma_1^2/\sigma_2^2\leqslant 1\end{cases}$

检验两个总体方差是否相等，选用 F 统计量：

$$F=\frac{s_1^2/\sigma_1^2}{s_2^2/\sigma_2^2}\sim F(n_1-1,n_2-1) \tag{7.10}$$

其中，σ_1^2、σ_2^2 分别为两个总体的总体方差；s_1^2、s_2^2 分别为两个总体的样本方差；n_1、n_2 分别为两个总体的样本量。

在原假设成立的情况下，根据样本数据计算检验统计量的值，计算公式为：$F_0=\frac{s_1^2}{s_2^2}$。

规定显著性水平 α 后，查 F 分布表，将 F_0 与临界值相比较，根据比较结果进行决策：

在双侧检验中，若 $F_0>F_{\alpha/2}(n_1-1,n_2-1)$ 或者 $F_0<F_{1-\alpha/2}(n_1-1,n_2-1)$，则拒绝原假设 H_0，即两个总体的方差存在显著差异；反之，则不能拒绝原假设 H_0，即两个总体方差不存在显著差异。

在左侧检验中，若 $F_0<F_{1-\alpha}(n_1-1,n_2-1)$，则拒绝原假设；反之，则不能拒绝原假设。

在右侧检验中，若 $F_0>F_{\alpha}(n_1-1,n_2-1)$，则拒绝原假设；反之，则不能拒绝原假设。

这里，$F_{\alpha/2}(n_1-1,n_2-1)$ 是分子自由度为 n_1-1、分母自由度为 n_2-1 的 F 分布的右侧面积为 $\alpha/2$ 时的 F 值，$F_{1-\alpha/2}(n_1-1,n_2-1)$ 是分子自由度为 n_1-1、分母自由度为

n_2-1 的 F 分布的右侧面积为 $1-\alpha/2$ 时的 F 值。

【例 7.9】　承例 7.8，样本保持不变，问在显著性水平 $\alpha=0.05$ 下，这两种降压药物疗效时间的方差有无显著差异？

解：本题中两组样本试验是独立的，由题意，原假设与备择假设为：

$H_0: \sigma_1^2=\sigma_2^2$ 或 $H_0: \sigma_1^2/\sigma_2^2=1$

$H_1: \sigma_1^2\neq\sigma_2^2$ 或 $H_1: \sigma_1^2/\sigma_2^2\neq 1$

由题中样本数据及已知条件：

$n_1=10,\ n_2=10,\ s_1^2=0.756,\ s_2^2=0.803,\ \alpha=0.05$

可计算得到检验统计量值：

$$F_0=\frac{s_1^2}{s_2^2}=\frac{0.756}{0.803}\approx 0.941$$

由于 $F_{0.975}(9,9)=0.2484<F_0<F_{0.025}(9,9)=4.026$，因此不能拒绝原假设，即在显著性水平 $\alpha=0.05$ 条件下，A 药物与 B 药物药效时间方差之间无显著性差异。

三、两个独立样本比例之差的检验

对两个总体比例之差的检验主要存在两种情况：一是检验两个总体比例是否相等，即二者之差是否为零；二是检验两个总体比例之差是否等于一个不为零的常数。

(一) 检验两个总体比例是否相等

检验两个总体比例是否相等等价于检验两个总体比例之差是否为零，因此，该类检验的原假设与备择假设为：

$H_0: \pi_1=\pi_2$（或 $\pi_1-\pi_2=0$）

$H_1: \pi_1\neq\pi_2$（或 $\pi_1-\pi_2\neq 0$）

检验统计量为：

$$z=\frac{(p_1-p_2)-(\pi_1-\pi_2)}{\sqrt{\dfrac{\pi_1(1-\pi_1)}{n_1}+\dfrac{\pi_2(1-\pi_2)}{n_2}}}\sim N(0,1) \tag{7.11}$$

根据经验，一般要求 $np\geqslant 5$ 时才能用 z 统计量，由于现实中真正的总体比例 π_1 和 π_2 往往是未知的，因此需要进行估计。由于原假设中假设 $\pi_1=\pi_2$ 相当于假设两总体比例相等，故而可以将两样本合并后得到总体比例的估计量，即：

$$p=\frac{x_1+x_2}{n_1+n_2}=\frac{p_1n_1+p_2n_2}{n_1+n_2} \tag{7.12}$$

其中，x_1 和 x_2 分别是在两样本中具有某种特征单位的个数，n_1 和 n_2 分别表示两个总体的样本量。在原假设成立的情况下，用比例估计量 p 代替 π_1、π_2，得到检验统计量为：

$$z=\frac{p_1-p_2}{\sqrt{\dfrac{p(1-p)}{n_1}+\dfrac{p(1-p)}{n_2}}}=\frac{p_1-p_2}{\sqrt{p(1-p)\left(\dfrac{1}{n_1}+\dfrac{1}{n_2}\right)}}\sim N(0,1) \tag{7.13}$$

接下来的检验过程与前面的 z 检验相同。

【例 7.10】　现要比较两个居民小区电脑普及情况，某调查公司通过抽样调查得到下列数据：在甲小区被调查的 160 户中，有 80 户拥有电脑；在乙小区被调查的 180 户中，有 93 户拥有电脑。此外，该调查公司在每个小区的抽样比都小于 5%。在 $\alpha=0.01$ 的置信水平下，可以判定两个小区电脑普及率不同吗？

解：建立原假设与备择假设：

$$H_0: \pi_1 - \pi_2 = 0 \text{；} H_1: \pi_1 - \pi_2 \neq 0$$

根据已知条件得到：

$$p_1 = \frac{80}{160} = 0.50$$

$$p_2 = \frac{93}{180} \approx 0.517$$

$$p = \frac{x_1 + x_2}{n_1 + n_2} = \frac{80 + 93}{160 + 180} \approx 0.509$$

检验统计量值为：

$$z = \frac{p_1 - p_2}{\sqrt{p(1-p)\left(\frac{1}{n_1} + \frac{1}{n_2}\right)}} = \frac{0.50 - 0.517}{\sqrt{0.509 \times (1 - 0.509) \times \left(\frac{1}{160} + \frac{1}{180}\right)}} \approx -0.313$$

当 $\alpha = 0.01$ 时，临界值为 $z_{\alpha/2} = 2.58$，显然 $|z| = 0.313 < z_{\alpha/2}$，因此不能拒绝原假设，即不能拒绝两个小区电脑普及率相同这个假设。

（二）检验两个总体比例之差为非零常数

检验两个总体比例之差为非零常数，原假设与备择假设变为：

$$H_0: \pi_1 - \pi_2 = d_0 \text{；} H_1: \pi_1 - \pi_2 \neq d_0 \ (d_0 \neq 0)$$

检验统计量为：

$$z = \frac{(p_1 - p_2) - d_0}{\sqrt{\frac{\pi_1(1-\pi_1)}{n_1} + \frac{\pi_2(1-\pi_2)}{n_2}}} \sim N(0,1) \tag{7.14}$$

由于现实中真正的总体比例 π_1 和 π_2 往往是未知的，因此在这样的情况下需要用样本数据来近似替代真实值，此时检验统计量调整为：

$$z = \frac{(p_1 - p_2) - d_0}{\sqrt{\frac{p_1(1-p_1)}{n_1} + \frac{p_2(1-p_2)}{n_2}}} \sim N(0,1)$$

【例 7.11】 有一项研究报告显示青少年经常上网聊天，男生的比例至少超过女生 10 个百分点，即 $\pi_1 - \pi_2 \geqslant 10\%$（$\pi_1$ 为男生比例，π_2 为女生比例）。现对 150 个男生和 150 个女生进行上网聊天的频度调查，其中经常聊天的男生有 68 人，经常聊天的女生有 54 人，问调查结果是否支持研究报告的结论？（$\alpha = 0.05$）

解：建立原假设与备择假设：

$$H_0: \pi_1 - \pi_2 \geqslant 10\% \text{；} H_1: \pi_1 - \pi_2 < 10\%$$

根据已知条件得到：

$$p_1 = \frac{68}{150} = 0.45$$

$$p_2 = \frac{54}{150} = 0.36$$

$$z = \frac{(p_1 - p_2) - d_0}{\sqrt{\frac{p_1(1-p_1)}{n_1} + \frac{p_2(1-p_2)}{n_2}}}$$

$$=\frac{(0.45-0.36)-0.1}{\sqrt{\frac{0.45\times(1-0.45)}{150}+\frac{0.36\times(1-0.36)}{150}}}=-0.177$$

本题属于左侧检验，因此，当 $\alpha=0.05$ 时，临界值为 $-z_\alpha=-1.645$，显然 $z>-z_\alpha$，因此不能拒绝原假设，即调查结果支持研究报告的结论。

四、两匹配样本的检验

前面的两个总体参数的假设检验中均假定两个样本是来自独立的两个总体，但是在很多情况下，要讨论的两个样本存在对比匹配的关系，该情形最经典的例子就是减肥药效果的检验。通常要对被测人员服药前体重和服药后体重进行比较检验，这个过程中就存在样本的前后匹配问题，类似这种情况，就需要采用匹配样本的检验方法。匹配样本的检验方法主要用于检验两个相关样本是否来自具有相同均值的正态总体，即推断两个匹配总体的均值是否存在显著差异。

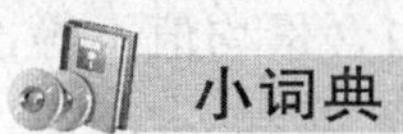
小词典

匹配样本就是两个样本是配对的，其观察值数目相同，其观察值的顺序不能随意更改。

匹配样本检验的思想出发点在于对试验前后样本的差值情况进行检验，如果两个匹配总体均值不存在显著差异，则两个匹配样本均值之差应该与零不存在显著差异。下面以两个匹配样本 x_1、x_2 为例进行说明。

设两个匹配样本的试验值分别为 x_{1i}、x_{2i}（$i=1,2,\cdots,n$），分别来自两个匹配总体 X_1 和 X_2，两个匹配总体均值分别为 μ_1 和 μ_2，两个匹配样本均值分别为 $\bar{x}_1$ 和 $\bar{x}_2$。现要检验两个匹配总体均值是否存在显著差异，检验过程如下：

首先，建立原假设与备择假设：

$$H_0: \mu_1-\mu_2=0;\ H_1: \mu_1-\mu_2\neq 0$$

对两匹配总体进行差值处理，得到新总体 X_c：$X_{ci}=X_{1i}-X_{2i}$，设其均值为 μ_c，则问题转化为考察 X_c 的均值检验问题，即原假设与备择假设转化为：

$$H_0': \mu_c=0;\ H_1': \mu_c\neq 0$$

显然，对两个匹配样本进行差值处理后得到的 x_c：$x_{ci}=x_{1i}-x_{2i}$（$i=1,2,\cdots,n$）是来自 X_c 的一个样本，接下来的分析与一个总体参数的均值检验基本相同，这里不再赘述。

【例 7.12】 分别检测 10 名癌症患者化疗前和化疗后 1 毫升尿样中的蛋白含量，得到的数据如表 7—2 所示（单位：mg/ml）。试在 $\alpha=0.01$ 的显著性水平下，分析化疗是否对病人尿蛋白含量有显著影响。

表 7—2

病人编号	1	2	3	4	5	6	7	8	9	10
化疗前	13.3	11.7	9.8	6.4	22.0	3.1	3.7	5.3	11.8	17.4
化疗后	31.2	30.8	8.2	11.6	42.6	6.8	19.8	16.0	22.5	30.2

解：根据题意，确定原假设与备择假设：

$$H_0: \mu_1 - \mu_2 = 0;\ H_1: \mu_1 - \mu_2 \neq 0$$

对原始数据进行差值处理，$x_c: x_{ci} = x_{1i} - x_{2i}\ (i = 1,2,\cdots,n)$，得到两个匹配样本的差值数据：

x_c：17.9　19.1　−1.6　5.2　20.6　3.7　16.1　10.7　10.7　12.8

问题转化为考察 x_c 的均值检验问题，即原假设与备择假设转化为：

$$H_0': \mu_c = 0;\ H_1': \mu_c \neq 0$$

根据差值数据及其他已知条件可以得到：$\bar{x}_c = 11.52$，$s_c = 7.286$。

采用 t 检验统计量：

$$t = \frac{\bar{x}_c - 0}{s/\sqrt{n}} = \frac{11.52 - 0}{7.286/\sqrt{10}} \approx 5.00$$

由条件 $\alpha = 0.01$，$n = 10$ 得到：$t_{\alpha/2}(10-1) = 3.249\ 8$。

显然，$5.00 > 3.249\ 8$，因此拒绝原假设，即认为化疗前后的尿蛋白含量均值不等，化疗对病人尿蛋白含量有显著影响。

想一想

匹配样本 t 检验和独立样本 t 检验有何区别？

人物小传

艾根·皮尔逊（E. S. Pearson，1895—1980）是著名的英国统计学家卡尔·皮尔逊的儿子。艾根对其父建立的统计方法有浓厚的兴趣。硕士毕业后，他在伦敦大学的应用统计学院与其父共职。艾根与其合作伙伴奈曼因关于假设检验理论的研究闻名于世。奈曼—皮尔逊方法中的一个基础性概念是零假设与备择假设，著名的奈曼—皮尔逊引理于1928年发表。艾根对统计还有大量的其他贡献，并且他还是位杰出的教师。在他后期的主要工作中，艾根实现了对其父的承诺，对卡尔·皮尔逊关于统计的早期历史的论文进行了注释。

本章小结

本章主要介绍了假设检验的有关知识。主要知识点总结如下：

1. 假设检验是统计推断的重要组成部分，假设检验是先对我们关心的而又未知的总体参数提出某种假设，然后依据小概率原理，利用样本信息判断假设是否成立的过程。

2. 假设检验的基本步骤是：提出原假设和备择假设，确定适当的检验统计量，规定显著性水平，计算检验统计量的值，做出统计决策。假设检验有两种主要类型：单侧检验和双侧检验。

3. 假设检验中存在重要的两类错误：α 错误或弃真错误，β 错误或取伪错误。其中 α 错误在统计上还定义为显著性水平，是我们在假设检验中首要控制的错误。

4. 在总体方差已知的情况下，对单个总体进行均值检验或者对两个总体进行均值差检验时，通常采用 z 统计量；在总体方差未知的情况下，通常采用 t 统计量；对于单个总体的总体比例或者两个总体的比例差进行检验时，一般采用 z 统计量；在检验单个总体方差时，选用 χ^2 统计量；在检验两个总体方差是否相等时，选用 F 统计量；将两个匹配样本的检验转化为单样本检验。

思考与练习

1. 简述假设检验的主要统计思想。
2. 简述开展假设检验的具体步骤。
3. 比较现代统计中经常应用的 P 值与传统假设检验的区别与联系。
4. 简述假设检验时发生的两类错误以及它们之间的相互关系。
5. 试阐述第三章讲到的置信区间与本章假设检验之间有何区别与联系。
6. 试总结假设检验过程中应该如何正确建立原假设与备择假设。
7. 设某次考试的考生成绩服从正态分布，从中随机抽取 36 位考生的成绩，算得平均成绩为 66.5 分，标准差为 15 分。问在显著性水平 $\alpha=0.05$ 下，是否可以认为这次考试的考生平均成绩为 70 分？请给出检验过程。
8. 假定某超市一种商品的日销售量服从正态分布，σ 未知，根据以往经验，其销售量均值为 $\bar{x}=60$。该超市在某周进行了一次促销活动，其一周的日销售量分别为：64，57，49，81，76，70，59。为测量促销是否有效，试对其进行假设检验，给出你的结论。($\alpha=0.01$)
9. 某工厂生产一批产品，要求次品率不超过 10%，如果从产品中抽取 50 件，发现有 8 件次品，可否认为这批产品合格？（$\alpha=0.05$）
10. 近年的资料表明，大学男生人均月生活费用服从均值为 600 元、标准差为 150 元的正态分布。由于某校地处偏僻，故校领导认为该校男生人均月生活费用低于总体的平均水平，随机抽取了 20 名男性大学生，并询问他们的月消费情况，得到他们的月生活费用分别为：

620	540	750	630	530	510	350	630	740	450
550	560	600	650	500	660	450	630	800	650

试检验该校领导的推断是否可信。（$\alpha=0.01$）

11. 比较甲、乙两班学生的数学成绩，已知甲、乙两班学生数学成绩分别服从正态分布 $N(\mu_1,28)$ 和 $N(\mu_2,27)$，现分别从两个班抽取 10 名学生，登记他们的数学成绩，数据为：

甲班：81　76　90　79　91　78　84　89　76　83

乙班：79　84　77　92　82　77　87　83　78　86

问在显著性水平 $\alpha=0.05$ 下，两个班的数学成绩有无显著差异？

附录：用 Excel 进行假设检验

本章介绍的假设检验包括一个总体的参数检验和两个总体的参数检验。对于一个总体的参数检验，读者可根据文中介绍的方法计算 P 值，并进行检验。在本附录中，主要介绍两个正态总体的均值之差的检验，采用的是 Excel（2010 版）进行假设检验。

1. 两个总体均值之差的检验：σ_1^2，σ_2^2 已知，大样本

【附例 1】　为了评价两个学校的教学质量，分别在两个学校抽取样本，在 A 学校抽取 30 名学生，在 B 学校抽取 40 名学生，对两个学校的学生同时进行了一次英语标准化考试，成绩如表 7—3 所示。假设 A 学校考试成绩的方差为 64，B 学校考试成绩的方差为 100。检验两个学校的教学质量是否有显著差异。（$\alpha=0.05$）

表 7—3　　**两个学校学生的英语考试分数**　　单位：分

A 学校	70	86	72	91	85
	97	90	94	79	78
	85	82	76	84	83
	87	83	89	76	84
	64	92	73	87	91
	73	74	88	88	74
B学校	76	80	83	91	84
	91	78	87	93	66
	57	99	78	75	66
	62	59	84	85	85
	89	79	84	65	78
	82	82	70	74	83
	93	70	79	79	75
	64	85	72	64	74

假定我们将表 7—3 中 A 学校的数据输入到工作表中的 A1：A30，B 学校的数据输入到工作表的 B1：B40。检验的步骤如下：

第 1 步：选择“数据”选项；

第 2 步：选择“数据分析”选项；

第 3 步：在分析工具中选择“z 检验：双样本平均差检验”；

第 4 步：当出现对话框后，在“变量 1 的区域”方框内键入 A1：A30，在“变量 2 的区域”方框内键入 B1：B40，在“假设平均差”方框内键入 0，在“变量 1 的方差”方框内键入 64，在“变量 2 的方差”方框内键入 100，在“α”方框内键入 0.05，在“输出选项”中选择输出区域（在此选择“新工作表组”），选择“确定”。

输出结果如表 7—4 所示。

表 7—4　　z 检验：双样本平均差检验

	A	B	C
1		变量 1	变量 2
2	平均	82.5	78
3	已知协方差	64	100
4	观测值	30	40
5	假设平均差	0	
6	z	2.090 575	
7	$P(Z<=z)$ 单尾	0.018 283	
8	z 单尾临界	1.644 854	
9	$P(Z<=z)$ 双尾	0.036 566	
10	z 双尾临界	1.959 964	

由于 $z > z_{\alpha/2}$，所以拒绝 H_0。或者根据 P 值来判断，本例属于双侧检验，P 值为 0.036 566，小于 $\alpha=0.05$，因此拒绝 H_0，认为两个学校的教学质量有显著差异。

2. 两个总体均值之差的检验：σ_1^2，σ_2^2 未知，小样本

【附例 2】 工厂管理人员对采用两种方法组装新产品所需的时间（单位：分钟）进行测试，从使用方法 A 的工人中随机抽取 6 个工人，从使用方法 B 的工人中抽取 8 个工人，测试的结果如表 7—5 所示。假设组装的时间服从正态分布，以 $\alpha=0.05$ 的显著性水平比较两种组装方法是否有显著差别。(假定两个总体的方差是相等的)

表 7—5　　组装产品所需的时间

方法 A	8.2	5.3	6.5	5.1	9.7	10.8		
方法 B	9.5	8.3	7.5	10.9	11.3	9.3	8.8	8

假定我们将表 7—5 中方法 A 的数据输入到工作表中的 A1：A6，方法 B 的数据输入到工作表的 B1：B8。检验的步骤如下：

第 1 步：选择“数据”选项；

第 2 步：选择“数据分析”选项；

第 3 步：在分析工具中选择“t 检验：双样本等方差假设”；

第 4 步：当出现对话框后，在“变量 1 的区域”方框内键入 A1：A6，在“变量 2 的区域”方框内键入 B1：B8，在“假设平均差”方框内键入 0，在“α”方框内键入 0.05，在“输出选项”中选择输出区域（在此选择“新工作表组”），选择“确定”。

输出结果如表 7—6 所示。

表 7—6　　t 检验：双样本等方差检验

	A	B	C
1		变量 1	变量 2
2	平均	7.6	9.2
3	方差	5.552	1.814 286
4	观测值	6	8
5	合并方差	3.371 667	
6	假设平均差	0	
7	df（自由度）	12	
8	t Stat（t 统计量）	−1.613 45	
9	$P(T<=t)$ 单尾	0.066 31	
10	t 单尾临界	1.782 288	
11	$P(T<=t)$ 双尾	0.132 62	
12	t 双尾临界	2.178 813	

由于 $|t|<t_{\alpha/2}$，故不能拒绝 H_0。或者根据 P 值来判断，本例属于双侧检验，P 值为 0.132 62，大于 $\alpha=0.05$，因此不能拒绝 H_0，表明没有足够的证据说明两种方法有显著差别，即两种方法没有显著差别。

第八章

列联分析

啤酒与尿布

“啤酒与尿布”的故事产生于20世纪90年代的美国沃尔玛超市中，沃尔玛超市的管理人员分析销售数据时发现了一个令人难以理解的现象：在某些特定的情况下，啤酒与尿布两件看上去毫无关系的商品会经常出现在同一个购物篮中，这种独特的销售现象引起了管理人员的注意，经过后续调查发现，这种现象出现在年轻的父亲身上。

在美国有婴儿的家庭中，一般是母亲在家中照看婴儿，年轻的父亲前去超市购买尿布。父亲在购买尿布的同时，往往会顺便为自己购买啤酒，这样就会出现啤酒与尿布这两件看上去不相干的商品经常会出现在同一个购物篮中的现象。如果这个年轻的父亲在卖场只能买到两件商品之一，则他很有可能会放弃购物而到另一家商店，直到可以一次同时买到啤酒与尿布为止。沃尔玛超市发现了这一独特的现象，开始在卖场尝试将啤酒与尿布摆放在相同的区域，让年轻的父亲可以同时找到这两件商品，并很快地完成购物；而沃尔玛超市也可以让这些客户一次购买两件商品，而不是一件，从而获得了很好的商品销售收入，这就是“啤酒与尿布”故事的由来。

如果按照一定的标准把父亲所在家庭的收入状况分为不同的类型，如“高收入”“较高收入”“中等收入”等，并想进一步分析父亲所在家庭的收入状况与啤酒的品牌之间的关系，或者父亲所在家庭的收入状况与尿布的品牌之间的关系，则可采用本章所讨论的列联分析。

学习导航

- 定类数据及特征、列联表的构造及分布。
- 拟合优度检验。
- 独立性检验。
- 列联表中的相关测量。
- 用Excel进行 χ^2 检验。

这一章讨论的统计方法主要用于定性数据的分析。此外，在第七章中介绍了两个总体比例之差的检验，如果对更多的总体比例进行比较，则可以采用本章介绍的方法。对这类数据进行描述和分析，通常需要采用列联的方式进行，故一般称为列联分析或列联表分析。

第一节　定类数据与列联表

一、定类数据

在第一章中曾提出统计数据的类型有数值型数据、分类型数据和顺序型数据，分类型数据和顺序型数据都属于定类数据，其共同特征是，调查结果虽然是用数值表现的，但不同数值描述了调查对象的不同特征。例如，研究青少年家庭状况与行为之间的关系，青少年家庭状况是一个分类数据，可以分为“完整家庭”和“离异家庭”，如果调查结果为“1”，表示被调查者来自完整家庭，调查结果为“2”，表示被调查者来自离异家庭。青少年行为也可以分为两类：“犯罪”和“未犯罪”，分别用“1”和“2”表示。对这类问题进行分析，是在对数据进行汇总的基础上进行的，例如样本中有多少来自完整家庭和离异家庭，有多少属于犯罪和未犯罪。再例如，我们关心原料的质量与原料的产地是否存在相依关系，原料的质量是顺序型数据，可以分为“一级品”“二级品”“三级品”等，原料的产地是分类型数据，可以分为“甲地区”“乙地区”等。在对这些数据进行统计分析时，也要按上述方法先对原始数据进行处理，表现处理结果的表格通常采用列联的方式，故把这种表格称为列联表。

从第一章的讨论中我们还知道，数值型数据是可以转化为定性数据的。例如“收入”是一个数值型数据，但可以按照一定的标准把不同收入的被调查者分为不同的类型，如“高收入群”“较高收入群”“中等收入群”等。研究文化程度与收入之间的关系，也可以采用列联分析的方式，列联方式适合于定性数据的分析。

二、列联表的构造

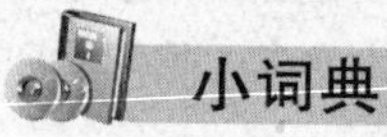

小词典

列联表（contingency table）是由两个或两个以上的变量进行交叉分类的频数分布表。

例如一个集团公司在四个不同的区域设有分公司，现该集团公司欲进行一项改革，此项改革可能涉及各分公司的利益，故采用抽样调查方法，从四个分公司共抽取 420 个样本单位，了解职工对此项改革的看法，调查结果见表 8—1。

表 8—1　　**关于改革方案的调查结果**　　单位：人

	第一分公司	第二分公司	第三分公司	第四分公司	合计
赞成该方案	68	75	57	79	279
反对该方案	32	45	33	31	141
合计	100	120	90	110	420

表中的行（row）是态度变量，这里划分为两类：赞成改革方案或反对改革方案；表中的列（column）是单位变量，这里划分为四类，即四个分公司。因此，表 8—1 是一个 2×4 列联表，表中的每个数据，都反映着来自态度和单位两个方面的信息。由于列联表中的每个变量都可以有两个或两个以上的类别，因此列联表会有多种形式。不妨将横向变量（行）的划分类别视为 R，纵向变量（列）的划分类别视为 C，则可以把每一个具体的列联表称为 R×C 列联表，如我们把表 8—1 称为 2×4 列联表。

三、列联表的分布

列联表的分布可以从两个方面来看，一个是观察值的分布，另一个是期望值的分布。

先看观察值的分布。事实上，表 8—1 就是一个最简单的观察值的分布。表中的最右边显示了态度变量的总数，如赞成改革方案的共有 279 人，反对改革方案的共有 141 人，将此称为行边缘频数；表中的最下边显示了单位变量的总数，如四个分公司接受调查的人数分别为 100、120、90、110 人，将此称为列边缘频数。这样，列联表所表现的就是在变量 X 条件下变量 Y 的分布，或是在变量 Y 条件下变量 X 的分布，因此又把列联表中的观察值分布称为条件分布，每个具体的观察值就是条件频数。例如，第一分公司赞成改革方案的职工有 68 人就是一个条件频数。条件频数反映了数据的分布，但是不适合进行对比。例如，第四分公司赞成该方案的有 79 人，第三分公司有 57 人，但是仅据此还不能说明第四分公司比第三分公司更赞成该方案，因为第四分公司接受调查的人数比第三分公司接受调查的人数多，它们对比的基数不同。为了能在相同的基数上比较，使列联表中的数据提供更多的信息，可以计算相应的百分比。表 8—2 就是一个包含百分比的列联表。

表 8—2　　**包含百分比的 2×4 列联表**

	第一分公司	第二分公司	第三分公司	第四分公司	合计
赞成该方案（人）	68	75	57	79	279
行百分数（%）	24.4	26.9	20.4	28.3	66.4
列百分数（%）	68.0	62.5	63.3	71.8	—
总百分数（%）	16.2	17.8	13.6	18.8	—
反对该方案（人）	32	45	33	31	141
行百分数（%）	22.7	31.9	23.4	22.0	33.6
列百分数（%）	32.0	37.5	36.7	28.2	—
总百分数（%）	7.6	10.7	7.9	7.4	—
合计（人）	100	120	90	110	420
百分数（%）	23.8	28.6	21.4	26.2	100.0

表 8—2 中主栏的每个单元中有四个数据，各数据的含义分别为：条件频数，行百分

数，列百分数，总百分数。如第一个单元（即第一分公司赞成该方案）中，第一个数字68为观察值频数；第二个数字24.4为行百分数，即68/279＝24.4%；第三个数字68.0为列百分数，即68/100＝68%；第四个数字为总百分数，即68/420＝16.2%。在最右边和最下边的合计栏中各有两行数据，第一行是边缘频数，第二行是边缘频数的百分数。如最右边的66.4%＝279/420，最下边的23.8%＝100/420。包含百分数的列联表使我们对变量的联合分布的关系看得更清楚。

但是，仅仅依赖于这样的表，还难以展开深入的分析，为此需要引入期望分布的概念。

什么是期望分布呢？以前例说明。我们已经知道，在全部420个样本中，赞成改革方案的有279个，占到总数的66.4%，即从总体上看，有三分之二的调查对象对改革方案表示赞同。但我们希望进一步了解各分公司对这项改革方案的看法是否存在着差异。从逻辑上讲，如果各分公司对这项改革方案的看法相同，那么对第一分公司来说，赞成该方案的人数应当为：0.664×100＝66（人），第二分公司赞成的人数应当为：0.664×120＝80人，这66人和80人就是本例中的期望值。由此可以计算出期望值的分布，如表8—3所示。

表8—3　　期望值分布表　　单位：人

	第一分公司	第二分公司	第三分公司	第四分公司
赞成改革方案期望值	0.664 × 100 = 66	0.664 × 120 = 80	0.664 × 90 = 60	0.664 × 110 = 73
反对改革方案期望值	0.336 × 100 = 34	0.336 × 120 = 40	0.336 × 90 = 30	0.336 × 110 = 37

将表8—1和表8—3结合起来，便可以得到观察值和期望值频数对比分布表，如表8—4所示。

表8—4　　观察值和期望值频数对比分布表

	第一分公司	第二分公司	第三分公司	第四分公司
赞成改革方案				
观察值	68	75	57	79
期望值	66	80	60	73
反对改革方案				
观察值	32	45	33	31
期望值	34	40	30	37

如果各个分公司对改革方案的看法相同，即各分公司赞成改革方案的比例相同，就应有$\pi_1=\pi_2=\pi_3=\pi_4=0.664$（$\pi_i$为第$i$个分公司赞成改革方案的百分比），那么在表8—4中，观察值和期望值就应当非常接近。对于$\pi_1=\pi_2=\pi_3=\pi_4=0.664$的假设，可以采用$\chi^2$分布（chi-square distribution）进行检验。在本章中主要讨论用χ^2进行拟合优度检验和独立性检验，其内容将在后面谈及。这里需要指出的是，利用观察值的有关信息计算期望值，是进行χ^2检验的第一步。由于检验的具体内容不同，计算期望值的方法也会有所不

同。表 8—4 中关于观察值和期望值的内容，展示了进行 χ^2 检验的一般构造。

你知道吗?

列联表中有时候会出现辛普森悖论。辛普森悖论（Simpson's paradox）亦有人译为辛普森诡论，是英国统计学家 E. H. 辛普森（E. H. Simpson）于 1951 年提出的，即在某个条件下的两组数据，分别讨论时都会满足某种性质，可是一旦合并考虑，却可能导致相反的结论。当人们尝试探究两种变量是否具有相关性的时候，比如新生录取率与性别、报酬与性别等，会分别对其进行分组研究。辛普森悖论是在这种研究中，在某些前提下有时会产生的一种现象，即在分组比较中都占优势的一方，在总评中反而是失势的一方。该现象于 20 世纪初就有人讨论，但一直到 1951 年 E. H. 辛普森在他发表的论文中，该现象才算正式被描述和解释，后来就以他的名字命名该悖论。下面的例子形象地说明了辛普森悖论。

一所美国高校的两个学院，分别是法学院和商学院，新学期招生时，人们怀疑这两个学院有性别歧视。以下是校长助理与校长的对话。

校长助理说："校长，不好了，有很多男生在校门口抗议，他们说今年研究所女生的录取率 42%是男生的录取率 21%的两倍，我们学校遴选学生有性别歧视。"校长满脸疑惑地问秘书："我不是特别交代，今年要尽量提升男生录取率以免落人口实吗?"校长助理赶紧回答说："确实有交代下去，我也刚刚查过，的确是有注意到，今年法学院录取率是男生 75%，女生只有 49%；而商学院录取率是男生 10%，女生 5%。两个学院都是男生录取率比较高，这是我作的调查报告（见表 8—5）。"校长说："助理，你知道为什么个别录取率男皆大于女，但是总体录取率男却远小于女吗?"

表 8—5　　学院录取率情况

学院	女生申请	女生录取	女生录取率	男生申请	男生录取	男生录取率	合计申请	合计录取	合计录取率
商学院	100	49	49%	20	15	75%	120	64	53.3%
法学院	20	1	5%	100	10	10%	120	11	9.2%
总计	120	50	42%	120	25	21%	240	75	31.3%

此例就是统计学上著名的辛普森悖论。根据表 8—5，男生在两个学院都被优先录取，即男生的录取率较高，而将两学院的数据汇总，在总评中男生的录取率反而比女生低。这个例子说明，简单地将分组数据相加汇总，是不能反映真实情况的。就上述例子中的录取率与性别来说，导致辛普森悖论有两个前提：

（1）一方面，两个分组的录取率相差很大，法学院录取率 9.2%很低，而商学院录取率 53.3%却很高；另一方面，两种性别的申请者分布比重却相反，女生偏爱申请商学院，故商学院女生申请比率占申请商学院学生的 83.3%，相反，男生偏爱申请法学院，因此法学院女生申请比率只占申请法学院学生的 2%。结果从数量上来说，录取率低的法学院，因为女生申请为数少，所以不录取的女生相对很少。而录取率很高的商学院虽然录取了很多男生，但是申请者不多，使得最后汇总的时候，女生在数量上反而占优势。

（2）性别并非是录取率高低的唯一因素，甚至可能是毫无影响的，至于在法商学院中出现的比率差可能是随机事件，又或者是其他因素作用，譬如学生入学成绩刚好出现这种录取比例，使人牵强地误认为这是由性别差异而造成的。

第二节　拟合优度检验

一、χ^2 统计量

在第五章中对 χ^2 分布已经有所介绍，这里结合本章研究的问题，讨论 χ^2 统计量的应用。

χ^2 可以用于变量间拟合优度检验和独立性检验，还可以用于测定两个定类变量之间的相关程度。若用 f_0 表示观察值频数（observed frequency），用 f_e 表示期望值频数（expected frequency），则 χ^2 统计量可以写为：

$$\chi^2 = \sum \frac{(f_0 - f_e)^2}{f_e} \tag{8.1}$$

由公式（8.1）可以看出计算 χ^2 统计量的步骤：

步骤一：用观察值 f_0 减去期望值 f_e；

步骤二：计算 $f_0 - f_e$ 的平方；

步骤三：将平方结果除以 f_e；

步骤四：将步骤三的结果加总。

现根据表 8—4，将 χ^2 统计量的计算过程列表，见表 8—6。

表 8—6　　χ^2 统计量计算表

f_0	f_e	步骤一 $f_0 - f_e$	步骤二 $(f_0 - f_e)^2$	步骤三 $(f_0 - f_e)^2/f_e$
68	66	2	4	0.060 6
75	80	−5	25	0.312 5
57	60	−3	9	0.150 0
79	73	6	36	0.493 2
32	34	−2	4	0.117 6
45	40	5	25	0.625 0
33	30	3	9	0.300 0
31	37	−6	36	0.973 0
步骤四 $\chi^2 = \sum \frac{(f_0 - f_e)^2}{f_e} = 3.031\ 9$				

χ^2 统计量有这样几个特征：

(1) $\chi^2 \geqslant 0$，因为它是对平方结果的汇总。

(2) χ^2 值的大小与观察值和期望值的配对数，即 $R \times C$ 的大小有关。$R \times C$ 越大，在不改变分布的情况下，χ^2 值越大，因此 χ^2 统计量的分布与自由度有关。

（3）χ^2 统计量描述了观察值与期望值的接近程度。如果两者越接近，即 f_0-f_e 的绝对值越小，计算出的 χ^2 值越小；反之，如果 f_0-f_e 的绝对值越大，计算出的 χ^2 值也越大。χ^2 检验正是运用 χ^2 的计算结果与 χ^2 分布中的临界值进行比较，做出对原假设接受与否的统计决策。

事实上，χ^2 分布与自由度有密切关系。在不同自由度条件下，χ^2 的分布不同。图 8—1 显示了自由度分别为 1、5 和 10 时，与之对应的 χ^2 分布。

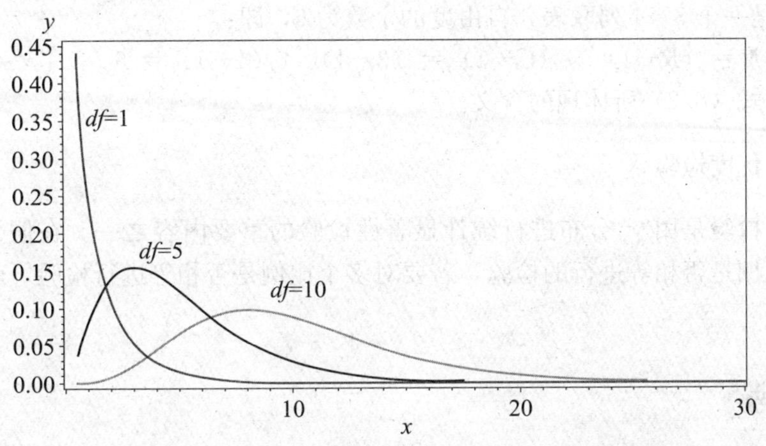

图 8—1　自由度分别为 1、5 和 10 时的 χ^2 分布

由图 8—1 可以看出，自由度越小，分布就越向左边倾斜，随着自由度的增加，χ^2 分布的偏斜程度趋缓，逐渐显露出对称性，随着自由度的继续增大，χ^2 分布趋近于对称的正态分布。

运用 χ^2 统计量对列联表变量进行假设检验，可根据前面列联表的知识，将 χ^2 分布自由度的计算公式写为：

$$\text{自由度}=(\text{行数}-1)\times(\text{列数}-1)=(R-1)\times(C-1) \tag{8.2}$$

为什么自由度的计算公式采用公式（8.2）的形式？如本书前面所言，自由度是可以自由取值的数据的个数。假如现在我们有一个 3×4 的列联表，如表 8—7 所示。

表 8—7　　自由度计算说明表

	C1	C2	C3	C4	合计
R1	√	√	√	*	RT_1
R2	√	√	√	*	RT_2
R3	*	*	*	O	RT_3
合计	CT_1	CT_2	CT_3	CT_4	

注：“√”表示可以自由取值的数据，“ * ”和“O”表示不能自由取值的数据。

由表 8—7 可知，RT_1、RT_2 和 RT_3 分别表示行的合计，CT_1、CT_2、CT_3 和 CT_4 分别表示列的合计。

首先考察列联表中的第一行，在行合计 RT_1 已经确定的情况下，这一行可以自由取值的数据只有 3 个（这里假定取前 3 个），用“√”表示，最后一个无法自由取值，用“ * ”表示；类似地，在第二行中，在行合计 RT_2 已经确定的情况下，这一行可以自由取值的数据也只有 3 个，第 4 个不能自由取值的数据也用“*”表示。在第三行中，第一个数据（R3，C1）不能自由取值，因为在列合计 CT_1 已经确定的情况下，第一列的前二个数据已经自由取值，同理，第三行中的第二个和第三个数据也不能自由取值，因此这一行的前三个数据均用“*”表示。第三行的第四个数据也是不能自由取值的，用“O”表示，因为不论从行或列来看，它前面的数据均是无法自由取值的“*”（意味该值已经确定），在行、列合计确定的情况下，这个值也就无法自由选取。

表 8—7 是一个 3×4 列联表，自由度的个数为 6，即：

$$自由度=(R-1)\times(C-1)=(3-1)\times(4-1)=6$$

这就是公式（8.2）所体现的含义。

二、拟合优度检验

拟合优度检验是用 χ^2 分布进行统计显著性检验的重要内容之一。在假设检验中曾讨论过对两个比例是否相等进行的检验，若要对多个比例是否相等进行检验，就需要利用 χ^2 检验的方法。

小词典

如果样本是从总体的不同类别中分别抽取，研究目的是对不同类别的目标量之间是否存在显著性差异进行检验，我们就把它称为拟合优度检验（goodness of fit test），有些书上也把它称为一致性检验（test of homogeneity）。

你知道吗?

拟合优度检验是卡尔·皮尔逊在他的学术生涯早期就已经意识到的一个问题，卡尔·皮尔逊最伟大的成就之一就是创造出第一个拟合优度检验。通过对观测值与预测值的比较，皮尔逊构造出一种能对拟合优度进行检验的统计量，并称其为“χ^2 拟合优度检验”（chi-square goodness of fit test）。之所以用希腊字母 χ（读作“kai”），是因为这个检验统计量的分布属于一组偏斜分布，而他称这组偏斜分布为 χ 家族（chi family）。实际上，这个检验统计量很像 χ 的平方，因此命名为“χ^2”。

在费歇尔看来，既然是一个统计量，就会服从一种概率分布。卡尔·皮尔逊证明了无论用哪一种类型的数据，χ^2 拟合优度检验都服从相同的分布。也就是说，他能列出这个统计量的概率分布表，每一个检验都能用到同样的那套表。χ^2 拟合优度检验只有一个参数，费歇尔称之为“自由度”。利用拟合优度检验可以检验不同类别的目标量之间是否存在显著性差异，如不同类别的比例是否存在显著性差异等。前面所举的某集团公司下属四个分公司对改革的态度就是拟合优度检验的一个例子。如果四个分公司对改革方案的态度一样，那么四个分公司赞成改革方案的比例应当是一致的，都等于 66.4%；反之，如果这些比例不一致，则表明不同的分公司在改革的态度上存在显著的差异，这或许是因为改革方案给各分公司的利益带来了不同的影响。现在我们把前面的例子作为一个假设问题提出。

【例 8.1】某集团公司欲进行一项改革，从所属的四个分公司中共随机抽取了 420 名职工，了解他们对改革方案的态度（见表 8—1），以 $\alpha=0.1$ 的显著性水平检验四个分公司对改革方案的看法是否存在差异。

解：如果不存在差异，四个分公司赞成改革方案的比例应该是一致的。于是原假设和备择假设分别为：

$H_0:\pi_1=\pi_2=\pi_3=\pi_4=0.664$，赞成比例一致

$H_1:\pi_1,\pi_2,\pi_3,\pi_4$ 不全相等，赞成比例不一致

由公式（8.1）得：

$$\chi^2=\sum\frac{(f_o-f_e)^2}{f_e}=3.0319$$

这个结果我们已在前面表 8—6 中求出。

由公式（8.2）计算自由度有：

$$自由度=(R-1)\times(C-1)=(2-1)\times(4-1)=3$$

$\alpha=0.1$，查表可知：

$$\chi^2_{0.1}(3)=6.251$$

于是便得到如图 8—2 的结果。

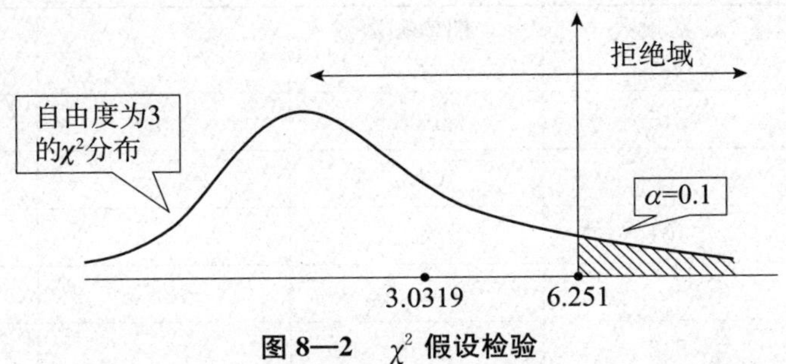

图 8—2　χ^2 假设检验

由于 $\chi^2<\chi^2_{0.1}(3)$，故不能拒绝原假设，即认为四个分公司对改革方案的赞成比例是一致的，调查数据中的差异是由于抽样的随机性造成的。

拟合优度检验除了可以检验各类别之间的概率是否相等之外，还可以应用于另外一种场合：假设某因素各种分类的频数分布为某一理论分布，检验实际频数与理论上期望的结果之间是否有显著差异。请看下面的例子。

【例 8.2】　19 世纪生物学家孟德尔（Mendel）按颜色与形状把豌豆分为 4 类：$A_1=$ 黄而圆的，$A_2=$ 青而圆的，$A_3=$ 黄而有角的，$A_4=$ 青而有角的。孟德尔根据遗传学的理论指出，这 4 类豌豆个数之比为 9∶3∶3∶1。他对杂交试验的豌豆进行了 556 次观察，观察到这四类豌豆频数分别为 315、108、101、32，请检验以上 9∶3∶3∶1 规律是否成立。（$\alpha=0.05$）

解：孟德尔根据遗传学的理论指出，这 4 类豌豆个数之比为 9∶3∶3∶1，也就是说，任取一粒豌豆，它属于这 4 类的概率分别为：

$$\pi_1=\frac{9}{16},\pi_2=\frac{3}{16},\pi_3=\frac{3}{16},\pi_4=\frac{1}{16}$$

因此为了检验 9：3：3：1 规律是否成立，原假设可设为：

$$H_0: \pi_1 = \frac{9}{16}, \pi_2 = \frac{3}{16}, \pi_3 = \frac{3}{16}, \pi_4 = \frac{1}{16}$$

H_1：原假设的等式中至少有一个不成立

如果孟德尔遗传学说正确，即原假设成立，则在被观察的 556 粒豌豆中，属于这 4 类的期望频数应当是：

$$f_{e1} = 556 \times \frac{9}{16} = 312.75$$

$$f_{e2} = 556 \times \frac{3}{16} = 104.25$$

$$f_{e3} = 556 \times \frac{3}{16} = 104.25$$

$$f_{e4} = 556 \times \frac{1}{16} = 34.75$$

一般来说，各类别期望值的计算可以采用下式：

$$f_{ei} = n \times \pi_i \tag{8.3}$$

观察值、期望值及有关计算结果如表 8—8 所示。

表 8—8　观察值、期望值及有关计算结果

豌豆类型	观察频数 f_0	期望频数 f_e	$f_0 - f_e$	$\frac{(f_0-f_e)^2}{f_e}$
A_1	315	312.75	2.25	0.016 2
A_2	108	104.25	3.75	0.134 9
A_3	101	104.25	−3.25	0.101 3
A_4	32	34.75	−2.75	0.217 6
合计	556	556		0.470 0

由公式（8.1）计算出 χ^2 统计量为：

$$\chi^2 = \sum \frac{(f_0 - f_e)^2}{f_e} = 0.47$$

在这种场合下的自由度 $= R-1 = 4-1 = 3$，R 为分类变量类型的个数。当 $\alpha = 0.05$ 时，查 χ^2 分布表，得 $\chi^2_{0.05}(3) = 7.81$。由于 $\chi^2 < \chi^2_{0.05}(3)$，故不能拒绝原假设，可以认为孟德尔的遗传学说是可接受的。

试一试

可以用 Excel（2010 版）计算 χ^2 检验的 P 值，操作步骤为：

第 1 步：将观察值输入一列，将期望值输入一列；

第 2 步：选择“公式”选项；

第 3 步：选择“函数”选项；

第 4 步：在函数分类中选择“统计”，在函数名中选“CHISQ. TEST”，点击“确定”；

第 5 步：在对话框“Actual _ range”输入观察数据，在对话框“Expected _ range”输入期望数据。

得到 P 值为 0.925 426。由于 $P>\alpha$，所以不能拒绝原假设。

第三节 独立性检验

在研究问题时，有时会遇到要求判断两个定类变量之间是否存在联系的问题。例如，原料的质量是否与生产地有关、对父母的孝敬程度是否与孩子的性别有关等。在这种情况下，可以使用 χ^2 检验判断两组或多组的资料是否相互关联，如果没有相互关联，就称为独立。

小词典

独立性检验（test of independence）就是分析列联表中行变量和列变量是否相互独立。

【例 8.3】 一种原料来自三个不同的地区，原料质量被分成三个不同等级。从这批原料中随机抽取 500 件进行检验，结果如表 8—9 所示。要求：检验各个地区和原料质量之间是否存在依赖关系。

表 8—9　原料抽样的结果

	一级	二级	三级	合计
甲地区	52	64	24	140
乙地区	60	59	52	171
丙地区	50	65	74	189
合计	162	188	150	500

解：H_0：地区和原料等级之间是独立的（不存在依赖关系）

H_1：地区和原料等级之间不独立（存在依赖关系）

这里关键的问题是计算期望值。

在第一行，甲地区的合计为 140，将 140/500 作为甲地区原料比例的估计值。在第一列，一级原料的合计为 162，将 162/500 作为一级原料比例的估计值。如果地区和原料等级之间是独立的，我们可以用公式（8.4）估计第一个单元（甲地区，一级）中的期望比例。

令：A＝｛样本单位来自甲地区｝，B＝｛样本单位属于一级原料｝，根据独立性的概率乘法公式有：

$$P（第一单元）=P(AB)=P(A)\cdot P(B) \tag{8.4}$$

$$=\frac{140}{500}\times\frac{162}{500}=0.090\,72$$

0.090 72 是第一个单元中的期望比例，其相应的频数期望值为：

$0.09072 \times 500 = 45.36$

一般地，可以采用下式计算任何一个单元中频数的期望值：

$$f_e = \frac{RT}{n} \times \frac{CT}{n} \times n = \frac{RT \times CT}{n} \tag{8.5}$$

式中，f_e 为给定单元中的频数期望值；RT 为给定单元所在行的合计；CT 为给定单元所在列的合计；n 为观察值的总个数，即样本量。

由表 8—9 和公式（8.5），将计算过程列表，如表 8—10 所示。

表 8—10　3×3 列联表期望值计算过程

行	列	f_0	f_e	$f_0 - f_e$	$(f_0 - f_e)^2$	$(f_0 - f_e)^2/f_e$
1	1	52	45.36	6.64	44.09	0.97
1	2	64	52.64	11.36	129.05	2.45
1	3	24	42.00	−18	324	7.71
2	1	60	55.40	4.60	21.16	0.38
2	2	59	64.30	−5.3	28.09	0.44
2	3	52	51.30	0.7	0.49	0.01
3	1	50	61.24	−11.24	126.34	2.06
3	2	65	71.06	−6.06	36.72	0.52
3	3	74	56.70	17.30	299.29	5.28
$\chi^2 = \sum \frac{(f_0 - f_e)^2}{f_e} = 19.82$						

χ^2 的自由度为 $(R-1)\times(C-1) = 4$，取 $\alpha = 0.05$，查表知：$\chi^2_{0.05}(4) = 9.488$。

由于 $\chi^2 > \chi^2_{0.05}(4)$，故拒绝 H_0，接受 H_1，即地区和原料等级之间存在依赖关系，原料的质量受地区的影响。

从表面上看，拟合优度检验和独立性检验不论在列联表的形式还是在计算 χ^2 的公式上都是相同的，所以也有人对此并不进行严格的区分，笼统地把它们统称为 χ^2 检验。但是，两种检验还是有区别的。区别主要表现在以下几点：

（1）两种检验假设的内容有所差异。例如，对于拟合优度检验，原假设通常是假设各类别总体比例等于某个期望概率，如例 8.1 和例 8.2；而在独立性检验中，原假设则假设两个变量之间相互独立，如例 8.3。

（2）计算期望频数时，在拟合优度检验中是利用原假设中的期望概率，用观察频数乘以期望概率，直接得到期望频数，如例 8.1 和例 8.2；而如果是独立性检验，则假设两个变量的分类是独立的，因而两个水平的联合概率是两个单独概率的乘积，期望频数按公式（8.5）计算，如例 8.3。

想一想

拟合优度检验与独立性检验还有哪些区别与联系？

人物小传

卡尔·皮尔逊（Karl Pearson，1857—1936），生于伦敦，是英国数学家、哲学家，现代统计学的创始人之一，被尊称为“统计学之父”。1879 年毕业于剑桥大学数学系，曾参与激进的政治活动，出版过几部文学作品，并且进行了三年的律师实习。1881 年留学德国海德堡大学、柏林大学，1882 年以后获硕士、博士学位，1884 年进入伦敦大学学院，教授数学与力学。

卡尔·皮尔逊最重要的学术成就是为现代统计学打下了基础。自从达尔文演化论问世后，关于演化的本质争论不断，在这方面他深受高尔顿（达尔文表哥，“优生学”一词的发明者）与韦尔登的影响。韦尔登在 1893 年提出所谓变异、遗传与天择事实上只是算术的想法，这促使卡尔·皮尔逊在 1893—1912 年写了 18 篇在演化论在数学上的贡献的文章，而这门算术也就是今日的统计。许多熟悉的统计名词如标准差、成分分析、卡方检验都是他提出的。

第四节　列联表中的相关测量

前面讨论了利用 χ^2 分布对两个定类变量之间的相关性进行统计检验，如果变量相互独立，说明它们之间没有联系；反之，则认为它们之间存在联系。接下来的问题是，如果变量之间存在联系，它们之间的相关程度有多大？本节主要讨论这个问题。

对两个变量之间相关程度的测定，主要用相关系数表示。正如前面所言，列联表中的变量通常是类别变量，它们所表现的是研究对象的不同品质。所以，可以把这种定类数据之间的相关称为品质相关。

经常用到的品质相关系数有以下几种。

一、φ 相关系数

小词典

φ 相关系数（φ correlation coefficient）是描述 2×2 列联表数据相关程度最常用的一种相关系数。它的计算公式为：

$$\varphi=\sqrt{\chi^2/n} \tag{8.6}$$

式中，χ^2 即按公式（8.1）计算出的 χ^2 值，n 为列联表中的总频数，即样本量。

φ 系数适合于 2×2 列联表，因为对于 2×2 列联表中的数据，计算出的 φ 系数可以控

制在 0～1 这个范围。表 8—11 是一个简化的 2×2 列联表。

表 8—11　2×2 列联表

因素 Y	因素 X		合计
	x_1	x_2	
y_1	a	b	$a+b$
y_2	c	d	$c+d$
合计	$a+c$	$b+d$	

表 8—11 中，a,b,c,d 均为条件频数。由上节内容可知，当变量 X,Y 相互独立、不存在相关关系时，频数间应有这样的关系：

$$\frac{a}{a+c}=\frac{b}{b+d}$$

即

$$ad=bc$$

因此，差值 $ad-bc$ 的大小就可以反映变量之间相关程度的强弱。差值越大，说明两个变量的关联程度越高。φ 相关系数就是以 $ad-bc$ 的差值为基础，实现对两个变量相关程度的测定。

由公式（8.5）可知，在 2×2 列联表中，每个单元中频数的期望值为：

$$e_{11}=\frac{(a+b)(a+c)}{n}, e_{21}=\frac{(a+c)(c+d)}{n},$$

$$e_{12}=\frac{(a+b)(b+d)}{n}, e_{22}=\frac{(b+d)(c+d)}{n}$$

由公式（8.1）有：

$$\chi^2=\frac{(a-e_{11})^2}{e_{11}}+\frac{(b-e_{12})^2}{e_{12}}+\frac{(c-e_{21})^2}{e_{21}}+\frac{(d-e_{22})^2}{e_{22}}$$

$$=\frac{n(ad-bc)^2}{(a+b)(c+d)(a+c)(b+d)}$$

将此结果代入公式（8.6），得到：

$$\varphi=\sqrt{\frac{\chi^2}{n}}=\frac{ad-bc}{\sqrt{(a+b)(c+d)(a+c)(b+d)}} \tag{8.7}$$

当 $ad=bc$ 时，表明变量 X，Y 之间相互独立，这时 $\varphi=0$。当 $b=0$，$c=0$ 时，由公式（8.7）计算的 $\varphi=1$，这是 X 与 Y 完全相关的一种情况。同样，当 $a=0$，$d=0$ 时，由公式（8.7）计算的 $\varphi=-1$，这也是 X 与 Y 完全相关的一种情况。由于在列联表中，变量的位置可以任意变换，因此 φ 的符号在这里没有什么实际意义，其绝对值 $|\varphi|=1$ 只是表明 X 与 Y 完全相关。由表 8—11 可知，当 $|\varphi|=1$ 时，必有某个方向对角线上的值全为零，如表 8—12、表 8—13 所示。

表 8—12　完全相关时的 2×2 列联表

Y	X	
	x_1	x_2
y_1	a	0
y_2	0	d

表 8—13　完全相关时的另一种 2×2 列联表

Y	X	
	x_1	x_2
y_1	0	b
y_2	c	0

表中所表示的含义也是清楚的。例如，一个变量表示性别（男，女），另一个变量表示态度（赞成，反对）。$|\varphi|=1$ 说明，男性全部赞成，女性全部反对；或者男性全部反对，女性全部赞成。现实中，这种情况是罕见的，因此，实际上 φ 的取值范围为 0～1，且 φ 的绝对值越大，说明变量 X 与 Y 的相关程度越高。

但是，当列联表 $R\times C$ 中的行数 R 或列数 C 大于 2 时，φ 将随着 R 或 C 的变大而增大，并且没有上限。这时用 φ 测定两个变量的相关程度就不够清晰，可以采用列联相关系数。

二、列联相关系数

小词典

列联相关系数又称列联系数（coefficient of contingency），简称 C 系数，主要用于大于 2×2 列联表的情况。C 系数的计算公式为：

$$C=\sqrt{\frac{\chi^2}{\chi^2+n}} \tag{8.8}$$

当列联表中的两个变量相互独立时，C 系数＝0，但它不可能大于 1，这一点从公式（8.8）中也可以反映出来。C 系数的特点是，其可能的最大值依赖于列联表的行数（R）和列数（C），并且随着 R 和 C 的增大而增大。例如，当两个变量完全相关时，对于 2×2 表，C 系数＝0.707 1；对于 3×3 表，C 系数＝0.816 5；而对于 4×4 表，C 系数＝0.87。因此，根据不同的行和列计算的列联系数不便于比较，除非两个列联表中行数和列数一致，这是列联相关系数的局限。但由于其计算简便，并且对总体的分布没有任何要求，所以列联相关系数仍不失为一种适应性较广的测度值。

三、V 相关系数

小词典

鉴于 φ 相关系数无上限，C 系数小于 1 的情况，克莱姆（Cramer）提出了 V 相关系数。V 系数的计算公式是：

$$V=\sqrt{\frac{\chi^2}{n\times\min[(R-1),(C-1)]}} \tag{8.9}$$

V 相关系数的计算也是以 χ^2 值为基础。公式（8.9）中的 min［$(R-1)$，$(C-1)$］表示取（$R-1$）、（$C-1$）中较小的一个。当两个变量相互独立时，$V=0$；当两个变量完全相关时，$V=1$，所以 V 的取值为 0～1。如果列联表中有一维为 2，即 min［（$R-1$），（$C-1$）］＝1，则 V 值就等于 φ 值。

四、数值分析

根据例 8.3 的数据，分别计算 φ 相关系数，C 系数和 V 相关系数。

在例 8.3 中，我们对原料的等级和产地之间的关系进行了独立性检验，结果表明原料的等级和产地之间存在相关关系。我们提出的下一个问题是，这种相关程度有多高？能否对此给出数量化描述？

由前已知，$\chi^2 = 19.82$，列联表的总频数 $n = 500$。这是一个 3×3 列联表，min［$(R-1)$，$(C-1)$］$=3-1=2$。于是：

$$\varphi = \sqrt{\frac{\chi^2}{n}} = \sqrt{\frac{19.82}{500}} = 0.199$$

$$C = \sqrt{\frac{\chi^2}{\chi^2 + n}} = \sqrt{\frac{19.82}{19.82 + 500}} = 0.195$$

$$V = \sqrt{\frac{\chi^2}{n \times \min[(R-1),(C-1)]}} = \sqrt{\frac{19.82}{500 \times 2}} = 0.141$$

对于 φ 而言，当 $R>2$，$C>2$ 时，φ 值有可能突破 1，相比之下，例 8.3 中的 $\varphi=0.199$ 不能认为很大。

对于 C 而言，其结果必然低于 φ 值，因为 C 值总是小于 1。本例是 3×3 列联表，C 的最大可能值是 0.816 5。相比 0.816 5 而言，本例中的 $C=0.195$ 并不大。

对于 V 而言，$V=0.141$ 则更小。

综合起来可以认为，虽然检验表明原料和产地存在一定关系，但这种关系的密切程度不太高。这意味着除了产地之外，还有其他因素对产品的质量起着更重要的影响。

上面的例子还说明，对于同一个数据，φ、C、V 的结果不同。同样，对于不同的列联表，由于行数和列数的差异，也会对系数值产生影响。因此，在对不同列联表变量之间的相关程度进行比较时，不同列联表中行与行、列与列的个数要相同，并且采用同一种系数，这样得到的系数值才具有可比性。

人物小传

C. H. 克莱姆（Cramer），瑞典数学家，生于斯德哥尔摩，卒于同地。1929 年成为斯德哥尔摩大学教授，1950—1958 年任该校大学校长，1958—1961 年任瑞典的大学联席主任。他还曾在普林斯顿大学、哈佛大学和加利福尼亚大学工作过。克莱姆是瑞典概率论与数理统计学派的领头人物之一。他的学术成就主要有：概率论极限定理的渐近展开，随机过程稳定性理论和未知参数有效估计理论等；数理统计中的克莱姆—米泽斯准则是很有名的；他还著有《随机变量与概率分布》《数理统计法》等著作。瑞典还设立了克莱姆奖章。

第五节　列联分析中应注意的问题

一、条件百分表的方向

一般来说，在列联表中变量的位置是任意的。也就是说，既可以把变量 X 放在列的位置，也可以放在行的位置。如果变量 X 与 Y 存在因果关系，令 X 为自变量（原因），Y 为因变量（结果），那么一般的做法是把自变量 X 放在列的位置。条件百分表也多按自变量的方向计算，因为这样便于更好地表现原因对结果的影响。如有一个 2×2 列联表，见表 8—14。

表 8—14　**职业背景与工作价值观取向**

价值取向 Y	职业 X	
	制造业	服务业
物质报酬	105	45
列百分数（%）	72	56
人情关系	40	35
列百分数（%）	28	44
合计	145	80
合计（%）	100	100

表 8—14 中的数据显示，总共调查了 225 人，其中制造业 145 人，服务业 80 人。在制造业被调查者中，以物质报酬为价值取向的有 105 人，占该群体的 72%；以人情关系为价值取向的有 40 人，占该群体的 28%。在服务业被调查者中，以物质报酬为价值取向的有 45 人，占该群体的 56%；以人情关系为价值取向的有 35 人，占该群体的 44%。数据表明，与制造业相比，服务业就业人员更注重人情关系。人们的职业背景不同，工作的价值观有可能不同。

但是，有时候情况也有例外。如果因变量在样本内的分布不能代表其在总体内的分布，例如，为了满足分析的需要，抽样时扩大了因变量某项内容的样本量，这时仍以自变量的方向计算百分表就会歪曲实际情况。例如，社会学家欲研究家庭状况（自变量）对青少年犯罪（因变量）的影响。该地区有未犯罪记录的青少年 10 000 名，犯罪记录的青少年 150 名。如果从未犯罪青少年中抽取百分之一，即 100 名进行研究，则用相同比例从犯罪青少年中抽取的样本量仅为 1.5 人。显然，这样少的数量无法满足对比研究的需要。因此，对犯罪青少年的抽样比要扩大，譬如扩大到二分之一，即抽取 75 人。假定从两个样本调查中所获得的数据如表 8—15 所示。

表 8—15　　家庭状况与青少年犯罪

青少年行为	家庭状况		合计
	完整家庭	离异家庭	
犯罪	38	37	75
未犯罪	92	8	100
合计	130	45	175

表 8—15 是调查结果的条件分布。由表 8—15 可以计算其条件百分表，见表 8—16。

表 8—16　　家庭状况与青少年犯罪百分表（1）

青少年行为	家庭状况	
	完整家庭	离异家庭
犯罪（%）	29	82
未犯罪（%）	71	18
合计（人）	130	45

由表 8—16 可见，在完整家庭接受调查的 130 人中，犯罪青少年所占的比例是 29%，这个比例高达近三分之一，这是令人吃惊的。其实，这个比例是歪曲的，这是由于抽样时扩大了对犯罪青少年抽取的数量。如果把计算百分表的方向变换一下，改为按因变量方向计算，则得到表 8—17。

表 8—17　　家庭状况与青少年犯罪百分表（2）

家庭状况	青少年行为	
	犯罪（%）	未犯罪（%）
完整家庭	51	92
离异家庭	49	8
合计（人）	75	100

从表 8—17 中可以看出，在完整家庭中，未犯罪青少年的比例占到 92%，而在离异家庭中，这个比例仅为 8%，完整家庭的青少年未犯罪率远远高于离异家庭的这个比例，家庭状况对青少年行为的影响得到了比较真实的反映。

二、χ^2 分布的期望值准则

前面谈到的用 χ^2 分布进行独立性检验，要求样本量必须足够大，特别是每个单元中的期望频数（理论频数）不能过小，否则应用 χ^2 检验可能会得出错误结论。关于小单元频数通常有两项准则：

第一，如果只有两个单元，每个单元的期望频数必须是 5 或 5 以上，如表 8—18 中的数据。

表 8—18

单位：人

以往病史	f_0	f_e
未患过肝炎	532	531
患过肝炎	4	5

此时有两个单元，或分为两个类别：患过肝炎和未患过肝炎。样本量足够大，每个单元的期望频数 $f_e \geqslant 5$，因此可以使用 χ^2 检验。

第二，倘若有两个以上的单元，如果 20% 的单元期望频数 f_e 小于 5，则不能应用 χ^2 检验。根据这个准则，表 8—19 中的数据可以计算 χ^2，因为 6 个单元中只有 1 个单元的期望频数小于 5。而表 8—20 中的数据不能应用 χ^2 统计量，因为 7 个单元中有 3 个单元的期望频数小于 5。

表 8—19

类别	f_0	f_e
A	28	26
B	49	47
C	18	23
D	6	4
E	92	88
F	20	25
合计	213	213

表 8—20

类别	f_0	f_e
A	30	32
B	110	113
C	86	87
D	23	24
E	5	2
F	5	4
G	4	1
合计	263	263

可以用表 8—20 来说明第二个准则。仔细观察会发现，表 8—20 中的 f_0 与 f_e 非常接近，最大的差别只是 3，应当说期望值与观察值拟合得很好，它们之间并无显著区别。然而用 $\alpha=0.05$ 的 χ^2 进行检验，则会得到：

$$\chi^2=14.01,\ \chi^2_{0.05}(6)=12.592,\ \chi^2>\chi^2_{0.05}(6)$$

结果拒绝原假设 H_0，结论是期望值与观察值之间存在显著差异，看来结论并不符合逻辑。如果将这个例子中的某些类别合并，使得 $f_e \geqslant 5$，问题就会解除。例如，将表 8—20 中的类别 E、F、G 合并，合并后的 $f_0=5+5+4=14$，$f_e=2+4+1=7$，此时虽然 f_0 与 f_e 之间的差别扩大到 7，但通过计算会发现，合并以后有：

$$\chi^2=7.26,\ \chi^2_{0.05}(4)=9.448,\ \chi^2<\chi^2_{0.05}(4)$$

结果是不能拒绝原假设 H_0，期望值与观察值之间不存在显著差异。显然，这是一个更合乎逻辑的结论。

由此可知，如果期望频数 f_e 过小，$\dfrac{(f_0-f_e)^2}{f_e}$ 将会不适当地增大，造成对 χ^2 的高估，从而导致不适当地拒绝 H_0 的结论。处理的方法是将较小的 f_e 合并，这样便可得到合理的结论。

本章小结

本章主要介绍了定性数据与列联表、拟合优度检验、独立性检验以及列联表中的相关测量。主要知识点总结如下：

1. 列联表是由两个或两个以上变量进行交叉分类的频数分布表。列联表的分布包括两个方面：一是观察值的分布；二是期望值的分布。

2. χ^2 检验有两种类型：一种是检验不同类别变量之间是否存在显著性差异，这种问题称为拟合优度检验；另一种是检验列联表中变量之间是否相关（变量之间是否相互独立），这种问题称为独立性检验。

3. 如果列联表中变量之间相互独立，说明它们之间没有联系；反之，则说明它们之间存在联系。对它们之间相关程度的测量常采用 φ 相关系数、列联相关系数（C 系数）和 V 相关系数，三者的计算结果不尽相同。对于不同的列联表，由于行数和列数的差异，也会影响相关系数值。

4. χ^2 分布的期望值准则。如果只有两个单元，每个单元的期望频数必须是 5 或 5 以上；如果有两个以上的单元，若 20%的单元期望频数小于 5，则不能应用 χ^2 检验。

思考与练习

1. 简述列联表的构造与列联表的分布。

2. 用一张报纸、一份杂志或你生活周围的例子构造一个列联表，说明这个调查中两个分类变量的关系，并提出进行检验的问题。

3. 简述 φ 相关系数、C 系数、V 相关系数的各自特点。

4. 做出下列维数的列联表，并给出 χ^2 检验的自由度：2 行 5 列；4 行 6 列；3 行 4 列。

5. 欲研究不同收入的群体对某种特定商品是否有相同的购买习惯，市场研究人员调查了四个不同收入组的消费者共 527 人，购买习惯分为：经常购买，不购买，有时购买。调查结果如表 8—21 所示。

表 8—21

	低收入组	偏低收入组	偏高收入组	高收入组
经常购买	25	40	47	46
不购买	69	51	74	57
有时购买	36	26	19	37

要求：(1) 提出假设；

(2) 计算 χ^2 值；

(3) 以 $\alpha=0.01$ 的显著性水平进行检验。

6. 从总体中随机抽取了 $n=200$ 的样本，调查后按不同属性归类，得到如下结果：

$n_1=28, n_2=56, n_3=48, n_4=36, n_5=32$

各类别在总体中的比例，依据经验数据分别是：

$\pi_1=0.1, \pi_2=0.2, \pi_3=0.3, \pi_4=0.2, \pi_5=0.2$

要求：以 $\alpha=0.01$ 的显著性水平进行检验，说明现在的情况与经验数据相比是否发生变化（用 P 值）。

7. 某报社关心其读者的阅读习惯是否与其文化程度有关，随机调查了 254 读者，得到如表 8—22 所示数据。要求：以 0.05 的显著性水平检验读者的阅读习惯是否与文化程度有关。

表 8—22

阅读习惯	大学以上	大学和大专	高中	高中以下
早上看	6	13	14	17
中午看	12	16	8	8
晚上看	38	40	11	6
有空看	21	22	9	13

8. 某卫生机构判断含氟牙膏可能同儿童的龋齿有关，随机调查了 300 人，相关数据见表 8—23。要求：请以显著性水平 $\alpha=0.05$ 检验这个判断是否正确。

表 8—23

牙膏类型	患龋齿人数	未患龋齿人数	调查人数	患龋齿率（%）
含氟牙膏	70	130	200	35.00
一般牙膏	45	55	100	45.00
合计	115	185	300	38.33

9. 某学校教学改革后学生有了更多的选课自由，但学院领导在安排课程上也面临新的问题。例如，MBA 研究生班的学生选课学年之间的变化常常很大，去年的学生很多人选会计课，而今年的学生很多人选市场营销课。由于事先无法确定究竟有多少学生选各门课程，所以无法有效地进行教学资源的准备。有人提出学生所选课程应与其本科所学专业有关。为此，学院领导将学生本科所学专业和 MBA 三门课程的选修课程情况做了统计，得到如表 8—24 所示结果。

表 8—24

本科专业	MBA 所选课程		
	会计	统计	市场营销
专业一	31	13	16
专业二	8	16	7
专业三	12	10	17
其他专业	10	5	7

要求：(1) 以 0.05 的显著性水平检验学生本科所学专业是否影响其读 MBA 期间所选课程；

(2) 计算 P 值。

10. 计算练习题 6 中的 φ 相关系数、C 系数和 V 相关系数。

附录：用 Excel 进行 χ^2 检验

本章介绍的列联分析主要是利用 χ^2 检验来分析列联表中变量间的一致性或独立性。其中涉及的计算主要包括期望频数和 χ^2 统计量。在本附录中，主要介绍利用 Excel（2010 版）完成上述计算的步骤。

【附例】 一种原料来自三个不同的地区，原料质量被分成三个不同等级。从这批原料中随机抽取 500 件进行检验，结果如表 8—25 所示。要求：检验各个地区和原料质量之间是否存在依赖关系。

表 8—25　　原料地区与等级数据表

地区	一级	二级	三级	合计
甲地区	52	64	24	140
乙地区	60	59	52	171
丙地区	50	65	74	189
合计	162	188	150	500

假定已将数据输入到工作表中的 B3：D5 单元格，然后按下列步骤操作。

第 1 步：按行和列分别求合计数：

在 E3 单元格输入公式“=SUM（B3：D3)”，然后将公式复制到 E4：E5；在 B6 单元格输入公式“=SUM（B3：B5)”，然后将公式复制到 C6：E6。结果如表 8—26 中的表 A。

第 2 步：计算期望频数：

在 H3 单元格输入公式“=E3 * $B$6/$E$6”，然后将公式复制到 H4：H5；在 I3 单元格输入公式“=E3 * $C$6/$E$6”，然后将公式复制到 I4：I5；在 J3 单元格输入公式“=E3 * $D$6/$E$6”，然后将公式复制到 J4：J5。按第 1 步的方法求和，结果如表 8—26 所示。

表 8—26　　χ^2 独立性检验数据表

	A	B	C	D	E	F	G	H	I	J	K	L
1	表 A	原料抽样结果					表 B	期望频数表				
2	地区	一级	二级	三级	合计		地区	一级	二级	三级	合计	
3	甲地区	52	64	24	140		甲地区	45.36	52.64	42	140	
4	乙地区	60	59	52	171		乙地区	55.404	64.296	51.3	171	
5	丙地区	50	65	74	189		丙地区	61.236	71.064	56.7	189	
6	合计	162	188	150	500		合计	162	188	150	500	
7												

第 3 步：计算 P 值：

定位到 G8 单元格，选择“公式”选项，再选择“插入函数”选项，从“函数分类”设置框中选择“统计”，从“函数名字”中选择“CHISQ. TEST”，出现 CHISQ. TEST 的对话框后：在“Actual _ range”设置框中选择观察频数区域（本例为 B3：D5，排成一列)，在 Expected _ range 设置框中选择期望频数区域（本例为 H3：J5，排成一列)，选择“确定”。在指定的单元格 G8 中出现 χ^2 检验的 P 值为 0.011 029 036。

由于 $P=0.011\,029\,036<\alpha=0.05$，因此拒绝 H_0，认为地区和原料等级之间存在依赖关系，原料的质量受地区影响。

第九章

方差分析

随机化控制实验

当人们观察土地上的作物时，会很明显地感到有的地块土质好于其他地块。在某些角落，作物长得又高又密，而在其他角落，作物则长得又细又稀。这可能是排水方式、土壤类型的改变、未知养分的出现、多年生野草的抵制，或者是一些其他未能预见的原因导致的。如果农业科学家要测试两种人工肥料的区别，他可以将一种施于地块的某一角，将另一种施于地块的其他地方，但这会将肥料的效应与土壤或者排水等的效应混淆在一起。如果试验在相同的地块不同的年份进行，又会把肥料的效应与气候变化的效应相混淆。

如果同一年里，在相同作物上进行肥料的比较，土壤的差别就会减到最低，但它们仍然存在，因为所处理的作物不会有绝对相同的土壤条件。如果我们使用足够多的成对比较，在某种意义上，土壤差异所造成的区别就会被平均掉。假定我们要比较两种肥料，其中一种磷肥的含量是另一种的两倍，我们将地分成小块，每一块种两行作物。我们总是将较多的磷肥施于北边这行，南边的那行则施磷肥较少。做到这里，反对的声音就会出来了。如果土壤的肥力梯度（fertility gradient）由北向南，那么北边这行的土质就会比南边那行稍好一点，土壤差异的影响就不会被平均掉。土壤的肥力梯度对土质有很大的影响，那么如何确定土壤的肥力梯度呢?

当讨论集中到如何确定土壤的肥力梯度时，费歇尔笑眯眯地坐在一边。他已经考虑过这些问题，并有了简明的答案。了解他的人这样描绘费歇尔，即使是争论触及到他，他仍是静静地坐在那里吞云吐雾，等待容他给出答案的时机。终于，他拿开嘴上的烟斗说道："用随机的方法吧!"

的确简单，科学家以随机的方式设计同一地块里不同行作物的处理，由于随机处理没有固定模式，任何可能的肥力梯度结构都在平均意义上被抵消掉了。费歇尔猛地起身，兴奋地在黑板上写了起来，一行又一行数学符号，手臂在数学公式间挥来挥去，抵消公式两端相同的因子，最后出现的可能是生物科学中最为重要的工具，费歇尔将这个方法称作"方差分析"（analysis of variance）。在《作物收成变动研究Ⅱ》中，方差分析第一次面世。

本章我们将学习费歇尔所提出的方差分析。

学习导航

- 方差分析的概念、统计思想。
- 单因素方差分析。
- 双因素方差分析。
- 用 Excel 进行方差分析。

方差分析是试验设计的重要统计分析方法。20 世纪 20 年代，英国著名统计学家费歇尔首次将方差分析应用于农业试验中。之后，方差分析内容更加丰富，应用更加广泛，目前，方差分析在工农业生产、科学实验、企业管理等方面都有重要的应用。

在工农业生产和科学研究中，经常要做一些试验，以了解各种因素对诸如产品的性能、产量、质量等试验指标的影响。比如，为了解某个新品种的种植效果，需要在土壤条件、温度、湿度、施肥、灌溉等因素相同的情况下，将新品种与其他同类品种的种植效果作比较。商品的包装方式和商场里的摆放位置对吸引顾客是有影响的，那么为了确定某商品合适的包装和销售位置，也可以进行观察试验。在化工生产中，原料的成分、反应温度、压力、时间、催化剂、设备水平、操作规程等对产品的质量有很大的影响，通过试验研究，可以帮助人们找到一个最优的生产方案。在试验的基础上取得的数据称为试验数据，方差分析是对试验数据进行分析的有效统计方法。

方差分析按照影响试验指标的个数分为单因素方差分析、双因素方差分析和多因素方差分析。本章着重介绍单因素方差分析和双因素方差分析。

第一节　基本问题

一、方差分析的概念

方差分析（analysis of variance）是通过检验各总体的均值是否相等来判断分类型自变量对数值型因变量是否有显著影响的统计方法。

例如，医学界研究几种药物对某种疾病的疗效，农业研究中研究土壤、肥料、日照时间等因素对某种农作物产量的影响，不同饲料对牲畜体重增长的效果以及不同行业对顾客满意度的影响等，都可以使用方差分析来解决。与假设检验方法相比，方差分析不仅可以提高检验的效率，同时由于它是将所有的样本信息结合在一起，故增加了分析的可靠性。

为更好地理解方差分析的含义，先通过一个例子来说明方差分析的有关概念及方差分析所要解决的问题。

【例 9.1】 某饮料生产企业研制出一种新型饮料。饮料共有四种，分别为橘黄色、粉色、绿色和无色。这四种饮料的营养含量、味道、价格、包装等可能影响销售量的因素全部相同。现从地理位置相似、经营规模相仿的五家超市收集了前一时期该饮料的销售情况，如表 9—1 所示。试分析饮料的颜色是否对销售量产生影响。

表 9—1　　不同颜色饮料在五家超市的销售情况　　单位：箱

超市	颜色			
	无色	粉色	橘黄色	绿色
1	26.5	31.2	27.9	30.8
2	28.7	28.3	25.1	29.6
3	25.1	30.8	28.5	32.4
4	29.1	27.9	24.2	31.7
5	27.2	29.6	26.5	32.8

要判断"颜色"对"销售量"是否有显著影响，实际上就是要分析四种颜色之间的销售量是否有显著差异，最终归结为检验这四种颜色饮料销售量的均值是否相等。如果它们的均值相等，即四种不同颜色饮料的销售量没有显著差异，就意味着颜色对销售量没有显著影响；反之，如果它们的均值不全相等，则意味着颜色对销售量有显著影响。

在方差分析中，被检验是否有影响作用的对象称为因素或因子（factor），因素的不同表现称为水平（level）或处理（treatment），每个因子水平下得到的样本数据称为观测值。例如，在例 9.1 中，要分析颜色对销售量是否有显著影响，这里的"颜色"是要检验的对象，它被称为因素或因子；无色、粉色、橘黄色和绿色是"颜色"这一因素的具体表现，称为水平或处理；在每个颜色下得到的样本数据（销售量）称为观测值。由于这里只涉及一个因素，因此称为单因素 4 水平的试验。因素的每一个水平都可以看做一个总体，如无色、粉色、橘黄色、绿色可以看成 4 个总体，上面的数据可以看做是从这 4 个总体中抽取的样本。

二、方差分析的统计思想

（一）两类误差

方差分析是研究分类自变量对数值因变量的影响。虽然人们感兴趣的是均值，但在判断均值之间是否有显著差异时借助的是方差，这恰是方差分析的名称来源。这个名字还表示：它是通过对数据误差来源的分析来判断不同总体的均值是否相等，进而分析自变量对因变量是否有显著影响。因此，进行方差分析时，需要考察数据误差的来源。

从误差来源的角度看，方差分析涉及两类误差：随机误差和系统误差。

小词典

随机误差（random error）是指在因素的同一水平（同一个总体）下，样本的各观测值之间的差异。系统误差（systemic error）是指在因素的不同水平（不同总体）下，各观测值之间的差异。

以例 9.1 说明这两个概念，同一种颜色的饮料，在不同超市的销售量是不同的，由于超市是随机抽取的，因此这种差异可以看成随机因素的影响，或者说是由于抽样的随机性造成的随机误差。同一家超市，不同颜色的饮料的销售量是不同的，这种差异可能是由于抽样的随机性造成的，也可能是由于颜色本身所造成的，那么由颜色所造成的误差是由系统性因素造成的，即系统误差。

从总误差分解的角度来说，方差分析又涉及这样两类误差：组内误差和组间误差。

小词典

组内误差是指在因素的同一水平（同一个总体）下，样本数据的误差，即来自水平内部的数据误差，它只包含随机误差；组间误差是指在因素的不同水平（不同总体）下，各样本之间的误差，即来自不同水平之间数据的误差，它既包括随机误差也包括系统误差。

还是以例 9.1 为例，从销售无色饮料的所有超市中抽取 5 家超市，这 5 家超市销售量之间的误差就是组内误差，它反映了一个样本内部数据的离散程度。而四种颜色饮料销售量之间的误差则是组间误差，它反映了取自不同总体的样本之间数据的离散程度，既可能是由于抽样本身造成的随机误差，也可能是由于颜色本身这一系统性因素造成的系统误差。显然，组内误差只包含随机误差，而组间误差则既包括随机误差又包括系统误差。

在方差分析中，数据的误差是用平方和表示的。反映全部数据误差大小的平方和称为总平方和（sum of squares for total），记为 SST。例如，5 家超市的 20 个观测值之间的误差就是总平方和，它反映了全部观测值的离散状况。

反映组内误差大小的平方和称为组内平方和，也称为误差平方和或残差平方和（sum of squares for error），记为 SSE。例如，同一种颜色的饮料，5 家超市销售量的数据平方和加在一起就是组内平方和，它反映了每个样本内各观测值的离散状况。

反映组间误差大小的平方和称为组间平方和（sum of squares for factor A），也称为因素平方和，记为 SSA。例如，四种颜色饮料的销售量之间的误差平方和就是组间平方和，它反映了样本均值之间的差异程度。

图 9—1 给出了数据误差分解过程。

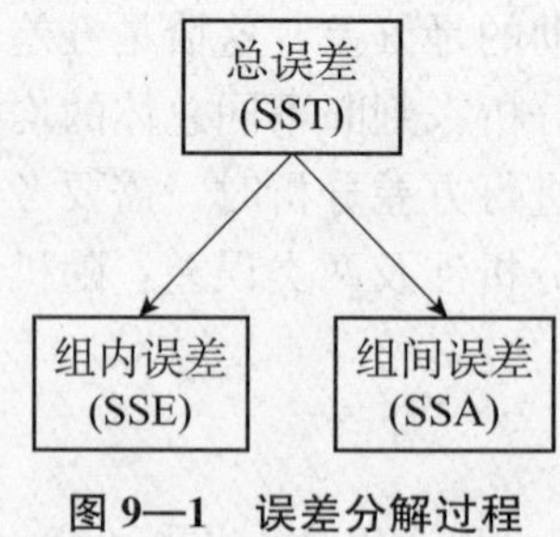

图 9—1　误差分解过程

（二）误差分析

如果饮料颜色（因素）对销售量（因变量）没有影响，那么在组间误差中只包含随机误差，没有系统误差。这时，组间误差与组内误差经过平均后的数值（分别称为组间均方与组内均方）就应该很接近，它们的比值会接近于1；反之，如果饮料颜色对销售量有影响，则组间误差中除包含随机误差外，还会包含系统误差，这时组间均方就会大于组内均方，二者的比值就会大于1。当比值大到某种程度时，就认为因素的不同水平之间存在着显著差异，也就是自变量对因变量有显著影响。因此，判断饮料颜色对销售量是否有显著影响的问题，实际上就是检验销售量的差异是由什么原因引起的。如果这种差异主要是系统误差，就认为饮料颜色对销售量有显著影响，否则就认为饮料颜色对销售量没有显著影响。在方差分析的假定前提下，要检验饮料颜色（分类自变量）对销售量（数值因变量）是否有显著影响，在形式上就转化为检验四种颜色饮料的销售量的均值是否相等的问题。

（三）方差分析中的基本假定

方差分析中有三个基本假定：

（1）每个总体都应服从正态分布。也就是说，对于因素的每一个水平，其观测值是来自正态总体的简单随机样本。在例9.1中，相当于假定每种颜色饮料的销售量应当服从正态分布。

（2）每个总体的方差相等。该假定要求各组观测数据是从具有相同方差的正态总体中抽取的。在例9.1中，相当于假定四种颜色饮料销售量的方差都相同。

（3）观测值彼此独立。在例9.1中，要求每个超市不同颜色饮料的销售量都与其他超市不同颜色饮料的销售量独立。

在上述假定条件下，判断饮料颜色对销售量是否有显著影响，实际上就是检验具有相同方差的四个正态总体的均值是否相等。原假设为具有相同方差的四个正态总体的均值相等，如果不能拒绝原假设 H_0：$\mu_1=\mu_2=\mu_3=\mu_4$，则我们不能拒绝四种颜色饮料销售量的均值都相等，说明不存在系统误差，这意味着每个样本都来自均值为 μ、方差为 σ^2 的正态总体；如果拒绝原假设，则 μ_i（$i=1，2，3，4$）不全相等，也就是说，至少有一个总体的均值是与其他总体的均值显著不同的，存在系统误差，这意味着四个样本不是来自同一正态总体。

想一想

1. 为什么称为“方差分析”？
2. 方差分析对数据有什么要求？

人物小传

罗纳德·艾尔默·费歇尔（Ronald Aylmer Fisher，1890—1962）为英国统计学家，出生于英国伦敦附近，在剑桥大学接受教育。早年在赫德福德郡的罗塞姆斯特德农业研究实验站担任统计员，后入伦敦大学，继皮尔逊后担任优生学和生物统计学教授职位，并在剑桥大学担任遗传学教授。费歇尔是现代最具创造力的统计学家，为心理学提供了如下方法和概念：（1）方差分析；（2）小样本分析；（3）零假设概念；（4）作为连续统而非二等分的有意义/无意义概念。1925年，费歇尔在罗塞姆斯特德工作期间，写成《研究人员的统计方法》一书，这本著作根据小数据样本和统计显著性的精确测试第一次提出准确推断（如果重复研究可获得同样结果的理论）。他广泛论述发展统计学的必要性，因为统计学证明"充分"，即它在得出结论过程中用尽样本中的所有信息。他不定期发展了无偏估量概念，这是观测次数越多准确性越高的一种测量。后来，在罗塞姆斯特德，他转向更加复杂的实验工作，根据传统的最小平方理论发展了方差分析概念，第一次能够有意地一次处理一个以上的被控变量。1935 年，他著有《实验设计》一书，该书被认为是研究者的"圣经"。以后他将其研究扩展至多元程序，允许多结果测量和多重控制。1938 年，他和耶茨一起收集了实行各种推断方法所需要的统计表。

第二节　单因素方差分析

根据所分析的分类自变量的多少，方差分析可分为单因素方差分析和双因素方差分析。

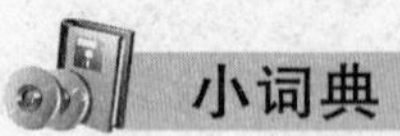

小词典

只涉及一个分类型自变量的方差分析称为单因素方差分析。

一、数据结构

首先引入单因素方差分析的数据结构问题。进行单因素方差分析时，我们所要求的数据结构如表 9—2 所示。

表 9—2　　单因素方差分析的数据结构

样本观测（j）	因素（A_i）			
	A_1	A_2	…	A_r
1	x_{11}	x_{21}	…	x_{r1}
2	x_{12}	x_{22}	…	x_{r2}
⋮	⋮	⋮	⋮	⋮
m	x_{1m}	x_{2m}	…	x_{rm}

假设要考虑一个因素 A 的 r 个不同水平对所考察对象的影响作用，根据方差分析思想，我们首先将在每一个水平下考察的指标看成一个总体。表中，x_{ij}（$i=1$，2，…，r；$j=1$，2，…，m）表示样本观测值，A_i（$i=1$，2，…，r）表示因素 A 的各个水平，一共有 r 个水平；每个水平下有 m 个观测值，因此，总样本量为 $n=rm$。例如，x_{11} 表示第一个水平下的第一个样本观测值，x_{rm} 表示第 r 个水平下的第 m 个样本观测值。需要说明的是，各个水平下的样本量可以相等也可以不等。

二、分析步骤

要检验因素 A（分类自变量）对因变量的影响作用是否显著，就是要检验因素 A 各个水平下因变量的均值是否相等，这与假设检验的思路相似，在此将单因素方差分析的步骤归纳为以下五步。

（一）提出原假设与备择假设

从上面的分析中可以看出，原假设应为因素各个水平下因变量的均值相等，备择假设为因素各个水平下因变量的均值不全相等，数学形式为：

H_0：$\mu_1=\mu_2=\cdots=\mu_i=\cdots=\mu_r$　　自变量对因变量没有显著影响

H_1：$\mu_i(i=1, 2, \cdots, r)$不全相等　　自变量对因变量有显著影响

其中，μ_i 为因素的第 i 个水平下的总体均值。

如果拒绝原假设，则意味着自变量对因变量有显著影响，也就是自变量与因变量有显著关系；如果不拒绝原假设，则没有证据表明自变量对因变量有显著影响，也就是说，不能认为自变量与因变量有显著关系。

（二）构造检验统计量及确定分布

为检验 H_0 是否成立，需要确定检验的统计量。如何构造这个统计量呢？需要从总平方和的分解入手，这里结合表 9—2 的数据结构说明其计算过程。

首先，需要计算前面提到的三个误差平方和，它们是总平方和 SST、组间平方和（因素平方和）SSA 和组内平方和（误差平方和或残差平方和）SSE，它们的数学形式为：

$$SST=\sum_{i=1}^{r}\sum_{j=1}^{m}(x_{ij}-\bar{\bar{x}})^2 \tag{9.1}$$

$$SSA=\sum_{i=1}^{r}\sum_{j=1}^{m}(\bar{x}_i-\bar{\bar{x}})^2 \tag{9.2}$$

$$SSE=\sum_{i=1}^{r}\sum_{j=1}^{m}(x_{ij}-\bar{x}_i)^2 \tag{9.3}$$

其中，$\bar{x}_i=\frac{1}{m}\sum_{j=1}^{m}x_{ij}$，表示因素的第 i 个水平下的样本均值，$\bar{\bar{x}}=\frac{1}{rm}\sum_{i=1}^{r}\sum_{j=1}^{m}x_{ij}$，表示所有样本的均值。

不难验证：$SST=SSA+SSE$。

从上述三个误差平方和可以看出，SSA 是对随机误差和系统误差大小的度量，它反映了自变量（饮料颜色）对因变量（销售量）的影响，也称为自变量效应或因子效应；SSE 是对随机误差大小的度量，它反映了除自变量对因变量的影响之外，其他因素对因变量的影响，因此 SSE 也被称为残差变量，它所引起的误差也称为残差效应；SST 是全部数据总误差程度的度量，它反映了自变量和残差变量的共同影响，因此它等于因子效应加残差效应。

其次，由于各误差平方和的大小与观测值的多少有关，为了消除观测值对误差平方和大小的影响，需要将其平均，也就是用各平方和除以它们对应的自由度，这一结果称为均方（mean square），也称为方差。三个平方和所对应的自由度分别为：

SST 的自由度为 $n-1$

SSA 的自由度为 $r-1$

SSE 的自由度为 $n-r$

其中，$n=rm$ 为总观测值个数，m 为每个水平下的观测值个数，r 为因素水平数。

最后，由于要比较的是组间均方和组内均方之间的差异，所以通常只计算 SSA 的均方和SSE 的均方。SSA 的均方也称为组间均方或组间方差，记为MSA；SSE 的均方也称为组内均方或组内方差，记为MSE。二者的计算公式分别为：

$$MSA=\frac{SSA}{r-1} \tag{9.4}$$

$$MSE=\frac{SSE}{n-r} \tag{9.5}$$

将MSA 和MSE 进行对比，即得到所需要的检验统计量 F。当原假设 H_0 为真时，该比值服从分子自由度为 $r-1$、分母自由度为 $n-r$ 的 F 分布，即：

$$F=\frac{MSA}{MSE}\sim F(r-1,\ n-r) \tag{9.6}$$

（三）根据样本信息计算检验统计量的实际值

要检验 H_0 是否成立，需要根据样本信息得出检验统计量的实际值。下面逐一讲解计算过程，数据结构依照表 9—2。

（1）计算因素各个水平下的样本均值。

$$\overline{x}_i=\frac{1}{m}\sum_{j=1}^{m}x_{ij}\,(i=1,2,\cdots,r)$$

其中，x_{ij} 表示第 i 个水平下的第 j 个样本观测值，m 为该水平下的样本观测值个数，r 为所有因素水平个数。

（2）计算所有因素水平下全部样本的总均值。

$$\overline{\overline{x}}=\frac{1}{r}\sum_{i=1}^{r}\overline{x}_i=\frac{1}{rm}\sum_{i=1}^{r}\sum_{j=1}^{m}x_{ij}=\frac{1}{n}\sum_{i=1}^{r}\sum_{j=1}^{m}x_{ij}\,(i=1,2,\cdots,r;j=1,2,\cdots,m)$$

其中，$n=rm$。

（3）计算误差平方和。根据前面给出的总误差平方和 SST、组间平方和 SSA、组内平方和 SSE 的计算公式分别计算这三个统计量的样本值。

（4）计算组间均方、组内均方及检验统计量的样本值。组间均方（MSA）和组内均方（MSE）的计算公式为：

$$MSA=\frac{SSA}{r-1}$$

$$MSE=\frac{SSE}{n-r}$$

两者相比即得到检验统计量的样本值：

$$F=\frac{MSA}{MSE}$$

（四）设定检验的显著性水平 α 并确定临界值

根据事先设定的显著性水平 α 和两个自由度，在 F 分布表中查找分子自由度为 $df_1=r-1$、分母自由度为 $df_2=n-r$ 所对应的临界值 $F_\alpha(r-1,\ n-r)$。

（五）比较理论值（临界值）与实际值大小，进行决策

有了检验统计量的样本值和理论值（临界值），便可以通过比较它们的大小来判断原假设的拒绝情况。具体判断原则为：

如果 $F>F_\alpha(r-1, n-r)$，则拒绝原假设，即 $\mu_1=\mu_2=\cdots=\mu_i=\cdots=\mu_r$ 不成立，表明因素的各个水平下的总体均值存在显著差异。从另一个角度来说，可以认为该因素（因子）对观测值（因变量）的影响作用显著。

如果 $F<F_\alpha(r-1, n-r)$，则不能拒绝原假设 H_0：$\mu_1=\mu_2=\cdots=\mu_i=\cdots=\mu_r$，表明没有证据说明因素的各水平下的总体均值存在显著差异。从另一个角度来说，不能认为该因素（因子）对观测值（因变量）有显著影响作用。

统计量 F 分布与拒绝域如图 9—2 所示。

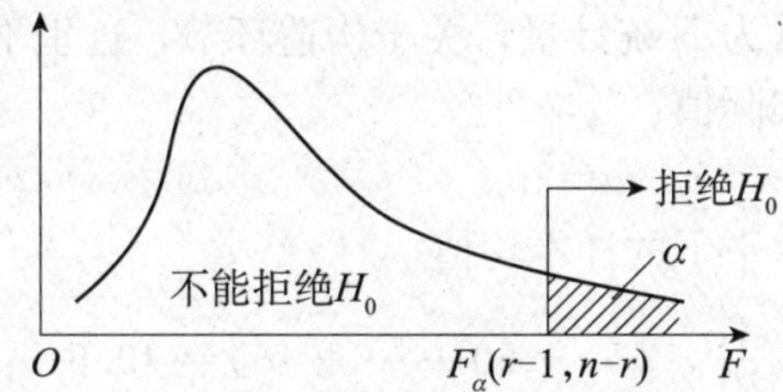

图 9—2　统计量 F 分布与拒绝域

这个分析步骤可以用表 9—3 表示，通常称该表格为方差分析表。

表 9—3　单因素方差分析表的一般格式

误差来源	平方和	自由度 df	均方	F 统计量样本值	F 统计量临界值	P 值
组间（因素作用）	SSA	$r-1$	MSA			
组内（随机误差）	SSE	$n-r$	MSE	$F=\frac{MSA}{MSE}$	$F_\alpha(r-1, n-r)$	
总和	SST	$n-1$				

此外，也可利用 Excel 计算 P 值，根据 P 值来进行决策（见本章后附录）。

【例 9.2】　某新药品进入效果测试阶段，测试人员希望了解该药品在不同年龄段人群身上的药效是否相同，因该药对骨骼生长发育具有强烈抑制作用，故未成年人不在试验范围内。将试药人群分为 21～30 岁、31～40 岁、41～50 岁和 51～60 岁四个年龄段，每个年龄段有 10 名受试者，在其他各项条件都相同情况下开展试验。试验开始后，分别测量每个受试者某项身体指标值，数据见表 9—4。

表 9—4　新药品效果试验数据

受试者序号	21～30 岁	31～40 岁	41～50 岁	51～60 岁
1	51	40	39	34
2	50	39	41	37
3	51	42	42	35
4	48	39	40	33
5	49	41	39	34
6	47	42	42	35

续前表

受试者序号	21～30岁	31～40岁	41～50岁	51～60岁
7	51	40	39	36
8	50	42	47	33
9	51	39	35	34
10	48	41	36	35

根据上面的试验数据，请分析该新药在不同年龄段人群中的药效是否相同，即年龄是否为影响该药品效果的一个因素。($\alpha=0.05$)

解：首先，根据题意设定原假设与备择假设：

H_0：$\mu_1=\mu_2=\mu_3=\mu_4$

H_1：$\mu_i(i=1,2,3,4)$不全相等

根据题意，检验统计量为F统计量，关于构造环节，这里不再赘述。接下来，依据样本数据计算检验统计量的实际值：

已知：$r=4$，$m=10$，$n=r\cdot m=40$。

(1) 计算因素的各个水平下的样本均值。

$$\bar{x}_1=\frac{1}{m}\sum_{j=1}^{m}x_{1j}=\frac{1}{10}\times(51+50+\cdots+48)=49.6$$

$$\bar{x}_2=\frac{1}{m}\sum_{j=1}^{m}x_{2j}=\frac{1}{10}\times(40+39+\cdots+41)=40.5$$

$$\bar{x}_3=\frac{1}{m}\sum_{j=1}^{m}x_{3j}=\frac{1}{10}\times(39+41+\cdots+36)=40$$

$$\bar{x}_4=\frac{1}{m}\sum_{j=1}^{m}x_{4j}=\frac{1}{10}\times(34+37+\cdots+35)=34.6$$

(2) 计算所有因素水平下全部样本的总均值。

$$\bar{\bar{x}}=\frac{1}{r}\sum_{i=1}^{r}\bar{x}_i=\frac{1}{4}\times(49.6+40.5+40+34.6)=41.175$$

(3) 计算误差平方和。

$$\begin{aligned}SST&=\sum_{i=1}^{r}\sum_{j=1}^{m}(x_{ij}-\bar{\bar{x}})^2\\&=[(51-41.175)^2+(50-41.175)^2+\cdots+(48-41.175)^2]\\&\quad+[(40-41.175)^2+(39-41.175)^2+\cdots+(41-41.175)^2]\\&\quad+[(39-41.175)^2+(41-41.175)^2+\cdots+(36-41.175)^2]\\&\quad+[(34-41.175)^2+(37-41.175)^2+\cdots+(35-41.175)^2]\\&=1\,311.775\end{aligned}$$

$$\begin{aligned}SSA&=\sum_{i=1}^{r}\sum_{j=1}^{m}(\bar{x}_i-\bar{\bar{x}})^2=10\sum_{i=1}^{r}(\bar{x}_i-\bar{\bar{x}})^2\\&=10\times[(49.6-41.175)^2+(40.5-41.175)^2+(40-41.175)^2+(34.6-41.175)^2]\\&=1\,160.475\end{aligned}$$

$$SSE=\sum_{i=1}^{r}\sum_{j=1}^{m}(x_{ij}-\bar{x}_i)^2$$

$$=[(51-49.6)^2+(50-49.6)^2+\cdots+(48-49.6)^2]$$
$$+[(40-40.5)^2+(39-40.5)^2+\cdots+(41-40.5)^2]$$
$$+[(39-40)^2+(41-40)^2+\cdots+(36-40)^2]$$
$$+[(34-34.6)^2+(37-34.6)^2+\cdots+(35-34.6)^2]$$
$$=20.4+14.5+102+14.4=151.3$$

显然有：$SST=SSA+SSE$。

(4) 计算组间均方和组内均方及检验统计量的样本值。

根据 MSA 和 MSE 的计算公式及自由度的确定方法，得到：

$$MSA=\frac{SSA}{r-1}=\frac{1\ 160.475}{3}=386.825，df_1=3$$

$$MSE=\frac{SSE}{n-r}=\frac{151.3}{36}\approx 4.203，df_2=36$$

两者相比，得到检验统计量的样本值：

$$F=\frac{MSA}{MSE}=\frac{386.825}{4.203}\approx 92.035$$

根据事先设定的显著性水平 $\alpha=0.05$，在 F 分布表中查找分子自由度为 $df_1=3$、分母自由度为 $df_2=36$ 所对应的临界值 $F_{0.05}(3，36)$ 是 2.866，显然，$F>F_{0.05}(3，36)$，因此拒绝原假设，即 $\mu_1=\mu_2=\mu_3=\mu_4$ 不成立，表明该新药品在各个不同年龄段的药效存在显著差异，即年龄是影响该新药品药效的一个显著因素。

想一想

有一群老人分住在 5 个疗养院中，每个疗养院中有 20 人，给他们服用抗抑郁剂。用方差分析来判断老人服药的剂量与所住的病房是否有关。作为自变量的病房及残差变量的自由度分别为多少？若检验结果是统计显著的，根据各病房中使用抗抑郁剂的情况你能得到什么结论？

第三节　双因素方差分析

单因素方差分析只是考虑一个分类型自变量对数值型因变量的影响，在现实中，我们经常要面对多个因素对试验结果存在影响的情形。譬如，上一节提到的饮料销售问题，影响饮料销售量的因素除了饮料的颜色以外，还可能受到季节、地域、品牌等因素的影响，此时使用单因素方差分析方法便显得力不从心了，需要运用双因素方差分析或者多因素方差分析。

小词典

涉及两个分类型自变量的方差分析称为双因素方差分析。

双因素方差分析可分为无交互效应的方差分析和有交互效应的方差分析。所谓有交互效应的方差分析是指当两个因素之间不独立、存在相互搭配对因变量产生作用的情况下的方差分析。因篇幅原因，这里仅讨论无交互效应的方差分析。

一、数据结构

在无交互作用的双因素方差分析中，往往将两个因素分别作为试验数据表的行因素和列因素。设考虑 A 因素和 B 因素对考察对象的影响作用，A 因素有 r 个水平，B 因素有 k 个水平，则进行双因素方差分析的数据结构应如表 9—5 所示。

表 9—5 双因素方差分析的数据结构

		行因素 A（A_i）			
		A_1	A_2	…	A_r
列因素 B（B_j）	B_1	x_{11}	x_{21}	…	x_{r1}
	B_2	x_{12}	x_{22}	…	x_{r2}
	⋮	⋮	⋮	⋮	⋮
	B_k	x_{1k}	x_{2k}	…	x_{rk}

在表 9—5 中，x_{ij}（$i=1, 2, \cdots, r$；$j=1, 2, \cdots, k$）表示样本观测值，A_i（$i=1, 2, \cdots, r$）表示因素 A 的第 i 个水平，B_j（$j=1, 2, \cdots, k$）表示因素 B 的第 j 个水平，显然，总样本量为 $n=rk$。例如，x_{11} 表示 A 因素第一个水平下、B 因素第一个水平下的样本观测值，x_{rk} 表示 A 因素第 r 个水平下、B 因素的第 k 个水平下的样本观测值。需要说明的是，这里可以将每个观测值 x_{ij} 视为由行因素 A 的 r 个水平、列因素 B 的 k 个水平组合成的 $r\times k$ 个总体中抽取的样本量为 1 的独立随机样本。这 $r\times k$ 个总体中的每一个总体都服从正态分布，并且有相同的方差。

二、分析步骤

与单因素方差分析类似，双因素方差分析的步骤也可以归纳为五步。

（一）提出原假设与备择假设

为了检验两个因素的影响，需要对两个因素分别提出如下假设：

对行因素提出的原假设应为：

H_0：$\mu_1=\mu_2=\cdots=\mu_i=\cdots=\mu_r$ 行因素各水平下因变量的均值相等（行因素对因变量没有显著影响）

H_1：$\mu_i\,(i=1, 2, \cdots, r)$ 不全相等 行因素各水平下因变量的均值不全相等（行因素对因变量有显著影响）

其中，μ_i 为行因素的第 i 个水平下的总体均值。

同理，对列因素提出的原假设应为：

H_0：$\mu_1=\mu_2=\cdots=\mu_j=\cdots=\mu_k$ 列因素各水平下因变量的均值相等（列因素对因变量没有显著影响）

H_1：$\mu_j\,(j=1, 2, \cdots, k)$ 不全相等 列因素各水平下因变量的均值不全相等（列因素对因变量有显著影响）

其中，μ_j 为列因素的第 j 个水平下的总体均值。

（二）构造检验统计量及确定分布

为检验 H_0 是否成立，需要分别确立检验行因素和列因素的统计量。与单因素方差分析构造统计量的方法类似，需要从总平方和的分解入手。SST 是全部样本观测值 x_{ij}（$i=1, 2, \cdots, r$；$j=1, 2, \cdots, k$）与总的样本均值 $\bar{\bar{x}}$ 的误差平方和，用公式表示为：

$$
\begin{aligned}
SST &= \sum_{i=1}^{r}\sum_{j=1}^{k}(x_{ij}-\bar{\bar{x}})^2 \\
&= \sum_{i=1}^{r}\sum_{j=1}^{k}(\bar{x}_{i\cdot}-\bar{\bar{x}})^2+\sum_{i=1}^{r}\sum_{j=1}^{k}(\bar{x}_{\cdot j}-\bar{\bar{x}})^2+\sum_{i=1}^{r}\sum_{j=1}^{k}(x_{ij}-\bar{x}_{i\cdot}-\bar{x}_{\cdot j}+\bar{\bar{x}})^2
\end{aligned} \tag{9.7}
$$

从总误差平方和的分解部分可以看出，第一部分是从行因素的角度产生的误差平方和，这里记为 SSR；第二部分是从列因素的角度产生的误差平方和，记为 SSC；第三部分是排除行、列因素之后，由随机因素所产生的误差平方和，仍沿用单因素方差分析中的符号，用 SSE 表示。具体用公式表示为：

$$SSR=\sum_{i=1}^{r}\sum_{j=1}^{k}(\bar{x}_{i\cdot}-\bar{\bar{x}})^2 \tag{9.8}$$

$$SSC=\sum_{i=1}^{r}\sum_{j=1}^{k}(\bar{x}_{\cdot j}-\bar{\bar{x}})^2 \tag{9.9}$$

$$SSE=\sum_{i=1}^{r}\sum_{j=1}^{k}(x_{ij}-\bar{x}_{i\cdot}-\bar{x}_{\cdot j}+\bar{\bar{x}})^2 \tag{9.10}$$

其中，$\bar{x}_{i\cdot}=\frac{1}{k}\sum_{j=1}^{k}x_{ij}$ 表示行因素的第 i 个水平下的样本均值，$\bar{x}_{\cdot j}=\frac{1}{r}\sum_{i=1}^{r}x_{ij}$ 表示列因素的第 j 个水平下的样本均值，$\bar{\bar{x}}=\frac{1}{rk}\sum_{i=1}^{r}\sum_{j=1}^{k}x_{ij}$ 表示所有样本的均值。

这里显然有：$SST=SSR+SSC+SSE$，这个关系也可以用于验证计算的正确性。

由于误差平方和与样本量大小是有关的，因此需要计算均方。方法是将各平方和除以相应的自由度。与各误差平方和相对应的自由度分别是：

SST 的自由度为 $n-1$

SSR 的自由度为 $r-1$

SSC 的自由度为 $k-1$

SSE 的自由度为 $(r-1)\times(k-1)$

其中，$n=rk$ 为总观测值个数，r 为行因素水平数，k 为列因素水平数。

为构造检验统计量，需要计算下列各均方：

行因素的均方：$MSR=\frac{SSR}{r-1}$

列因素的均方：$MSC=\frac{SSC}{k-1}$

随机误差项的均方：$MSE=\frac{SSE}{(r-1)(k-1)}$

为检验行因素对因变量的影响是否显著，构造下面的统计量：

$$F_R=\frac{MSR}{MSE}\sim F[r-1,\ (r-1)(k-1)]$$

为检验列因素对因变量的影响是否显著，构造下面的统计量：

$$F_C=\frac{MSC}{MSE}\sim F[k-1,\ (r-1)(k-1)]$$

（三）根据样本信息计算检验统计量的实际值

要检验 H_0 是否成立，就需要根据样本信息得出检验统计量的实际值，以表 9—5 为例分解计算步骤。

（1）分别计算行因素、列因素的各个水平下的样本均值。

$$\text{行因素：}\bar{x}_{i\cdot}=\frac{1}{k}\sum_{j=1}^{k}x_{ij}\ (i=1,2,\cdots,r;j=1,2,\cdots,k)$$

$$\text{列因素：}\bar{x}_{\cdot j}=\frac{1}{r}\sum_{i=1}^{r}x_{ij}\ (i=1,2,\cdots,r;j=1,2,\cdots,k)$$

其中，x_{ij} 表示行因素第 i 个水平下、列因素第 j 个水平下的样本观测值。

（2）计算所有因素水平下全部样本的总均值。

$$\bar{\bar{x}}=\frac{1}{r}\sum_{i=1}^{r}\bar{x}_{i\cdot}=\frac{1}{k}\sum_{j=1}^{k}\bar{x}_{\cdot j}=\frac{1}{rk}\sum_{i=1}^{r}\sum_{j=1}^{k}x_{ij}\ (i=1,2,\cdots,r;j=1,2,\cdots,k)$$

（3）计算误差平方和。根据总误差平方和 SST、行因素误差平方和 SSR、列因素误差平方和 SSC、随机误差平方和 SSE 的公式分别计算样本值，并根据等式关系验证其正确性。

（4）计算行因素、列因素检验统计量的样本值。行因素均方（MSR）、列因素均方（MSC）和随机误差均方（MSE）的计算公式为：

$$MSR=\frac{SSR}{r-1}$$

$$MSC=\frac{SSC}{k-1}$$

$$MSE=\frac{SSE}{(r-1)(k-1)}$$

从而可得到行、列因素检验统计量的样本值：

$$F_R=\frac{MSR}{MSE}$$

$$F_C=\frac{MSC}{MSE}$$

（四）设定检验的显著性水平 α 并确定临界值

根据事先设定的显著性水平 α 和两个自由度，在 F 分布表中查找行因素统计量、列因素统计量相对应的临界值 $F_\alpha[r-1,\ (r-1)(k-1)]$、$F_\alpha[k-1,\ (r-1)(k-1)]$。

（五）比较理论值（临界值）与实际值大小，进行决策

分别比较行、列因素检验统计量的样本值与其相对应的理论值（临界值）大小，判断原假设的拒绝情况。判断规则与单因素方差分析类似，先验证对行因素提出的假设。

如果 $F_R > F_\alpha$ [$r-1$，$(r-1)$ $(k-1)$]，则拒绝原假设，即 $\mu_1=\mu_2=\cdots=\mu_i=\cdots=\mu_r$ 不成立，表明行因素水平下的总体均值存在显著差异，从另一个角度来说，可以认为行因素对因变量的影响作用显著。

如果 $F_R < F_\alpha$ [$r-1$，$(r-1)$ $(k-1)$]，则不能拒绝原假设 H_0，表明没有证据说明行因素水平下的总体均值存在显著差异，从另一个角度来说，不能认为行因素对因变量有显著影响。

验证对列因素提出的假设与行因素相同。

双因素方差分析的过程可用表 9—6 表示，该表也称为方差分析表。

表 9—6　　双因素方差分析表的一般格式

误差来源	平方和	自由度 df	均方	F 统计量样本值	F 统计量临界值	P 值
行因素	SSR	$r-1$	MSR	$F_R=\frac{MSR}{MSE}$	$F_\alpha[r-1,\ (r-1)(k-1)]$	
列因素	SSC	$k-1$	MSC	$F_C=\frac{MSC}{MSE}$	$F_\alpha[k-1,\ (r-1)(k-1)]$	
随机因素	SSE	$(r-1)(k-1)$	MSE			
总和	SST	$rk-1$				

此外，也可利用 Excel 计算 P 值，根据 P 值来进行决策（见本章后附录）。

【例 9.3】 某品牌饮料生产商要分析饮料颜色和销售地区对该饮料销售量的影响作用，分别将该品牌的饮料调制成四种颜色后，在五个地区进行销售，通过一周的销售试验，得到以下数据（见表 9—7）。请在置信度 $\alpha=0.05$ 的水平下，分析饮料颜色和销售地区这两个因素对于销售量是否有显著影响。

表 9—7　　饮料销售试验数据

		颜色因素（行因素）			
		红色	黄色	蓝色	无色
地区因素（列因素）	东部	286	352	342	367
	西部	264	347	365	353
	南部	298	317	361	349
	北部	283	323	332	328
	中部	301	360	327	344

解：根据题意：$r=4$，$k=5$，$n=rk=20$，$\alpha=0.05$。

首先对行、列因素分别建立假设：

$$\text{行因素：}\begin{cases}H_0：\mu_1=\mu_2=\mu_3=\mu_4\\H_1：\mu_i(i=1，2，3，4)\text{不全相等}\end{cases}$$

列因素：$\begin{cases} H_0：\mu_1=\mu_2=\mu_3=\mu_4=\mu_5 \\ H_1：\mu_j\ (j=1，2，3，4，5)\text{不全相等} \end{cases}$

根据样本数据计算检验统计量的实际值。

（1）计算各个因素水平下的样本均值，见表 9—8。

表 9—8　　各个因素水平下的样本均值

		颜色因素（行因素）				列因素各水平均值 $\bar{x}_{\cdot j}$
		红色	黄色	蓝色	无色	
地区因素（列因素）	东部	286	352	342	367	336.75
	西部	264	347	365	353	332.25
	南部	298	317	361	349	331.25
	北部	283	323	332	328	316.50
	中部	301	360	327	344	333.00
行因素各水平均值 $\bar{x}_{i\cdot}$		286.40	339.80	345.40	348.20	329.95

（2）计算各项误差平方和。

$$SST=\sum_{i=1}^{r}\sum_{j=1}^{k}(x_{ij}-\bar{\bar{x}})^2=17\ 058.95$$

$$SSR=\sum_{i=1}^{r}\sum_{j=1}^{k}(\bar{x}_{i\cdot}-\bar{\bar{x}})^2=2\ 565.39\times 5=12\ 826.95$$

$$SSC=\sum_{i=1}^{r}\sum_{j=1}^{k}(\bar{x}_{\cdot j}-\bar{\bar{x}})^2=973.72$$

$$SSE=\sum_{i=1}^{r}\sum_{j=1}^{k}(x_{ij}-\bar{x}_{i\cdot}-\bar{x}_{\cdot j}+\bar{\bar{x}})^2=3\ 258.28$$

显然有：$SST=SSR+SSC+SSE$。

（3）计算各均方及检验统计量的样本值。

$$MSR=\frac{SSR}{r-1}=\frac{12\ 826.95}{3}=4\ 275.65$$

$$MSC=\frac{SSC}{k-1}=\frac{973.72}{4}=243.43$$

$$MSE=\frac{SSE}{(r-1)(k-1)}=\frac{3\ 258.28}{3\times 4}\approx 271.52$$

分别得到行因素和列因素的检验统计量样本值：

$$F_R=\frac{MSR}{MSE}=\frac{4\ 275.65}{271.52}\approx 15.747$$

$$F_C=\frac{MSC}{MSE}=\frac{243.43}{271.52}\approx 0.897$$

根据事先设定的显著性水平 $\alpha=0.05$，在 F 分布表中分别查找对应的临界值 $F_{0.05}(3，12)=3.49$，$F_{0.05}(4，12)=3.26$，显然，$F_R>F_{0.05}(3，12)$，因此拒绝行因素的原假设，即 $\mu_1=\mu_2=\mu_3=\mu_4$ 不成立，说明饮料的颜色是影响饮料销售量的一个显著因素；$F_C<F_{0.05}(4，12)$，因此不能拒绝列因素的原假设，即不能拒绝 μ_j（$j=1，2，3，4，5$）均相

等，表明地区因素并不是影响饮料销售量的一个显著因素。

想一想

1. 方差分析与 t 检验之间有何区别与联系？

2. 单因素方差分析与双因素方差分析的区别和联系有哪些？

你知道吗？

每一种新药在投放市场前，都必须经过在人体中的应用，包含健康人和患者。新药必须经过基础研究、动物试验和人体临床试验等规定程序后才能上市。在临床试验中，研究人员通过主动干预或者完全不干预的手段，在受试者身上进行新式药品、治疗方式等试验，通过数据分析、症状观察等方法获取相关信息。

我国的《新药审批办法》规定，新药的临床试验分为Ⅰ、Ⅱ、Ⅲ、Ⅳ期。Ⅰ期临床试验为初步的临床药理学及人体安全性评价试验。观察人体对于新药的耐受程度和药代动力学，为制定给药方案提供依据。Ⅱ期临床试验为治疗作用初步评价阶段。其目的是初步评价药物对目标适应证患者的治疗作用和安全性，也包括为Ⅲ期临床试验研究设计和给药剂量方案的确定提供依据。此阶段的研究设计可以根据具体的研究目的，采用多种形式，包括随机盲法对照临床试验。Ⅲ期临床试验为治疗作用确证阶段。其目的是进一步验证药物对目标适应证患者的治疗作用和安全性，评价利益与风险关系，最终为药物注册申请的审查提供充分的依据。试验一般应为具有足够样本量的随机盲法对照试验。Ⅳ期临床试验为新药上市后由申请人进行的应用研究阶段。其目的是考察在广泛使用条件下的药物的疗效和不良反应、评价在普通或者特殊人群中使用的利益与风险关系以及改进给药剂量等。

临床试验设计方法和试验类型包括：组群随机化设计、成组序贯设计、安慰剂激发设计、评估者盲法设计；优效性试验、阳性对照和等效性/非劣效性试验、量效关系试验、桥接试验和疫苗临床试验；等效性和非劣效性试验的样本量确定以及比较变异性；抗肿瘤药物临床试验的设计；临床试验数据管理等。对新药进行临床试验所得数据的分析方法常常要用到方差分析。

本章小结

本章主要介绍了方差分析的概念与统计思想、单因素方差分析和双因素方差分析。主要知识点总结如下：

1. 方差分析表面上是检验多个总体均值是否相等的统计方法，但本质上它所研究的是分类型自变量对数值型因变量的影响。在方差分析中，所要检验的对象称为因素或因子；因素的不同表现称为水平或处理；每个因素（因子）水平下得到的样本数据称为观测值。

2. 按照对数值型因变量影响的自变量个数，可以将方差分析分为单因素方差分析、双因素方差分析和多因素方差分析。

3. 方差分析需要有三个基本假定：

（1）因素的各个水平（可以看作各个总体）服从正态分布；

（2）各个总体的方差相等；

（3）各个观测值相互独立。

实际中的数据只能近似地满足上述三个假定。

4. 方差分析的步骤可以归纳为五步：提出原假设与备择假设；构造检验统计量及确定分布；根据样本信息计算检验统计量的实际值；设定检验的显著性水平 α 并确定临界值；比较理论值（临界值）与实际值大小，进行决策。

思考与练习

1. 简述方差分析的统计思想。

2. 请陈述方差分析的前提假定条件。

3. 简述方差分析的基本步骤。

4. 请结合实例解释方差分析中的常用术语——因素、水平的含义。

5. 某厂商想了解销售地点和销售时间对销售量的影响。它在六个试验点 A_i（$i=1$，2，…，6）进行销售，并记录了五个时期 B_j（$j=1$，2，…，5）的销售量，对记录的数据处理后得到表 9—9。要求：试在 $\alpha=0.05$ 下分析不同地点和不同时间对销售量的影响是否显著（不存在交互作用）。

表 9—9　记录的数据表

方差来源	平方和	自由度
因素 A	145.9	5
因素 B	50.0	4
误差	46.3	20
总和	242.2	29

6. 为研究食品的包装和销售地区对销售量是否有影响，在三个不同地区中用三种不同包装方法进行销售，表 9—10 是一周的销售量数据。

表 9—10　一周的销售量数据　单位：箱

销售地区＼包装方法	B_1	B_2	B_3
A_1	45	75	30
A_2	50	50	40
A_3	35	65	50

用 Excel 得出的方差分析表，如表 9—11 所示。

表 9—11　　方差分析表

差异源	离差平方和 SS	自由度 df	均方 MA	F 值	P 值	F crit
行（地区）	22.222 2	2	11.111 1	0.072 7	0.931 1	6.944 3
列（包装）	955.555 6	2	477.777 8	3.127 3	0.152 2	6.944 3
误差	611.111 1	4	152.777 8			
总计	1 588.888 9	8				

要求：取显著性水平 $\alpha=0.05$，检验不同地区和不同包装方法对该食品的销售量是否有显著影响。

7. 有 5 种不同的施肥方案，在其他条件均相同的情况，分别得到某农作物的平均单产数据，见表 9—12。要求：试在显著性水平 $\alpha=0.05$ 和 $\alpha=0.005$ 的情况下，分别检验这 5 种施肥方案对农作物产量是否有显著性影响。

表 9—12　　5 种施肥方案下某农作物的平均单产数据　　单位：千克

试点编号 \ 施肥方案	A_1	A_2	A_3	A_4	A_5
1	335	480	345	320	350
2	210	330	175	350	440
3	335	490	300	395	450
4	275	330	175	350	440

附录：用 Excel 进行方差分析

本章介绍的方差分析包括单因素方差分析和无交互作用的双因素方差分析。利用 Excel（2010 版）中的数据分析工具，可以很容易地进行方差分析。

1. 单因素方差分析

【附例 1】　五个地区每天发生交通事故的次数如表 9—13 所示。

表 9—13　　五个地区每天发生交通事故情况

东部	北部	中部	南部	西部
15	12	10	14	13
17	10	14	9	12
14	13	13	7	9
11	17	15	10	14
—	14	12	8	10
—	—	—	7	9

由于是随机抽样，有些地区的样本量较大（如南部和西部），而有些地区样本量较小（如东部）。要求：试以 $\alpha=0.01$ 的显著性水平检验各地区平均每天发生交通事故的次数是否相等。

假如我们已将数据输入工作表中的 A3：E8 单元格，按下列步骤操作：

第 1 步：选择“数据”选项；

第 2 步：选择“数据分析”选项；

第 3 步：在分析工具中选择“方差分析：单因素方差分析”；

第 4 步：当出现对话框后，在“输入区域”方框内键入 A3：E8，在 α 方框内输入 0.01，在“输出选项”中选择输出区域 G2，最后选择“确定”。

输出结果如表 9—14 所示。

表 9—14　　单因素方差分析输出结果

	G	H	I	J	K	L	M
1							
2	方差分析：单因素方差分析						
3							
4	SUMMARY						
5	组	计数	求和	平均	方差		
6	列 1	4	57	14.25	6.25		
7	列 2	5	66	13.2	6.7		
8	列 3	5	64	12.8	3.7		
9	列 4	6	55	9.166 667	6.966 667		
10	列 5	6	67	11.166 67	4.566 667		
11							
12							
13	方差分析						
14	差异源	*SS*	*df*	*MA*	*F*	*P*-value	*F* crit
15	组间	82.637 18	4	20.659 29	3.676 135	0.020 229	4.368 815
16	组内	118.016 7	21	5.619 841			
17							
18	总计	200.653 8	25				
19							

G12 以下的部分是方差分析表，在此基础上计算机计算出 P 值和临界值 F_α，作为方差分析表的最后两列。

由于 $F=3.676\,135<F_\alpha=4.368\,815$，所以不能拒绝原假设。也可以参照 P 值，P 值为 0.020 229，大于 0.01，因此不能拒绝原假设，也就是说，各地区平均每天发生交通事故的次数是相等的。

2. 无交互作用的双因素方差分析

【附例 2】　不同包装的某商品在五个地区销售，销售资料如表 9—15 所示。

表 9—15 不同包装的某商品在五个地区的销售情况

地区（因素 B）	包装（因素 A）		
	A_1	A_2	A_3
B_1	41	45	34
B_2	53	51	44
B_3	54	48	46
B_4	55	43	45
B_5	43	39	51

要求：试以 $\alpha=0.05$ 的显著性水平分别检验该商品的包装及销售地区对销售量的影响。

假定已将数据输入到工作表中的 B4：D8 单元格，按下列步骤操作：

第 1 步：选择“数据”选项；

第 2 步：选择“数据分析”选项；

第 3 步：在分析工具中选择“方差分析：无重复双因素方差分析”；

第 4 步：当出现对话框后，在“输入区域”方框内键入 B4：D8，在 α 方框内输入 0.05，在“输出选项”中选择输出区域 G2，最后选择“确定”。

输出结果如表 9—16 所示。

表 9—16 双因素方差分析输出结果

	G	H	I	J	K	L	M
1	方差分析：无重复双因素方差分析						
2							
3	SUMMARY	计数	求和	平均	方差		
4	行 1	3	120	40	31		
5	行 2	3	148	49.333 33	22.333 33		
6	行 3	3	148	49.333 33	17.333 33		
7	行 4	3	143	47.666 67	41.333 33		
8	行 5	3	133	44.333 33	37.333 33		
9							
10	列 1	5	246	49.2	44.2		
11	列 2	5	226	45.2	21.2		
12	列 3	5	220	44	38.5		
13							
14							
15	方差分析						
16	差异源	*SS*	*df*	*MA*	*F*	*P*-value	*F* crit
17	行	191.066 7	4	47.766 67	1.701 9	0.241 868	3.837 853
18	列	74.133 33	2	37.066 67	1.320 665	0.319 430	4.458 970
19	误差	224.533 3	8	28.066 67			
20							
21	总计	489.733 3	14				
22							

由于行的 F 值 $F_R=1.701\ 9<F_\alpha=3.837\ 853$，$P$ 值为 0.241 868，大于 $\alpha=0.05$，所以不能拒绝原假设，说明该商品的包装对销售量并没有显著影响。而列的 F 值 $F_C=1.320\ 665<F_\alpha=4.458\ 970$，$P$ 值为 0.319 430，大于 $\alpha=0.05$，故不能拒绝原假设，说明该商品的销售地区对销售量也没有显著影响。

第十章

相关与回归

父代与子代的身高有关系吗?

1855 年，英国著名生物学家兼统计学家弗朗西斯·高尔顿发表《遗传的身高向平均数方向的回归》一文，他和他的学生通过观察 1 078 对夫妇，以每对夫妇的平均身高作为自变量，以他们的一个成年儿子的身高作为因变量，分析儿子身高与父母身高之间的关系，发现可以通过父母的身高预测子女的身高。当父母越高或越矮时，子女的身高会比一般儿童高或矮，他根据儿子与父母身高的这种关系拟合出一种线性关系，并得到如果父母身高每增加一个单位，其成年儿子的身高平均增加 0.516 个单位。

有趣的是，通过观察高尔顿还注意到，尽管这是一种拟合较好的线性关系，但仍然存在例外现象：矮个父母所生的儿子比其父母要高，身材较高的父母所生子女的身高却回降到多数人的平均身高。换句话说，当父母身高走向极端时，子女的身高不会像父母身高那样极端化，其身高要比父母的身高更接近平均身高，即有“回归”到平均数水平的趋势，这就是统计学上“回归”的最初的含义，高尔顿把这一现象叫做“向平均数方向的回归”（regression toward mediocrity）。虽然这是一种特殊情况，与线性关系拟合的一般规则无关，但“线性回归”术语却因此沿用下来。

在现实生活中，我们也会看到类似的回归现象。期中考试成绩比较高的学生在期末考试时取得的成绩也好，但平均来说不像期中考试那么好；类似地，期中考试成绩比较差的学生在期末考试时取得的成绩平均要好一些。同样，平均来说，第一年利润最低的公司第二年不会最差，而第一年利润最高的公司第二年则不会是最好的。

本章将深入探讨相关分析与回归分析。

学习导航

- 变量间的相互关系、相关系数及显著性检验。
- 一元线性回归模型的设定、拟合及显著性检验。
- 回归预测。
- 用 Excel 进行相关分析和回归分析。

从生活经验中我们了解，世界上万事万物都有着千丝万缕的联系，但是这样的联系应该如何测度？我们如何将简单的直觉通过建模方式表现出来，并将变量之间联系的密切程度数量化？接下来要介绍的相关分析（correlation analysis）和回归分析（regression analysis）正是以不同的方式测度变量之间统计关系的非常有效的工具。

第一节　相关分析

一、变量间的相互关系

变量之间的关系可以分为两种：一种是确定性关系或函数关系，研究的是确定现象非随机变量间的关系。比如销售额等于销售量和单价的乘积，用函数表示为 $y=nx$，其中 y 为销售额，n 为销售量，x 为单价，在单价给定的情况下可以唯一确定销售额。另一种是统计关系或相关关系，研究的是非确定现象随机变量间的关系。相关关系比确定性关系更为普遍，是统计中研究的对象。比如广告投放量和销售收入、科研投入和创新产出之间的关系等。这些事物之间存在一定的关系，但是不能像确定性关系那样用数学函数进行描述，给定变量 x 时，往往存在若干个 y 与之相对应。

想一想

现实生活中还有哪些变量之间的关系体现为函数关系？又有哪些变量之间的关系体现为相关关系？

在第一章中介绍过，变量可以分为定性变量和数值变量。考察不同类型变量之间的相关关系应使用不同的方法。定性变量之间的关系参见第八章列联分析，定性变量和数值变量之间的关系参见第九章方差分析。本章主要考察两个数值变量之间的相关关系。相关关系可以按照相关程度高低、相关关系的变动方向、相关形式和涉及变量的数量等因素划分。

（1）按相关程度的高低可以将相关关系分为完全相关、不完全相关和不相关。完全相关在相关图上表现为所有的观察点都落在同一条直线上，这种情况下，相关关系实际上是函数关系；不相关是指变量之间不存在联系；不完全相关介于不相关和完全相关之间。我们这里讨论的相关关系是指不完全相关，是统计研究的主要对象。

(2) 按相关关系的变动方向可划分为正相关和负相关。正相关是指两个变量之间的变化方向一致，都是呈增长或下降的趋势。负相关是指两个变量之间变化方向相反，此消彼长。

(3) 按相关的形式可划分为线性相关和非线性相关。线性相关表现为自变量 x 发生变动，因变量 y 随之发生大致均等的变动，从图形上近似地表现为直线形式。在非线性相关中，自变量 x 发生变动，因变量 y 也随之发生变动，这种变动不是均等的，从图形上表现为曲线形式。曲线相关在相关图上的分布，表现为抛物线、双曲线、指数曲线等非直线形式。

(4) 按涉及变量的多少可分为简单相关和复相关。简单相关研究两个变量之间的相关关系。复相关涉及三个或三个以上变量的相关关系。

相关关系可以用散点图（scatter diagram）直观表示。将数据以点的形式画在直角坐标平面上。通过观察散点图能够直观地发现变量间的统计关系以及它们的强弱程度和数据对的可能走向。图 10—1 中表示了几种不同的相关关系。

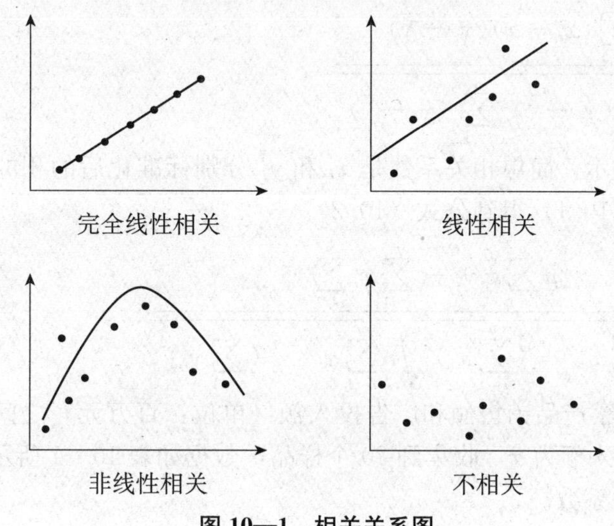

图 10—1　相关关系图

想一想

1. 根据实际经验举出几对变量，说明在一个散点图中，哪个变量应在 y 轴，哪个变量应在 x 轴，什么时候不确定。

2. 判断下列变量间的相关关系是正相关还是负相关：

(1) 某产品是否畅销与其价格；

(2) 办公室的大小与工资；

(3) 室外的温度与游泳馆销售的票的数量。

二、相关系数

虽然散点图能够直观地展现变量之间的统计关系，但是并不精确。因此，为准确度量两个变量之间的关系强度，需要计算相关系数。

小词典

相关系数（correlation coefficient）是用于度量两个变量之间相关关系密切程度的指标。对变量间线性相关程度的度量称为简单相关系数。若相关系数是根据总体的全部数据计算的，则称为总体相关系数，记为 ρ；若是根据样本数据计算的，则称为样本相关系数，记为 r。

（一）Pearson 简单相关系数

Pearson 简单相关系数（Pearson's correlation coefficient）用来度量定距型变量间的线性相关关系，定义如下：

$$r=\frac{\sum_{i=1}^{n}(x_i-\bar{x})(y_i-\bar{y})}{\sqrt{\sum_{i=1}^{n}(x_i-\bar{x})^2\sum_{i=1}^{n}(y_i-\bar{y})^2}} \tag{10.1}$$

公式（10.1）显示，简单相关系数是 x_i 和 y_i 分别标准化后的积的平均数。为计算方便，可以化简公式（10.1）得到公式（10.2）：

$$r=\frac{n\sum_{i=1}^{n}x_iy_i-\sum_{i=1}^{n}x_i\sum_{i=1}^{n}y_i}{\sqrt{n\sum_{i=1}^{n}x_i{}^2-(\sum_{i=1}^{n}x_i)^2}\sqrt{n\sum_{i=1}^{n}y_i{}^2-(\sum_{i=1}^{n}y_i)^2}} \tag{10.2}$$

【例 10.1】 考察产品销售额和广告投入额（单位：百万元）之间的关系，记产品销售额为 y，记广告投入额为 x，收集到 20 个样品，数据如表 10—1 所示。计算产品销售额和广告投入额的相关系数。

表 10—1　产品销售额和广告投入额数据

编号	广告投入额 x	产品销售额 y	编号	广告投入额 x	产品销售额 y
1	7.49	28.39	11	6.5	27.23
2	6.44	26.54	12	9.4	31.95
3	9.91	34.89	13	7.35	27.78
4	8.65	31.79	14	10.43	34.76
5	11.3	38.86	15	7.75	30.22
6	8.25	28.64	16	8.22	31.29
7	5.23	21.75	17	9.17	33.15
8	6.73	26.49	18	8.7	33.08
9	10.39	35.25	19	12.25	38.99
10	6.62	28.09	20	8.14	30.39

解：对表 10—1 中的数据进行计算，可得：

$$\sum_{i=1}^{n} x_i = 168.92, \sum_{i=1}^{n} y_i = 619.53, \sum_{i=1}^{n} x_i^{\ 2} = 1\,487.93$$

$$\sum_{i=1}^{n} y_i^{\ 2} = 19\,546.58, \sum_{i=1}^{n} x_i y_i = 5\,376.18$$

按照公式（10.2）带入有：

$$r = \frac{n\sum_{i=1}^{n} x_i y_i - \sum_{i=1}^{n} x_i \sum_{i=1}^{n} y_i}{\sqrt{n\sum_{i=1}^{n} x_i^{\ 2} - (\sum_{i=1}^{n} x_i)^2}\sqrt{n\sum_{i=1}^{n} y_i^{\ 2} - (\sum_{i=1}^{n} y_i)^2}}$$

$$= \frac{20 \times 5\,376.18 - 168.92 \times 619.53}{\sqrt{20 \times 1\,487.93 - (168.92)^2} \times \sqrt{20 \times 19\,546.58 - (619.53)^2}} \approx 0.973$$

因此，产品销售额和广告投入额的相关系数为0.973。

（二）相关系数的性质

在计算出相关系数的数值之后，我们需要知道如何解读这些数值。一般来说，我们需要看相关系数的符号和绝对值大小。

（1）观察相关系数的符号：$r > 0$ 表明两变量为正相关；$r < 0$ 表明两变量为负相关。

（2）相关系数的取值范围在-1和$+1$之间，即$-1 \leqslant r \leqslant 1$。

（3）相关系数的绝对值越接近于1，表示变量之间的相关程度越高；越接近于0，表示变量之间的相关程度越低。如果 $r=1$ 或 $r-1$，则表示两个变量完全线性相关。如果$r=0$，则表示两个变量不存在线性相关。

（4）一般认为，$|r|<0.3$ 表示变量之间的线性相关关系较弱；$0.8 \leqslant |r| < 1$ 表示变量之间高度相关。当然，不能完全依据相关系数的大小来判断相关关系的强弱。比如当只有两个数据点的时候，由于两点成一条直线，因此相关系数必然等于1，但是这对于判断它们所代表的变量是否相关并不能提供依据。在得到相关系数的值之后，通常还要进行检验，我们在“三、相关系数的检验”中会介绍。

（三）使用相关系数的注意事项

在使用相关系数进行推断时，需要注意以下几点：

（1）从相关系数的计算公式（10.1）中可以看出，相关系数是 x 和 y 标准化后的结果，因此简单相关系数是没有量纲的。对变量做线性变换后，可能会改变它们之间的相关关系的方向，但是不会改变相关系数的绝对值大小。

（2）利用相关系数能够度量两个变量之间的线性关系，但它并不是度量非线性关系的有效工具。低的相关系数可能存在很好的非线性关系。

想一想

1. 相关系数 $r=0$，表明变量之间没有相关关系，这种说法正确吗？

2. 有相关关系即意味着有因果关系吗？

三、相关系数的检验

由样本数据计算的样本相关系数仅是总体相关系数的近似，通常样本相关系数不能直接用来说明样本所在的总体是否有显著的线性相关，需要通过假设检验的方式对总体是否存在显著线性相关进行推断。基本步骤为：

（1）建立原假设和备择假设，即 H_0：总体相关系数 $\rho=0$；H_1：总体相关系数 $\rho\neq0$。

（2）构建检验统计量。Pearson 简单相关系数的检验统计量为 t 统计量，其数学定义为：

$$t=\frac{r\sqrt{n-2}}{\sqrt{1-r^2}}\sim t\ (n-2) \tag{10.3}$$

其中，t 统计量服从 $n-2$ 个自由度的 t 分布。

（3）确定显著性水平 α，利用该统计量和 t 分布表判断是否拒绝原假设。若 $|t|>t_{\alpha/2}(n-2)$，则拒绝 H_0，认为总体的两个变量之间存在显著的线性关系；若 $|t|<t_{\alpha/2}(n-2)$，则不能拒绝 H_0，表明总体的两个变量之间存在显著线性关系的证据不充分。

【例 10.2】 给定显著性水平为 $\alpha=0.05$，对例 10.1 计算的产品销售额和广告投入额的相关系数进行显著性检验。

解：建立原假设和备择假设：

$$H_0:\rho=0;\ H_1:\rho\neq0$$

计算检验统计量：

$$t=\frac{0.973\times\sqrt{20-2}}{\sqrt{1-0.973^2}}=17.89$$

由显著性水平 $\alpha=0.05$，查 t 分布表得 $t_{0.05/2}(20-2)=2.101$，因为 $t=17.89>t_{0.025}(18)=2.101$，所以拒绝 H_0，认为产品销售额和广告投入额之间存在显著的相关关系。

人物小传

弗朗西斯·高尔顿（Francis Galton，1822—1911），查尔斯·达尔文的表弟，是英格兰维多利亚时代的一名文艺复兴人、人类学家、优生学家、热带探险家、地理学家、发明家、气象学家、统计学家、心理学家和遗传学家。高尔顿一生中发表了超过 340 篇的报告和书籍，他在 1909 年被授予爵士。他在 1883 年率先使用“优生学”（eugenics）一词。在他 1869 年的著作《遗传的天才》（*Hereditary Genius*）中，他主张人类的才能是能够通过遗传延续的。高尔顿在统计学方面也有贡献，他在 1877 年发表关于种子的研究结果，指出回归到平均值现象的存在，这个概念与现代统计学中的“回归”并不相同，却是“回归”一词的起源。在此后的研究中，高尔顿第一次使用了相关系数的概念，他使用字母“r”来表示相关系数，这个传统一直延续至今。同时，他发表了关于指纹的论文和书籍，对于现代利用指纹进行犯罪搜查方面有很大的贡献。

第二节　回归分析

一、回归分析的基本问题

现在来思考这样一个问题：假设在相关分析中，我们已经确认了两个变量之间有着高度的相关性。那么在进一步的分析中，我们可能希望探讨一个变量的变化如何引起另一个变量的变化；如何通过一个变量的已知值来预测另外一个变量的值，这些就是回归分析要解决的问题。

回归分析是一种应用极为广泛的数量分析方法，它用回归方程的形式描述和反映变量间的数量变化规律。对比相关分析，回归分析研究变量之间相互关系的具体形式，能从一个变量的变化来推测另一个变量的变化情况，为预测提供可能。回归分析同相关分析的另一个区别是：相关分析假设变量之间的地位是等同的，不对变量进行区分；而在回归分析中把变量区分为自变量和因变量。二者的地位不同，自变量通常被假设为非随机变量。

在本章第一节中我们介绍过，变量之间的关系有函数关系和相关关系。回归分析的目的就是在相关的基础上进一步研究变量之间的相互关系，因此它是带误差项的不确定性的函数关系。我们可以举个例子来更清楚地认识这种关系和确定性函数关系之间的区别。

假如我们考察广告投放额和销售收入之间的关系，在计算机上模拟生成一组广告投放额和销售收入的数据，见表 10—2。

表 10—2　模拟的广告投放额和销售收入数据

广告投放额（百万元）	27	15	36	28	47
销售收入（百万元）	51.6	30	67.8	53.4	87.6

由这组数据得到的广告投放额和销售收入之间的关系为：销售收入＝3＋1.8×广告投放额。但是在实际中进行观测，我们得到的数据如表 10—3 所示。

表 10—3　真实的广告投放额和销售收入数据

广告投放额（百万元）	销售收入
27	25％的时刻为 49.6 万元，25％的时刻为 50.6 万元，25％的时刻为 52.6 万元，25％的时刻为 53.6 万元
15	25％的时刻为 28 万元，25％的时刻为 29 万元，25％的时刻为 31 万元，25％的时刻为 32 万元
36	25％的时刻为 65.8 万元，25％的时刻为 66.8 万元，25％的时刻为 68.8 万元，25％的时刻为 69.8 万元
28	25％的时刻为 51.4 万元，25％的时刻为 52.4 万元，25％的时刻为 54.4 万元，25％的时刻为 55.4 万元
47	25％的时刻为 85.6 万元，25％的时刻为 86.6 万元，25％的时刻为 88.6 万元，25％的时刻为 89.6 万元

因此，广告投放额和销售收入之间的关系应该如下式：

销售收入＝3＋1.8×广告投放＋e

其中 e 是一个随机扰动项，分布如表 10—4 所示。

表 10—4　　e 值及其分布

e	−1	−2	1	2
$P(e)$	0.25	0.25	0.25	0.25

在实际生活中，变量之间的相互关系要更加复杂。假设我们想要研究销售收入 Y 和广告投放额 X 的关系，可以想象销售收入不仅受到广告投放的影响，而且受到产品口碑、公司战略、产品质量等其他多种因素的影响。我们假定这些影响来自很多方面，但是没有一个起主导作用，则可以将这些因素作为随机误差干扰项放在最后，从而 Y 和 X 之间的关系不是确定性的函数关系，我们可用下面的式子来表示：

$$Y=f(X)+\varepsilon \tag{10.4}$$

式中，$f(X)$ 称作回归函数，ε 为随机误差或随机干扰，它是一个分布与 X 无关的随机变量。变量 X 称为自变量或者解释变量，变量 Y 称为因变量或者被解释变量。

回归模型（regression model）根据自变量的多少可以分为一元回归和多元回归；根据自变量和因变量之间的关系可以分为线性回归和非线性回归。一元线性回归是描述两个变量之间统计关系的最简单的回归模型。通过一元回归模型的建立过程，可以了解回归分析方法的基本统计思想以及它在实际问题研究中的应用原理。本节将详细讨论一元线性回归的建模思想、最小二乘估计法、回归方程的有关检验等（本节讨论自变量和因变量都是数值变量的情况）。

二、一元线性回归模型的设定

一元线性回归模型研究的是当公式（10.4）中 $f(X)$ 是线性表达式，并且只有一个自变量的情况，此时有：

$$Y=\beta_0+\beta_1 X+\varepsilon \tag{10.5}$$

公式（10.5）中，因变量 Y 的变化可以由两部分解释：一部分是由自变量 X 的变化引起的，即 $\beta_0+\beta_1 X$；另一部分是由随机因素 ε 引起的，ε 反映了不能由 X 和 Y 之间的线性关系所解释的变异性。β_0 和 β_1 称为模型的参数。

假定随机变量 ε 的期望为 0，对于公式（10.5）左右两边取期望可以推得：

$$E(Y)=\beta_0+\beta_1 X$$

由于该式是在给定在 X 的条件下估计的，因此实际上可以表示为：

$$E(Y|X)=\beta_0+\beta_1 X \tag{10.6}$$

公式（10.6）为一元线性回归方程，表明 X 和 Y 之间的统计关系是在平均意义下讨论的，即当 X 的值给定后利用回归模型计算得到的 Y 的平均值。式中：β_0 是回归直线在 Y 轴上的截距，是当 $X=0$ 时 Y 的期望值；β_1 是直线的斜率，称为回归系数（regression coefficient），表示当 X 每变动一个单位时，Y 的平均变动值。

根据取得的数据估计回归方程中的参数，得到经验回归方程，或者称为估计的回归方程（estimated regression equation）：

$$\hat{Y}=\hat{\beta}_0+\hat{\beta}_1 X \tag{10.7}$$

应注意，真实值 Y 和估计值 $\hat{Y}$ 并不是完全相等的，它们之间的离差或残差为 e：

$$e=Y-\hat{Y} \tag{10.8}$$

线性回归模型是回归分析中应用最广泛的形式。这是因为在自然现象或者社会经济现象中，很多事物之间的关系是接近线性模型的，同时由于线性模型更易于理解，也具有很好的解释性。实际上一些非线性的模型也可以通过变换转化为线性模型，然后使用线性模型的技术来探讨。我们首先要明确一下线性的含义。在公式（10.6）中，线性有两种含义：一种是解释变量的线性，另一种是参数的线性。解释变量的线性指的是自变量每变动一个单位，因变量的变化量为一个常量，在这种情况下，形如 $Y=\beta_0+\beta_1\dfrac{1}{X}$ 的方程就是非线性方程。参数的线性指的是因变量的条件均值是参数的线性函数，此时解释变量不一定是线性的。在我们讨论的线性模型中，关注的是参数线性模型。

你知道吗?

如果（X_i，Y_i），（$i=1$，2，…n）是公式（10.5）中变量（X，Y）的一组观测值，则一元线性回归模型可表示为：

$$Y_i=\beta_0+\beta_1 X_i+\varepsilon_i, i=1, 2, \cdots, n$$

为了满足估计模型参数的需要，经典线性回归模型通常应满足以下几个基本假设：

（1）自变量（解释变量）X 是非随机变量，观测值 X_i 是常数。

（2）等方差及不相关的假定条件为：

$$\begin{cases} E(\varepsilon_i)=0, & i=1, 2, \cdots, n \\ \operatorname{cov}(\varepsilon_i, \varepsilon_j)=\begin{cases}\sigma^2, & i=j \\ 0, & i\neq j\end{cases} & i, j=1, 2, \cdots, n \end{cases}$$

即随机误差项（随机因素）ε_i 的均值为 0，ε_i 的方差相等且为一个常数，两个随机误差项之间是不相关的，这个条件称为高斯—马尔科夫（Gauss-Markov）条件，简称 G-M 条件。

（3）正态分布的假定条件为：

$$\begin{cases} \varepsilon_i \sim N(0, \sigma^2), & i=1, 2, \cdots, n \\ \varepsilon_1, \varepsilon_2, \cdots, \varepsilon_n \text{ 相互独立} \end{cases}$$

即随机误差项服从正态分布 $N(0, \sigma^2)$，且相互独立。

三、一元线性回归模型的拟合

有了模型以后，我们还希望通过样本的数据估计出参数的值。实际上，回归的问题就是在自变量和因变量的散点图中找一条直线来拟合。回忆例 10.1，以产品销售额为因变量（纵轴）和广告投入额为自变量（横轴），做出二者的散点图。观察散点图，可以找到很多条直线来拟合产品销售额和广告投入额之间的关系，如图 10—2 所示。

但是如何找到一条最优的直线来拟合样本数据呢？前面我们提过拟合数据和真实观测

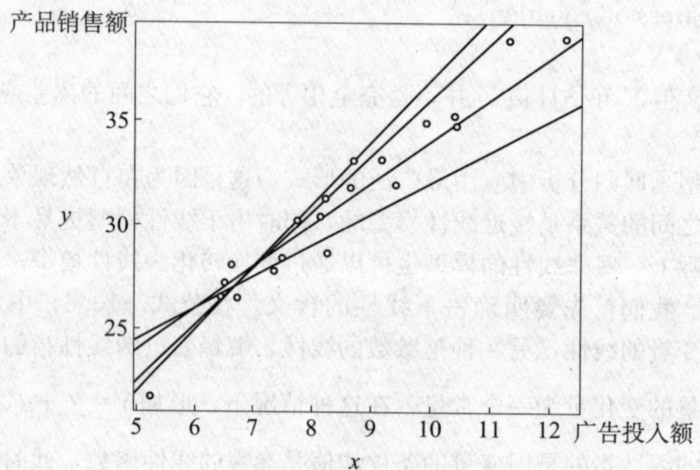

图 10—2 产品销售额和广告投入额的散点图

值是有差异的，那么这个差异的平方和就可以作为一个选择拟合直线的指标，这也是最小二乘法的思想，即使得估计的直线和真实值之间的离差平方和最小。

小词典

最小二乘法是通过估计值和真实值的离差平方和最小来估计模型参数的方法，也称为最小平方法（method of least squares），是由德国科学家卡尔·弗里德里希·高斯（Carl Friedrich Gauss）提出的。用最小二乘法拟合的直线具有一些优良的性质，首先，根据最小二乘法得到的回归直线能使得离差平方和达到最小，这是一条与数据拟合良好的直线应有的性质；其次，由最小二乘法求得的回归直线可知估计量的抽样分布。

采用最小二乘法来估计公式（10.6）中的参数，记平方和为：

$$Q(\beta_0,\beta_1)=\sum_{i=1}^{n}(Y_i-\beta_0-\beta_1X_i)^2 \tag{10.9}$$

寻找参数 β_0、β_1 的估计值 $\hat{\beta}_0$、$\hat{\beta}_1$，使得 Q（β_0，β_1）达到最小，即 $Q(\hat{\beta}_0,\ \beta\hat{\beta}_1)=\min\limits_{\beta_0,\beta_1}Q(\beta_0,\ \beta_1)$，求出的 $\hat{\beta}_0$、$\hat{\beta}_1$ 就称为回归参数 β_0、β_1 的最小二乘估计（least square estimation，LSE）。

根据微积分中求极值的原理，$\hat{\beta}_0$、$\hat{\beta}_1$ 应满足下列方程组：

$$\begin{cases}\left.\dfrac{\partial Q}{\partial \beta_0}\right|_{\beta_0=\hat{\beta}_0}=-2\sum\limits_{i=1}^{n}(Y_i-\hat{\beta}_0-\hat{\beta}_1X_i)=0\\ \left.\dfrac{\partial Q}{\partial \beta_1}\right|_{\beta_1=\hat{\beta}_1}=-2\sum\limits_{i=1}^{n}(Y_i-\hat{\beta}_0-\hat{\beta}_1X_i)X_i=0\end{cases}$$

解方程组得到：

$$\begin{cases}\hat{\beta}_1=\dfrac{L_{xy}}{L_{xx}}\\ \hat{\beta}_0=\overline{Y}-\hat{\beta}_1\overline{X}\end{cases} \tag{10.10}$$

式中：

$$L_{xx}=\sum_{i=1}^{n}(X_i-\overline{X})^2=\sum_{i=1}^{n}X_i^2-\frac{1}{n}(\sum_{i=1}^{n}X_i)^2$$

$$L_{xy}=\sum_{i=1}^{n}(X_i-\overline{X})(Y_i-\overline{Y})=\sum_{i=1}^{n}X_iY_i-\frac{1}{n}(\sum_{i=1}^{n}X_i)(\sum_{i=1}^{n}Y_i)$$

为了方便，记 $x_i=X_i-\overline{X}$，$y_i=Y_i-\overline{Y}$，则 $\hat{\beta}_1=\dfrac{\sum_{i=1}^{n}x_iy_i}{\sum_{i=1}^{n}x_i{}^2}$，$\hat{\beta}_0=\overline{Y}-\hat{\beta}_1\overline{X}$。

【例 10.3】　根据例 10.1 中的数据，以产品销售额为因变量，广告投入额为自变量拟合回归方程。

解：记产品销售额为 Y，广告投入额为 X。

$$\sum_{i=1}^{n}X_i=168.92,\sum_{i=1}^{n}Y_i=619.53,\sum_{i=1}^{n}X_i^2=1\,487.93,\sum_{i=1}^{n}Y_i^2=19\,546.58,\sum_{i=1}^{n}X_iY_i=5\,376.18$$

$$\hat{\beta}_1=\frac{n\sum_{i=1}^{n}X_iY_i-(\sum_{i=1}^{n}X_i)(\sum_{i=1}^{n}Y_i)}{n\sum_{i=1}^{n}X_i^2-(\sum_{i=1}^{n}X_i)^2}=\frac{20\times 5\,376.18-168.92\times 619.53}{20\times 1\,487.93-168.92^2}\approx 2.35$$

$$\hat{\beta}_0=\overline{Y}-\hat{\beta}_1\overline{X}=\frac{619.53}{20}-2.35\times\frac{168.92}{20}\approx 11.13$$

拟合的回归方程为：$\hat{Y}=11.13+2.35X$。

系数 2.35 表示广告投入额每增加 1 个单位，产品销售额平均增加 2.35 个单位。

你知道吗?

最小二乘法估计量的一些有趣的性质：

(1) 运用最小二乘法得出的样本回归线经过样本均值点，即：
$\overline{Y}=\hat{\beta}_0+\hat{\beta}_1\overline{X}$

(2) 残差的均值为 0，即 $\bar{e}=\dfrac{\sum_{i=1}^{n}e_i}{n}=0$。

(3) 残差和解释变量不相关，即 $\sum_{i=1}^{n}e_iX_i=0$。

想一想

学生们总是被鼓励继续提高他们的受教育水平，这样他们毕业后就可以挣到更多的钱。分析一个人在学校多待几年能多挣多少钱的一种方法是建立一条回归直线来度量受教育的年限和年薪的关系。把受教育年限作为自变量，也就是横轴（x 轴），工资作为因变量，也就是纵轴（y 轴）。如果有了受教育和收入的数据，你可以做一条回归直线吗？自变量从 8 年开始到 20 年结束，年薪可以从一个你认为比较低的数变动到一个你认为较高的数。

四、回归直线拟合优度的判定

对于拟合的回归直线或回归方程，还必须对它的拟合优度（goodness of fit）进行判定，只有拟合优度达到一定的标准才能予以接受。也就是说，我们不能把得到的任何两个变量简单地进行回归拟合，然后将拟合结果不加判断地加以应用，那将是很不严谨的，甚至可能会导致很严重的后果。

判断回归拟合优劣程度的方法是将因变量的散布情况（总变差）分为回归变差和剩余变差两部分。回归变差是由于因变量与自变量之间存在线性相关关系，随着自变量的变动，因变量也发生变动；剩余变差则是由于各种随机因素对因变量的随机干扰使其偏离了正常值，回归拟合产生的因变量的拟合值与其真实值之间的差异造成的。一般来说，自变量与因变量的线性相关程度越高，回归变差就越大，剩余变差就越小，因此可用回归变差在总变差中所占的比重来度量自变量与因变量之间的线性相关的强度，即回归拟合的优劣程度。

如果将变差定义为$(Y-\overline{Y})$，则变差产生的原因包括：

（1）X 的影响，自变量不同，则因变量也会随之不同；

（2）除 X 以外其他因素的影响。

具体可以表示为：

$$Y-\overline{Y}=\underset{\text{其他因素}}{(Y-\hat{Y})}+\underset{X\text{的影响}}{(\hat{Y}-\overline{Y})}$$

对等式两边平方，并求和，便有：

$$\begin{aligned}\sum_{i=1}^{n}(Y_i-\overline{Y})^2&=\sum_{i=1}^{n}(Y_i-\hat{Y}_i+\hat{Y}_i-\overline{Y})^2\\&=\sum_{i=1}^{n}(Y_i-\hat{Y}_i)^2+\sum_{i=1}^{n}(\hat{Y}_i-\overline{Y})^2+2\sum_{i=1}^{n}(Y_i-\hat{Y}_i)(\hat{Y}_i-\overline{Y})\\&=\sum_{i=1}^{n}(Y_i-\hat{Y}_i)^2+\sum_{i=1}^{n}(\hat{Y}_i-\overline{Y})^2\end{aligned}$$

或记为：

$$SST=SSE+SSR$$

一般我们将 $SST=\sum_{i=1}^{n}(Y_i-\overline{Y})^2$ 称为总离差平方和（sum of squares for total）或总变差，将 $SSE=\sum_{i=1}^{n}(Y_i-\hat{Y}_i)^2$ 称为残差平方和（sum of squares for residual）或剩余变差，将 $SSR=\sum_{i=1}^{n}(\hat{Y}_i-\overline{Y})^2$ 称为回归平方和（sum of squares for regression）或回归变差。回归变差占总变差的比重称为判定系数（coefficient of determination）或可决系数，即：

$$R^2=\frac{SSR}{SST} \tag{10.11}$$

判定系数 R^2 是度量回归模型拟合优劣程度的重要统计量，表明回归模型自变量对因变量变动的解释能力的大小。

由于回归变差总是大于 0 而小于总变差，因此判定系数的取值在 0 和 1 之间，其相应取值的意义如下：

(1) 若 $SSE=0$，则 $R^2=1$，因变量与自变量完全相关，二者在散点图上形成一条直线；

(2) 若 $\hat{Y}_i=\overline{Y}$，即因变量的拟合值完全不受自变量变动的影响，则 $R^2=0$，两变量无关；

(3) 在 0 和 1 之间，R^2 越接近于 1，表明线性回归模型的拟合优度越好；越接近于 0，表明模型中给出的自变量和因变量的信息还不充分，应对模型加以改进，甚至是弃之不用。

【例 10.4】 根据例 10.3 中的资料，计算回归方程的判定系数。

解：$$R^2=\frac{SSR}{SST}=\frac{\sum_{i=1}^{n}(\hat{Y}_i-\overline{Y})^2}{\sum_{i=1}^{n}(Y_i-\overline{Y})^2}=\frac{\sum_{i=1}^{n}(11.13+2.35X_i-30.977)^2}{\sum_{i=1}^{n}(Y_i-30.977)^2}\approx 0.95$$

想一想

在一元线性回归中，判定系数与相关系数之间有什么联系？

五、估计标准误差

剩余变差 SSE 是因变量的回归拟合值与真实值之间差值的平方和，它与自由度 $(n-2)$ 之比称为剩余方差，可以作为因变量总体回归值与真实值之间差值（也即随机误差项）方差 σ^2 的无偏估计量，其平方根即为估计标准误差（standard error of estimate），计算公式为：

$$S_y=\sqrt{\frac{\sum_{i=1}^{n}(Y_i-\hat{Y}_i)^2}{n-2}}=\sqrt{\frac{SSE}{n-2}} \tag{10.12}$$

估计标准误差是计算回归参数估计量概率分布、进行显著性检验和计算回归预测置信区间的重要依据。

【例 10.5】 在例 10.3 拟合的产品销售额对广告投入额的回归方程中，计算回归系数估计量 $\hat{\beta}_1$ 的估计标准误差。

解：根据公式（10.12）可得：

$$S_y=\sqrt{\frac{\sum_{i=1}^{n}[Y_i-(11.13+2.35X_i)]^2}{20-2}}=\sqrt{\frac{18.79}{18}}\approx 1.022$$

六、回归分析中的显著性检验

通过样本数据建立的回归方程不能立即用于实际问题的分析和预测，通常要进行各种统计检验。这些检验从不同的角度对模型的有效性给出评价，主要包括回归方程的显著性检验和回归系数的显著性检验。回归方程的显著性检验是将所有变量的作用放在一起考察，因此考察的对象是整体；而回归系数的显著性检验，主要是考察在其他自变量不变的情况下，某个自变量对因变量的影响是否显著，因此考察的对象是个体。在简单一元回归中，回归系数的显著性检验和回归方程的显著性检验能得到一致的结论，但是在复杂的多元回归中，它们的结论可能各不相同。比如回归系数的显著性检验通过了，但是回归方程整体拟合得并不好，这个道理就像是单独看每个球员的球技都很好，但是组合在一起不能相互配合，未必是一个好的球队。因此，我们需要对回归方程整体和回归系数分别进行考察。

（一）回归方程的显著性检验

回归方程的显著性检验从对因变量 Y 取值变化的成因分析入手，类似第九章介绍的方差分析的思想。我们在上文已经知道，因变量的总变差可以分为剩余变差和回归变差两部分，即：

$$SST=SSR+SSE \tag{10.13}$$

其中，剩余变差是由各种随机因素引起的，它与其自由度之比所得剩余方差 S_y^2 是误差方差 σ^2 的无偏估计量，并且有 $\frac{(n-2)S_y^2}{\sigma^2}$ 服从自由度为 $(n-2)$ 的 χ^2 分布（n 是样本量）。如果总体回归系数为 0，则由样本观测数据所估计出的回归方程完全是由抽样的随机误差所引起的，此时的回归变差也纯粹是由抽样随机误差引起的，可以作为随机误差方差的一个估计量，有 $\frac{SSR}{\sigma^2}$ 服从自由度为 1 的 χ^2 分布。因此，可以构造检验统计量为：

$$F=\frac{SSR/1}{SSE/(n-2)}\sim F(1,n-2) \tag{10.14}$$

即 SSR、SSE 分别除以各自的自由度以后的比值，它服从第一自由度为 1、第二自由度为 $(n-2)$ 的 F 分布。

整理一下，我们可以得到一元线性回归的方差分析表，见表 10—5。

表 10—5　一元线性回归方差分析表

来源	平方和	自由度	均方和
回归平方和	$SSR=\sum_{i=1}^{n}(\hat{Y}_i-\overline{Y})^2$	1	$SSR/1$
残差平方和	$SSE=\sum_{i=1}^{n}(Y_i-\hat{Y}_i)^2$	$n-2$	$SSE/(n-2)$
总平方和	$SST=\sum_{i=1}^{n}(Y_i-\overline{Y})^2$	$n-1$	$SST/(n-1)$

回归方程的整体拟合程度的 F 检验的步骤如下：

（1）提出原假设和备择假设：H_0：回归方程关系不显著；H_1：回归方程关系显著。

（2）计算检验统计量 F 的值：

$$F=\frac{SSR/1}{SSE/(n-2)}=\frac{\sum_{i=1}^{n}(\hat{Y}_i-\overline{Y})^2/1}{\sum_{i=1}^{n}(Y_i-\hat{Y}_i)^2/(n-2)} \tag{10.15}$$

（3）确定显著性水平 α，并根据分子自由度 1 和分母自由度 $n-2$ 找出临界值 F_α，最后作出决策。若 $F>F_\alpha(1, n-2)$，则拒绝 H_0，回归方程关系显著；若 $F\leqslant F_\alpha(1, n-2)$，则不能拒绝 H_0，回归方程关系显著的证据不充分。

【例 10.6】 根据例 10.3 中的资料，对回归方程做 F 检验。

$$\text{解：} SSR=\sum_{i=1}^{n}(\hat{Y}_i-\overline{Y})^2=\sum_{i=1}^{n}(11.13+2.35X_i-30.977)^2=336.9$$

$$SSE=\sum_{i=1}^{n}(Y_i-Y_i)^2=\sum_{i=1}^{n}(11.13+2.35X_i-Y_i)^2=18.8$$

$$SST=\sum_{i=1}^{n}(Y_i-\overline{Y})^2=SSR+SSE=355.7$$

设显著性水平 $\alpha=0.05$，$F_{0.05}(1, 20-2)=4.413\,873$，因此拒绝域为：$\{F: F>4.413\,873\}$。由于 $F=\dfrac{SSR/1}{SSE/(n-2)}=\dfrac{336.9/1}{18.8/(20-2)}=322.56>4.413\,873$，因此拒绝原假设，回归方程显著。

（二）回归系数的显著性检验

对假设 H_0：$\beta_1=0$（没有线性关系）和 H_1：$\beta_1\neq0$（有线性关系）的检验，还可以根据回归系数 β_1 的估计量 $\hat{\beta}_1$ 的抽样分布进行。如果原假设成立，即 $\beta_1=0$，可以构造检验统计量：

$$t=\frac{\hat{\beta}_1}{S_{\hat{\beta}_1}}\sim t(n-2) \tag{10.16}$$

其中，$S_{\hat{\beta}_1}$ 是回归系数 β_1 的标准差，可由下式求得：

$$S_{\hat{\beta}_1}=\sqrt{\frac{S_y^2}{\sum_{i=1}^{n}(X_i-\overline{X})^2}}$$

在给定的显著性水平 α 下，查 t 分布表可得拒绝域与接受域的临界值为 $t_{\alpha/2}(n-2)$。

如果统计量 t 的绝对值大于此临界值，即 $|t|>t_{\alpha/2}(n-2)$，则拒绝 H_0，认为回归系数显著不为 0。

如果统计量 t 的绝对值小于此临界值，即 $|t|<t_{\alpha/2}(n-2)$，则不能拒绝 H_0，认为回归系数为 0 没有显著差异。

【例 10.7】 根据例 10.3 的回归方程，对系数 $\hat{\beta}_1$ 做显著性检验。

解：例 10.3 已经估计出来的回归方程为：$\hat{Y}=11.13+2.35X$，$\hat{\beta}_1=2.35$。

提出假设，假设广告投入额对产品销售额的影响不显著，二者之间无线性关系，即：

H_0：$\beta_1=0$；H_1：$\beta_1\neq0$

$$\sum_{i=1}^{n}(X_i-\overline{X})^2=\sum_{i=1}^{n}X_i^{\ 2}-n\overline{X}^2=61.23$$

计算检验统计量 t 的值：

$$t=\frac{\hat{\beta}_1}{S_{\hat{\beta}_1}}=\frac{2.35}{1.022/\sqrt{61.23}}=17.99$$

在显著性水平 $\alpha=0.05$ 的条件下，$t_{0.05/2}(20-2)=2.1$，因此拒绝域为：

$\{t: |t|>2.1\}$。由于 $t=17.99>2.1$，因此拒绝原假设，认为回归系数显著不为0，即广告投入额对产品销售额的影响显著。

想一想

在一元线性回归中，回归方程的 F 检验与回归系数的 t 检验有何联系？

人物小传

卡尔·弗里德里希·高斯（Carl Friedrich Gauss，1777—1855）是德国著名数学家、物理学家、天文学家、大地测量学家，和阿基米德、牛顿、欧拉同享盛誉，是近代数学奠基者之一。18岁时发现了质数分布定理和最小二乘法，通过对足够多的测量数据的处理后，可以得到一个新的、概率性质的测量结果。在这些基础之上，高斯随后专注于曲面与曲线的计算，并成功得到高斯钟形曲线（正态分布曲线），其函数被命名为标准正态分布（或高斯分布），并在概率计算中被大量使用。1799年，高斯于黑尔姆施泰特大学因证明代数基本定理获得博士学位。从1807年起担任格丁根大学教授兼格丁根天文台台长直至逝世。高斯的肖像被印在1989年至2001年流通的10元面值德国马克的纸币上。

第三节　用回归方程进行预测

建立回归方程的目的除了分析 X 和 Y 之间的相互变动关系外，还有一个目的就是对变量 Y 进行预测。所谓预测（predict），就是当自变量 X 处在某个水平上时，对因变量 Y 的可能值进行估计。进行预测对经济活动非常有意义，比如根据降水量、温度和施肥量来预测粮食的总产量。对 Y 的预测分为均值预测和个值预测。均值预测就是考虑在给定 X_i 的条件下，对 Y_i 的平均值的预测。个值预测就是在给定 X_i 的条件下，对某个 Y_i 的预测。例如给定 X_0，均值预测就是要预测 $E(Y|X_0)=\beta_0+\beta_1X_0$，而个值预测就是要预测 $Y_0=\beta_0+\beta_1X_0+\varepsilon_0$。同时，在这两种情况下可以分别做点预测和区间预测。点预测就是给定 X 的水平，代入样本回归方程 $\hat{Y}_i=\hat{\beta}_0+\hat{\beta}_1X_i$，得到的值作为 Y_i 的预测值。由于 $\hat{Y}_i$ 也是随机变量，而点预测实际是预测均值，因此不便于考察预测的准确性和可靠性，我们可以利用区间估计来弥补这个不足。

一、均值预测

首先考虑点预测。设 X_0 为自变量 X 的一个特定值或给定值，记 $E(Y_0)$ 为给定 X_0

时因变量 Y 的平均值或期望值，即有 $E(Y|X_0)=E(Y_0)=\beta_0+\beta_1X_0$。根据经验回归方程，当 $X=X_0$ 时，$\hat{Y}_0=\hat{\beta}_0+\hat{\beta}_1X_0$ 为 $E(Y_0)$ 的估计值，此时预测的误差为 $\hat{Y}_0-E(Y_0)=\hat{\beta}_0+\hat{\beta}_1X_0-(\beta_0+\beta_1X_0)$。因为 $\hat{\beta}_0$ 和 $\hat{\beta}_1$ 分别是 β_0 和 β_1 的无偏估计，因此 $\hat{Y}_0$ 是 $E(Y_0)$ 的无偏估计量。

其次考虑区间预测。可以证明 $\hat{Y}_0$ 服从均值为 $E(Y_0)=\beta_0+\beta_1X_0$，方差为 $V(\hat{Y}_0)=\left[\frac{1}{n}+\frac{(X_0-\overline{X})^2}{\sum\limits_{i=1}^{n}(X_i-\overline{X})^2}\right]\sigma^2$ 的正态分布。再由 $\frac{(n-2)\ S_y^2}{\sigma^2}$ 服从自由度为 $(n-2)$ 的 χ^2 分布，其中 S_y 为估计标准误差，可得：

$$\frac{\hat{Y}_0-E(Y_0)}{S_y\sqrt{\frac{1}{n}+\frac{(X_0-\overline{X})^2}{\sum\limits_{i=1}^{n}(X_i-\overline{X})^2}}}=\frac{\hat{Y}_0-\beta_0-\beta_1X_0}{S_y\sqrt{\frac{1}{n}+\frac{(X_0-\overline{X})^2}{\sum\limits_{i=1}^{n}(X_i-\overline{X})^2}}}\sim t(n-2) \tag{10.17}$$

由此可以构造均值预测的区间估计。在给定显著性水平 $\alpha=0.05$ 的情况下，均值预测的区间估计为：

$$\left[\hat{Y}_0-t_{\alpha/2}(n-2)S_y\sqrt{\frac{1}{n}+\frac{(X_0-\overline{X})^2}{\sum\limits_{i=1}^{n}(X_i-\overline{X})^2}},\hat{Y}_0+t_{\alpha/2}(n-2)S_y\sqrt{\frac{1}{n}+\frac{(X_0-\overline{X})^2}{\sum\limits_{i=1}^{n}(X_i-\overline{X})^2}}\right]$$

【例 10.8】　根据例 10.3 中的数据，给定 X=8，计算均值预测的点预测和置信水平为 0.95 的区间预测。

解：点预测：$\hat{Y}_0=11.13+2.35\times8=29.93$

$$\left(\frac{1}{n}+\frac{(X_0-\overline{X})^2}{\sum\limits_{i=1}^{n}(X_i-\overline{X})^2}\right)S_y^2\approx1.043\times\left[\frac{1}{20}+\frac{(8-8.446)^2}{61.23}\right]=0.055\ 538$$

$$S_y\sqrt{\frac{1}{n}+\frac{(X_0-\overline{X})^2}{\sum\limits_{i=1}^{n}(X_i-\overline{X})^2}}\approx0.236$$

给定显著性水平为 0.05 时，$t_{0.05/2}(20-2)=2.1$，因此区间预测为：

$[29.93-2.1\times0.236，29.93+2.1\times0.236]\approx[29.43，30.43]$

二、个值预测

首先考虑点预测。设 X_0 为自变量 X 的一个特定值或给定值，当 $X=X_0$ 时，我们仍可以根据经验回归方程来估计 Y_0，即 $\hat{Y}_0=\hat{\beta}_0+\hat{\beta}_1X_0$ 为 Y_0 的估计值，此时预测的误差为 $Y_0-\hat{Y}_0=\beta_0+\beta_1X_0+\varepsilon-(\hat{\beta}_0+\hat{\beta}_1X_0)$。因为 $\hat{\beta}_0$ 和 $\hat{\beta}_1$ 分别是 β_0 和 β_1 的无偏估计，且 $E(\varepsilon)=0$，因此 $\hat{Y}_0$ 是 Y_0 的无偏估计量。

其次考虑区间预测。可以证明 $\hat{Y}_0$ 服从均值为 $E(Y_0)=\beta_0+\beta_1X_0$，方差为 $V(\hat{Y}_0)=\left[\frac{1}{n}+\frac{(X_0-\overline{X})^2}{\sum\limits_{i=1}^{n}(X_i-\overline{X})^2}\right]\sigma^2$ 的正态分布；Y_0 服从均值为 $E(Y_0)=\beta_0+\beta_1X_0$，方差为

$V(Y_0)=\sigma^2$的正态分布，则有 $\hat{Y}_0-Y_0$ 服从均值为 0，方差为 $\left[1+\frac{1}{n}+\frac{(X_0-\overline{X})^2}{\sum_{i=1}^{n}(X_i-\overline{X})^2}\right]\sigma^2$ 的正态分布。再由$\frac{(n-2)\ S_y^2}{\sigma^2}$服从自由度为（$n-2$）的 χ^2 分布，其中 S_y 为估计标准误差，可得：

$$t=\frac{\hat{Y}_0-Y_0}{S_y\cdot\sqrt{1+\frac{1}{n}+\frac{(X_0-\overline{X})^2}{\sum_{i=1}^{n}(X_i-\overline{X})^2}}}\sim t(n-2) \tag{10.18}$$

由此可以构造个值预测的区间估计。在给定显著性水平 $\alpha=0.05$ 的情况下，个值预测的区间估计为：

$$\left[\hat{Y}_0-t_{\alpha/2}(n-2)S_y\sqrt{1+\frac{1}{n}+\frac{(X_0-\overline{X})^2}{\sum_{i=1}^{n}(X_i-\overline{X})^2}},\hat{Y}_0+t_{\alpha/2}(n-2)S_y\sqrt{1+\frac{1}{n}+\frac{(X_0-\overline{X})^2}{\sum_{i=1}^{n}(X_i-\overline{X})^2}}\right]$$

【例 10.9】 根据例 10.3 中的数据，给定 $X=8$，计算个值预测的点预测和显著性水平 0.05 下的区间预测。

解：点预测：$\hat{Y}_0=11.13+2.35\times8=29.93$

$$S_y^2\left[1+\frac{1}{n}+\frac{(X_0-\overline{X})^2}{\sum_{i=1}^{n}(X_i-\overline{X})^2}\right]=1.043\times\left[1+\frac{1}{20}+\frac{(8-8.446)^2}{61.23}\right]\approx1.10$$

$$S_y\sqrt{1+\frac{1}{n}+\frac{(X_0-\overline{X})^2}{\sum_{i=1}^{n}(X_i-\overline{X})^2}}\approx1.05$$

给定显著性水平为 0.05 时，$t_{0.05/2}(20-2)=2.1$，因此区间预测为：

[29.93−2.1×1.05，29.93+2.1×1.05]≈[27.73，32.14]

想一想

均值预测和个值预测的联系与区别是什么？

你知道吗?

由北京协和医院流行病学教研室主任张振馨教授等组成的帕金森病研究小组，对沿用 20 多年的中国人帕金森患病率作出重大修正，新报告数据为既往数据的 13 倍。研究报告显示，65 岁以上的中国人帕金森病患病率，男性为 1.7%，女性为 1.6%，而以美国 2000 年人口标准换算进行国际比较，这一患病率则达到 2.1%。据此推算，我国 55 岁及以上人群中约有 172 万人患有帕金森病。

这项研究由北京协和医院流行病学教研室主任、神经内科张振馨教授牵头，北京、上海、西安三地神经内科专家参与。研究组自 1996 年起历时 6 年，对上述地区的 137 个城乡居民区经抽样获取的 55 岁以上 29 454 人进行了入户调查和定期随访。该研究使用分层多级别整群抽样误差的加权调整，最大限度地避免了抽样误差。

研究者分析了帕金森病的危险因素，发现年龄因素居首位，还与所从事职业高度相关，丧偶、高文化程度、强脑力劳动等导致的精神、情绪紧张都会加重疾病的发生，而饮绿茶和咖啡等可以预防帕金森病。研究没有发现其与基因、遗传有必然关系。专家还建议通过平衡饮食、适量运动等来减少帕金森病的发生。

在分析帕金森病的危险因素时涉及多个自变量，如年龄、职业、文化程度等，多元回归是可考虑的分析方法之一。在许多实际问题中，影响因变量的因素往往有多个，这种一个因变量同多个自变量的回归问题就是多元回归，按回归模型类型又可将多元回归划分为多元线性回归和多元非线性回归。当因变量与各自变量之间为线性关系时，称为多元线性回归。多元线性回归分析的原理同一元线性回归基本相同，但计算上要复杂得多，常常需要借助计算机来完成。

本章小结

相关和回归都是测度变量之间统计关系的非常有效的工具。本章主要介绍了变量间的相互关系、相关系数的概念、性质及显著性检验，一元线性回归模型的设定、拟合方法（最小二乘法）、回归的显著性检验和回归预测。主要知识点总结如下：

1. 相关分析研究的是变量之间相关关系密切程度及方向的统计工具。测度两个数值变量之间的线性相关关系的统计量为 Pearson 相关系数，相关系数越大，表明变量之间线性相关关系越强，但是它不能表示因果关系和非线性相关，在应用前还需要对相关系数的显著性做检验。

2. 相关分析中两个变量的地位相等，相互作用，本质上是一种客观描述。在回归分析中，变量之间的地位是不相等的，通常要根据研究的需要将变量定义为自变量和因变量，然后研究自变量对因变量的影响大小，并对因变量进行预测和控制，本质上是一种推断。

3. 最小二乘法是通过最小化离差平方和来求解回归，在经典线性回归模型的假设下，最小二乘估计是无偏线性估计。在估计出回归方程之后，要从不同的角度对模型的有效性给出评价，包括回归方程的显著性检验和回归系数的显著性检验。

4. 通过检验的回归方程可以用于推断，其自变量系数的含义为当其他变量不变时，该自变量一单位的变化引起的因变量的平均变化量；也可以用于预测，预测包括均值预测和个值预测，还可以再分点预测和区间预测。区间预测比点预测更易于考察预测的准确性和可靠性。

思考与练习

1. 相关关系的种类有哪些？简述相关关系和函数关系的区别。
2. 简述简单相关系数的含义及计算方法。
3. 相关分析和回归分析有什么区别？
4. 简单直线回归方程的基本形式是什么？其参数的含义是什么？
5. 简述如何进行回归系数的显著性检验。
6. 如何对因变量做区间估计和预测？
7. 某部门所属 10 个企业的两项重要经济指标如表 10—6 所示。

表 10—6　　10 个企业的两项重要经济指标

企业编号	销售利润 x（万元）	可比产品成本降低率 y（%）	x^2	y^2	xy
1	4.1	2.1	16.81	4.41	8.61
2	7.5	2	56.25	4	15
3	8.1	3	65.61	9	24.3
4	10.6	3.1	112.36	9.61	32.86
5	18.1	4.3	327.61	18.49	77.83
6	21.8	4.2	475.24	17.64	91.56
7	25	4.5	625	20.25	112.5
8	26	4.3	676	18.49	111.8
9	40	5.3	1 600	28.09	212
10	51	5.3	2 601	28.09	270.3
合计	212.2	38.1	6 555.88	158.07	956.76

要求：(1) 根据表 10—6 中的数据绘制散点图，判断销售利润与可比产品成本降低率之间的关系形态。

(2) 计算销售利润与可比产品成本降低率之间的简单相关系数，并说明二者之间的关系密切程度。

8. 在某学校关于平均每天学习小时数（X）和学习成绩（Y）的调查中，抽出 10 名同学的数据，如表 10—7 所示。

表 10—7　　10 名同学的学习成绩数据

小时数 X	学习成绩 Y	小时数 X	学习成绩 Y
2	52	2.5	57
5	72	6	81
7	83	7.5	86
10	94	9.5	90
9	88	12	95

(1) 根据表 10—7 中的数据计算平均每天学习小时数 X 和学习成绩 Y 的相关系数。

（2）以学习成绩为因变量、平均每天学习小时数 X 为自变量建立回归方程。

（3）计算估计系数的标准误。

（4）已知某学生平均每天学习 8 小时，根据（2）中求得的方程估计该学生的学习成绩。

附录：用 Excel 进行相关分析与回归分析

本附录主要介绍用 Excel（2010 版）进行相关分析与回归分析的步骤，以例题 10.1 广告投入额与产品销售额数据为例。将数据输入到工作表中，见表 10—8。

表 10—8　　**广告投入额与产品销售额数据表**　　单位：百万元

	A	B
1	广告投入额 x	产品销售额 y
2	7.49	28.39
3	6.44	26.54
4	9.91	34.89
5	8.65	31.79
6	11.3	38.86
7	8.25	28.64
8	5.23	21.75
9	6.73	26.49
10	10.39	35.25
11	6.62	28.09
12	6.5	27.23
13	9.4	31.95
14	7.35	27.78
15	10.43	34.76
16	7.75	30.22
17	8.22	31.29
18	9.17	33.15
19	8.7	33.08
20	12.25	38.99
21	8.14	30.39

1. 进行相关分析

计算相关系数的步骤为：

第 1 步：选择“数据”选项；

第 2 步：选择“数据分析”选项；

第 3 步：在分析工具中选择“相关系数”；

第 4 步：出现对话框后，在“输入区域”方框内键入 A2∶B21，在“输出选项”中选择输出区域（这里我们选择“新工作表组”），选择“确定”。

根据上述步骤计算的相关系数矩阵如表 10—9 所示。表中给出了 2 个变量两两之间的相关系数。如广告投入额与产品销售额之间的相关系数为 0.973 236。

表 10—9　　广告投入额与产品销售额的相关矩阵

	A	B	
1		广告投入额 x	产品销售额 y
2	广告投入额 x	1	0.973 236
3	产品销售额 y	0.973 236	1

2. 进行回归分析

利用 Excel 可以很容易地进行回归分析，包括一元线性回归和多元线性回归。我们仍结合上面的例子说明其操作步骤：

第 1 步：选择“数据”选项；

第 2 步：选择“数据分析”选项；

第 3 步：在分析工具中选择“回归”；

第 4 步：出现对话框后，在“输入 Y 的区域”方框内键入 B2∶B21，在“输入 X 的区域”方框内键入 A2∶A21，在“输出选项”中选择输出区域（这里我们选择“新工作表组”），选择“确定”。

根据上述步骤输出的结果见表 10—10。

表 10—10　　广告投入额与产品销售额的回归分析结果表

	A	B	C	D	E	F	G
1	SUMMARY OUTPUT						
2							
3	回归统计						
4	Multiple R	0.973 236					
5	R Square	0.947 189					
6	Adjusted R Square	0.944 255					
7	标准误差	1.021 581					
8	观测值的个数	20					
9							
10	方差分析						
11		*df*	*SS*	*MS*	*F*	Significance *F*	
12	回归分析	1	336.921	336.921	322.836 5	6.07×10^{-13}	
13	残差	18	18.785 29	1.043 627			
14	总计	19	355.706 3				
15							
16		Coefficients	标准误差	*t* Stat	*P*-value	下限 95%	上限 95%
17	Intercept	11.164 3	1.126 072	9.914 372	1.02×10^{-8}	8.798 511	13.530 09
18	X Variable 1	2.345 749	0.130 554	17.967 65	6.07×10^{-13}	2.071 465	2.620 033
19							

表 10—10 中包括以下几个部分：

第一部分是回归统计，这部分给出了回归分析中的一些常用统计量，包括相关系数（Multiple R）、判定系数（R Square）、调整的判定系数（Adjusted R Square）、标准误差、观测值的个数等。

第二部分是方差分析，这部分给出的是回归分析的方差分析表，包括自由度（df）、回归平方和、残差平方和、总平方和、回归和残差的均方（MS）、检验统计量（F）、F 检验的显著性水平（Significance F）。方差分析表表明回归方程在 $\alpha=0.05$ 的水平下是显著的（$6.07\times10^{-13}<0.05$）。

第三部分是回归参数估计的有关内容。包括回归方程的截距（Intercept）、斜率（X Variable 1）、截距和斜率的标准误差、用于检验回归系数的 t 统计量（t Stat）和 P 值（P-value），以及截距和斜率的置信区间（下限 95%和上限 95%）等。由回归参数估计部分可见 $\hat{\beta}_0=11.1643$、$\hat{\beta}_1=2.345749$，检验 P 值分别为 1.02×10^{-8} 和 6.07×10^{-13}，均小于 0.05，因此回归方程的截距项和自变量 x 的系数在 $\alpha-0.05$ 的水平下都是显著的，表明自变量 x（广告投入额）对因变量 y（产品销售额）有显著的影响。此外，下限 95%和上限 95%表明有 95%的把握确信 β_0 在 8.798 511 和 13.530 09 之间，β_1 在2.071 465和 2.620 033 之间。正文中此例为近似计算的结果，与这里稍有出入。

除表 10—10 中输出的结果外，我们还可以根据需要给出残差图、线性拟合图等。

第十一章

时间序列分析

房价之“声”

“新国五条”并未遏制住全国房价上涨的势头，钱荒闹市与信贷收紧未对楼市快速前进的步伐产生太大的阻力。部分房价上涨过快的城市在年末不得不拿出“限购限贷，提高二套房首付”的杀手锏达到短暂控制需求、抑制房价增速的目的。

资料来源：http：//www. soufun. com/news/zt/201402/2014fjzs. html。

市场严重分化、冷热不均是 2013 年房产市场的显著特征。“北上广深”一线城市房价涨幅同比超过 20%，房价涨幅领跑全国；三、四线城市房价有所上涨，但住房市场出现显著滞销现象，房价逐步出现下跌的迹象；部分城市因供求失衡等多重因素的影响，房价连续下滑 20 多个月。

2013 年，全国房地产供求方面呈现分化的情况：一线城市需求强劲，长期供不应求的局面难以打破；二线城市则显得颇为稳健，供求基本平衡，当下逼近一线城市的房价水平，更是进一步使得市场短期供求风险显现；三、四线城市供大于求的现象很普遍，去库存压力巨大。

国家信息中心绿皮书中提出的“不放松，不加码”是未来一段时间房地产调控的重点。预计房产税试点范围将进一步扩大，市场整体将保持小幅增长。随着市场环境的变化，带有半市场化性质的经济适用房和限价房，未来很可能淡出市场。

如果已知 2005—2015 年某市的房价，怎样预测 2016 年某市的房价呢？首先需要弄清楚它是如何变化的，找出其变化模式。如果预期过去的变化模式在未来一段时间里能够延续，那么就可以根据这一模式找到适当的预测模型进行预测。

本章介绍的时间序列知识有助于我们预测类似房价这样的时间序列数据。

学习导航

- 时间序列及其分类。
- 时间序列水平分析和速度分析。
- 时间序列的分解模型与分解步骤。
- 时间序列分解模型的预测。
- 移动平均法。
- 指数平滑法。

股民根据大盘的近期指标，推测未来走势，从而决定买进和卖出；商家根据产品的近几年销量，预测未来几个月的销售情况，从而调节进货量……这样的例子在生活中随处可见。人们研究现象随时间变化的发展规律，从而进行决策的方法称为时间序列分析。时间序列分析是实际中被广泛应用的一种数量分析方法。时间序列分析有两大功能：一方面，通过对时间序列的描述和分解，了解现象的发展趋势和特征；另一方面，通过建立相应的预测模型，由历史推测未来。

本章从时间序列的特征描述入手，首先介绍了时间序列的图形描述和水平变动描述；其次根据影响时间序列变化的不同因素，将时间序列的变动分解成长期趋势、季节变动、循环变动和不规则变动四种成分，并提出时间序列的分解模型；最后介绍了时间序列的平滑法，包括移动平均法和指数平滑法。

第一节　时间序列的描述

一、时间序列及其分类

事物和现象的发展变化具有一定的趋势和规律性，我们可以通过观察随时间的变化其活动的数量特征，来探索其内在的趋势和规律性。例如，表 11—1 就是我国国内生产总值、总人口数等指标在不同时间上的观察值。

表 11—1 国内生产总值等指标的时间序列表

年份	国内生产总值（亿元）	年末总人口（万人）	人口自然增长率（‰）	居民消费价格指数
1996	71 176.6	122 389	10.42	108.3
1997	78 973.0	123 626	10.06	102.8
1998	84 402.3	124 761	9.14	99.2
1999	89 677.1	125 786	8.18	98.6
2000	99 214.6	126 743	7.58	100.4
2001	109 655.2	127 627	6.95	100.7
2002	120 332.7	128 453	6.45	99.2
2003	135 822.8	129 227	6.01	101.2
2004	159 878.3	129 988	5.87	103.9
2005	183 217.4	130 756	5.89	101.8
2006	211 923.5	131 448	5.28	101.5
2007	249 529.9	132 129	5.17	104.8

资料来源：中华人民共和国国家统计局：《中国统计年鉴 2008》，中国统计出版社，2008。

小词典

我们把同一现象在不同时间上的观察值排序而成的数列称为时间序列（time series），形式上由现象所属的时间和现象在不同时间上的观察值两部分组成。

现象的观测值根据表现形式的不同有绝对数、相对数和平均数等，因此时间序列可以分为绝对数时间序列、相对数时间序列和平均数时间序列。如表 11—1 中的国内生产总值、年末总人口就是绝对数时间序列，人口自然增长率、居民消费价格指数就是相对数时间序列。由绝对数时间序列可以派生出相对数时间序列和平均数时间序列。

现象所属的时间可以是一个时期，如年度、季度、月度或者其他任何时间段；也可以是一个时点，如年末、季末、月末或者某一特定的时间点。根据时间的不同表现形式，可以把绝对数时间序列分为时期序列和时点序列。时期序列中的观测值反映现象在某一时期的活动总量，不同时期的各个观测值可以直接相加，反映现象在更长一段时期内的活动总量，如表 11—1 中的国内生产总值序列就是时期序列。时点序列中的观测值反映现象在某一时点的活动总量，不同时点的各个观测值通常不能相加，如表 11—1 中的年末总人口就是时点序列。

由上所述，时间序列的分类如图 11—1 所示。

想一想

列举生活中常见的时间序列数据，并判断哪些是时期序列，哪些是时点序列。

二、图形描述

图形描述是展示时间序列特征最直观、最有效的形式，通常作为时间序列分析的第一

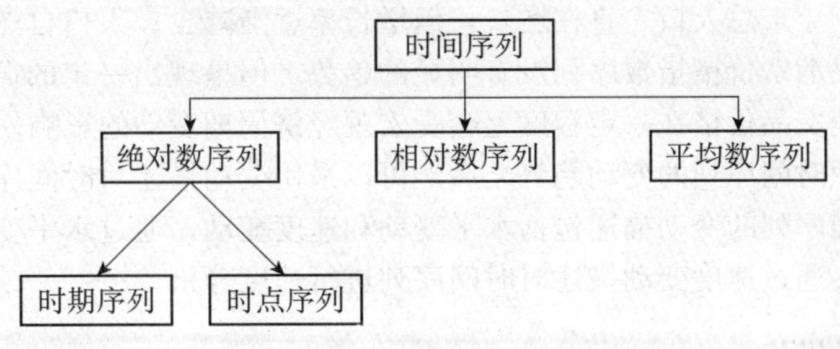

图 11—1　时间序列的分类

步。给定一个时间序列，可以首先通过作图来观察数据随时间变化的规律，然后在此基础上展开分析和建模。

【例 11.1】　表 11—1 以年份形式给出了 1996—2007 年我国国内生产总值、年末总人口、人口自然增长率、居民消费价格指数四个时间序列。作图描述这四个时间序列的特征和变化趋势，如图 11—2 所示。

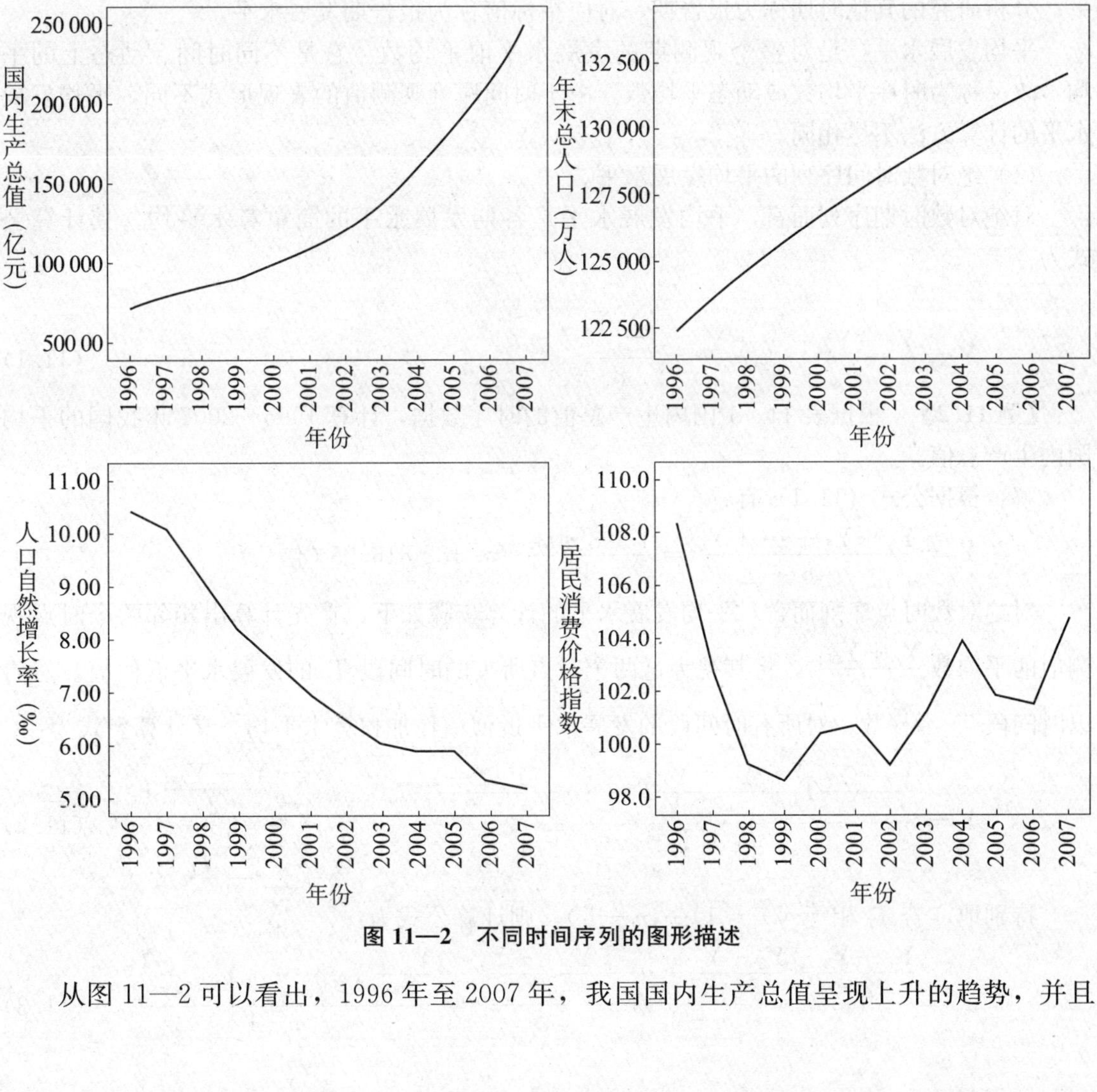

图 11—2　不同时间序列的图形描述

从图 11—2 可以看出，1996 年至 2007 年，我国国内生产总值呈现上升的趋势，并且增长率逐年增加；年末总人口一直在增长，但增长率逐渐减少；人口自然增长率呈现线性下降的趋势；居民消费价格指数序列没有明显的趋势，但呈现出一定的循环变动趋势，主要原因在于居民消费品价格在一定程度上会受宏观经济周期变动的影响。

通过图形认识时间序列的变动趋势之后，可以采用变动描述对时间序列进行简单的统计对比分析。时间序列的变动描述包括水平变动和速度变动，通过水平变动描述对时间序列进行水平分析，通过速度变动描述对时间序列进行速度分析。

三、水平变动描述

（一）发展水平与平均发展水平

在时间序列中，用 t_i 表示现象所属的时间，Y_i 表示现象在不同时间上的观测值，也称为发展水平。设 t_i 的取值为 $t_1,t_2,\cdots,t_n$，相应的发展水平为 $Y_1,Y_2,\cdots,Y_n$，则 Y_1 称为最初发展水平，Y_n 称为最末发展水平。若将整个观测期内的发展水平与参照基期 t_0（t_0 取 t_1，$t_2,\cdots,t_n$ 中的某一特定时间）的发展水平作对比，则 t_0 对应的发展水平 Y_0 称为基期发展水平；分析研究的其他时期称为报告期，对应指标值称为报告期发展水平。

平均发展水平，是对整个观测期的发展水平取平均数。它是不同时间、动态上的平均，故又称为时序平均数或动态平均数。由于时间序列观测值的表现形式不同，平均发展水平的计算方法不尽相同。

(1) 绝对数时间序列的平均发展水平。

对绝对数时期序列而言，平均发展水平是各期发展水平的简单算术平均。其计算公式为：

$$\bar{Y}=\frac{Y_1+Y_2+\cdots+Y_n}{n}=\frac{\sum_{i=1}^{n}Y_i}{n} \tag{11.1}$$

【例 11.2】 根据表 11—1 国内生产总值的时序数据，计算 1996—2007 年我国的平均国内生产总值。

解：根据公式（11.1）有：

$$\bar{Y}=\frac{Y_1+Y_2+\cdots+Y_n}{n}=\frac{1\ 593\ 803.4}{12}\approx 132\ 816.95\text{（亿元）}$$

对绝对数时点序列而言，平均发展水平的计算步骤如下：首先计算出相邻两个时点观测值的平均数 $\frac{Y_i+Y_{i+1}}{2}$，将其视为这两个时点所夹的时间段 T_i 的发展水平近似值，然后以时间段 T_i 为权数，对所有时间段的发展水平近似值作加权算术平均。其计算公式为：

$$\bar{Y}=\frac{\frac{Y_1+Y_2}{2}T_1+\frac{Y_2+Y_3}{2}T_2+\cdots+\frac{Y_{n-1}+Y_n}{2}T_{n-1}}{T_1+T_2+\cdots+T_{n-1}}=\frac{\sum_{i=1}^{n-1}\frac{Y_i+Y_{i+1}}{2}T_i}{\sum_{i=1}^{n-1}T_i} \tag{11.2}$$

特别地，若 T_i 相等（$i=1,\cdots,n-1$），则计算公式为：

$$\bar{Y}=\frac{\frac{Y_1+Y_2}{2}+\frac{Y_2+Y_3}{2}+\cdots+\frac{Y_{n-1}+Y_n}{2}}{n-1}=\frac{\frac{Y_1}{2}+Y_2+\cdots+Y_{n-1}+\frac{Y_n}{2}}{n-1} \tag{11.3}$$

【例 11.3】 某公司某年内各个统计时点的职工人数见表 11—2，计算该年度公司平均职工人数。

表 11—2　　职工人数统计　　单位：人

时间点	一月初	三月末	六月末	九月初	十二月末
职工人数	500	520	510	480	540

解：根据公式（11.2）有：

$$1\text{—}3\text{ 月平均职工人数：}\frac{500+520}{2}=510\text{（人）}$$

$$4\text{—}6\text{ 月平均职工人数：}\frac{520+510}{2}=515\text{（人）}$$

$$7\text{—}8\text{ 月平均职工人数：}\frac{510+480}{2}=495\text{（人）}$$

$$9\text{—}12\text{ 月平均职工人数：}\frac{480+540}{2}=510\text{（人）}$$

$$\bar{Y}=\frac{510\times3+515\times3+495\times2+510\times4}{3+3+2+4}\approx509\text{（人）}$$

【例 11.4】 根据表 11—1 中年末总人口的时序数据，计算 1996—2007 年我国的年平均人口。

解：根据公式（11.3）有：

$$\bar{Y}=\frac{\frac{122\ 389}{2}+123\ 626+\cdots+131\ 448+\frac{132\ 129}{2}}{12-1}=\frac{1\ 405\ 674}{11}\approx127\ 789\text{（万人）}$$

（2）相对数或平均数时间序列的平均发展水平。

相对数或平均数时间序列的观测值通常由两个绝对数相比而成，即 $Y_i=\frac{a_i}{b_i}$ 。因此，其平均发展水平应先分别计算分子和分母绝对数的平均发展水平，再相比得到，计算公式为：

$$\bar{Y}=\frac{a}{b} \tag{11.4}$$

【例 11.5】 根据表 11—1 中国内生产总值和年末总人口的时序数据，计算 1996—2007 年我国人均国内生产总值的平均发展水平。

解：根据例 11.2 和例 11.4 的计算结果，1996—2007 年我国年平均国内生产总值为 132 816.95 亿元，年平均人口数为 127 789 万人。由公式（11.4）可得：

$$\bar{Y}=\frac{132\ 816.9\times10^8}{127\ 789\times10^4}\approx10\ 393.45\text{（元/人）}$$

（二）增长量与平均增长量

增长量（increment）用来描述现象在观测期内增长的绝对数量，由报告期发展水平减去基期发展水平得到。根据基期的不同，增长量分为逐期增长量和累计增长量。设时间序列观测值为 Y_i（$i=0,1,\cdots,n$），增长量为 Δ，则计算公式为：

$$\text{逐期增长量：}\Delta_i=Y_i-Y_{i-1}\ (i=1,2,\cdots,n) \tag{11.5}$$

$$累计增长量：\Delta_i = Y_i - Y_0 \ (i = 1,2,\cdots,n) \tag{11.6}$$

各逐期增长量之和等于最末期的累计增长量：

$$\sum_{i=1}^{n}(Y_i - Y_{i-1}) = Y_n - Y_0 \tag{11.7}$$

平均增长量是各期逐期增长量的平均数，其计算公式为：

$$平均增长量：\bar{\Delta} = \frac{\sum_{i=1}^{n}(Y_i - Y_{i-1})}{n} \tag{11.8}$$

【例 11.6】 根据表 11—1 国内生产总值的时序数据，计算 1996—2007 年我国国内生产总值的逐期增长量、累计增长量和平均增长量。

解：根据公式（11.5）和公式（11.6），我国国内生产总值的逐期增长量和累计增长量如表 11—3 所示。

表 11—3 **1996—2007 年国内生产总值的增长量** 单位：亿元

年份	1996	1997	1998	1999	2000	2001
国内生产总值	71 176.6	78 973	84 402.3	89 677.1	99 214.6	109 655.2
逐期增长量		7 796.4	5 429.3	5 274.8	9 537.5	10 440.6
累计增长量		7 796.4	13 225.7	18 500.5	28 038	38 478.6
年份	2002	2003	2004	2005	2006	2007
国内生产总值	120 332.7	135 822.8	159 878.3	183 217.4	211 923.5	249 529.9
逐期增长量	10 677.5	15 490.1	24 055.5	23 339.1	28 706.1	37 606.4
累计增长量	49 156.1	64 646.2	88 701.7	112 040.8	140 746.9	178 353.3

根据公式（11.8），我国国内生产总值的平均增长量为：

$$\bar{\Delta} = \frac{\sum_{i=1}^{n}(Y_i - Y_{i-1})}{n} = \frac{7\,796.4 + 5\,429.3 + \cdots + 37\,606.4}{11} \approx 16\,213.936（亿元）$$

四、速度变动描述

（一）发展速度

发展速度是反映时间序列的报告期相对于基期发展水平变化快慢程度的动态相对指标，由两个不同时期的发展水平对比得到。其基本形式为：

$$发展速度 = \frac{报告期发展水平}{基期发展水平}$$

根据对比的基期不同，发展速度可以分为环比发展速度和定基发展速度。两种速度的描述内容有区别，环比发展速度描述现象逐期变化程度；定基发展速度描述现象在观测期内总的变化程度。设时间序列观测值为 $Y_0, Y_1, \cdots, Y_n$，发展速度为 R，计算公式为：

$$环比发展速度：R_i = \frac{Y_i}{Y_{i-1}} \ (i = 1,2,\cdots,n) \tag{11.9}$$

$$定基发展速度：R_i = \frac{Y_i}{Y_0} \ (i = 1,2,\cdots,n) \tag{11.10}$$

各期环比发展速度的连乘积等于相应的定基发展速度：$\prod_{i=1}^{n} \frac{Y_i}{Y_{i-1}} = \frac{Y_n}{Y_0}$ (11.11)

相邻两个定基发展速度之比等于相应的环比发展速度：$\frac{Y_i}{Y_0} \div \frac{Y_{i-1}}{Y_0} = \frac{Y_i}{Y_{i-1}}$ (11.12)

（二）增长速度

增长速度也称增长率（growth rate）。增长率是描述时间序列变化程度最常用的指标，在经济报道中经常见到，例如经济增长率、人口自然增长率、业务增长率等。增长速度由时间序列中报告期发展水平与基期发展水平的比值减 1 得到。其基本形式为：

$$增长速度 = \frac{报告期发展水平}{基期发展水平} - 1$$

根据基期的不同选择，增长速度可以分为环比增长速度和定基增长速度。设时间序列观测值为 $Y_0, Y_1, \cdots, Y_n$，增长速度为 G，计算公式为：

$$环比增长速度：G_i = \frac{Y_i - Y_{i-1}}{Y_{i-1}} = \frac{Y_i}{Y_{i-1}} - 1\ (i = 1, 2, \cdots, n) \tag{11.13}$$

$$定基增长速度：G_i = \frac{Y_i - Y_0}{Y_0} = \frac{Y_i}{Y_0} - 1\ (i = 1, 2, \cdots, n) \tag{11.14}$$

【例 11.7】 根据表 11—1 国内生产总值的时序数据，计算 2007 年的环比发展速度、环比增长速度、定基发展速度、定基增长速度；假设 2008 年、2009 年与 2007 年的环比增长率相等，预测 2008 年和 2009 年的国内生产总值。

解：根据公式（11.9）、公式（11.10）、公式（11.13）和公式（11.14）可得：

$$环比：R_{2007} = \frac{Y_{2007}}{Y_{2006}} = \frac{249\ 529.9}{211\ 923.5} \approx 117.75\%，G_{2007} = R_{2007} - 1 = 17.75\%$$

$$定基：R_{2007} = \frac{Y_{2007}}{Y_{1996}} = \frac{249\ 529.9}{71\ 176.6} \approx 350.58\%，G_{2007} = R_{2007} - 1 = 250.58\%$$

2008 年和 2009 年的国内生产总值预测值为：

$$\hat{Y}_{2008} = Y_{2007} \times (1 + G_{2007}) = 249\ 529.9 \times (1 + 17.75\%) \approx 293\ 821.5\ (亿元)$$

$$\hat{Y}_{2009} = Y_{2007} \times (1 + G_{2007})^2 = 249\ 529.9 \times (1 + 17.75\%)^2 \approx 345\ 974.8\ (亿元)$$

（三）平均发展速度与平均增长速度

平均发展速度是各期环比发展速度的几何平均数，用于描述现象的平均发展变化程度。平均增长速度也称平均增长率（average rate of increase），它由时间序列中逐期环比值（环比发展速度）的几何平均数减 1 得到，描述现象在整个观察期内的平均增长程度。其计算公式为：

$$平均发展速度：\bar{R} = \sqrt[n]{\frac{Y_1}{Y_0} \times \frac{Y_2}{Y_1} \times \cdots \times \frac{Y_n}{Y_{n-1}}} = \sqrt[n]{\frac{Y_n}{Y_0}} \tag{11.15}$$

$$平均增长速度：\bar{G} = \bar{R} - 1 = \sqrt[n]{\frac{Y_n}{Y_0}} - 1 \tag{11.16}$$

【例 11.8】 根据表 11—1 中国内生产总值的时序数据，计算 1996—2007 年的平均发展速度、平均增长速度，并根据平均增长速度预测 2008 年和 2009 年的国内生产总值。

解：根据公式（11.15），1996—2007 年的平均发展速度和平均增长速度依次为：

$$\bar{R}=\sqrt[11]{\frac{Y_n}{Y_0}}=\sqrt[11]{\frac{249\ 529.9}{71\ 176.6}}\approx 112.08\%$$

$$\bar{G}=\bar{R}-1=12.08\%$$

2008 年和 2009 年的国内生产总值预测值为：

$$\hat{Y}_{2008}=Y_{2007}\times(1+\bar{G})=249\ 529.9\times(1+12.08\%)\approx 279\ 673.1\text{（亿元）}$$

$$\hat{Y}_{2009}=Y_{2007}\times(1+\bar{G})^2=249\ 529.9\times(1+12.08\%)^2\approx 313\ 457.6\text{（亿元）}$$

进行变动描述分析时要注意以下三点：

第一，正确选择基期。计算许多变动指标时都需要选定一个参照基期，基期不同，得到的指标值会有很大差异，因此在计算中，基期的选择要十分严谨。基期要根据研究的目的进行选择。另外，要注意避开异常基期。如果基期数值异常，得到的指标值会出现过高或过低的情况，不能说明问题，也不具有分析的价值。

第二，在速度变动描述中，报告期和基期不允许有零和负数。当时间序列中的观察值出现零或负数时，相比得到的数值通常没有意义或者无法解释，此时使用水平变动指标进行分析更为合适。例如对序列－8，5，0，3，－5 的变化进行描述时，我们可以避开速度分析，直接叙述它的水平增长量，其逐期增长量依次为 13，－5，3，－8，累计增长量为 3。

第三，速度指标与水平指标应该结合分析。例如，增长率是常用的速度指标，它不仅与增长量有关，也与对比的基期水平有关。增长率较小，但如果基期水平高，对应的绝对增长量可能很大；同样，较大的增长率也可能对应较小的绝对增长量。将增长率与绝对水平结合分析就可以很好地避免这种误会。我们可以采用增长 1%的绝对值来弥补增长率分析的局限性。增长率 1%的绝对值反映增长率每增加一个百分点对应的绝对增长量，该指标一般与环比增长率结合使用，其计算公式为：

$$\text{增长 }1\%\text{的绝对值}=\frac{Y_i-Y_{i-1}}{\left(\frac{Y_i-Y_{i-1}}{Y_{i-1}}\right)\times 100}=\frac{Y_{i-1}}{100}\ (i=1,2,\cdots,n) \tag{11.17}$$

想一想

时间序列的水平变动描述和速度变动描述有哪些区别和联系？

人物小传

尤尔（George Udny Yule）是英国统计学家，1871 年 2 月 18 日生于苏格兰哈丁顿附近的蒙哈姆，1951 年 6 月 26 日卒于剑桥。尤尔师从英国应用数学家、近代数理统计的奠基者皮尔逊。早年曾在伦敦大学学院开设统计学讲座，1912 年到剑桥，不久即成为剑桥大学教授，1922 年当选为皇家学会会员。尤尔在 1925—1930 年关于时间序列分析的工作中，研究了振荡的时间序列，引进了自回归（autoregressive，AR）和序列相关等重要概念，奠定了时间序列分析这个统计分支现代发展的基础。他与格森伍德共同奠定了随机分布理论的基础，概率论中有以他的姓氏命名的著名的尤尔过程和尤尔—沃克方程。尤尔的研究工作很注意理论联系实际，他于1912年在剑桥大学开设的统计学讲座很受欢迎，极大地引起了费歇尔的注意。

第二节 时间序列的分解法

一、时间序列的分解模型

事物的发展变化受众多因素的影响，有些因素对事物的发展起着长期性、周期性、决定性的作用，有些因素则起着短期性、偶然性的作用。这些因素综合作用于事物，使反映事物发展变化的时间序列观测值呈现出复合性规律变动。归纳起来，我们可以将时间序列的变动分解为长期趋势（T）、季节变动（S）、循环变动（C）、不规则变动（I）四种成分。

（一）长期趋势

长期趋势（long term trend）是时间序列在较长时期内持续上升或下降的发展态势。这种趋势可以是线性的，也可以是非线性的。长期趋势通常由某种固定性因素长期作用于事物产生，其发展具有持续性，这一特性有利于我们根据以往的观测值对未来进行预测。

（二）季节变动

季节变动（seasonal fluctuation）是时间序列在一年内重复出现的周期性波动。季节变动中的“季节”，不仅指一年中的四季，而且指一年中任何一种周期，如月、周、日、时等。季节变动多是由自然因素和生产或生活条件的影响引起的，其变动具有重复性。常见的季节变动序列如四季的气温、旅游景点不同月份的旅游人数、某种商品不同月份的销售量等。

（三）循环变动

循环变动（cyclical fluctuation）是时间序列在较长时间内（通常为一年以上）上下起伏的周期性波动。循环变动不同于长期趋势，它是一种涨落相间的交替波动；也不同于季节变动，它的周期长短不一，幅度高低不同，不具有重复性。循环变动比较典型的例子是商业循环，商业循环由繁荣、衰退、萧条、复苏等时期组成，循环的周期长度不同，从几年到几十年不等。

（四）不规则变动

不规则变动（irregular variation）包含时间序列中所有没有明显规律性的变动，它是时间序列剔除长期趋势、季节变动、循环变动后的偶然性波动，又称剩余变动或随机变动。不规则变动多是由随机事件或突发事件（如战争、自然灾害等）引起的。

任何一个时间序列都可以分解为以上一种或几种变动。如果要对一个时间序列本身进行比较深入的观察和研究，可以建立时间序列分解模型，通过对时间序列的分解来了解这个时间序列发展变化的构成内容和影响因素。如果要对一个时间序列进行预测，则需要估计模型中各种变动函数的参数，将各种变动的预测值合成为时间序列的最终预测值。因此，构建时间序列的分解模型是对时间序列进行分解的基础。

小词典

将各影响因素分别从时间序列中分离出去并加以测定的过程，称为时间序列的构成分析。

根据四种变动对时间序列作用形式的不同，可以设定各种合成模型，比较常用的有加法模型和乘法模型。设 Y 为时间序列的指标值，则：

加法模型：$Y_t = T_t + S_t + C_t + I_t$ (11.18)

乘法模型：$Y_t = T_t \times S_t \times C_t \times I_t$ (11.19)

加法模型假定四种变动相互独立，它们与时间序列 Y 具有相同的表达形式，通过累加构成时间序列的指标值。乘法模型则假定四种变动具有交互作用，合成时以长期趋势为基准，其他变动的数值都以相对数（百分比）来表示。由于乘法模型的假定与现实生活中事物发展变化的性质更为吻合，故实际中我们更多采用乘法模型。本节介绍的时间序列分解方法也是围绕乘法模型展开的。

想一想

时间序列的构成要素有哪些？各自有什么特点？

二、时间序列的分解步骤

当一个时间序列包含多种变动时，我们可以通过逐步剔除的方法，得到各个变动模型。下面我们举例加以说明。

【例 11.9】 表 11—4 是 2000—2008 年我国社会消费品零售总额月度时间序列。选择恰当的分解模型将该时间序列分解，并分别测算各个变动。

表 11—4　2000—2008 年我国社会消费品零售总额月度数据　单位：亿元

年份	2000	2001	2002	2003	2004	2005	2006	2007	2008
1月	2 962.9	3 332.8	3 596.1	3 907.4	4 569.4	5 300.9	6 641.6	7 488.3	9 077.3
2月	2 805.0	3 047.1	3 324.4	3 706.4	4 211.4	5 012.2	6 001.9	7 013.7	8 354.7
3月	2 627.0	2 876.1	3 114.8	3 494.8	4 049.8	4 799.1	5 796.7	6 808.5	8 123.2
4月	2 572.0	2 820.9	3 052.2	3 406.9	4 001.8	4 663.3	5 774.6	6 786.4	8 142.0
5月	2 637.0	2 929.6	3 202.1	3 463.3	4 166.1	4 899.2	6 175.6	7 187.4	8 703.5
6月	2 645.0	2 908.7	3 158.8	3 576.9	4 250.7	4 935.0	6 057.8	7 069.6	8 642.0
7月	2 597.0	2 851.4	3 096.6	3 562.1	4 209.2	4 934.9	6 012.2	7 024.0	8 628.8
8月	2 636.0	2 889.4	3 143.7	3 609.6	4 262.7	5 040.8	6 077.4	7 089.2	8 767.7
9月	2 854.0	3 136.9	3 422.4	3 971.8	4 717.7	5 495.2	6 553.6	7 565.4	9 446.5

续前表

年份	2000	2001	2002	2003	2004	2005	2006	2007	2008
10 月	3 029.0	3 347.3	3 661.9	4 204.4	4 983.2	5 846.6	6 997.7	8 009.5	10 082.7
11 月	3 108.0	3 421.7	3 733.1	4 202.7	4 965.6	5 909.0	6 821.7	7 833.5	9 790.8
12 月	3 680.0	4 033.3	4 404.4	4 735.7	5 562.5	6 850.4	7 499.2	8 511.0	10 728.5

资料来源：国家统计局网站。

（一）图形描述

通过对时间序列数据作图，观察它可能包含哪些变动，选择合适的分解模型。对于任何一个时间序列而言，不规则变动总是存在的，循环变动的规律又不容易把握，因此我们主要通过图形来判断时间序列是否含有长期趋势和季节变动成分。通过图 11—3 可以判断，我国社会消费品零售总额存在明显的长期趋势和季节变动。我们采用乘法模型对序列进行分解。

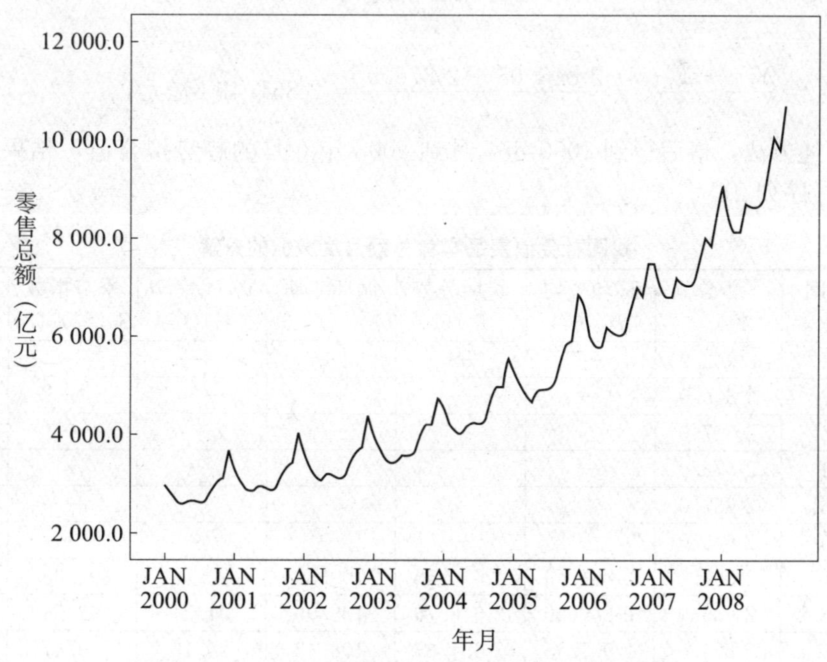

图 11—3　社会消费品零售总额月度时序图

（二）长期趋势的测定

对于含有长期趋势的时间序列，可采用移动平均法剔除季节变动和不规则变动，再对得到的新时间序列拟合长期趋势。

移动平均法是将近期一定时间间隔内的观测值平均数作为趋势值或预测值的一种方法。该方法既有拟合趋势功能，也有预测功能。移动平均法是长期趋势变动分析的常用方法，这正是利用了它的拟合趋势值功能，在下一节还将介绍移动平均法的预测功能。

如果时间序列不包含季节变动，采用一般移动平均法就可以削弱序列中随机因素、偶然因素的影响，提高长期趋势的拟合效果；如果时间序列包含季节变动，可采用按季中心移动平均法消除季节变动和不规则变动。这里需要注意的是：如果移动平均间隔长度 k 为奇数，一次移动平均即得第 $\frac{k+1}{2}$ 期的趋势值；如果 k 为偶数，需要将第一次得到的移动平均值再做一次二项移动平均，才能得到第 $\frac{k}{2}+1$ 期的趋势值。

采用 12 期移动平均法对表 11—4 中的数据进行趋势拟合，以第 7 行数据为例，其计算过程如下：

由于 12 是偶数，因此首先通过一次 12 项中心移动平均得到第 6.5 期和第 7.5 期的趋势拟合值：

$$\hat{Y}_{6.5}=\frac{Y_1+Y_2+\cdots+Y_{12}}{12}=\frac{2\ 962.9+2\ 805+\cdots+3\ 680}{12}\approx 2\ 846.08\text{（亿元）}$$

$$\hat{Y}_{7.5}=\frac{Y_2+Y_3+\cdots+Y_{13}}{12}=\frac{2\ 805+2\ 627+\cdots+3\ 332.8}{12}=2\ 876.9\text{（亿元）}$$

然后对第 6.5 期和第 7.5 期的趋势拟合值进行一次二项移动平均得到第 7 期趋势拟合值：

$$\hat{Y}_7=\frac{\hat{Y}_{6.5}+\hat{Y}_{7.5}}{2}=\frac{2\ 846.08+2\ 876.9}{2}=2\ 861.49\text{（亿元）}$$

采用上述方法，最后得到 2000 年 7 月到 2008 年 6 月的趋势拟合值，结果见表 11—5 的第（4）栏序列 TC。

表 11—5　　我国社会消费品零售总额月度数据的分解

年月 (1)	时间 t (2)	零售总额 Y (3)	移动平均 TC (4)	长期趋势 T (5)	循环变动 C (%) (6)	$Y/TC=SI$ (%) (7)	季节指数 S (%) (8)	不规则变动 I (%) (9)
2000 1	1	2 962.9	—	—	—	—	—	—
2	2	2 805.0	—	—	—	—	—	—
3	3	2 627.0	—	—	—	—	—	—
4	4	2 572.0	—	—	—	—	—	—
5	5	2 637.0	—	—	—	—	—	—
6	6	2 645.0	—	—	—	—	—	—
7	7	2 597.0	2 861.49	2 616.55	109.36	90.76	92.38	98.25
8	8	2 636.0	2 886.99	2 648.76	108.99	91.31	92.51	98.69
9	9	2 854.0	2 907.45	2 681.37	108.43	98.16	99.47	98.68
10	10	3 029.0	2 928.20	2 714.38	107.88	103.44	104.53	98.96
11	11	3 108.0	2 950.77	2 747.79	107.39	105.33	103.71	101.57
12	12	3 680.0	2 973.95	2 781.62	106.91	123.74	117.10	105.67
2001 1	13	3 332.8	2 995.53	2 815.86	106.38	111.26	110.15	101.01
2	14	3 047.1	3 016.69	2 850.53	105.83	101.01	100.89	100.12
3	15	2 876.1	3 039.04	2 885.62	105.32	94.64	95.33	99.27
4	16	2 820.9	3 064.09	2 921.14	104.89	92.06	92.84	99.16
5	17	2 929.6	3 090.42	2 957.10	104.51	94.80	96.18	98.56
6	18	2908.7	3 118.21	2 993.51	104.17	93.28	94.91	98.29
7	19	2 851.4	3 143.90	3 030.36	103.75	90.70	92.38	98.18
8	20	2 889.4	3 166.43	3 067.66	103.22	91.25	92.51	98.63
9	21	3 136.9	3 187.93	3 105.43	102.66	98.40	99.47	98.92

续前表

年月 (1)	时间 t (2)	零售总额 Y (3)	移动平均 TC (4)	长期趋势 T (5)	循环变动 C (%) (6)	$Y/TC=SI$ (%) (7)	季节指数 S (%) (8)	不规则变动 I (%) (9)
10	22	3 347.3	3 207.51	3 143.66	102.03	104.36	104.53	99.83
11	23	3 421.7	3 228.50	3 182.36	101.45	105.98	103.71	102.20
12	24	4 033.3	3 250.28	3 221.53	100.89	124.09	117.10	105.97
2002 1	25	3 596.1	3 270.92	3 261.19	100.30	109.94	110.15	99.81
2	26	3 324.4	3 291.73	3 301.34	99.71	100.99	100.89	100.10
3	27	3 114.8	3 314.22	3 341.98	99.17	93.98	95.33	98.59
4	28	3 052.2	3 339.23	3 383.12	98.70	91.40	92.84	98.45
5	29	3 202.1	3 365.31	3 424.77	98.26	95.15	96.18	98.93
6	30	3 158.8	3 393.75	3 466.93	97.89	93.08	94.91	98.07
7	31	3 096.6	3 422.18	3 509.61	97.51	90.49	92.38	97.95
8	32	3 143.7	3 451.07	3 552.81	97.14	91.09	92.51	98.46
9	33	3 422.4	3 482.82	3 596.55	96.84	98.27	99.47	98.78
10	34	3 661.9	3 513.43	3 640.82	96.50	104.23	104.53	99.71
11	35	3 733.1	3 539.09	3 685.64	96.02	105.48	103.71	101.71
12	36	4 404.4	3 567.40	3 731.02	95.61	123.46	117.10	105.43
2003 1	37	3 907.4	3 604.21	3 776.95	95.43	108.41	110.15	98.42
2	38	3 706.4	3 643.02	3 823.44	95.28	101.74	100.89	100.84
3	39	3 494.8	3 685.33	3 870.51	95.22	94.83	95.33	99.47
4	40	3 406.9	3 730.82	3 918.16	95.22	91.32	92.84	98.36
5	41	3 463.3	3 772.99	3 966.39	95.12	91.79	96.18	95.44
6	42	3 576.9	3 806.36	4 015.22	94.80	93.97	94.91	99.02
7	43	3 562.1	3 847.75	4 064.65	94.66	92.58	92.38	100.22
8	44	3 609.6	3 896.38	4 114.69	94.69	92.64	92.51	100.14
9	45	3 971.8	3 940.54	4 165.34	94.60	100.79	99.47	101.33
10	46	4 204.4	3 988.45	4 216.62	94.59	105.41	104.53	100.84
11	47	4 202.7	4 042.53	4 268.53	94.71	103.96	103.71	100.25
12	48	4 735.7	4 099.88	4 321.07	94.88	115.51	117.10	98.64
2004 1	49	4 569.4	4 154.92	4 374.27	94.99	109.98	110.15	99.84
2	50	4 211.4	4 209.10	4 428.12	95.05	100.05	100.89	99.17
3	51	4 049.8	4 267.39	4 482.63	95.20	94.90	95.33	99.55
4	52	4 001.8	4 330.92	4 537.81	95.44	92.40	92.84	99.53
5	53	4 166.1	4 395.15	4 593.68	95.68	94.79	96.18	98.55
6	54	4 250.7	4 461.39	4 650.23	95.94	95.28	94.91	100.39
7	55	4 209.2	4 526.32	4 707.47	96.15	92.99	92.38	100.67
8	56	4 262.7	4 590.17	4 765.42	96.32	92.87	92.51	100.38
9	57	4 717.7	4 654.75	4 824.09	96.49	101.35	99.47	101.89
10	58	4 983.2	4 713.54	4 883.48	96.52	105.72	104.53	101.14
11	59	4 965.6	4 771.65	4 943.59	96.52	104.06	103.71	100.35
12	60	5 562.5	4 830.70	5 004.45	96.53	115.15	117.10	98.34
2005 1	61	5 300.9	4 889.45	5 066.06	96.51	108.41	110.15	98.42
2	62	5 012.2	4 952.11	5 128.42	96.56	101.21	100.89	100.32

续前表

年月 (1)	时间 t (2)	零售总额 Y (3)	移动平均 TC (4)	长期趋势 T (5)	循环变动 C (%) (6)	$Y/TC=SI$ (%) (7)	季节指数 S (%) (8)	不规则变动 I (%) (9)
3	63	4 799.1	5 016.93	5 191.56	96.64	95.66	95.33	100.34
4	64	4 663.3	5 085.30	5 255.47	96.76	91.70	92.84	98.77
5	65	4 899.2	5 160.58	5 320.16	97.00	94.94	96.18	98.70
6	66	4 935.0	5 253.55	5 385.66	97.55	93.94	94.91	98.98
7	67	4 934.9	5 363.08	5 451.96	98.37	92.02	92.38	99.61
8	68	5 040.8	5 460.18	5 519.07	98.93	92.32	92.51	99.79
9	69	5 495.2	5 542.98	5 587.02	99.21	99.14	99.47	99.66
10	70	5 846.6	5 630.85	5 655.80	99.56	103.83	104.53	99.33
11	71	5 909.0	5 730.34	5 725.42	100.09	103.12	103.71	99.43
12	72	6 850.4	5 830.31	5 795.90	100.59	117.50	117.10	100.34
2006 1	73	6 641.6	5 921.98	5 867.25	100.93	112.15	110.15	101.82
2	74	6 001.9	6 010.06	5 939.48	101.19	99.86	100.89	98.98
3	75	5 796.7	6 097.35	6012.60	101.41	95.07	95.33	99.73
4	76	5 774.6	6 189.41	6 086.62	101.69	93.30	92.84	100.49
5	77	6 175.6	6 275.40	6 161.55	101.85	98.41	96.18	102.32
6	78	6 057.8	6 340.47	6 237.40	101.65	95.54	94.91	100.67
7	79	6 012.2	6 402.78	6 314.18	101.40	93.90	92.38	101.65
8	80	6 077.4	6 480.22	6 391.91	101.38	93.78	92.51	101.37
9	81	6 553.6	6 564.53	6 470.60	101.45	99.83	99.47	100.36
10	82	6 997.7	6 648.85	6 550.26	101.51	105.25	104.53	100.68
11	83	6 821.7	6 733.17	6 630.89	101.54	101.31	103.71	97.70
12	84	7 499.2	6 817.48	6 712.52	101.56	110.00	117.10	93.94
2007 1	85	7 488.3	6 901.80	6 795.16	101.57	108.50	110.15	98.50
2	86	7 013.7	6 986.12	6 878.81	101.56	100.39	100.89	99.51
3	87	6 808.5	7 070.43	6 963.49	101.54	96.30	95.33	101.01
4	88	6 786.4	7 154.75	7 049.21	101.50	94.85	92.84	102.17
5	89	7 187.4	7 239.07	7 135.99	101.44	99.29	96.18	103.23
6	90	7 069.6	7 323.38	7 223.84	101.38	96.53	94.91	101.72
7	91	7 024.0	7 431.75	7 312.77	101.63	94.51	92.38	102.31
8	92	7 089.2	7 553.83	7 402.79	102.04	93.85	92.51	101.44
9	93	7 565.4	7 664.49	7 493.92	102.28	98.71	99.47	99.23
10	94	8 009.5	7 775.75	7 586.18	102.50	103.01	104.53	98.54
11	95	7 833.5	7 895.40	7 679.57	102.81	99.22	103.71	95.67
12	96	8 511.0	8 024.09	7 774.11	103.22	106.07	117.10	90.58
2008 1	97	9 077.3	8 156.48	7 869.81	103.64	111.29	110.15	101.03
2	98	8 354.7	8 293.28	7 966.69	104.10	100.74	100.89	99.85
3	99	8 123.2	8 441.60	8 064.76	104.67	96.23	95.33	100.94
4	100	8 142.0	8 606.36	8 164.04	105.42	94.60	92.84	101.90
5	101	8 703.5	8 774.30	8 264.55	106.17	99.19	96.18	103.13
6	102	8 642.0	8 948.25	8 366.29	106.96	96.58	94.91	101.76
7	103	8 628.8	—	—	—	—	—	—

续前表

年月 (1)	时间 t (2)	零售总额 Y (3)	移动平均 TC (4)	长期趋势 T (5)	循环变动 C (%) (6)	$Y/TC=SI$ (%) (7)	季节指数 S (%) (8)	不规则变动 I (%) (9)
8	104	8 767.7	—	—	—	—	—	—
9	105	9 446.5	—	—	—	—	—	—
10	106	10 082.7	—	—	—	—	—	—
11	107	9 790.8	—	—	—	—	—	—
12	108	10 728.5	—	—	—	—	—	—

在得到趋势拟合序列 TC 后，可以通过对其建立解释变量为 t 的具体模型来拟合，该方法不仅可以测定时间序列各期的长期趋势值，还可以进行预测。长期趋势分为线性趋势和非线性趋势。对于直线上升或下降的线性趋势，采用直线模型来描述；对于非线性趋势，常用的模型有：二次曲线模型、指数曲线模型等。我们需要结合时间序列的现实意义、图形形状和阶差、比率的特点来选取模型，表 11—6 给出了各个模型的阶差和比率的特点。

表 11—6　各个模型的阶差和比率的特点

模型	模型形式	阶差和比率的特点
直线模型	$\hat{Y}_t=a+bt$	一次差分（y_t-y_{t-1}）相等
二次曲线模型	$\hat{Y}_t=b_0+b_1t+b_2t^2$	二次差分［（y_t-y_{t-1}）－（$y_{t-1}-y_{t-2}$）］相等
指数曲线模型	$\hat{Y}_t=ae^{bt}$	一次比率（y_t/y_{t-1}）相等

对时间序列 TC 作图，如图 11—4 所示的实曲线 TC，可以看出它呈现出曲线上升的趋势。根据表 11—6，该曲线的前后趋势值不满足直线模型和二次曲线模型的阶差与比率的特点，而满足指数曲线模型的判断标准。通过计算，可以得到时间序列 TC 的一次比率（y_t/y_{t-1}）接近相等，约等于 1。因此，根据表 11—6 给出的规则判断，时间序列 TC 可以用指数曲线模型来拟合。

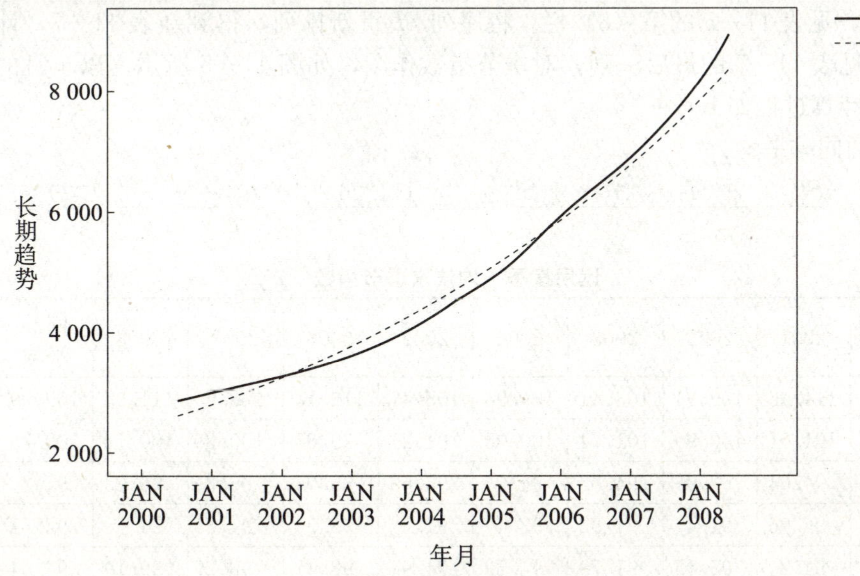

图 11—4　零售总额长期趋势

以时间 t 为解释变量，TC 为被解释变量，拟合指数曲线模型 $\hat{T}_t = ae^{bt}$ 。

将模型两边取对数得：$\ln\hat{T}_t = \ln a + bt$ ，

令：$\hat{Y}' = \ln\hat{T}_t$ ，$A = \ln a$ ，$B = b$ ，则得到一元线性回归模型：

$$\hat{Y}' = A + Bt$$

根据本书第十章介绍的回归分析法，可以计算得到 A=7.783 965，B=−4.403 43。通过还原，得到指数曲线方程的参数 a 为 2 401.779，b 为 0.012 235 3，最终的指数曲线方程如下：

$$\hat{T}_t = 2\ 401.779e^{0.012\ 235\ 3t}$$

根据该方程可以求得各个月度的长期趋势估计值，结果见表 11—5 第（5）栏。以第 7 行数据的计算过程为例，将 t=7 代入上式，可以得到：

$$\hat{T}_7 \approx 2\ 401.779 \times 2.718\ 281\ 83^{0.012\ 235\ 3\times 7} \approx 2\ 616.55$$

对长期趋势估计值作图，如图 11—4 所示的虚曲线 T ，可以看出虚曲线 T 很好地拟合了时间序列的长期趋势 TC 。

（三）季节变动的测定

在时间序列的乘法模型中，季节变动是通过季节指数来估算的。季节指数（seasonal index）可以描述现象由于受季节因素的影响偏离其总平均水平的相对程度。如果所分析的是月份数据，季节指数包括 12 个；如果所分析的是季度数据，季节指数包括 4 个。季节指数可以通过采用按季平均法得到。

按季平均法的前提是时间序列呈水平趋势，计算步骤如下：首先，对多年同季数据进行简单平均，以消除不规则变动。其次，将同季平均数与总平均数作比，得到季节指数 S 。

将 Y 除以 TC ，得到只含季节因素和不规则变动因素的序列 SI ，见表 11—5 的第（7）栏。由于剔除了长期趋势和循环变动，序列 SI 呈水平趋势，可以采用按季平均法求季节指数 S ，见表 11—5 的第（8）栏。将序列 SI 重新排列，得到新表 11—7，计算得到的季节指数见表 11—7 的最后一列，对季节指数作图，如图 11—5 所示。以 1 月的季节指数为例，其计算过程如下：

1 月份的同季平均：

$$\bar{S}_1 = \frac{SI_{1,2001} + SI_{1,2002} + \cdots + SI_{1,2008}}{8} = \frac{111.26 + 109.94 + \cdots + 111.29}{8} \approx 109.99$$

表 11—7　运用按季平均法求季节指数　单位：%

月度	2000	2001	2002	2003	2004	2005	2006	2007	2008	同月平均	季节指数
1	—	111.26	109.94	108.41	109.98	108.41	112.15	108.5	111.29	109.99	110.15
2	—	101.01	100.99	101.74	100.05	101.21	99.86	100.39	100.74	100.75	100.89
3	—	94.64	93.98	94.83	94.9	95.66	95.07	96.3	96.23	95.2	95.33
4	—	92.06	91.4	91.32	92.4	91.7	93.3	94.85	94.6	92.71	92.83
5	—	94.8	95.15	91.79	94.79	94.94	98.41	99.29	99.19	96.04	96.18

续前表

月度	2000	2001	2002	2003	2004	2005	2006	2007	2008	同月平均	季节指数
6	—	93.28	93.08	93.97	95.28	93.94	95.54	96.53	96.58	94.77	94.91
7	90.76	90.7	90.49	92.58	92.99	92.02	93.9	94.51	—	92.24	92.37
8	91.31	91.25	91.09	92.64	92.87	92.32	93.78	93.85	—	92.39	92.52
9	98.16	98.4	98.27	100.79	101.35	99.14	99.83	98.71	—	99.33	99.47
10	103.44	104.36	104.23	105.41	105.72	103.83	105.25	103.01	—	104.41	104.55
11	105.33	105.98	105.48	103.96	104.06	103.12	101.31	99.22	—	103.56	103.7
12	123.74	124.09	123.46	115.51	115.15	117.5	110	106.07	—	116.94	117.1
平均	—	—	—	—	—	—	—	—	—	99.86	—

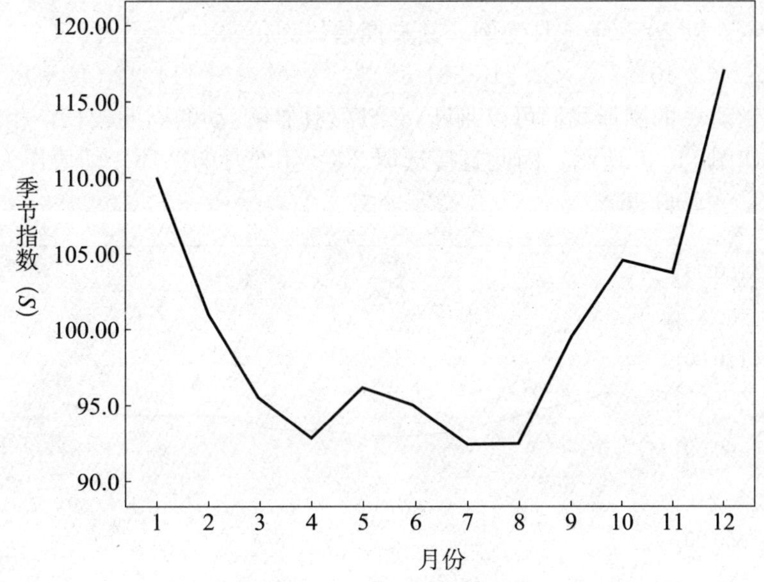

图 11—5　零售总额季节指数

按照同样的方法，可得到 $\bar{S}_2$、$\bar{S}_3$、…、$\bar{S}_{12}$：

12 个月的总平均 $\bar{S}=\frac{\bar{S}_1+\bar{S}_2+\cdots+\bar{S}_{12}}{12}=\frac{109.99+100.75+\cdots+116.94}{12}\approx 99.86$

1 月份的季节指数 $\hat{S}_1=\frac{\bar{S}_1}{\bar{S}}=\frac{109.99}{99.86}\approx 110.15\%$

（四）循环变动的测定

由于循环变动的周期长短不一、变动大小不同，并且常与不规则变动交织在一起，我们很难单独对其估算，所以通常采用剩余法得到。剩余法是以时间序列的分解模型为基础，从时间序列中分离趋势变动、季节变动和不规则变动，从而得到循环变动。由于分离的结果容易受其他变动因素估算效果的影响，在实际中我们通常还要结合定性分析方法，将序列 TC 除以 T，即得到循环变动 C，如表 11—6 中的第（6）栏。

（五）不规则变动的测定

不规则变动没有规律可循，因此也可采用剩余法得到。将序列 SI 除以 S，即得到不规则变动 I，如表 11—6 中的第（9）栏。

三、利用时间序列分解模型进行预测

在时间序列分解模型的基础上，我们可以进一步展开预测。具体步骤是：通过对各个变动历史观测值的分析和建模，分项预测未来值，最终合成时间序列的预测值。由于不规则变动没有规律、无法预测，所以时间序列的预测模型只包含长期趋势、季节变动和循环变动三个成分。

【例 11.10】 在例 11.9 所建变动模型的基础上，对 2009 年 1 月至 6 月我国社会消费品零售总额进行预测。

按照上述步骤，我们可以得到 2009 年上半年我国社会消费品零售月度总额的预测值，如表 11—8 所示。以 2009 年 1 月为例，其长期趋势为：

$$\hat{T}_{1,2009} = 2\,401.779 \times 2.718\,281\,83^{0.012\,235\,3\times 109} \approx 9\,114.42\text{（亿元）}$$

通过循环变动 C 的图形我们可以判断，该序列循环变动的周期较长，相对长期趋势的波动较缓和，如图 11—6 所示，因此直接选取 2008 年 6 月的循环变动值作为预测值：

$$\hat{C}_{1,2009} = 106.96\%$$

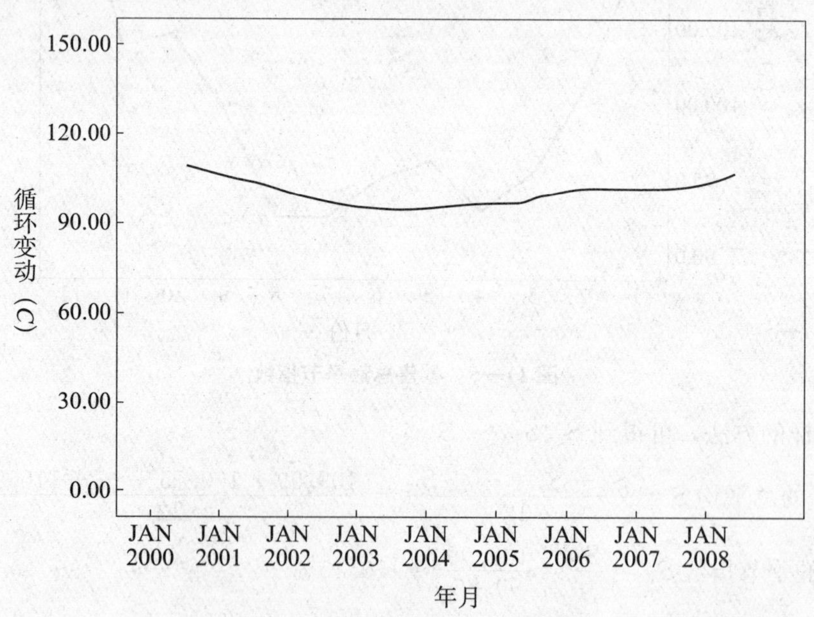

图 11—6 零售总额的循环变动

另外，已知该时间序列 1 月的季节指数为 110.15%。根据时间序列乘法模型我们可以得到 2009 年 1 月我国社会消费品月度零售总额的预测值：

$$\hat{Y}_{1,2009} = \hat{T}_{1,2009} \times \hat{S}_{1,2009} \times \hat{C}_{1,2009} = 9\,114.42 \times 106.96\% \times 110.15\% \approx 10\,738\text{（亿元）}$$

最终得到 2009 年上半年的预测值见表 11—8。

表 11—8　　　　**2009 年上半年社会消费品月度零售总额预测值**

月份	时间 t	预测值 T（亿元）	预测值 S	预测值 C (%)	预测值 Y（亿元）
1	109	9 114.42	110.15	106.96	10 738.29
2	110	9 226.62	100.89	106.96	9 956.63
3	111	9 340.20	95.33	106.96	9 523.73
4	112	9 455.19	92.83	106.96	9 388.15
5	113	9 571.58	96.18	106.96	9 846.68
6	114	9 689.41	94.91	106.96	9 836.28

将 2009 年上半年社会消费品月度零售总额预测值与 2000—2008 年实际值联合绘图，可以看出预测值很好地沿承了原序列的变动特征，如图 11—7 所示。

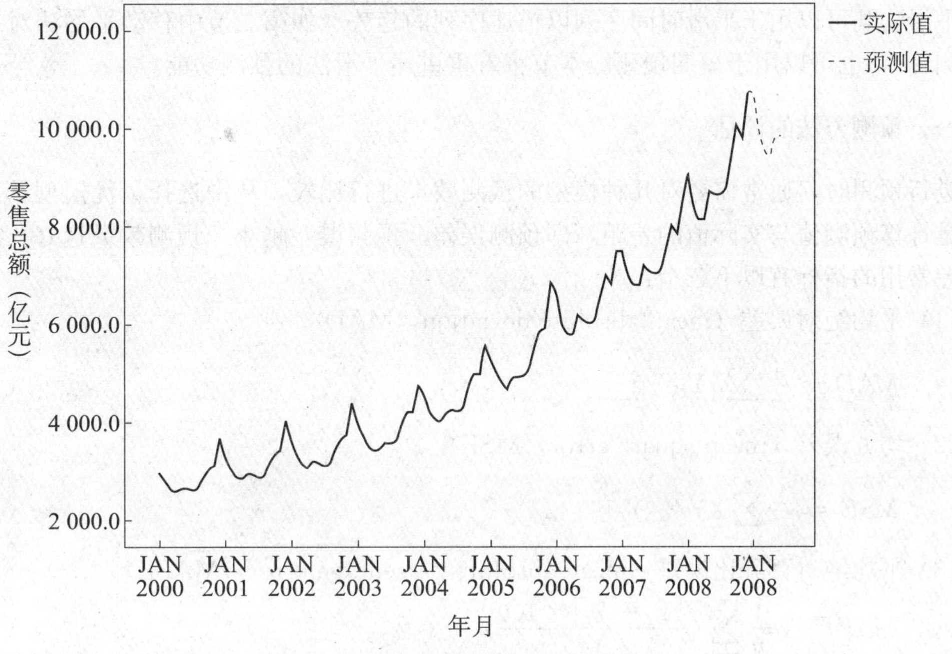

图 11—7　零售总额的原序列与预测值

人物小传

吉尔伯特·沃克（Gilbert Thomas Walker，1868—1958）是英国数学家和气象学家，在中学时就对数学和力学表现出浓厚的兴趣。中学毕业后，沃克获得数学奖学金，进入剑桥大学三一学院学习。毕业后留校任教，后升至讲师。因其在理论和应用数学研究中的杰出成就，1904 年沃克当选为皇家学会会员。1903 年沃克离开大学，次年被任命为印度气象局局长，这项任命在当时有点出人意料，因为沃克是个数学家，而非气象学家。实际上，这是印度气象局前任局长约翰·艾略特（John Eliot）的主意，他选沃克作为他的继任者的理由是，他觉得气象局局长应该由一个有很强数学背景的人担当。印度季风对印度人民的生活影响极大，沃克在分析印度大气规律时建立了移动平均模型，利用过去各个时期的随机干扰或预测误差的线性组合对时间序列进行预测分析。后来受到自回归模型的启发，他将两个模型结合起来，建立了自回归移动平均模型。

第三节　时间序列的平滑法

平滑法的基本思想是通过加权平均的方式消除随机波动的影响，使序列平滑化，从而展示其长期的发展趋势。根据平滑技术的不同，平滑法可以分为移动平均和指数平滑两种。平滑法既可以用于平滑时间序列以描述序列的趋势（如第二节中移动平均法对长期趋势的测算），也可以用于短期预测。本节将着重讲述平滑法的预测功能。

一、预测方法的评估

进行预测时，通常需要对几种模型的预测效果进行比较，从中选择最优模型。比较的方法是计算预测值与实际值的差距，即预测误差。预测误差越小，预测效果越好。衡量预测误差常用的指标有以下三个：

（1）平均绝对误差（mean absolute deviation，MAD）。

$$MAD=\frac{1}{n}\sum_{t=1}^{n}|Y_t-\hat{Y}_t| \tag{11.20}$$

（2）均方误差（mean square error，MSE）。

$$MSE=\frac{1}{n}\sum_{t=1}^{n}(Y_t-\hat{Y}_t)^2 \tag{11.21}$$

（3）平均绝对百分比误差（mean absolute percentage error，MAPE）。

$$MAPE=\frac{1}{n}\sum_{t=1}^{n}\left(\frac{|Y_t-\hat{Y}_t|\times 100}{Y_t}\right) \tag{11.22}$$

公式（11.20）、公式（11.21）、公式（11.22）中，Y_t 为时间序列第 t 期观测值，$\hat{Y}_t$ 为第 t 期预测值。三种衡量指标哪种最优，目前还没有普遍一致的看法。前两种是反映误差绝对水平的指标，其数值受计量单位的影响，因此只适合比较同一数据不同模型的预测效果。MAPE 是反映误差相对水平的指标，可以用来衡量不同数据模型的预测效果。另外，MSE 是对误差的平方运算，比 MAD 更容易受异常值的影响。在指标选择上，需要根据实际情况进行判断。

二、移动平均法

移动平均法（moving-average method）是将近期一定时间间隔内的观测值平均数作为趋势值或预测值的一种方法，包括简单移动平均法（simple moving average）和加权移动平均法（weighted moving average）两种。这里将重点介绍移动平均法的预测功能，与测定长期趋势采用的移动平均法不同，用于预测的移动平均法 k 期的移动平均值不是作为中间一期的趋势估计值，而是作为第 $k+1$ 期的趋势预测值。移动平均法适合于对较为平稳的时间序列进行预测。

（一）简单移动平均法

简单移动平均法是将之前 k 期的观察值进行简单平均得出估计值的一种方法。设时间序列已有的 t 期观察值为 $Y_1, Y_2, \cdots, Y_t$，取移动平均期数为 k（$1<k<t$），则：

$$\text{第 } t+1 \text{ 期的预测值：} \hat{Y}_{t+1} = \frac{Y_{t-k+1}+Y_{t-k+2}+\cdots+Y_{t-1}+Y_t}{k} \tag{11.23}$$

$$\text{第 } t+2 \text{ 期的预测值：} \hat{Y}_{t+2} = \frac{Y_{t-k+2}+Y_{t-k+3}+\cdots+Y_t+\hat{Y}_{t+1}}{k} \tag{11.24}$$

移动平均的期数 k 不同，预测值的结果会有很大的差异。一般来说，移动平均的期数 k 越大，得到的曲线越平滑，表现的长期趋势越清晰；但期数越大，滞后偏差越大，趋势对近期变化的反应不敏感。因此，如果关注时间序列的长期趋势，就做期数大的平均；如果关注时间序列的短期趋势，就做期数小的移动平均。另外，选择期数 k 时，可以通过实验的办法，选择使预测误差达到最小的移动期数。

【例 11.11】 根据表 11—9 中我国城市居民消费价格指数数据，分别取 $k=3$ 和 $k=5$，采用简单移动平均法计算各年城市居民消费价格指数的预测值，并对预测模型进行比较。

表 11—9　我国城市居民消费价格指数的简单移动平均预测值

年份	价格指数	$k=3$	误差平方	$k=5$	误差平方
1990	101.3	—	—	—	—
1991	105.1	—	—	—	—
1992	108.6	—	—	—	—
1993	116.1	105	123.21	—	—
1994	125	109.9	227	—	—
1995	116.8	116.6	0.05	111.2	31.14
1996	108.8	119.3	110.25	114.3	30.47
1997	103.1	116.9	189.52	115.1	143.04
1998	99.4	109.6	103.36	114	211.99
1999	98.7	103.8	25.67	110.6	142.09
2000	100.8	100.4	0.16	105.4	20.79
2001	100.7	99.6	1.14	102.2	2.13
2002	99	100.1	1.14	100.5	2.37
2003	100.9	100.2	0.54	99.7	1.39
2004	103.3	100.2	9.61	100	10.76
2005	101.6	101.1	0.28	100.9	0.44
2006	101.5	101.9	0.19	101.1	0.16
2007	104.5	102.1	5.6	101.3	10.50
2008	—	102.5	—	102.4	—
平均	—	—	53.18	—	46.71

移动平均的结果如表 11—9 所示。以 3 项移动平均为例，表 11—9 中 1993 年的预测值就

是1990年、1991年、1992年3年的平均值；依次类推，2008年的预测值就是2005年、2006年、2007年3年的平均值。3项移动平均的均方误差是1993年至2007年误差平方的平均值。

各年城市居民消费价格指数的观测值与移动平均预测值如图11—8所示。

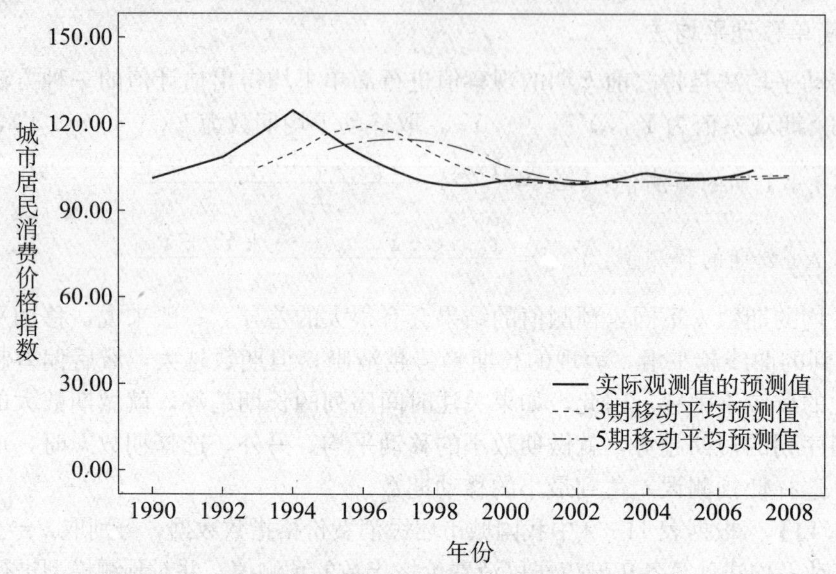

图11—8 城市居民消费价格指数的观测值与移动平均预测值

根据预测结果，3期移动平均预测的均方误差为53.18，5期移动平均预测的均方误差为46.71。就本例而言，5期移动平均法相对3期移动平均法的预测效果差距不大，稍微好些。因此，2008年我国城市居民消费价格指数的预测值为102.4。

试一试

可以用Excel（2010版）进行移动平均预测，操作步骤为：

第1步：选择“数据”选项；

第2步：选择“数据分析”选项；

第3步：在分析工具中选择“移动平均”；

第4步：出现对话框后，在“输入区域”方框内输入原始数据的区域，在“间隔”方框内输入移动间隔（例11.11中的移动间隔为3和5），在“输出区域”方框内输入预测结果的输出位置（通常选择与第2期数值对应的单元格），最后选择“确定”。

（二）加权移动平均法

简单移动平均法是给每个观测值赋予相等的权重。然而在实际中，近期观测值比远期观测值的影响更大一些，应该赋予更大的权重，因此加权移动平均法给每个观测值赋予不等的权重。相对简单移动平均法而言，它更适合对最近几期变化较大的时间序列进行预测。取移动期数为k（$1<k<t$），权数为w_i（$i=1,\cdots,t$），$\sum_{i=1}^{t} w_i=1$，则加权移动平均法第$t+1$期的预测值为：

$$\hat{Y}_{t+1}=\frac{Y_t w_t+Y_{t-1}w_{t-1}+\cdots+Y_{t-k+1}w_{t-k+1}}{w_t+w_{t-1}+\cdots w_{t-k+1}} \tag{11.25}$$

其中，$w_t > w_{t-1} > \cdots > w_{t-k+1}$ 。加权移动平均法权重的选择同移动期数一样，可以根据预测误差来判断，即选择一个误差最小的权重和期数的组合。

三、指数平滑法

指数平滑法（exponential smoothing）是加权移动平均法的一种特殊形式，对距离越远的观测值赋予的权重越小，并且权重随着时间间隔的增大呈指数衰减，因而称为指数平滑。按修匀的次数来分，指数平滑法包括一次指数平滑法、二次指数平滑法、多次指数平滑法等。一次指数平滑法适合对水平的时间序列进行预测，二次和多次指数平滑法适合对有趋势的时间序列进行预测。这里主要介绍一次指数平滑法。

一次指数平滑法也称单一指数平滑法（single exponential smoothing），因为它只有一个平滑系数 α（$0<\alpha<1$）。一次指数平滑法以第 t 期观测值与预测值的线性组合作为第 $t+1$ 期的预测值，即：

$$\hat{Y}_{t+1}=\alpha Y_t+(1-\alpha)\hat{Y}_t \tag{11.26}$$

将上式展开，设 $\hat{Y}_1=Y_1$ ，得第 $t+1$ 期预测值的完整式为：

$$\hat{Y}_{t+1}=\alpha Y_t+\alpha(1-\alpha)Y_{t-1}+\alpha(1-\alpha)^2Y_{t-2}+\cdots+(1-\alpha)^{t-1}Y_1 \tag{11.27}$$

可以看出，任何一期预测值都是之前全部观测值的加权平均，并且权数呈指数递减。

使用指数平滑法进行预测时，平滑系数 α 的选择是一个关键问题。一般而言，对于长期一直比较平稳的序列，常取较小的 α 值；对近期变化剧烈的序列，常取较大的 α 值。另外，要选取预测误差最小的模型进行预测。

【例 11.12】　根据表 11—10 中我国城市居民消费价格指数数据，选择 $\alpha=0.1$ 、$\alpha=0.5$ 、$\alpha=0.9$ ，采用指数平滑法计算各年城市居民消费价格指数的预测值，并对预测模型进行比较。

表 11—10　　我国城市居民消费价格指数的指数平滑预测值

年份	价格指数	$\alpha=0.1$	误差平方	$\alpha=0.5$	误差平方	$\alpha=0.9$	误差平方
1990	101.3	—	—	—	—	—	—
1991	105.1	101.3	14.44	101.3	14.44	101.3	14.44
1992	108.6	101.7	47.89	103.2	29.16	104.7	15.05
1993	116.1	102.4	188.46	105.9	104.04	108.2	62.22
1994	125.0	103.7	451.78	111.0	196.00	115.3	93.87
1995	116.8	105.9	119.46	118.0	1.44	124.0	52.29
1996	108.8	107.0	3.37	117.4	73.96	117.5	76.09
1997	103.1	107.1	16.38	113.1	100.00	109.7	43.20
1998	99.4	106.7	53.91	108.1	75.69	103.8	18.99
1999	98.7	106.0	53.41	103.8	25.50	99.8	1.29
2000	100.8	105.3	20.05	101.2	0.18	98.8	3.95
2001	100.7	104.8	17.05	101.0	0.10	100.6	0.01
2002	99.0	104.4	29.34	100.9	3.45	100.7	2.86
2003	100.9	103.9	8.85	99.9	0.94	99.2	3.00

续前表

年份	价格指数	$\alpha=0.1$	误差平方	$\alpha=0.5$	误差平方	$\alpha=0.9$	误差平方
2004	103.3	103.6	0.08	100.4	8.33	100.7	6.62
2005	101.6	103.5	3.80	101.9	0.07	103.0	2.08
2006	101.5	103.4	3.44	101.7	0.05	101.7	0.06
2007	104.5	103.2	1.77	101.6	8.33	101.5	8.85
2008	—	103.3	—	103.1	—	104.2	—
平均	—	—	60.79	—	37.75	—	23.82

指数平滑的结果如表 11—10 所示。以 $\alpha=0.1$ 为例，设 $\hat{Y}_{1990}=Y_{1990}=101.3$，有：

$$\hat{Y}_{1991}=0.1\times Y_{1990}+0.9\times\hat{Y}_{1990}=0.1\times101.3+0.9\times101.3=101.3$$

$$\hat{Y}_{1992}=0.1\times Y_{1991}+0.9\times\hat{Y}_{1991}=0.1\times105.1+0.9\times101.3\approx101.7$$

依次类推，2008 年的预测值即 2007 年实际值与预测值的加权组合：

$$\hat{Y}_{2008}=0.1\times Y_{2007}+0.9\times\hat{Y}_{2007}=0.1\times104.5+0.9\times103.2\approx103.3$$

指数平滑的均方误差是 1991 年至 2007 年误差平方的平均值。

对各年城市居民消费价格指数的观测值与指数平滑预测值作图，如图 11—9 所示。

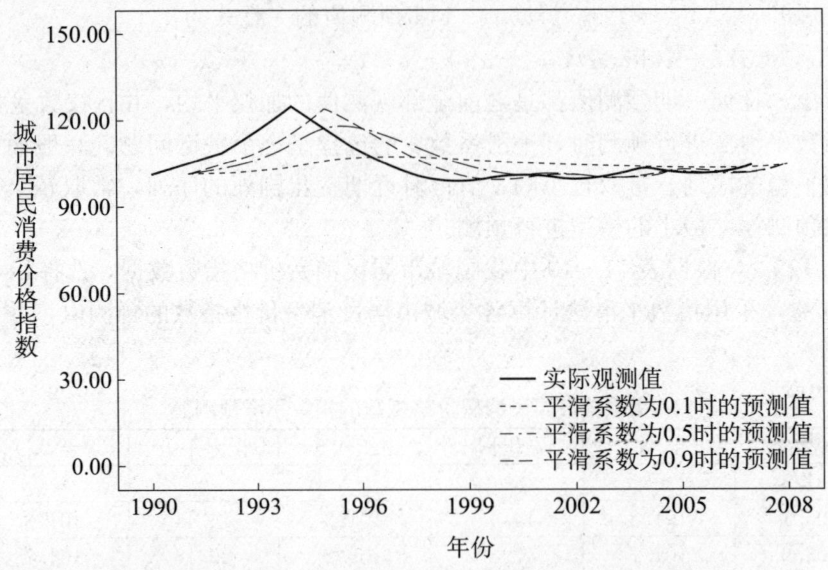

图 11—9　城市居民消费价格指数的观测值与指数平滑预测值

根据预测结果，平滑系数为 0.1 的指数平滑预测均方误差为 60.79，平滑系数为 0.5 的指数平滑预测均方误差为 37.75，平滑系数为 0.9 的指数平滑预测均方误差为 23.82。就本例而言，平滑系数为 0.9 的指数平滑预测效果更好，因此我们选择 104.2 作为 2008 年我国城市居民消费价格指数的预测值。

试一试

可以用 Excel（2010 版）进行指数平滑预测，操作步骤为：

第 1 步：选择“数据”选项；

第 2 步：选择“数据分析”选项；

第 3 步：在分析工具中选择“指数平滑”；

第 4 步：出现对话框后，在“输入区域”方框内输入原始数据的区域，在“阻尼系数”方框内输入 $1-\alpha$ 的值（注：阻尼系数 $=1-\alpha$，例 11.12 中的阻尼系数为 0.9、0.5 和 0.1），在“输出区域”方框内输入预测结果的输出位置（通常选择与第 1 期数值对应的单元格），最后选择“确定”。

人物小传

罗伯特·恩格尔（Robert F. Engle）于 1942 年 11 月出生在美国纽约州锡拉丘兹。恩格尔毕业于威廉姆斯学院物理学专业，随后又在康奈尔大学获得物理学硕士和经济学博士学位。1969 年至 1977 年任教于麻省理工学院。1978 年，恩格尔进入加利福尼亚大学圣迭戈分校执教直至 2003 年退休。他的贡献在于建立了描述经济时间序列数据时变波动性的关键概念——自回归条件异方差（ARCH），并发展了一系列波动性模型及统计分析方法。

本章小结

时间序列分析是实际中被广泛应用的一种数量分析方法。本章介绍了时间序列常用的几种方法：时间序列的描述、时间序列的分解法和时间序列的平滑法。主要知识点总结如下：

1. 时间序列由两个基本要素构成：时间和观测值。根据观测值的不同表现形式，可以把时间序列分为绝对数时间序列、相对数时间序列和平均数时间序列。绝对数时间序列根据时间的不同表现形式，又可以分为时期序列和时点序列。

2. 时间序列的描述包括图形描述和变动描述。图形描述是进行时间序列分析的第一步，通过图形描述，可以对时间序列的变化有一个基本的认识。变动描述包括水平变动描述和速度变动描述。水平变动描述包括发展水平和增长量，通过水平变动描述可以对时间序列进行水平分析。速度变动描述包括发展速度和增长速度，通过速度变动描述可以对时间序列进行速度分析。

3. 时间序列可以分解为长期趋势（T）、季节变动（S）、循环变动（C）和不规则变动（I）四种成分。根据四种变动对时间序列的作用形式不同，可以设定各种合成模型，比较常用的有加法模型和乘法模型。在实际应用中，要根据不同的前提选择合适的模型。测定长期趋势常用的方法是移动平均法和建立回归模型；季节变动通常采用按季平均法得到的季节指数来衡量；循环变动和不规则变动可采用剩余法得到。时间序列分解模型也可以用于预测。

4. 采用模型进行预测时，通常需要对几种模型的预测效果进行比较，从中选择最优模型。比较的方法是计算预测误差。衡量预测误差常用的指标有平均绝对误差（MAD）、均方误差（MSE）、平均绝对百分比误差（MAPE）三种。

5. 时间序列平滑法分为移动平均法和指数平滑法两种。移动平均法是将近期观察值的平均数作为预测值的一种方法，包括简单移动平均法和加权移动平均法两种。指数平滑法是加权移动平均法的一种特殊形式。一次指数平滑法的预测值是以前全部观测值的加权平均，并且权数随时间间隔的增大呈指数递减。

思考与练习

1. 时间序列的构成及分类有哪些？
2. 进行变动描述时应注意哪些问题？
3. 时间序列可以分解为哪四种成分？试简要介绍。
4. 怎样根据给定的时间序列选择趋势线的类型？
5. 循环波动与长期趋势和季节波动有何不同？

6. 2015 年，某地区对奶牛饲养情况进行了调查，得到奶牛存栏数量的时点数据，如表 11—11 所示。要求：计算该地区全年奶牛平均存栏数量。

表 11—11　　奶牛存栏数量的时点数据　　单位：千头

时间点	1月1日	2月28日	6月1日	8月31日	12月31日
存栏数	35	52	48	30	45

7. 昌河仪器厂 2015 年实现利税及资金占用情况如表 11—12 所示。要求：计算该企业 2015 年上半年的平均资金利税率指标。

表 11—12　　昌河仪器厂 2015 年实现利税及资金占用数据

项目	1月	2月	3月	4月	5月	6月
资金平均占用额（万元）	228	220	240	256	280	296
利税总额（万元）	23	21	26	29	34	38
资金利税率（%）	10.09	9.55	10.83	11.33	12.14	12.84

8. 我国 2001—2008 年社会消费品零售总额数据如表 11—13 所示。

表 11—13　　我国 2001—2008 年社会消费品零售总额数据　　单位：亿元

年份	2001	2002	2003	2004	2005	2006	2007	2008
社会消费品零售总额	43 055	48 136	52 516	59 501	67 177	76 410	89 210	108 488

要求：(1) 计算各年份的环比发展速度、环比增长速度、定基发展速度、定基增长速度。

(2) 计算 2001—2008 年的平均社会消费品零售总额。

(3) 计算 2001—2008 年的社会消费品零售总额平均发展速度和平均增长速度。

(4) 根据平均增长速度预测 2009 年和 2010 年的社会消费品零售总额。

9. 某企业 2005—2015 年主营销售收入资料如表 11—14 所示。

表 11—14　　某企业 2005—2015 年主营销售收入数据　　单位：万元

年份	1月	2月	3月	4月	5月	6月	7月	8月	9月	10月	11月	12月	全年合计
2005	556	388	365	424	499	472	510	479	430	371	494	359	5 347
2006	745	579	678	588	610	630	546	551	570	487	316	165	6 465
2007	1 130	626	703	692	729	705	873	944	670	690	481	290	8 533
2008	804	836	967	989	1 024	954	856	842	967	738	735	495	10 207
2009	951	861	1 011	895	840	1 342	1 412	1 431	1 641	1 571	1 539	1 403	14 897
2010	1 161	1 972	1 533	1 608	1 892	1 900	1 773	1 893	2 043	1 842	2 129	1 272	21 018
2011	2 903	1 934	1 822	2 009	2 135	1 846	1 366	1 448	1 735	2 524	2 508	2 423	24 653
2012	2 111	1 803	2 215	2 268	2 144	2 046	1 939	1 882	2 328	2 249	2 216	1 336	24 537
2013	2 415	2 273	2 012	2 645	2 338	2 480	2 186	2 190	1 711	1 692	1 789	1 199	24 930
2014	1 844	1 565	1 776	2 427	2 449	2 611	2 752	2 647	2 016	2 521	2 330	2 145	27 083
2015	2 115	2 352	2 717	2 881	2 786	3 138	2 556	2 715	2 459	2 670	2 560	2 041	30 990

要求：(1) 计算各种动态分析指标（年均增长量、年均发展速度及年均增长速度）。

(2) 测定长期趋势并预测该企业 2016 年和 2017 年的主营销售收入。

(3) 分析该企业的主营销售收入有无季节变动。

10. 1981—2000 年我国油菜子单位面积产量数据如表 11—15 所示。

表 11—15　　1981—2000 年我国油菜子单位面积产量数据　　单位：kg/hm^2

年份	单位面积产量	年份	单位面积产量
1981	1 451	1991	1 215
1982	1 372	1992	1 281
1983	1 168	1993	1 309
1984	1 232	1994	1 296
1985	1 245	1995	1 416
1986	1 200	1996	1 367
1987	1 260	1997	1 479
1988	1 020	1998	1 272
1989	1 095	1999	1 469
1990	1 260	2000	1 519

要求：(1) 绘制时间序列图描述表 11—15 中数据的形态。

(2) 用 5 期移动平均法预测 2001 年的单位面积产量。

(3) 采用指数平滑法，分别用平滑系数 $\alpha=0.3$ 和 $\alpha=0.5$ 预测 2001 年的单位面积产量。

(4) 分析预测误差，说明用哪一个平滑系数预测更合适。

第十二章 指数

人类发展指数：社会综合发展的指示器

在联合国开发计划署（UNDP）于1990年首次发布的《人类发展报告（1990）》中，第一次使用人类发展指数（human development index，简称HDI）来综合测量世界各国的人文发展状况。该指数由三个类指数共五个指标复合组成，三个类指数分别是平均寿命指数（也称健康指数）、教育水平指数（也称文化指数）和人均GDP指数（也称生活水平指数）。该指数采用标准化方法处理数据，指数取值在0和1之间，取值越高，表明人文发展水平越高。此后，联合国开发计划署每年发布一次全世界的“人类发展报告”，并将评估结果分为三级：HDI取值在0.800及以上的国家和地区处于人文发展高度水平，HDI取值为0.500～0.799的国家和地区处于人文发展中度水平，HDI取值在0.500及以下的国家和地区处于人文发展低度水平。目前，联合国开发计划署编制的人类发展指数及每年发表的人类发展报告已经得到世界的普遍认可，成为评价世界各国人文发展综合水平的重要依据。

仅采用五个指标勾画社会发展也是无奈之举，联合国必须考虑数据的国际可比性和数据的可获取性。人类发展指数低的大多数国家，往往缺乏精确的统计数据。因此在选用指标编制指数时，联合国的此项测评受到很多限制，只能选取大多数国家都可能有的统计数据。这使得在利用HDI综合测量社会经济发展水平时，存在着结构性缺失与测评上的缺陷。

为此，中国人民大学中国调查与数据中心在深入研究的基础上，根据中国国情，对联合国使用的人类发展指数进行了拓展，建立了“中国人民大学中国发展指数（RCDI）”。该指数包括四个类指数共15个指标，综合反映了全体国民的健康（健康指数）、受教育程度（教育指数）、经济发展和生活水平（生活水平指数）和社会环境（社会环境指数）的变化情况。该指数的建立在社会上引起很大反响，受到政府有关部门的高度重视，并得到中央领导人的批示。这是用指数方法反映社会综合发展的成功案例。

通过对本章的学习，读者会对指数有更深入的理解。

学习导航

- 指数的概念与分类。
- 简单指数与加权指数的编制原理与方法。
- 总量指数体系分析与平均数变动因素分解。
- 几种典型的指数。
- 综合评价指数。

在日常工作和生活中，我们经常遇到或者需要使用各种指数，如居民消费价格指数(CPI)、股票价格指数、房地产价格指数等，这些指数同我们的社会经济生活关系非常密切。统计中的指数能够综合反映社会经济现象的变动方向和变动幅度，能够分析现象总变动中各因素变动的影响方向及影响程度，能够反映社会经济现象的变动趋势。了解指数是如何编制的，将有助于我们更好地认识指数的功能与作用。

第一节 基本问题

一、指数的概念

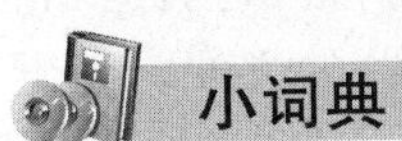

小词典

指数（index）是综合反映由多种因素组成的经济现象在不同时间和空间条件下平均变动的相对数。

指数，或称统计指数，是分析社会经济现象数量变化的一种重要统计方法。它产生于18世纪后半叶，当时由于美洲新大陆开采的金银源源不断地流入欧洲，使欧洲物价骤然上涨，引起了社会的普遍关注。经济学家为了测定物价的变动，开始尝试编制物价指数。此后200多年，指数的理论和应用不断发展，并逐步扩展到工业生产、进出口贸易、铁路运输、工资、成本、生活费用、股票证券等各个方面。其中，有些指数，如零售商品物价指数、生活费用价格指数等，同人们的生活休戚相关；有些指数，如生产资料价格指数、股票价格指数等，则直接影响人们的投资活动，成为社会经济的晴雨表。目前，指数已成为分析和预测社会经济水平的重要工具。

指数的概念包含两个要点：第一个要点是指数的实质是测定多项内容，例如，零售价格指数反映的是零售市场几百万种商品价格变化的整体状况。单一商品价格指数也是有的，例如国家提高烟酒税后，茅台酒价格上升了20%。单一项目的指数计算简单，不是指数方法论中的核心内容，指数方法论研究如何将多项内容综合在一起，从整体上反映。第二个要点是指数的表现形式为动态相对数，既然是动态相对数，就涉及指标的基期对比，不同要素基期的选择就成为指数方法需要讨论的问题。编制指数的方法就是围绕上述两个要点展开的。

二、指数的分类

从不同的角度出发，统计指数可以划分为以下几种主要类型。

（一）按照考察对象的范围不同分类

按照考察对象的范围不同，分为个体指数和总指数。

个体指数是考察总体中个别现象或个别项目数量变动的相对数，如某种产品的产量指数、某种商品的价格指数等。个体指数是计算总指数的基础。

总指数是综合反映多种项目数量变动的相对数，如多种产品的产量指数、多种商品的价格指数等。由于多种事物的使用价值不同，其数量不具有可直接综合的性质，所以总指数的计算不能使用个体指数直接对比的方法，而需要使用专门的编制方法。总指数和个体指数的区别不仅在于考察范围不同，计算方法也不同。

（二）按照所反映指标的性质不同分类

按照所反映指标的性质不同，分为数量指标指数和质量指标指数。

数量指标指数是反映数量指标变动程度的相对数，如商品销售量指数、工业产品产量指数等，数量指标通常采用实物计量单位。质量指标指数是反映品质指标变动程度的相对数，如产品价格指数、产品单位成本指数等，质量指标通常采用货币计量单位。

世界上没有绝对的东西，数量指标和质量指标的划分也具有相对性。如单位产品原材料消耗量指标，相对于产品产量指标，它是质量指标；但相对于单位原材料价格指标，它又是数量指标。把指标区分为数量指标和质量指标，更多的是为了讨论问题的方便，而不是真正要把指标分成不同的类型。

（三）按计算形式不同分类

按计算形式不同，分为简单指数和加权指数。

简单指数把计入指数的各个项目的重要性视为相同；加权指数则先对计入指数的各个项目依据重要程度赋予不同的权数，再计算。实际应用中，有时由于缺少必要的权数资料，或者由于指数的编制频率或时效性要求较高，也适当采用简单指数。加权指数可分为两种：综合形式和平均形式。采用综合形式编制的加权指数可称为加权综合指数；采用平均形式编制的加权指数可称为加权平均指数。

（四）按照对比的性质不同分类

按照对比的性质不同，分为动态指数和静态指数。

动态指数又称时间指数，它是将不同时间上的同类现象水平进行比较的结果，反映现象在时间上的变化过程和程度。静态指数包括空间指数和计划完成程度指数。空间指数是将不同空间（如不同的国家、地区、部门、企业等）的同类现象水平进行比较的结果，反映同类现象的数量在不同空间下的差异程度。计划完成程度指数则是将某种现象的实际水平与计划目标对比的结果，反映实际与计划的差异程度。

（五）按照采用的基期不同分类

按照采用的基期不同，分为定基指数和环比指数。

在指数数列中，如果各个指数采用某一固定时期为基期，这种指数称为定基指数；如果各个指数都以上一期为基期，这种指数称为环比指数。指数数列也是时间数列，定基指数和环比指数也就是社会经济变量的定基发展速度和环比发展速度。

上述各种分类是从不同的角度对统计指数所作的一般分类，这些分类也可以交叉进行，如在个体指数和总指数中再分别区分数量指标指数和质量指标指数等。

三、指数编制中的问题

指数编制中，需要解决的问题包括选择项目、确定基期、确定权数以及指数计算方法等。

(一) 选择项目

理论上讲，指数是反映总体数量变动的相对数，而实际中将总体中的全部项目都计算在内往往不可能，也没有必要。例如，编制消费者价格指数时不可能将消费者所消费的所有商品和服务价格全部纳入，需要进行项目选择。在计算价格指数中，这些被选中的项目称为“代表规格品”，我们是用代表规格品的价格变化来反映所有商品的价格变化，故代表规格品需要有价格变动趋势良好的代表性，代表规格品的数量要有保证，并且其品种不能过少，要注意不断更新。代表规格品在更新过程中，价格也在不断变化，这里面既有商品本身价格的变化，也包含商品质量变化引起的价格变化。如何进行质价分解，是当代指数理论不断研究的课题，国外学者尝试用不同的模型进行分析，已经取得一些突破性成果。

(二) 确定基期

指数是对比的结果，因此必须要确定对比的基期。基期的选择是由研究问题的目标决定的，就时间性指数而言，基期的选择要注意以下几点：

(1) 选择一个正常时期或典型时期作为基期。用作比较的基期能代表事物发展的正常状态或典型状态，而非正常的波动时期通常不具代表性，不宜选作基期。比如在非典时期、金融危机时期我国的社会经济等方面都受到很大的影响，在编制相关指数时，不宜采用这些时期作为基期。

(2) 报告期与基期的时间跨度应根据研究目的和所研究现象的特点确定。对于发展变化较快的现象，时间跨度应短些；反之，就应长些。但报告期与基期的时间跨度不宜过长，时间跨度越长，指数的代表性越差。比如，计算价格指数时，商品价格的相对趋势随时间而变化，而且消费结构和商品质量也随时间而变化，若报告期与基期时间跨度过大，指数便失去意义。一般应选距报告期较近的时期作为基期。

(三) 确定权数

指数是对代表项目进行加权得到的结果，如何确定权数是在编制指数时必须面对的问题。

确定权数的途径大体有两种：一种是利用已有的信息构造权数。例如，计算零售价格指数，每个代表规格品的权数是用其所代表那一类商品零售额在全部零售额中的比重计算的。是否具有构造权数的数据，以及这些数据的质量如何是使用该方法要考虑的关键问题。另一种是主观权数，常见于社会现象的指数编制。例如编制幸福感指数，是将反映幸福感不同侧面的类指数综合，最后得到总指数，每个类指数的权重是多少，一般是由指数编制人员主观决定的（尽管可能经过多次研讨，广泛征求意见），因为没有公认的确定权数的标准。对于第一种确定权数的途径，指数理论要回答选择什么样的指标数据做权数，以及用什么时期的数据构造权数；对于后一种确定权数的途径，实际上是将指数方法拓展到多指标的综合评价，从而形成一系列的综合评价方法。

（四）指数计算方法

总指数的计算方法有许多种，因为利用指数测定的研究对象不同，编制指数的数据来源不同，故由此产生出不同的计算方法。本章后面部分将介绍一些总指数的不同计算方法，每种方法都有自己的特点，适用于不同的场合。一直以来，指数计算方法都是存在争议的，众多的经济学家和统计学家也一直试图从不同角度、用不同方式对这些指数进行改造和完善。学习指数，并不在于掌握某种指数的具体计算方法，更重要的是体会方法背后蕴藏的统计思想，以便依据具体的研究对象和编制指数的主要目的，选择甚至创造最恰当的计算指数的方法。

第二节　总指数编制方法

总指数是对个体指数的综合，将个体指数进行综合有两种途径：一种是对个体指数的简单汇总，不考虑权数，我们把这类指数称为简单指数；另一种是编制总指数时考虑权数的作用，我们把这类指数称为加权指数。在加权指数中，根据计算方式不同，又可以分为加权综合指数和加权平均指数。

一、简单指数

简单指数（simple index）就是不加权的指数，主要有两种计算方法：简单综合指数和简单平均指数。

（一）简单综合指数

简单综合指数（simple aggregate index）是将报告期的指标总和与基期的指标总和相对比的指数。该方法的特点是先综合、后对比，其计算公式为：

$$I_p=\frac{\sum p_1}{\sum p_0} \tag{12.1}$$

$$I_q=\frac{\sum q_1}{\sum q_0} \tag{12.2}$$

其中：p 代表质量指标，q 代表数量指标，I_p 代表质量指标指数，I_q 代表数量指标指数，下标 1 表示报告期，下标 0 表示基期。

【例 12.1】　如图 12—1 所示，菜篮里有面包、牛奶等食品的报告期和基期价格数据，采用简单汇总的方法计算价格指数。

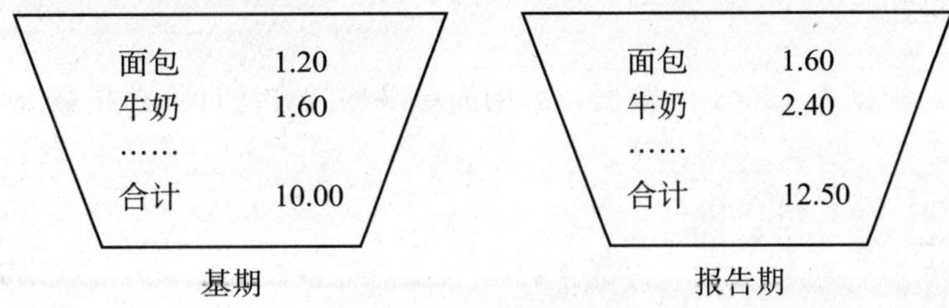

图 12—1 食品价格数据

解：

$$I_p = \frac{\sum p_1}{\sum p_0} = \frac{12.50}{10.00} = 125\%$$

计算结果表明，菜篮内商品价格报告期比基期上涨了 25%。

简单综合指数的优点在于操作简单，对数据要求少。但它的一个显著缺点是，以价格指数为例，在参与计算的商品价格水平有较大差异时，因价格低的商品的价格波动会被价格高的商品掩盖而显示不出来。

【例 12.2】 现有彩电和蔬菜两种商品，基期和报告期的价格如表 12—1 所示，用简单汇总的方法计算价格指数。

表 12—1 **彩电和蔬菜价格数据** 单位：元

商品	计量单位	p_0	p_1
彩电	台	8 000	4 000
蔬菜	千克	1	2

解：

$$I_p = \frac{\sum p_1}{\sum p_0} = \frac{4\,002}{8\,001} \approx 50\%$$

结果显示，报告期与基期相比，价格下降了 50%。

想一想

为什么彩电和蔬菜的价格有升有降，而最后计算的结果是价格下降了?

由此看出，简单综合指数只能用于指标值相差不大的商品，在商品价格差异大且变动幅度差异也大的情况下，这种方法不能反映实际变动水平。

(二) 简单平均指数

简单平均指数（simple average index）是将个体指数进行简单平均得到的总指数。该方法的计算过程是先对比、后综合，其计算公式为：

$$I_p = \frac{\sum \frac{p_1}{p_0}}{n} \tag{12.3}$$

$$I_q = \frac{\sum \frac{q_1}{q_0}}{n} \tag{12.4}$$

【例 12.3】 根据表 12—1 的数据，采用简单平均的方法计算总指数。

解：

$$I_p = \frac{\sum \frac{p_1}{p_0}}{n} = \frac{\frac{4\ 000}{8\ 000} + \frac{2}{1}}{2} = 125\%$$

计算结果表明，报告期价格比基期价格提高了 25%。显然，这个计算结果比前面的结果更合理。

在本例中，简单平均指数消除了不同商品价格水平的影响，可以反映各种商品的价格变动情况。但该指数也有缺欠，因为不同商品对市场价格总水平的影响是不同的，而简单平均指数法对各种商品平等看待。

总的来说，简单综合指数和简单平均指数都存在方法上的缺陷，没有考虑到权数的影响，计算结果难以反映实际情况。另外，将使用价值不同的商品个体指数或价格（指标值）相加，既缺少实际意义，又缺少理论依据。

二、加权指数

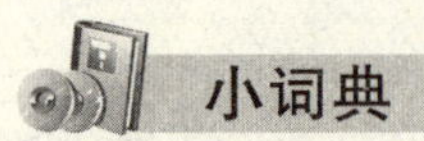

在计算指数时，对计入指数的各项目赋予不同的权数，这种通过加权方法计算的指数称为加权指数（weighted index）。

加权指数因所采用的权数不同有加权综合指数（weighted aggregate index）、加权平均指数（weighted average index）。编制加权指数时，首先要确定合理的权数，然后根据实际需要确定适当的计算公式。

（一）加权综合指数

我们用一个例子说明加权综合指数的编制原理和方法。

【例 12.4】 表 12—2 是某商场甲、乙、丙三种商品 2014 年和 2015 年的资料，其中下标 0 表示 2014 年，下标 1 表示为 2015 年，p 表示价格，q 表示销售量。要求：计算三种商品的销售量总指数，以综合反映市场商品销售量的变化。

在具体求解前需要做些分析。若编制甲、乙、丙三种商品的销售量总指数，需要把各种商品报告期和基期的销售量分别加总，再将两个时期的销售量进行对比。然而，这三种商品的使用价值不同，计量单位也不一样，如果将销售量直接加总，没有实际意义。同样，若编制这三种商品的价格总指数，把各商品的价格加总也是没有意义的。该如何处理呢？

这里需要掌握两个要点：第一，引进媒介因素。在本例中，不同商品的销售量和价格都不能直接加总，因为它们采用的是不同的度量单位。然而每种商品的销售量和价格的乘积即销售额，是可以加总的。而且从分析的角度看，销售额的变化又恰好反映了销售量增减和价格涨跌两个因素的影响。因此在编制销售量总指数时，可以通过价格这个媒介因素，将销售量转化为可以加总的销售额；在编制价格总指数时，则可以通过销售量这个媒介因素，将价格转化为可以加总的销售额。第二，要将媒介因素固定起来，以单纯反映被研究指标的变动情况。

表 12—2　　某商场各种商品的销售量及销售价格资料

商品名称	计量单位	销售量		价格（元）		销售额（万元）			
								假定	
		q_0	q_1	p_0	p_1	p_0q_0	p_1q_1	p_0q_1	p_1q_0
甲	件	200	300	60	60	1.2	1.8	1.8	1.2
乙	双	400	500	20	30	0.8	1.5	1.0	1.2
丙	米	500	600	70	80	3.5	4.8	4.2	4.0
合计	—	—	—	—	—	5.5	8.1	7.0	6.4

将上述两个要点结合，得到加权综合指数的基本公式：

$$销售量指数：I_q=\frac{\sum q_1p}{\sum q_0p} \tag{12.5}$$

$$价格指数：I_p=\frac{\sum qp_1}{\sum qp_0} \tag{12.6}$$

显然，在销售量指数中，价格 p 是权数；在价格指数中，销售量 q 是权数。由此我们得到第一个结论：在加权综合指数中，媒介因素（也称同度量因素）同时起着权数的作用。

接下来的问题是权数应固定在什么时期，由此产生著名的拉氏指数和帕氏指数。

1. 拉氏指数

小词典

拉氏指数是德国统计学家拉斯贝尔斯（Laspeyres）于 1864 年提出的一种指数计算方法。采用该方法，在计算综合指数时将作为权数的同度量因素固定在基期。

拉氏指数的计算公式为：

$$拉氏数量指标指数：I_q=\frac{\sum q_1p_0}{\sum q_0p_0} \tag{12.7}$$

$$拉氏质量指标指数：I_p=\frac{\sum q_0p_1}{\sum q_0p_0} \tag{12.8}$$

其中：I_q 表示数量指标指数，I_p 表示质量指标指数，p_0 和 p_1 分别表示基期和报告期的质量指标值，q_0 和 q_1 分别表示基期和报告期的数量指标值。

2. 帕氏指数

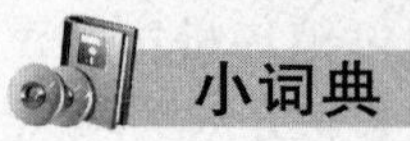

小词典

帕氏指数是由德国统计学家帕舍（H. Paasche）于 1874 年提出的一种指数计算方法。采用该方法，在计算综合指数时将作为权数的同度量因素固定在报告期。

帕氏指数的计算公式为：

$$帕氏数量指标指数：I_q = \frac{\sum q_1 p_1}{\sum q_0 p_1} \tag{12.9}$$

$$帕氏质量指标指数：I_p = \frac{\sum q_1 p_1}{\sum q_1 p_0} \tag{12.10}$$

现在回到例 12.4，若采用拉氏指数，得到如下计算结果：

由公式（12.7），得到拉氏数量指标指数：

$$I_q = \frac{\sum q_1 p_0}{\sum q_0 p_0} = \frac{7.0}{5.5} \approx 127.27\%$$

由公式（12.8），得到拉氏质量指标指数：

$$I_p = \frac{\sum q_0 p_1}{\sum q_0 p_0} = \frac{6.4}{5.5} \approx 116.36\%$$

若采用帕氏指数，计算结果为：

由公式（12.9），得到帕氏数量指标指数：

$$I_q = \frac{\sum q_1 p_1}{\sum q_0 p_1} = \frac{8.1}{6.4} \approx 126.56\%$$

由公式（12.10），得到帕氏质量指标指数：

$$I_p = \frac{\sum q_1 p_1}{\sum q_1 p_0} = \frac{8.1}{7.0} \approx 115.71\%$$

可以看出，权数确定在不同的时期，计算结果不同。由此提出权数应该定在什么时期的问题，指数理论的许多研究都是围绕这个问题展开的。

想一想

1. 拉氏指数与帕氏指数有什么优缺点？
2. 拉氏指数与帕氏指数计算结果的意义有何不同？

大多数的看法是，计算数量指标指数（如产量指数）时，权数（价格）应该定在基期，这样才能剔除价格变动的影响，准确反映产量的变化，按不变价计算的产量指数就是源于此。计算质量指标指数（如价格指数）时，不同时期的权数含义不同：若权数定在基期，反映的是在基期商品（产品）结构下价格的整体变动，揭示价格变动的内容更“纯粹”；若权数定在报告期，反映的是在现在商品（产品）结构下价格的整体变动，商品（产品）结构变化的影响会融合到价格指数里面，但它更能揭示价格变动后的实际影响。编制指数的目的不同，权数的确定时期就可以不同。由此我们得到第二个结论：权数时期的选择主要取决于编制指数的目的和指数要说明的问题。

(二) 加权平均指数

加权平均指数是以个体指数为基础，通过对个体指数进行加权平均来编制指数的方法。具体地，先计算所研究现象各个项目的个体指数，然后将所给的价值量指标（产值或销售额）作为权数对个体指数进行加权平均。其计算公式为：

$$A_p=\frac{\sum\frac{p_1}{p_0}qp}{\sum qp}\qquad A_q=\frac{\sum\frac{q_1}{q_0}qp}{\sum qp}\tag{12.11}$$

和

$$H_p=\frac{\sum qp}{\sum\frac{p_0}{p_1}qp}\qquad H_q=\frac{\sum qp}{\sum\frac{q_0}{q_1}qp}\tag{12.12}$$

一些教材将公式（12.11）称为加权算术平均指数，将公式（12.12）称为加权调和平均指数。公式（12.11）和公式（12.12）没有本质区别，在特定条件下从形式上可以互相转换。

公式中的 A_p，A_q，H_p，H_q 表示指数计算方法不同，以便区分。这里的核心是权数 qp，由于权数可以取不同时期，可以作为权数的有 q_0p_0 和 q_1p_1。用基期权数 q_0p_0 类似于前面的拉氏指数，例如：

$$A_q=\frac{\sum\frac{q_1}{q_0}q_0p_0}{\sum q_0p_0}=\frac{\sum q_1p_0}{\sum q_0p_0}$$

与公式（12.7）相同。

$$A_p=\frac{\sum\frac{p_1}{p_0}q_0p_0}{\sum q_0p_0}=\frac{\sum q_0p_1}{\sum q_0p_0}$$

与公式（12.8）相同。

用报告期权数 q_1p_1 类似于前面的帕氏指数，例如：

$$H_q=\frac{\sum q_1p_1}{\sum\frac{q_0}{q_1}q_1p_1}=\frac{\sum q_1p_1}{\sum q_0p_1}$$

与公式（12.9）相同。

$$H_p=\frac{\sum q_1p_1}{\sum\frac{p_0}{p_1}q_1p_1}=\frac{\sum q_1p_1}{\sum q_1p_0}$$

与公式（12.10）相同。

需要指出，加权综合指数和加权平均指数上述的相同只是形式上的，本质上还是有区别的，主要表现在是全面资料还是样本资料。如果是全面资料，可以采用加权综合指数，计算产量指数一般属于这种情况，因为产量指数要包含所有产品的生产情况；而计算价格指数时，是无法得到全面资料的，因为市场商品的种类成千上万，全面统计做不到，就只能采取选样方法，挑选代表规格品。在这种背景下，若采用加权综合指数，其结果就仅仅计算了代表规格品的价格变化。价格指数要反映市场所有商品价格的变化，代表规格品是样本，其中的每一项都代表了一类商品，每一项代表规格品就要有自己的权数。在加权平均指数中，权数的本质是：

基期加权：$\dfrac{q_0 p_0}{\sum q_0 p_0}$

报告期加权：$\dfrac{q_1 p_1}{\sum q_1 p_1}$

其实就是将代表规格品所代表的那一类商品的销售额在全部销售额中的比重作为权数。在这样的背景下计算指数，就只能采取加权平均指数方法，所以加权平均指数方法主要用于价格指数的计算。

加权平均指数方法给我们进一步的启示，如果权数 $\dfrac{qp}{\sum qp}$ 相对稳定，我们在计算指数时就不必去搜集 $\dfrac{q_0 p_0}{\sum q_0 p_0}$ 或 $\dfrac{q_1 p_1}{\sum q_1 p_1}$，而采用固定权数的方法。固定权数多采用比重方法，计算公式为：

$$I=\frac{\sum iw}{\sum w} \tag{12.13}$$

式中，i 为个体指数或类指数；w 为权数。

目前，消费价格指数和零售价格指数都是采用这种方法编制的。

【例 12.5】 试计算某市某年居民消费价格总指数，计算结果见表 12—3。

表 12—3　某市某年居民消费价格统计资料

商品类别	类指数 i（%）	固定权数 w	指数乘以权数 iw
一、食品类	104.15	42	43.743
二、衣着类	95.46	15	14.319
三、家庭设备用品及服务类	102.70	11	11.297
四、医疗保健和个人用品类	110.43	3	3.313
五、交通和通信工具类	98.53	4	3.941
六、娱乐教育用品及服务类	101.26	5	5.063
七、烟酒及用品类	103.50	14	14.49
八、居住类	108.74	6	6.524
合计	—	100	102.69

居民消费价格总指数采用固定加权平均指数公式，即：

$$I=\frac{\sum iw}{\sum w}=\frac{102.69}{100}=102.69\%$$

计算结果表明：该市居民消费价格总指数报告期比基期平均上涨了2.69%。

第三节　指数体系

前面我们介绍了指数编制的一般方法。在实际应用中，不仅可以利用指数反映社会经济现象数量的变动程度，而且能借助于由几个指数组成的指数体系，对社会经济现象之间的相互联系作更深入地分析，分析方法的基点是进行因素分解，因素分解的对象可以是总量指数，也可以是平均数指数。

一、总量指数体系分析

这里的指数体系（index system）是指，一个总量往往可以分解为若干构成因素，其数量关系可以用指标体系的形式表现出来。例如：

销售额 = 销售量 × 销售价格
总产值 = 产量 × 产品价格
总成本 = 产量 × 单位产品成本
销售利润 = 销售量 × 销售价格 × 销售利润率

这种指标体系反映了总量指标与因素指标之间的相互关系。它们之间的这种关系同样可以表现为各指标指数之间的关系，即：

销售额指数 = 销售量指数 × 销售价格指数
总产值指数 = 产量指数 × 产品价格指数
总成本指数 = 产量指数 × 单位产品成本指数
销售利润指数 = 销售量指数 × 销售价格指数 × 销售利润率指数

我们把这种由总量指数及若干因素指数构成的数量关系式称为指数体系。上面列举了两因素指数和三因素指数的体系框架，当然还可以进一步分解为更多的因素。这些指数体系是建立在一定的经济联系基础上所结成的较为严密的数量关系式，因而具有非常实际的经济意义。作为方法的说明，这里只介绍总量指标的两因素分析。

在加权综合指数体系中（加权平均指数相同），为使总量指数等于各因素指数的乘积，两个因素指数中通常一个为数量指数，另一个为质量指数，而且各因素指数中的权数必须是不同时期的，比如数量指数使用基期权数加权，质量指数则必须使用报告期权数加权，反之亦然。

加权综合指数由于所用权数所属时期的不同，故可以形成不同的指数体系。实际分析中比较常用的是基期权数加权的数量指数（拉氏指数）和报告期权数加权的质量指数（帕氏指数）形成的指数体系。该指数体系可表示为：

$$\frac{\sum q_1 p_1}{\sum q_0 p_0}=\frac{\sum q_1 p_0}{\sum q_0 p_0}\times\frac{\sum q_1 p_1}{\sum q_1 p_0} \tag{12.14}$$

因素影响差额之间的关系为：

$$\sum q_1 p_1 - \sum q_0 p_0 = (\sum q_1 p_0 - \sum q_0 p_0) + (\sum q_1 p_1 - \sum q_1 p_0) \quad (12.15)$$

式中，$\sum q_1 p_1$ 为报告期总量指标，$\sum q_0 p_0$ 为基期总量指标；q、p 为因素指标，其中 q 为数量指标，p 为质量指标。

【例 12.6】 沿用例 12.4 中的数据，表 12—2 是某商场甲、乙、丙三种商品 2014 年和 2015 年的资料，采用指数体系对该数据进行因素分析。

解：三种商品销售额的变动：

$$\text{销售额指数 } I_{pq} = \frac{\sum q_1 p_1}{\sum q_0 p_0} = \frac{8.1}{5.5} \approx 147.27\%$$

计算结果表明：2015 年与 2014 年相比，该商场三种商品的销售额增长了 47.27%，增加的绝对值为：

$$\sum q_1 p_1 - \sum q_0 p_0 = 8.1 - 5.5 = 2.6\text{（万元）}$$

其中，

(1) 销售量变动的影响：

$$\text{销售量指数 } I_q = \frac{\sum q_1 p_0}{\sum q_0 p_0} = \frac{7.0}{5.5} \approx 127.27\%$$

计算结果表明：2015 年与 2014 年相比，该商场三种商品的销售量平均增长了 27.27%，由于销售量的上升使销售额增加的绝对值为：

$$\sum q_1 p_0 - \sum q_0 p_0 = 7.0 - 5.5 = 1.5\text{（万元）}$$

(2) 销售价格变动的影响：

$$\text{销售价格指数 } I_p = \frac{\sum q_1 p_1}{\sum q_1 p_0} = \frac{8.1}{7.0} \approx 115.71\%$$

计算结果表明：2015 年与 2014 年相比，该商场三种商品的销售价格平均增长了 15.71%，由于销售价格上升使销售额增加的绝对值为：

$$\sum q_1 p_1 - \sum q_1 p_0 = 8.1 - 7.0 = 1.1\text{（万元）}$$

由此可见，销售额增长了 47.27%，是销售量平均增长了 27.27%和销售价格平均增长了 15.71%共同影响的结果，即：

$$147.27\% \approx 127.27\% \times 115.71\%$$

销售额增加了 2.6 万元，是销售量增长使其增加 1.5 万元和销售价格上升使其增加 1.1 万元共同影响的结果，即：

2.6 万元 = 1.5 万元 + 1.1 万元

二、平均数变动因素分解

因素分解的思想同样可以用到平均数变动分析中。

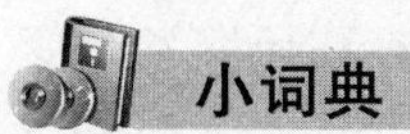

小词典

两个不同时期的加权算术平均数之比称为平均指标指数，可以反映现象的平均水平变动情况。

在分组数据情况下，加权算术平均数的计算公式为：

$$\bar{x}=\frac{\sum xf}{\sum f}=\sum\left[x\frac{f}{\sum f}\right]$$

由此看出，平均数的变动受两个因素的影响：一个是各组的变量水平（x），另一个是各组的结构（$\frac{f}{\sum f}$）。指数体系在这里仍然存在。

（1）总平均水平指数：

$$I_{xf}=\frac{\bar{x}_1}{\bar{x}_0}=\frac{\sum x_1f_1/\sum f_1}{\sum x_0f_0/\sum f_0} \tag{12.16}$$

（2）组水平变动指数：

$$I_x=\frac{\bar{x}_1}{\bar{x}_n}=\frac{\sum x_1f_1/\sum f_1}{\sum x_0f_1/\sum f_1} \tag{12.17}$$

（3）结构变动指数：

$$I_f=\frac{\bar{x}_n}{\bar{x}_0}=\frac{\sum x_0f_1/\sum f_1}{\sum x_0f_0/\sum f_0} \tag{12.18}$$

此时，指数体系的具体表现为：

总平均水平指数＝组水平变动指数×结构变动指数

即

$$\frac{\sum x_1f_1/\sum f_1}{\sum x_0f_0/\sum f_0}=\frac{\sum x_1f_1/\sum f_1}{\sum x_0f_1/\sum f_1}\times\frac{\sum x_0f_1/\sum f_1}{\sum x_0f_0/\sum f_0} \tag{12.19}$$

简写为：

$$I_{xf}=I_x\times I_f$$

总平均水平变动额＝组水平变动影响额＋结构变动影响额，即

$$\left(\sum x_1f_1/\sum f_1-\sum x_0f_0/\sum f_0\right)=\left(\sum x_1f_1/\sum f_1-\sum x_0f_1/\sum f_1\right)+\left(\sum x_0f_1/\sum f_1-\sum x_0f_0/\sum f_0\right) \tag{12.20}$$

简写为：

$$\bar{x}_1-\bar{x}_0=(\bar{x}_1-\bar{x}_n)+(\bar{x}_n-\bar{x}_0)$$

仿照加权综合指数体系中的解释，我们可以把总体平均数的变动分解为组水平变动的影响和结构变动的影响。进行分析时，将总体结构看成数量指标，将各组变量值看成质量

指标。在研究结构的变动对平均数的影响时，将各组的变量值固定在基期；在研究各组变量值的变动对平均数的影响时，将结构固定在报告期。

【例 12.7】 某机械厂所属两个分厂的某机器产品成本资料如表 12—4 所示，试分析该厂某产品总平均单位成本的变动受各分厂成本水平变动以及全厂产量结构变动的影响情况。

表 12—4 **某机械厂某机器产品成本资料**

厂别	单位成本（元）		产量（台）		总成本（元）		
	x_0	x_1	f_0	f_1	x_0f_0	x_1f_1	x_0f_1
一分厂	1 200.0	1 220.0	70	70	84 000	85 400	84 000
二分厂	1 000.0	900.0	30	130	30 000	117 000	130 000
全厂	—	—	100	200	114 000	202 400	214 000

$$\text{基期平均单位成本 } \bar{x}_0 = \frac{\sum x_0 f_0}{\sum f_0} = \frac{114\ 000}{100} = 1\ 140\ (\text{元/台})$$

$$\text{报告期平均单位成本 } \bar{x}_1 = \frac{\sum x_1 f_1}{\sum f_1} = \frac{202\ 400}{200} = 1\ 012\ (\text{元/台})$$

$$\text{假定平均单位成本 } \bar{x}_n = \frac{\sum x_0 f_1}{\sum f_1} = \frac{214\ 000}{200} = 1\ 070\ (\text{元/台})$$

该机械厂平均单位成本变动分析：

$$\text{总平均水平指数 } I_{xf} = \frac{\bar{x}_1}{\bar{x}_0} = \frac{1\ 012}{1\ 140} \approx 88.8\%$$

$$\text{总平均水平变动额} = \bar{x}_1 - \bar{x}_0 = 1\ 012 - 1\ 140 = -128\ (\text{元/台})$$

其中：

(1) 各分厂单位成本变动对全厂平均单位成本变动的影响：

$$\text{组水平变动指数 } I_x = \frac{\bar{x}_1}{\bar{x}_n} = \frac{1\ 012}{1\ 070} \approx 94.6\%$$

各分厂单位成本变动使全厂平均单位成本变化额为：

$$\bar{x}_1 - \bar{x}_n = 1\ 012 - 1\ 070 = -58\ (\text{元/台})$$

(2) 各分厂产量结构变动对全厂平均单位成本变动的影响：

$$\text{结构变动指数 } I_f = \frac{\bar{x}_n}{\bar{x}_0} = \frac{1\ 070}{1\ 140} \approx 93.9\%$$

各分厂产量结构变动使全厂平均单位成本变化额为：

$$\bar{x}_n - \bar{x}_0 = 1\ 070 - 1\ 140 = -70\ (\text{元/台})$$

计算结果表明：全厂平均单位成本下降了 11.2%，各分厂单位成本变动使得全厂平均单位成本下降了 5.4%，各分厂产量结构变动使得全厂平均单位成本下降了 6.1%，即有：

$$88.8\% = 94.6\% \times 93.9\%$$

从绝对数上看，全厂平均单位成本降低了 128 元/台，各分厂单位成本变动使得全厂平均单位成本降低了 58 元/台，各分厂产量结构变动使得全厂单位成本降低了 70 元/台，即有：

-128 元/台$=-58$ 元/台$+(-70)$ 元/台

第四节 几种典型的指数

作为一种重要的测评和分析方法，指数在实践中得到了广泛的应用。最初是反映物价变化，随后应用的领域不断扩展，从经济领域拓展到社会领域，用指数的方法描述社会发展状况，用指数测定人们的心理感受。这里选择几个典型领域的指数进行阐释，即物价指数领域（以居民消费价格指数为例）、金融指数领域（以股票价格指数为例）、社会心理领域（以消费者满意度指数为例），旨在说明指数的应用领域，介绍指数应用的不断发展。

一、居民消费价格指数

居民消费价格指数（consumer price index，CPI）是度量居民消费品和服务项目价格水平随时间变动的相对数，反映居民家庭购买的消费品和服务价格水平的变动情况。该指数是分析经济形势走势，检测物价水平，进行国民经济核算的重要指标，也常被用来测定通货膨胀。该指数在国民经济生活中有着十分重要的作用。

我国居民消费价格指数的编制于1926年开始，当时在北京（北平）、上海、天津编制工人生活费用指数，编制者是南开大学社会经济研究委员会，指数的分类有食物、衣着、房租、燃料、杂项共5类，包括37种代表品，采用加权平均指数方法，这是我国物价指数编制的起源。

新中国成立后，特别是改革开放后，我国居民消费价格指数的编制不断完善，表现在：分类更加细致，代表品的数量不断增加，权数确定更贴近实际。目前，居民消费价格指数按城乡分别编制，分为8大类，每个大类中又分为中类和小类，指数中共有251个小类近千种代表品，权数的确定分别依据城市样本的约40 000户家庭和农村样本的约60 000户家庭的实际消费构成。指数编制的过程如下。

（一）选择代表规格品

代表规格品选择是在商品分类基础上进行的，选择的原则是：

（1）销售数量（金额）大。

（2）价格变动趋势和变动程度有代表性，即中选的代表规格品的价格变动与未选中的代表规格品的价格变动高度相关。

（3）选的代表规格品之间性质相差要大，价格变动特征的相关性低。

（4）选中的工业消费品必须是合格品，有注册商标、产地、规格、等级等标识。

代表规格品每年可适当更换，但更换数量的比例有限制，以保证代表规格品的稳定。

（二）选择调查市县和调查点

选择的方法是划类选点。地区的选择既要考虑其代表性，也要注意类型上的多样性以及地区分布上的合理性和稳定性。例如，1992年全国共选取146个市80个县作为取得数据的基层填报单位，在此基础上选定经营规模大、商品种类多的商场（包括集市）作为调查点。调查市县和调查点的抽取都是采用按有关标志排列、等距抽取的方法确定的。

（三）价格的调查与计算

代表规格品的采价原则是：

(1) 同一规格品的价格必须同质可比。

(2) 如果挂牌价与成交价不同，按成交价计算。

(3) 与居民生活密切相关且价格变动频繁的商品，至少每 5 天调查一次；一般商品，每月调查 2～3 次。

代表规格品的平均价格采用简单算术平均法计算。

（四）权数的确定

居民消费价格指数的权数由全国样本的 10 万多户城乡居民家庭消费支出构成来确定。其中，城市和农村的权数分别根据全省（自治区、直辖市）城镇居民家庭生活消费支出和农村居民家庭生活消费支出的现金支出资料整理计算。全国权数根据各省（自治区、直辖市）的权数按各地人均消费支出金额和人口数加权平均计算。大类、中类和小类的权数依次分层计算。

（五）指数计算

总指数计算采用加权平均法，计算公式为：

$$I_p = \frac{\sum iW}{\sum W} \tag{12.21}$$

式中，i 为代表规格品个体指数或各层的类指数；W 为相对应的消费支出比重。

具体计算过程是，先分别计算出各代表规格品基期和报告期的全社会综合平均价格，并计算出相应的价格指数，然后分层逐级计算小类、中类、大类和总指数。

【例 12.8】 现以部分资料（见表 12—5）说明消费品部分价格总指数的编制和计算过程。

表 12—5　零售价格总指数计算表

商品类别及名称	代表规格品	计量单位	平均价格（元）		权数 W (%)	指数 i (%)	iW
			p_0	p_1			
总指数	—	—	—	—	100	111.6	11 159.8
一、食品类	—	—	—	—	38	116.2	4 415.6
1. 粮食	—	—	—	—	35	105.3	3 685.5
细粮	—	—	—	—	65	105.6	6 864.0
面粉	标准	kg	2.40	2.52	40	105.0	4 200.0
大米	粳米标一	kg	3.50	3.71	60	106.0	6 360.0
粗粮	—	—	—	—	35	104.8	3 668.0
2. 副食品	—	—	—	—	45	125.4	5 643.0

续前表

商品类别及名称	代表规格品	计量单位	平均价格（元）		权数 W（%）	指数 i（%）	iW
			p_0	p_1			
3. 其他食品	—	—	—	—	20	114.8	2 296.0
二、饮料、烟酒	—	—	—	—	5	126.0	630.0
三、服装、鞋帽	—	—	—	—	10	115.2	1 152.0
四、纺织品	—	—	—	—	3	99.3	297.9
五、家用电器及音像器材	—	—	—	—	8	94.2	753.6
六、文化办公用品	—	—	—	—	2	110.4	220.8
七、日用品	—	—	—	—	11	109.5	1 204.5
八、体育娱乐用品	—	—	—	—	2	98.1	196.2
九、交通、通信用品	—	—	—	—	1	91.1	91.1
十、家具	—	—	—	—	2	97.8	195.6
十一、化妆品	—	—	—	—	1	98.9	98.9
十二、金银珠宝	—	—	—	—	3	108.6	325.8
十三、中西药品及医疗保健用品	—	—	—	—	7	116.4	814.8
十四、书报杂志及电子出版物	—	—	—	—	2	108.6	217.2
十五、燃料	—	—	—	—	3	105.6	316.8
十六、建筑材料及五金电料	—	—	—	—	2	114.5	229.0

解：(1) 计算出各代表规格品的价格指数。如面粉价格指数为：

$$i=\frac{p_1}{p_0}=\frac{2.52}{2.40}=105.0\%$$

(2) 根据各代表规格品的价格指数及给出的相应权数，采用加权算术平均方法计算小类指数。如细粮类价格指数为：

$$i_p=\frac{\sum iW}{\sum W}=\frac{105\times 40+106\times 60}{100\times 100}=105.6\%$$

(3) 根据各小类指数及相应的权数，采用加权算术平均法计算中类指数。如粮食类价格指数为：

$$i_p=\frac{\sum iW}{\sum W}=\frac{105.6\times 65+104.8\times 35}{100\times 100}\approx 105.3\%$$

(4) 根据各中类指数及相应的权数，采用加权算术平均法计算大类指数。如食品类价格指数为：

$$i_p=\frac{\sum iW}{\sum W}=\frac{105.3\times 35+125.4\times 45+114.8\times 20}{100\times 100}\approx 116.2\%$$

（5）根据各大类指数及相应的权数，采用加权算术平均法计算总指数。即：

$$I_p=\frac{\sum iW}{\sum W}=\frac{(116.2\times 38+126\times 5+115.2\times 10+99.3\times 3+\cdots+114.5\times 2)}{100\times 100}$$

$$=\frac{11\ 159.8}{10\ 000}=111.598\%$$

居民消费价格指数除了能反映城乡居民所购买的生活消费品和服务项目价格的变动趋势和程度外，还有以下几个方面的作用：

第一，反映通货膨胀状况。通货膨胀的严重程度是用通货膨胀率来反映的，它说明了一定时期内商品价格持续上升的幅度。通货膨胀率一般以居民消费价格指数来表示，计算公式为：

$$\frac{\text{通货}}{\text{膨胀率}}=\frac{\text{报告期居民消费价格指数}-\text{基期居民消费价格指数}}{\text{基期居民消费价格指数}}\times 100\% \quad (12.22)$$

第二，反映居民购买力水平。货币购买力是指单位货币能够购买到的消费品和服务的数量。居民消费价格指数上涨，货币购买力下降；反之，则上升。因此，居民消费价格指数的倒数就是货币购买力指数，其计算公式为：

$$\text{货币购买力指数}=\frac{1}{\text{居民消费价格指数}}\times 100\% \quad (12.23)$$

【例 12.9】 假设某年居民消费价格指数是 200（2002—2004 年到该年）。1 元人民币的购买力是多少？

解：购买力为 0.5 元，由以下公式计算得到：

$$\text{人民币购买力}=\frac{1}{\text{该年居民消费价格指数}}\times 100=\frac{1}{200}\times 100=0.5(\text{元})$$

居民消费价格指数是 200，表明从 2002—2004 年到该年价格上涨了一倍，因而 1 元的购买力减少了一半。也就是说，2002—2004 年的 1 元拿到该年只值 0.5 分。换句话说，如果你在 2002—2004 年丢失了 1 000 元而在该年才找到它，这 1 000 元只能购买它本来在 2002 年、2003 年、2004 年所能购买的东西的一半。

第三，测定职工实际工资水平。居民消费价格指数提高意味着实际工资的减少，居民消费价格指数下降则意味着实际工资的提高。因此，利用居民消费价格指数可以将名义工资转化为实际工资，其计算公式为：

$$\text{实际工资}=\frac{\text{名义工资}}{\text{居民消费价格指数}} \quad (12.24)$$

第四，可以用于费用的调整。居民消费价格指数是许多费用调整的基础，这样可以确保人们的收入和养老金都是以居民消费价格指数来调整而同步变动。简要地说，假设一个退休人员每月的养老金是 500 元，而居民消费价格指数从 165 上升了 5 个百分点到了 170，居民消费价格指数每增长 1 个百分点，养老金就增长 1%，因此养老金的月增长额为 25 元（由 500 元×5×0.01=25 元得出），现在这个退休人员每月将收到 525 元。居民消费价格指数也可以用来调整赡养费和抚养费、员工赔偿费以及公寓、房屋和办公楼的租金、福利金等。

想一想

假定 2012—2014 年的居民消费价格指数为 100，现在的居民消费价格指数为 200。同时，假定你在基期 2012—2014 年的年均收入为 20 000 元，现在的年收入是 40 000 元。尽管你的名义收入是基期 2002—2004 年的两倍，但是所要支付的食品、汽油、衣服和其他项目的价格也翻了一倍。那么，你的生活水平从基期到现在有变化吗？请说明原因。

二、股票价格指数

目前，金融指数产品创新层出不穷，指数期货、指数期权、指数存托凭证、指数债券、指数存款等都极大丰富了金融市场，指数化投资逐渐成为证券市场的重要投资方式。作为金融指数领域的代表，股票价格指数（stock price index），简称股价指数，最为大众所熟悉和关注，国际上许多著名的股价指数都是由专业指数公司编制和发布的。虽然股价指数编制原理相同，但在具体问题上不同指数有各自的处理方法，这里仅以我国的上证股价指数为例，简要介绍股价指数的编制。

上证股价指数是由上海证券交易所编制并发布的指数系列，包括上证综合指数、上证 180 指数、A 股指数、B 股指数等，其中编制最早也最具典型意义的是上证综合指数。该指数自 1991 年 7 月 15 日起正式发布，以 1990 年 12 月 19 日为基日，基日为 100 点，以现有所有上市股票（包括 A 股和 B 股）为样本，以报告期股票发行量为权数进行编制，计算公式为：

$$\text{今日股价指数}=\frac{\text{今日市价总值}}{\text{基日市价总值}}\times 100 \tag{12.25}$$

市价总值为收盘价乘以发行股数，遇到股票新增或扩股时，需要进行修正。

上证综合指数在编制上有以下几个特点：

（1）该指数包括挂牌上市的所有股票，其优点是能全面、准确地反映某个时点股票价格的全面变动情况，能广泛考虑到行业分布和不同公司的规模，具有广泛的代表性。但同时带来一些缺欠，一是敏感性差，不能及时反映主要上市公司股票价格对市场大势的影响；二是只要有新股上市就要计入指数中，使得指数内部结构变动频繁，影响了结构的稳定性和指数前后的可比性。

（2）该指数以发行量做权数，这是国际上通行的做法，好处是比较全面。但我国股票发行中的法人股占有相当比重，并且不能上市流通，所以指数所反映的只能是流通市场的潜在能量，而不是现实市场股价的综合变动。

这说明任何指数都是有局限的，不可能依靠一个指数说明所有问题，需要其他一些数据补充说明。所以，我国的股票指数是一个系列，在上证股价指数中，除上证综合指数外，还有上证 180 指数、A 股指数、B 股指数等股票指数做补充。认识到这一点，有助于我们科学地看待目前社会上发布的各种指数。

你知道吗？

查尔斯·亨利·道

道琼斯股票指数，即道琼斯指数，是一种算术平均股价指数，是世界上历史最为悠久的股票指数，它的全称为股票价格平均指数，最早是在 1884 年由道琼斯公司的创始人查尔斯·亨利·道（Charles Henry Dow）编制的。最初的道琼斯股票价格平均指数是根据 11 种具有代表性的铁路公司的股票，采用算术平均法计算编制而成，发表在查理斯·亨利·道自己编辑出版的《每日通讯》上。该指数的目的在于反映美国股票市场的总体走势，涵盖金融、科技、娱乐、零售等多个行业。自 1897 年起，道琼斯股票价格平均指数开始分成工业与运输业两大类，其中工业股票价格平均指数包括 12 种股票，运输业股票价格平均指数则包括 20 种股票，并且开始在道琼斯公司出版的《华尔街日报》上公布。1929 年，道琼斯股票价格平均指数又增加了公共事业类股票，使其所包含的股票达到 65 种，并一直延续至今。

三、消费者满意度指数

对消费者满意度的研究始于 20 世纪 70 年代，研究的背景是：一直以来，企业都以其收入（产值）、成本、利润等指标衡量经营业绩，各国的发展水平也是以人均 GDP 来表现，但这些指标在为人们提供衡量经济发展数量的客观手段的同时，也逐渐淡化了经济发展是使人类生活得更加幸福的初衷。现代社会中一切发展都离不开人，企业要具有可持续的竞争力，不仅要重视产值、利润等指标，也要重视“黄金顾客”、“最有价值顾客”等以消费者为导向的指标。人们从对经济资源生产效率的关注，逐步转向对经济资源产出质量的关注，而消费者满意度正是从最终消费者的角度来衡量产出质量的指标，其理论和实践也是为适应经济发展和多方面需要而产生和逐步成熟起来的。

世界上第一个满意度指数是由瑞典于 1989 年建立的，编制者运用瑞典统计局提供的数据，分别编制全国、各行业和各类公司的满意度指数，目前已经成为最具有价值的国民经济指标之一。之后，世界上的许多国家纷纷开始编制各自的满意度指数。我国由中国质量协会组织，从 2004 年起，开始编制一些如汽车、家电、房地产等行业的满意度指数，与发达国家相比，我国在编制消费者满意度指数方面还有很大的发展空间。

消费者满意度是一个经济心理学的概念，要衡量它就必须建立模型，将消费者满意度与一些相关变量（如价值、质量、投诉行为、忠诚度等）联系起来。虽然各国满意度模型不尽相同，但有着共同的基本框架。模型的前导变量有两个：顾客对产品/服务的价值感知；顾客对产品/服务的期望。满意度的结果变量是顾客投诉和顾客忠诚度。忠诚度是模型中最终的因变量，因为它可以作为顾客保留和企业利润的指示器。模型的框架如图 12—2 所示。

可以看出，这是一个结构方程模型，有多个因变量，构成一个原因和结果关系的网，通过对模型参数估计，计算各要素的得分，然后计算指数。参数估计可以使用的方法有偏最小二乘法（partial least square）和结构方程法（structural equation），这些是比较专门的统计方法。

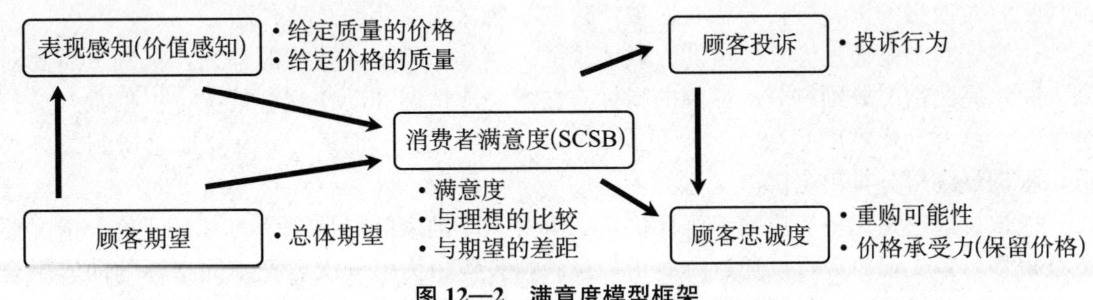

图 12—2　满意度模型框架

各国编制消费者满意度指数的内容也略有区别。以美国消费者满意度指数为例，指数的编制有国家、经济领域、行业和公司四个层次。全国满意度指数包括 7 个经济领域、34 个行业、约 200 家公司，这 7 个领域都是向居民家庭出售产品或服务的重要领域，其产值占国民生产总值的 75%。

在经济领域确定之后，从中选择有代表性的行业，选择的标准是：行业集中度高，并且该行业中大部分公司的财务数据公开。选定行业后，再从每个行业中选出 10～20 家公司，对每个公司随机抽取大约 250 名顾客进行调查，用调查数据进行模型参数估计，从而计算出各公司的消费者满意度指数。

在选中公司抽取顾客时，不是根据公司提供的顾客名单抽取，而是先按地区进行分层，在中选地区内采用计算机辅助电话调查（computer aided telephone interview），由计算机随机拨号产生样本，每月抽取 6 000 个消费者实施调查，通过在调查中得知的商品品牌将消费者与公司对应起来。

在计算出各公司的消费者满意度指数之后，需要确定上一层次（行业）指数计算的权重，从而计算经济领域指数和全国指数。在计算行业指数时，以各公司销售份额的比重作为权数；在计算经济领域指数时，以各行业销售份额的比重作为权数；在计算全国指数时，以各经济领域 GDP 的贡献百分比作为权数。

消费者满意度指数是社会学、心理学的研究成果在管理和营销领域应用的具体体现，用指数方式描述主观感受和心里活动是指数应用领域拓展的一个重要方向，指数理论和其他统计方法相结合，为指数的应用开拓了更大的空间。

想一想

你还知道哪些指数?

第五节　综合评价指数

一、综合评价与综合评价指数

统计的综合评价是对所需要研究的对象，建立一个测评的指标体系，利用一定的方法或模型，对搜集的资料进行分析，对被评价的事物做出量化的总体判断。

许多评判都是通过综合评价的方式体现的。例如，跳水比赛中的评判，裁判员需要对双人跳水完成情况分别打分，评判的指标有技术完成情况和动作配合情况，根据裁判员打分情况，结合动作难度系数，运动员得到每一跳的得分，将每一跳得分加总得到最终得分，根据最终得分排出名次。

应该说这还是比较简单的综合评价，如果对一个国家的科技竞争力进行评价，情况要复杂得多。首先要研究可以通过哪些指标反映科技竞争力，其次要把不同指标的内容融合在一起，而怎样融合，每项指标的权重有多大，就成为不太容易说清，也不太容易取得共识的技术性问题。在综合评价中，对于同样的数据，采用不同方法，可能得出不同结论，评价结果并非是唯一的，这是综合评价的特点。例如，对世界著名大学进行排名，一些国际最有名的机构排名的结果都各不相同。

综合评价指数是将评价结果数量化的一种技术处理，是将多指标进行综合，最后形成概括性的一个指数，通过指数比较，达到评价目的。所以说，综合评价指数是指数理论与方法在其他领域的进一步发展和应用。

综合评价指数的基础是单项指标，由于不同的单项指标通常不能直接进行加减乘除的运算，故需要将数据处理技术与指数分析方法结合起来。构建综合评价指数的具体方法也有很多，不同的构建方法会带来不同的结果，但构建指数的原理是相通的。

构建综合评价指数一般遵循如下步骤：

（1）建立综合评价指标体系。所建立的指标体系是否科学合理，直接关系到评价结果的科学性和准确性。建立指标体系时，首先应进行必要的定性研究，对所研究的问题进行深入的分析，尽量选择那些具有一定综合意义的代表性指标。其次要有一些研究结果论证，采用适当的统计方法，如运用多元统计的方法进行指标的筛选，可以提高指标的客观性。

（2）评价指标的无量纲化处理。由于综合评价需要运用多个指标组成的指数体系，而这些指标的性质不同，计量单位不同，具有不同的量纲，因此需要对各指标的实际数据进行无量纲化处理，使之具有可比性，在此基础上才有可能进行综合。

（3）确定各项评价指标的权重。这是一项重要而又容易引起争议的工作。对于不同的指标，不同的人从不同的角度审视，会有不同的看法和评价，所以在综合评价中如何确定各项指标的权重，一直是学术界讨论的问题。简单地说，确定评价指标的权重有两类方法：一类是主观确定权数的方法，具体实现有多种方式，但共同特征是由有关专家通过研究讨论决定，特点是可以获得专家的集体智慧，工作效率比较高，但很难找到客观的评价标准。另一类是客观确定权数的方法，也有许多不同的实现方法，其共同特征是权数由实际数据确定。例如，对于经济指标的权数，可以用该指标反映的现象结果（如产值）在总体（总产值）中的比重充当，也有一些研究采用专门的统计方法，通过模型或其他计算方式产生权数。这类方法的特点是依据数据，客观性更强，但有时难以反映评价的导向性，因为综合评价是有目标性的，提倡什么、强调什么、鼓励什么、突出什么，这些都可以通过权数反映出来。

（4）计算综合评价指数。有了各项指标的无量纲化处理结果，有了各项指标的权重，通过适当的方法，就可以得到综合评价指数。当然，综合评价指数的计算并不是最终目的，指数只是一个综合性的描述，重要的是要对产生这个结果背后的东西进行深入分析，综合评价才有意义，这就是进一步的统计分析问题了。

二、综合评价指数的构建方法

在构建评价指数时，一个问题是指标的无量纲化处理，可以有不同的处理方法。

（1）统计标准化。这是一种通用的将具体数值转变为标准模式的做法，其公式表示为：

$$z_i=\frac{x_i-\bar{x}}{s} \tag{12.26}$$

式中，z_i 为第 i 个指标的标准化值，$\bar{x}$ 为 x_i 的均值，s 为 x_i 的标准差。

由第四章内容可知，一个变量的分布，核心指标是均值和标准差。公式（12.26）将该指标变量的均值和标准差结合在一起考虑，消除了变量分布不同的影响，最具有统计意义。

（2）相对标准化。这种方法是先对一个评价指标确定一个标准值，然后将实际值和标准值进行比较，得到指标的相对化处理，其公式表示为：

$$z_i=\frac{x_i}{x_s} \tag{12.27}$$

式中，x_s 为进行标准化确定的对比标准，通常可以选择最优值或平均值。确定的标准不同，标准化值的含义也就不同。这种方法可以体现评价者进行评价的目标性。例如，是以最优水平还是以平均水平进行评价比较。

（3）功效系数法。功效系数法是对多目标规划原理中的功效系数加以改进，从而把确定要评价的指标转化为可以度量的评判分数，其公式表示为：

$$z_i=\frac{x_i-\min(x_i)}{\max(x_i)-\min(x_i)} \tag{12.28}$$

式中，$\max(x_i)$ 和 $\min(x_i)$ 分别为指标 x_i 的最大值和最小值，按该方法计算的 z_i 的取值在 0～1 之间。本章开头的中国人民大学中国发展指数就是按功效系数法对各指标值进行标准化处理得到的。

将功效系数法进行一些拓展，产生出“改进的功效系数法”，其公式表示为：

$$z_i=\frac{x_i-\min(x_i)}{\max(x_i)-\min(x_i)}\times 40+60 \tag{12.29}$$

这样得到的标准化分数在 60～100 之间。这种处理的效果在于，可以减小极端数值对计算结果的视觉影响，接近人们意识中对分数的一般看法。

有了各指标的无量纲化处理，再结合各指标的权重，就可以计算综合评价指数。通常采用加权平均的方式进行，其公式表示为：

$$I=\frac{\sum_{i=1}^{n}z_iw_i}{\sum_{i=1}^{n}w_i} \tag{12.30}$$

式中，$0\leqslant w_i\leqslant 1$，$\sum_{i=1}^{n}w_i=1$。

综合评价指数方法将指数传统意义上的动态对比延伸到不同现象横截面的比较，再次表明指数的应用领域是十分广阔的。

2010 年，北京市居民消费价格指数全年增长 2.4%。值得注意的是，北京市同时公布了去年低收入阶层的 CPI，全年增长 4%，比平均 CPI 高出 1.6 个百分点。北京市统计局有关负责人表示，低收入阶层食品支出占比较大，因此 CPI 涨幅较高，低收入阶层 CPI 将成为制定低保标准、低收入人群补贴的依据。

低收入者与高收入者过着不同的日子，日常消费支出的结构大不相同。按照有关方面的说法，眼下的通胀为结构性通胀，食品价格涨幅最大，带动 CPI 整体上扬。显然，这一通胀结构与低收入者的消费结构正好重合：低收入者的食品支出占比较大，偏偏食品价格涨幅最大。所以，同样的 CPI 对不同收入人群的实际影响不同，一个大而化之的 CPI 平均数据并不能反映低收入者的实际生活窘境，穷人需要自己的 CPI。

对政府而言，也许并不需要统计富人的 CPI，但一定要另行统计穷人的 CPI，因为穷人的生活需要政府来保障，政府需要真实、准确地了解物价上涨对低收入阶层的实际影响。低收入阶层 CPI 里包含着政府直面现实的态度，更包含着政府关怀民生的诚意。低收入阶层 CPI 涨幅高于平均 CPI 涨幅，意味着政府需要加大对低收入人群的补贴力度，提高低保标准，将更多深受 CPI 影响的人群纳入低保、补贴范围。政府这样做，不仅是民生关怀的需要，更是维护社会稳定的需要。

从这个角度看，也许每个城市都应该有单独的低收入阶层 CPI。北京已经带了一个好头，愿更多城市效仿之。

本章小结

指数是一种重要的统计方法，主要用以综合反映复杂现象总体的变动。指数分析法是利用指数原理分析各因素对现象变动影响的一种重要的分析方法，指数方法论的基本问题是如何计算总指数，因此指数因素分析和指数的计算构成本章的主要内容。本章的主要知识点总结如下：

1. 总指数的计算有两种基本形式：一种是综合指数；另一种是平均指数。两种形式根据不同的计算逻辑，相互间既有联系也有区别。综合指数是根据先综合后对比的思路计算总指数，即通过同度量因素先计算出复杂现象总体在不同的时间（或空间）的总量后再进行对比。平均指数则是根据先对比后综合的思路计算总指数，即先计算个体指数，再对个体指数进行加权平均。在一定的权数条件下，平均指数可以看作是综合指数的变形。

2. 编制综合指数时，如何选择同度量因素的时期是一个重要问题。总的精神是要依据编制指数的目的和任务，结合研究对象的特点，灵活地加以确定。在我国的指数理论和实践中，一般的原则是：编制数量指标指数，采用质量指标作为同度量因素，并把同度量因素固定在基期；编制质量指标指数，采用数量指标作为同度量因素，并把同度量因素固定在报告期。但不可将一般原则绝对化，根据需要亦可采用其他确定同度量因素固定时期的方法。

3. 计算平均指数的主要问题是对个体指数进行平均的形式和确定权数。平均的形式有算术平均与调和平均。常用的权数有根据综合指数变形得到的权数以及固定权数。

4. 因素分析的基本任务是在定性分析的基础上，依据指数体系中各指数间的联系，分别分析各因素对研究对象在数量上的影响程度及绝对量。具体的分析角度多种多样：分析的对象可以是简单现象，也可以是复杂现象；分析的指标可以是总量指标，也可以是平均指标；分析因素的个数可以是单因素，也可以是多因素等，应根据研究的任务确定。指数体系是因素分析的基础。

思考与练习

1. 什么是指数？它有哪些性质？
2. 编制加权指数时，确定权数需要注意哪几个方面的问题？
3. 什么是同度量因素？同度量因素在编制加权综合指数中有什么作用？
4. 拉氏指数与帕氏指数各有什么特点？
5. 加权平均指数与加权综合指数有何区别与联系？
6. 什么叫指数体系？它有什么作用？
7. 构建综合评价指数时需要考虑哪些方面的问题？
8. 某企业生产的产品产量和价格资料如表 12—6 所示。

表 12—6　　某企业生产的产品产量和价格资料

产品名称	计量单位	产量		单价（元）	
		基期（q_0）	报告期（q_1）	基期（p_0）	报告期（p_1）
甲	件	880	1 056	35	40
乙	台	600	660	80	90
丙	吨	400	520	70	84

要求：根据资料计算：(1) 个体产量指数；(2) 个体价格指数；(3) 三种产品产量总指数；(4) 由于三种产品产量变动，而使总产量增加或减少的绝对额；(5) 三种产品价格总指数；(6) 由于三种产品价格的变动，而使总产值增加或减少的绝对额。

9. 某百货公司三种商品的销售量和销售价格统计数据如表 12—7 所示。

表 12—7　　某百货公司三种商品销售量和销售价格数据

商品名称	计量单位	销售量		单价（元）	
		基期（q_0）	报告期（q_1）	基期（p_0）	报告期（p_1）
甲	件	1 800	1 300	35.5	43.6
乙	盒	2 400	2 600	15.4	18.5
丙	吨	3 500	3 800	8.0	10.0

要求：(1) 计算三种商品的销售额总指数；

(2) 以报告期的销售量为权数计算三种商品的加权价格总指数；

(3) 以基期的单价为权数计算三种商品的加权销售量总指数；

(4) 分析销售量和价格变动对销售额影响的绝对额和相对值。

10. 某农贸市场三种商品的资料如表 12—8 所示。

表 12—8　　某农贸市场三种商品的数据

商品	营业额（万元）		报告期比基期价格提高（+）或下降（−）百分比
	基期	报告期	
甲	3.6	4.0	+15
乙	1.4	2.0	−12
丙	2.0	203	+10

要求：(1) 计算三种商品的营业额指数；

(2) 计算三种商品的价格总指数和销售量总指数，并分析价格和销售量变动对销售额的影响程度。

11. 某企业报告期、基期的职工人数和劳动生产率资料如表 12—9 所示。

表 12—9　　某企业职工人数和劳动生产率的数据

车间	工人数（人）		劳动生产率（万元/人年）	
	基期	报告期	基期	报告期
甲	200	190	30	35
乙	180	200	40	42
丙	120	160	45	48

要求：根据表 12—9 中的资料，利用指数体系原理，从绝对和相对两方面分析企业平均劳动生产率变动的原因。

12. 表 12—10 是某地 2015 年粮食类零售价格指数计算简表，请以表中的资料说明编制商品零售价格指数的一般步骤，并计算出 2015 年粮食类零售价格指数。

表 12—10　　某地 2015 年粮食类零售价格指数计算简表

商品类别	规格等级	计量单位	平均价格（元）		权数 W（%）	以上年为基期	
			2014 年 p_0	2015 年 p_1		指数 i（%）	iW
粮食中类总指数	—	—	—	—	100	107.92	10 792.00
1. 细粮小类	—	—	—	—	82	108.74	8 916.68
（1）面粉	标准粉	kg	2.00	2.20	56	110.00	6 160.00
（2）粳米	一等	kg	2.80	3.00	44	107.14	4 714.16
2. 粗粮小类	—	—	—	—	18	104.18	1 875.24

思考与练习参考答案

第一章

1～2 略。

3.（1）数值型数据；（2）分类型数据；（3）数值型数据；（4）分类型数据；（5）顺序型数据。

4.（1）分类型变量；

（2）总体参数有两个，一个是“北京市大学生每学期在网上购物的平均花费”，一个是“北京市大学生选择在网上购物的主要原因”。

（3）略。

5.（1）月收入属于数值型变量，消费支付方式属于分类型变量。

（2）截面数据。

6～8 略。

第二章

略。

第三章

1～9 略。

10.（1）“学生考试成绩”为连续变量，需采组距式分组，同时学生考试成绩变动均匀，故可用等距式分组来编制变量分配数列。

考试成绩	学生人数（人）	比率（%）
60 分以下	3	7.5
60～70 分	6	15.0
70～80 分	15	37.5
80～90 分	12	30.0
90～100 分	4	10.0
合计	40	100.0

（2）分组标志为考试成绩，属于数量标志，简单分组；从分配数列中可看出，该班同学不及格人数和优秀生的人数都较少，分别为 7.5%和 10%，大部分同学成绩集中在 70～90 分之间，说明该班同学成绩总体良好。

考试成绩一般用正整数表示时，可视为离散变量也可用单项式分组，但本班学生成绩波动幅度大，单项式分组只能反映成绩分布的一般情况，而组距分组分配数列可以明显看出成绩分配比较集中的趋势，便于对学生成绩分配规律性的掌握。

11. 略。

第四章

1～6 略。

7. $\overline{x_甲} = 80$，标准差 $s_甲 = 10.62$，$V_甲 = 0.132\,8$

$\overline{x_乙} = 78.4$，标准差 $s_乙 = 11.36$，$V_乙 = 0.144\,9$

$V_甲 < V_乙$，因此，乙班的外语考试成绩差异更大。

8. $\overline{x_甲} = 412.18$，标准差 $s_甲 = 21.76$，$V_甲 = \frac{s_甲}{x_甲} = 0.052\,8$

$\overline{x_乙} = 390.75$，标准差 $s_乙 = 21.17$，$V_乙 = \frac{s_乙}{x_乙} = 0.054\,2$

$V_甲 < V_乙$，因此，甲品种推广价值更大。

第五章

1～7 略。

8. 设 $B_1 =$ ｛他坐火车来｝，$B_2 =$ ｛他坐船来｝，$B_3 =$ ｛他坐汽车来｝，$B_4 =$ ｛坐飞机来｝，$A =$ ｛他迟到｝.

由贝叶斯公式得 $P(B_1 \mid A) = 0.517\,2$，$P(B_2 \mid A) = 0.413\,8$，$P(B_3 \mid A) = 0.069\,0$，$P(B_4 \mid A) = 0$，所以他坐火车来的可能性最大，为 0.517 2。

9. $\sum_{k=2}^{5} C_5^k p^k (1-p)^{5-k}$ 。

10. $N(a\mu+b,a^2\sigma^2)$。

11. $E(x)=1,D(x)=\frac{1}{3}$。

12. 零件合格的概率是 $P(|X-50|<1.5)=0.9544$，10 个零件中恰有 1 个不合格的概率是 $P=C_{10}^{1}(1-0.9544)\times 0.9544^{9}=0.2996$。

第六章

1. p 的矩法估计为 $\hat{p}=\frac{1}{x}$。

2. $E\mu_1=\frac{1}{3}Ex_1+\frac{2}{3}Ex_2=\mu$，其他两个同理可证。

$Var(\mu_1)=\frac{1}{9}\times 1+\frac{4}{9}\times 1=\frac{5}{9}$，其他同理可求 $Var(\mu_2)=\frac{5}{8}$，$Var(\mu_3)=\frac{1}{2}$，μ_3 是最有效的。

3. [6.12，6.58]。

4. [293.3，306.7]。

5. [72.8%，73.8%]。

6. [10 332，10 392]。

7. [2.41%，17.59%]。

8. $n=171$。

9. $n=1\,067$。

第七章

1～6 略。

7. $H_0:\mu=70$，$H_1:\mu\neq 70$。$z=-1.4>z_{0.025}=-1.95996$，在 $\alpha=0.05$ 的显著性水平下不能拒绝原假设。

8. $H_0:\mu\leqslant 60$，$H_1:\mu>60$。由 z 统计量计算得 $t=1.21<t_{0.01}(6)=3.143$，在 $\alpha=0.01$ 的显著性水平下不能拒绝原假设。

9. $H_0:p=0.1$，$H_1:p>0.1$ 由 z 统计量计算得 $z=1.414<z_{0.05}=1.645$，在 $\alpha=0.05$ 的显著性水平下不能拒绝原假设。

10. $H_0:\mu=600$，$H_1:\mu<600$，由 z 统计量计算得 $z=-0.29814>z_{0.01}=-2.326348$，在 $\alpha=0.01$ 的显著性水平下不拒绝原假设。

11. $H_0:\mu_1=\mu_2$，$H_1:\mu_1\neq\mu_2$，在 $\alpha=0.05$ 的显著性水平下不拒绝原假设。

第八章

1～4 略。

5. H_0：$\pi_1=\pi_2=\pi_3=\pi_4$，不同收入的群体对某种特定商品有相同的购买习惯，H_1：$\pi_1=\pi_2=\pi_3=\pi_4$，至少有一个等号不成立，不同收入的群体对某种特定商品没有相同的购买习惯。在原假设成立的条件下，$\chi^2=17.62584>\chi^2_{0.01}(6)=16.81189$，拒绝原假设，即认为不同收入的群体对某种特定商品没有相同的购买习惯。

6. H_0：$\pi_1=0.1,\pi_2=0.2,\pi_3=0.3,\pi_4=0.2,\pi_5=0.2$，$H_1$：原假设至少一个等式不成立。$\chi^2=14$，相应的 P 值$=0.0073$，在 $\alpha=0.01$ 显著性水平下，拒绝原假设。

7. H_0：阅读习惯与其文化程度无关，H_1：阅读习惯与其文化程度有关。在原假设成立下，$\chi^2=31.86107>\chi^2_{0.05}(9)=16.91898$，拒绝原假设，即认为阅读习惯与其文化程度有关。

8. H_0：使用含氟牙膏和一般牙膏儿童患龋齿率相等，H_1：使用含氟牙膏和一般牙膏儿童患龋齿率不等。

在原假设成立的条件下，$\chi^2=2.82<\chi^2_{0.05}(1)=3.8415$，按 $\alpha=0.05$ 水准，不拒绝 H_0，尚不能认为使用含氟牙膏的儿童比使用一般牙膏的儿童患龋齿率低。

9. H_0：学生本科所学专业不影响其读 M B A 期间所选课程，H_1：学生本科所学专业影响其读 M B A 期间所选课程。

10. $\varphi=0.182$，$C=0.179$，$V=0.129$。

第九章　方差分析

1～4 略。

5. 假设因素 A（销售地点）的第 i 个水平对销售量的效应为 $\alpha_i(i=1,2,\cdots,6)$。设因素 B（销售时间）的第 j 个水平对销售量的效应为 $\beta_j(j=1,2,\cdots,5)$，则建立假设：

$$\begin{cases}H_{01}:\alpha_1=\alpha_2=\alpha_3=\alpha_4=\alpha_5=\alpha_6=0\\ Hi:ai(i=1,2,\cdots,6)\text{ 不全为 }0\end{cases}$$

$$\begin{cases}H_{02}:\beta_1=\beta_2=\beta_3=\beta_4=\beta_5=0\\ H_{12}:\beta_j(j=1,2,\cdots,5)\text{ 不全为 }0\end{cases}$$

根据已知数据 $Q=242.2$，$Q_1=145.9$，$Q_2=50$，$Q_3=46.3$ 和各自的自由度，可计算：

$$S_1^2=\frac{Q_1}{5}=29.18,\ S_2^2=\frac{Q_2}{4}=12.5,\ S_3^2=\frac{Q_3}{20}=2.3$$

将结果列入方差分析表，见下表。

方差来源	平方和	自由度	方差	F 值
因素 A	145.9	5	29.18	12.6
因素 B	50.0	4	12.5	5.4
误差	46.3	20	2.315	—
总和	242.2	29	—	—

查表得：$F_{0.05}(5,20) = 2.71$，$F_{0.05}(4,20) = 2.87$

因为 $F_A = 12.6 > F_{0.05}(5,20) = 2.71$，所以拒绝 H_{01}，认为销售地点对销售量有显著影响。

因为 $F_B = 5.4 > F_{0.05}(4,20) = 2.87$，所以拒绝 H_{02}，认为销售时间对销售量有显著影响。

6. 首先提出如下假设：

行因素 A：H_0：$\mu_1 = \mu_2 = \mu_3$，地区对销售量没有影响，H_1：μ_1，μ_2，μ_3 不全相等，地区对销售量有影响。

列因素 B：H_0：$\mu_1 = \mu_2 = \mu_3$，包装对销售量没有影响，H_1：μ_1，μ_2，μ_3 不全相等，包装对销售量有影响。

由于 $F_A = 0.0727 < F_\alpha = 6.9443$，所以不拒绝原假设 H_0，这说明地区对销售量没有显著影响。

由于 $F_B = 3.1273 < F_\alpha = 6.9443$，所以不拒绝原假设 H_0，这说明包装对销售量没有显著影响。

直接用 P 值进行分析，结论也是一样的。

7. H_0：$\mu_1 = \mu_2 = \mu_3 = \mu_4 = \mu_5$，$H_1$：$\mu_i$（i=1，2，3，4，5）不全相等。

当 $\alpha = 0.05$ 时，$F < F_{0.05}(4,15) = 3.06$，不拒绝原假设，这 5 种施肥方案对农作物产量没有显著性的影响。

当 $\alpha = 0.005$ 时，$F > F_{0.005}(4,15) = 5.08$，拒绝原假设，这 5 种施肥方案对农作物产量有显著性的影响。

第十章

1～6 略。

7.（1）略。

（2）销售利润与可比产品成本降低率之间的简单相关系数为 0.91，呈高度相关。

8.（1）相关系数为 0.96。

(2) $\hat{Y} = 48.57 + 4.43X$。

(3) $S_y = 4.31$。

(4) $\hat{Y} = 48.57 + 4.43 \times 8 = 84.01$。

第十一章

1～5 略。

6. 该地区全年奶牛平均存栏数量为 42 千头。

7. 该企业 2015 年上半年的平均资金利税率为 11.25%。

8.（1）结果如下表所示。

年份	2001	2002	2003	2004	2005	2006	2007	2008
逐期增长量	—	5 081	4 380.0	6 985.0	7 676.0	9 233.0	12 800.0	19 278.0
累计增长量	—	5 081	9 461	16 446	24 122	33 355	46 155	65 433
环比发展速度（%）	—	111.8	109.1	113.3	112.9	113.7	116.8	121.6
环比增长速度（%）	—	11.8	9.1	13.3	12.9	13.7	16.8	21.6
定基发展速度（%）	—	111.8	122.0	138.2	156.0	177.5	207.2	252.0
定基增长速度（%）	—	11.8	22.0	38.2	56.0	77.5	107.2	152.0

（2）2001—2008 年的平均社会消费品零售总额为 66 960.21 亿元。

（3）平均发展速度：$\bar{R}=\sqrt[7]{\frac{108\ 488}{43\ 055}}=114.1\%$，

平均增长速度：$\bar{G}=\bar{R}-1=14.1\%$。

（4）2009 年和 2010 年的社会消费品零售总额预测值分别为 123 784.8 亿元和 141 238.5 亿元。

9.（1）2006—2015 年主营销售收入年均增长量为$=\frac{25\ 553}{10}=2\ 555.3$（万元）；

2006—2015 年主营销售收入年均发展速度为 119.01%；

2006—2015 年主营销售收入年均增长速度为：119.01%—100%=19.01%。

（2）可以利用最小平方法拟合直线趋势方程：$Y_c=1\ 822.145+2\ 707.637t$；

该企业 2016 年和 2017 年主营销售收入的预测值分别为 34 313.789 万元和 37 021.426 万元。

（3）用简单平均法测定季节波动，计算结果见下表。

	1月	2月	3月	4月	5月	6月	7月	8月	9月	10月	11月	12月
季节指数（%）	101.087	91.748 7	95.433 4	105.261	105.382	109.477	101.293	102.821	100.091	104.832	103.274	79.299 3

从计算结果看，该企业的主营销售收入受季节波动的影响。12 月份的季节指数最低，收入处于低谷，比全年平均水平低 20.7%；6 月份的季节指数最高，是收入的高峰，比全年平均水平高 9.477%。

10.（1）略；

（2）采用 5 期移动平均法预测 2001 年的单位面积产量为 1 421.2；

（3）采用指数平滑法，用平滑系数 $\alpha=0.3$ 和 $\alpha=0.5$ 预测 2001 年的单位面积产量分别为 1 421.8231、1 463.1168；

（4）由误差平方可知 $\alpha=0.5$ 预测效果更好，应用 $\alpha=0.5$ 平滑系数。

第十二章

1～7 略。

8.（1）和（2）的结果见下表。

产品名称	个体产量指数 Q_1/Q_0	个体价格指数 P_1/P_0
甲	1 056/880=1.2	40/35=1.143
乙	660/600=1.1	90/80=1.125
丙	520/400=1.3	84/70=1.2

（3）三种产品产量总指数为118.13%。

（4）由于三种产品产量变动，使总产量增加的绝对额为19 360元。

（5）三种产品价格总指数为115.19%。

（6）由于三种产品价格的变动，而使总产值增加或减少的绝对额为19 160元。

9.（1）销售额总指数为110.8%。

（2）以报告期的销售量为权数计算三种商品的加权价格总指数为122.46%。

（3）以基期的单价为权数计算三种商品的加权销售量总指数为90.48%。

（4）销售量对销售额影响的绝对额为−12 270元，相对值为−9.52%；价格变动对销售额影响的绝对额为26 190元，相对值为22.46%。

10.（1）三种商品的营业额指数为114.29%。

（2）三种商品的价格总指数为105.26%；销售量总指数为108.57%。由于销售量增长，营业额增加0.6万元，平均增长8.57%。由于销售价格增长，营业额增加0.4万元，平均增长5.26%。

11. 劳动生产率总平均水平指数为111.09%，组水平变动指数为108.76%，工人人数结构变动指数为102.15%。由于各车间劳动生产率的增长，总平均劳动生产率增加3.33万元，平均增长8.76%。由于工人人数增长，总平均劳动生产率增加0.8万元，平均增长2.15%。

12. 2015年粮食类零售价格指数为107.92%。

参考文献

[1] 陈善林，张浙编著．统计发展史．北京：立信会计图书用品社，1987.

[2] 陈希孺著．数理统计引论．北京：科学出版社，1981.

[3] 贾俊平，何晓群，金勇进编著．统计学（第五版）．北京：中国人民大学出版社，2012.

[4] 茆诗松，吕晓玲编著．数理统计学．北京：中国人民大学出版社，2011.

[5] 茆诗松，王静龙，濮晓龙编著．高等数理统计（第二版）．北京：高等教育出版社，2009.

[6] 吴喜之编著．统计学：从数据到结论（第三版）．北京：中国统计出版社，2009.

[7] 袁卫，刘超编著．统计学：思想、方法与应用．北京：中国人民大学出版社，2011.

[8] 袁卫，庞皓，曾五一，贾俊平主编．统计学（第三版）．北京：高等教育出版社，2009.

[9]［美］David Freedman 等著．统计学．北京：中国统计出版社，1997.

[10]［美］Gudmund R. Iversen 等著．统计学（基本概念和方法）．北京，纽约：高等教育出版社，施普林格出版社，2000.

新编21世纪远程教育精品教材

公共基础课系列

书名	作者
应用写作（第四版）（“十一五”国家级规划教材）	孙秀秋
计算机应用基础	李 刚
马克思主义哲学原理（第二版）	霍福广
“毛泽东思想和中国特色社会主义理论体系概论”教学专题研究	王向明
全国高校网络教育大学英语词汇必备手册	王建华
全国高校网络教育大学英语学习与考试辅导	王建华
高等数学“学习包”（第二版）	张家琦 曹承宾
北京地区成人本科学士学位英语统一考试历年试题解析	常红梅
北京地区成人本科学士学位英语统一考试辅导（第三版）	常红梅
大学语文	黄 鹤
大学英语学习与考试辅导	常红梅
数据库基础教程	苏 俊
毛泽东思想概论	江长仁

经济与管理系列

书名	作者
西方经济学（第二版）（微观经济学部分）	刘凤良
西方经济学（第二版）（宏观经济学部分）	刘凤良
经济法概论（第三版）	宋立成
国际金融（第二版）	刘 震
税务管理	王秀芝
邮政储汇实务	周艳海
中国税制（第二版）	杨 虹
投资银行学教程（第二版）	胡海峰 等
金融学概论（第三版）	宋 玮
国际贸易实务（第二版）	王晓明
财政管理	王秀芝
保险学	戴稳胜
证券投资学（第二版）	赵锡军 李向科
统计学教程（第三版）	金勇进
财政学	安秀梅

续前表

书名	作者
中国政治制度史	侯　力
经济学原理	韦曙林
商务英语	王学文
国际贸易理论与政策	王亚星
国际投资	胡曙光
人力资源开发与管理（第四版）	姚裕群
项目管理（第三版）（“十一五”国家级规划教材）	李　涛
物流管理（第三版）（“十一五”国家级规划教材）	刘　刚
组织行为学（第二版）	徐建平
公共政策原理	谢　明
公共政策案例分析	谢　明
公共管理伦理学	李传军
公共政策导论（第二版）	谢　明
公共经济学导论	代　鹏
公共关系学	李兴国
领导力	祁凡骅
企业战略管理	邹昭晞
管理学原理	安　维
公务员管理	王甫银
秘书工作实务	张大成
人员选拔与聘用管理	苏　进　刘建华
绩效管理	徐　斌
质量管理学	李晓光
营销渠道决策与管理	吕一林
高级会计学（第二版）	张志凤　谢瑞峰
公司财务管理（第二版）	肖　万
财务管理学（第四版）	孙茂竹　范　歆
基础会计学（第三版）	徐　泓
管理会计（第二版）	孙茂竹
审计学（第二版）	杨闻萍
财务会计学（第三版）	郭建华
成本会计	曹　伟

续前表

书名	作者
纳税筹划教程	张中秀
会计制度设计（第二版）	阎至刚
计算机会计理论与实务（第二版）	蔡立新
税务筹划教程	张中秀
国际税收（第二版）	杨志清

法学系列

书名	作者
刑事诉讼法（第三版）	王新清　李　蓉
民事诉讼法（第二版）	汤维建　等
行政法与行政诉讼法（第三版）	胡锦光　罗　杰
宪法学（第三版）	胡锦光　任端平
劳动法和社会保障法（第三版）	黎建飞
保险法（第三版）	贾林青
刑法学（第二版）	黄京平
中国法制史（第二版）	赵晓耕
企业和公司法学（第二版）	王欣新
税法（第三版）	朱大旗
海商法（第二版）	贾林青
刑法学	徐松林
继承法（第二版）	孙若军
破产法学（第二版）	王欣新
经济法（第二版）	吴宏伟
国际法（第二版）	白桂梅　朱利江
法理学（第二版）	张曙光
法律文书写作（第二版）	陈卫东　刘计划
民法学（第二版）	龙翼飞

汉语言文学系列

书名	作者
中国古代文学史（一）（先秦至魏晋南北朝）（第二版）	叶君远
中国古代文学史（二）（隋唐五代宋辽金）（第二版）	冷成金
中国古代文学史（三）（元明清及近代）（第二版）	张国风

续前表

书名	作者
现代汉语（第二版）	吴永焕
外国文学作品导读（第二版）	刘洪涛
中国民间文学概论（第二版）	黄　涛
美学概论（第二版）	牛宏宝
文学概论（第二版）	许　鹏
中国古代文学作品选读（一）	诸葛忆兵
中国古代文学作品选读（二）	王　燕
中国文学理论史简编	成复旺
中国现当代文学作品导读	姚　丹
影视文学教程	邹　红
电视剧批评与欣赏	刘晔原
中国现当代文学	刘　勇
语言学概论	岑运强
西方文论概要	杨慧林
新时期文学思潮	张永清
古代汉语（第二版）	殷国光
文艺心理学	金元浦

新闻与传播系列

书名	作者
新闻理论教程	陈力丹　张建中
中国新闻传播史	赵云泽　孙　萍
外国新闻传播史	陈力丹　钱　婕
新媒体实务	黄　河
广告学概论	王　菲
新闻采访与写作	张　征

图书在版编目（CIP）数据

统计学教程/金勇进主编．—3版．—北京：中国人民大学出版社，2016.1
新编21世纪远程教育精品教材．经济与管理系列
ISBN 978-7-300-22112-0

Ⅰ.①统… Ⅱ.①金… Ⅲ.①统计学-远程教育-教材 Ⅳ.①C8

中国版本图书馆CIP数据核字（2015）第270632号

新编21世纪远程教育精品教材·经济与管理系列
统计学教程（第三版）
主　编　金勇进
Tongjixue Jiaocheng

出版发行	中国人民大学出版社		
社　　址	北京中关村大街31号	**邮政编码**	100080
电　　话	010－62511242（总编室）		010－62511770（质管部）
	010－82501766（邮购部）		010－62514148（门市部）
	010－62515195（发行公司）		010－62515275（盗版举报）
网　　址	http://www.crup.com.cn		
	http://www.ttrnet.com（人大教研网）		
经　　销	新华书店		
印　　刷	北京东方圣雅印刷有限公司	**版　　次**	2014年11月第1版
规　　格	185 mm×260 mm　16开本		2016年1月第3版
印　　张	19	**印　　次**	2018年6月第3次印刷
字　　数	430 000	**定　　价**	39.00元